“十二五”普通高等教育本科国家级规划教材

亲属与继承法

（第二版）

主　编　房绍坤

撰稿人　（按姓氏笔画排序）

王洪平　毕潇潇

范李瑛　郑　倩

房绍坤　孟令志

科学出版社

北　京

内容简介

本书以我国现行的《婚姻法》、《继承法》及其司法解释为依据，结合司法考试大纲的要求而撰写，既注重法学基本原理的阐述，也注重法学理论与司法实务的结合。本书分上、下两编。上编为亲属法，主要内容包括亲属法通则、结婚制度、夫妻关系、父母子女关系、祖孙及兄弟姐妹关系、收养制度、婚姻的终止；下编为继承法，主要内容包括继承法通则、法定继承、遗嘱继承、遗赠和遗赠扶养协议、遗产的处理。

为了方便教学，本书配有内容丰富的多媒体教学课件和教师手册（教学大纲、习题案例答案），选用本书的任课教师可与我社联系，获得相关教学支持。

本书内容简明、论述全面、形式灵活，适合于法律硕士研究生、法学专业本科学生和参加司法考试的人士阅读使用。

图书在版编目（CIP）数据

亲属与继承法／房绍坤主编．—2版．—北京：科学出版社，2015

“十二五”普通高等教育本科国家级规划教材

ISBN 978-7-03-043008-3

Ⅰ．①亲…Ⅱ．①房…Ⅲ．①继承法－中国－高等学校－教材Ⅳ．①D923.5

中国版本图书馆CIP数据核字（2015）第009051号

责任编辑：王京苏 ／ 责任校对：葛小双

责任印制：徐晓晨 ／ 封面设计：无极书装

科学出版社出版

北京东黄城根北街16号

邮政编码：100717

http://www.sciencep.com

北京九州迅驰传媒文化有限公司印刷

科学出版社发行 各地新华书店经销

*

2006年8月第 一 版 开本：787×1092 1/16

2015年2月第 二 版 印张：17 3/4

2019年6月第八次印刷 字数：420 000

定价：56.00元

（如有印装质量问题，我社负责调换）

主编简介

房绍坤 法学博士、教授、博士生导师，现任烟台大学校长，教育部高等学校法学类专业教学指导委员会委员，中国法学教育研究会副会长，国家级民商法教学团队和国家级民法精品资源共享课负责人。

曾获全国优秀教师，首届国家级教学名师，新世纪百千万人才工程国家级人选，国务院政府特殊津贴专家，山东省有突出贡献的中青年专家，山东省重点学科首席专家等称号。

发表论文160余篇，出版学术著作、教材60余部，承担国家级、省部级课题15项，科研成果和教学成果获省部级以上奖励25项。

序　言

民法学是法科学生的必修课，而亲属与继承法是民法学中的重要组成部分。2006年，我们出版了《亲属与继承法》一书，该书被列入国家级民法精品课系列教材。2008年，《亲属与继承法》获得山东省高等学校优秀教材一等奖。2012年11月，《亲属与继承法》被评为“十二五”普通高等教育本科国家级规划教材。本书具有如下特点：第一，在体例上有所创新。本书采用全新的写作体例，每章设知识结构图、内容导读、司法考试要点，以帮助学生掌握和了解每章所要讲解的主要内容以及司法考试所涉及的主要知识点。在基本理论阐述中，设若干事例和理论争鸣，以增强学生分析问题和解决问题的能力。同时，每章最后设课堂讨论案例、课后思考习题，以供学生讨论、思考。第二，在内容上力求简明扼要。本书用简洁的语言集中阐述亲属与继承法的基本理论和基本知识，没有过多的理论分析和观点评述，并运用图表比较的方式解析相关问题，以便使学生对亲属与继承法的基本理论和基本知识能够一目了然。第三，实现理论、法律、实践三位一体。本书在阐述基本理论时，结合事例和所涉及的法律、法规、司法解释加以具体说明，以便使学生通过学习亲属与继承法理论掌握法律规定，通过事例加深对亲属与继承法理论的认识。第四，体现司法考试的要求。为帮助在校学生参加司法考试，本书结合司法考试要点进行理论阐述，以便使学生有针对性地学习，掌握司法考试的基本要求。

本书由房绍坤任主编，参加编写的有王洪平、孟令志、范李瑛、郑倩、毕潇潇。具体分工如下：王洪平、孟令志撰写第1~7章，房绍坤、范李瑛撰写第8~12章，郑倩、毕潇潇撰写课后思考习题。初稿完成后，由房绍坤负责统稿、定稿。

由于能力、资料、时间所限，本书中的不足之处在所难免，希望广大读者批评指正。

房绍坤

2014年12月

于烟台大学

目录

上编　亲属法

下编　继承法

上编 亲属法

第一章 亲属法通则

知识结构图

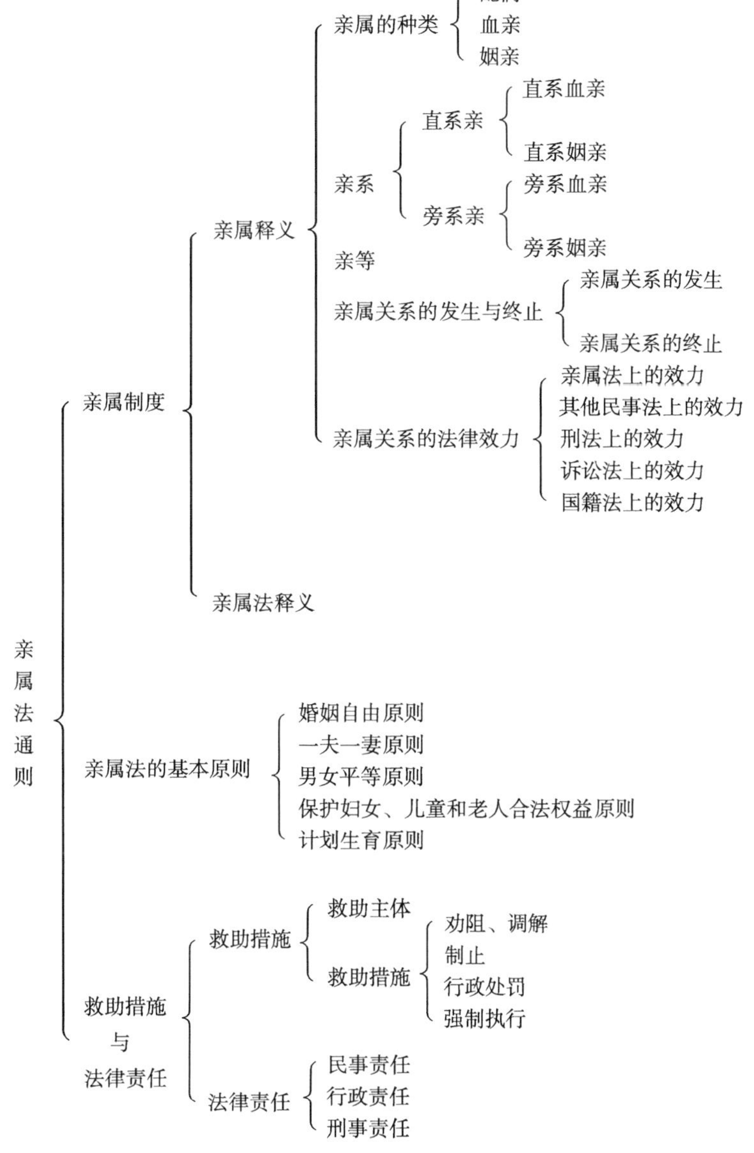

内容导读

亲属关系是人类最原始、最基本的社会关系，因婚姻、血缘而发生，但只有一定范围内的亲属关系才由法律规定和调整。我国亲属法实行婚姻自由，一夫一妻，男女平等，保护妇女、儿童、老人合法权益以及计划生育等基本原则。为防范和制裁婚姻家庭领域内的不法行为，保护受害人的合法权益，亲属法还设置了相应的救助措施与法律责任，以维护平等、和睦、文明的婚姻家庭关系。

司法考试要点

亲属的概念及其分类；亲等的计算方法、世代亲等制；亲属法的基本原则；救助措施与法律责任。

在历年考题中，本章涉及的问题主要包括亲等的计算方法、亲属法的基本原则、救济措施与法律责任等。

第一节 亲属制度

一、亲属释义

亲属，是指基于婚姻、血缘和法律拟制而形成的社会关系。亲属一词有两层含义：一是社会学意义上的亲属，它泛指由婚姻、血缘和收养所连接的人与人之间的关系；二是法律意义上的亲属，即由法律确认并调整，具有法律效力的亲属。亲属法上涉及的亲属通常是指法律意义上的亲属。

法律意义上的亲属具有以下三个特点。

1. 亲属之间具有固定的身份和称谓

特定的身份和称谓是亲属关系的表征，在亲属关系存续期间，特定的身份和称谓是不得任意改变的。因血缘这一自然事实而形成的亲属身份和称谓，在任何情况下都无法变更或解除；因婚姻和收养等社会事实而形成的亲属身份和称谓也不得随意改变，除非特定的亲属关系发生变更或解除。

2. 亲属关系只能产生于特定的法律事实

亲属关系的产生基于两种法律事实，即自然事实和社会事实。自然事实是指血缘，社会事实包括法律拟制和婚姻。基于血缘而产生的亲属关系为自然血亲关系，包括基于全血缘或半血缘而发生的父母子女关系、祖父母与孙子女关系、外祖父母与外孙子女关系、兄弟姐妹关系等；基于法律拟制而产生的亲属关系，包括养父母子女关系和继父母子女关系等；基于婚姻而产生的亲属关系，包括配偶关系、公婆与儿媳关系、岳父母与女婿关系等。可见，血缘、法律拟制和婚姻是亲属关系产生的三个特定法律事实。除此之外，其他的事实原因都不能形成法律上的亲属关系。

3. 亲属之间具有法定的权利和义务关系

法律意义上的亲属与社会学意义上的亲属之间的一个重大区别在于，前者相互之间具有法定的权利义务关系。简而言之，并非所有的具有社会学意义上的亲属关系的人之间都具有法律上的权利义务关系，只有法律意义上的亲属相互之间才具有法律上的权利义务关系。例如，叔伯与侄子女之间虽然具有社会学意义上的亲属关系，但他们之间并不具有法定的权利义务关系。

二、亲属的种类

现代亲属制度依据亲属关系产生的原因不同，将亲属分为配偶、血亲、姻亲三种。

（一）配偶

配偶，是指结为夫妻的男女双方。男女经结婚而成为夫妻，双方互为对方的配偶。配偶关系因婚姻关系的存续而存续，因婚姻关系的解除而解除。配偶之间不具有血缘关系，也非姻亲，但配偶关系在亲属关系中居于重要地位，其是血亲和姻亲的源泉和基础。在法律上，有非基于婚姻而形成的血亲（如非婚生子女与其父母的关系），但不可能存在非基于婚姻而产生的姻亲。

理论争鸣

关于配偶之间是否具有亲属关系的问题，理论上存在着否定和肯定两种不同的主张。否定说认为，配偶不是亲属，主要理由包括：①配偶乃亲属的本源，而非亲属的本体；②配偶之间无亲系可循，他们之间既非直系亲，亦非旁系亲；③在各种亲等制中，配偶之间的亲等数为零。肯定说认为，配偶不仅是亲属，而且是亲属关系中处于核心地位的近亲属，主要理由包括：①配偶是最亲密的社会关系，他们相互之间享有亲属法上的权利，承担亲属法上的义务，因而将他们排斥在亲属之外是不合理的；②只要从亲属关系的起源和本质、我国亲属制度的历史发展和现状等加以认真考察，配偶作为亲属类别之一是毫无疑义的；③配偶既是亲属的源泉，又是亲属本体的重要组成部分，两者之间并无矛盾。

（二）血亲

血亲，是指有血缘联络的亲属，是亲属中的主要部分。血亲有自然血亲和拟制血亲之分。

自然血亲，是指出自同一祖先，因出生而自然形成的真实血缘联系的亲属。例如，父母与子女、兄弟姐妹、堂兄弟姐妹、表兄弟姐妹、祖孙、叔伯与侄子女、姨舅与外甥子女等。这些亲属相互之间无论是婚生的还是非婚生的，也无论是全血缘（同父同母）或半血缘（同父异母或同母异父）的，都属于自然血亲的范畴。

拟制血亲亦称“准血亲”，是指本无上述该种血亲应具有的血缘关系，而由法律确认其与该种自然血亲具有相同的权利义务的亲属。《中华人民共和国婚姻法》（以下简称《婚姻法》）确认的拟制血亲有两类：一是因收养形成的养父母与养子女；二是形成了抚养关系的继父母与继子女。

（三）姻亲

姻亲，是指以婚姻为中介而产生的亲属，即配偶一方与对方亲属之间所产生的亲属关系。男女结婚后，彼此与对方的血亲之间形成姻亲关系，包括血亲的配偶、配偶的血亲、配偶的血亲的配偶。血亲的配偶，是指己身血亲的配偶，如儿媳、女婿为直系血亲的配偶；配偶的血亲，是指己身配偶的血亲，如公婆、岳父母、夫的兄弟姐妹、妻的兄弟姐妹等；配偶的血亲的配偶，是指己身配偶的血亲的配偶，如丈夫的兄弟的妻子（妯娌）、妻子的姐妹的丈夫（连襟）、丈夫的舅母、妻子的伯母等。

三、亲系

亲系，是指亲属之间（配偶除外）的联络系统。亲属之间以婚姻、血缘为基础，构成纵横交错、互为交织的亲属网络。由于亲属之间联系的状况和特点不同，可以划分出不同的亲系。我国《婚姻法》将亲系划分为直系亲和旁系亲两种。

（一）直系亲

直系亲包括直系血亲和直系姻亲。

直系血亲，是指具有直接血缘联系的亲属，亦即生育自己或由自己所生育的上、下各代血亲。上溯至自己的父母、（外）祖父母、（外）曾祖父母、（外）高祖父母，下溯至自己的子女、（外）孙子女、（外）曾孙子女、（外）玄孙子女等，这些都是自己的直系血亲。养父母与养子女以及已形成抚养关系的继父母与继子女之间，也构成拟制的直系血亲。

直系姻亲，是指己身配偶的直系血亲及己身直系血亲的配偶。例如，公婆与儿媳、岳父母与女婿、未形成抚养关系的继父母与继子女等。

（二）旁系亲

旁系亲包括旁系血亲和旁系姻亲。

旁系血亲，是指具有间接血缘联系的亲属，亦即与自己同出一源的血亲。例如，同源于父母的兄弟姐妹（包括同父异母、同母异父的兄弟姐妹）；同源于祖父母的叔伯姑与侄子女、堂兄弟姐妹；同源于外祖父母的姨舅与外甥子女、表兄弟姐妹。

旁系姻亲，是指配偶的旁系血亲、旁系血亲的配偶和配偶的旁系血亲的配偶。配偶的旁系血亲，如妻的兄弟姐妹、夫的兄弟姐妹等；旁系血亲的配偶，如嫂子、弟媳、姑父、姨父等；配偶的旁系血亲的配偶，如妯娌、连襟等。

四、亲等

亲等，是指亲属的等级，是计算亲属的亲疏远近的基本单位。亲等数越少，亲属关系就越密切。现代亲属制度关于亲等的计算是以血缘联系为依据的，所以，亲等的计算以血亲为基准，姻亲关系比照血亲关系计算。外国法对亲等计算的方法有两种，即罗马法计算法和寺院法计算法。我国《婚姻法》未采用亲等计算法，而是用“代”作为计算亲属关系的基本单位。以“代”为单位计算亲属关系亲疏远近的具体方法如下：

直系血亲从己身算起，自己为一代，再往上或往下数，一世为一代。例如，从己身往上数，父母为二代，（外）祖父母为三代，（外）曾祖父母为四代，（外）高祖父母为五代；从己身往下数，子女是二代，（外）孙子女是三代，（外）曾孙子女是四代，（外）玄孙子女是五代。

旁系血亲的计算方法是从己身往上数至所指亲属的同源的直系尊亲属的代数。例如，同源父母的兄弟姐妹为二代旁系血亲；同源祖父母、外祖父母的叔、伯、姑、舅、姨、堂兄弟姐妹、表兄弟姐妹为三代旁系血亲。

> 相关链接

罗马法亲等计算法与寺院法亲等计算法		
比较点	罗马法亲等计算	寺院法亲等计算法
直系血亲亲等计算法	从己身往上或往下数（不算己身），以一世代为一等亲等	从己身往上或往下数（不算己身），以一世代为一等亲等
旁系血亲亲等计算法	首先找出己身与对方最近的同源直系血亲，再按直系血亲亲等计算法从己身往上数至最近同源直系血亲，两边世代数之和为亲等数	从己身往上数（不算己身）至最近同源直系血亲，再从最近同源直系血亲往下数至要计算亲等的旁系血亲。如两边世代数相同，则用一边世代数为亲等数；如两边世代数不同，则取数大的一边世代数为亲等数

五、亲属关系的发生与终止

亲属关系是因一定法律事实而发生或终止的。亲属关系的性质、特点不同，其发生和终止的原因也不尽相同。

（一）亲属关系的发生

1. 血亲关系的发生

自然血亲关系因人的自然出生而产生，出生是自然血亲发生的唯一依据。自然人出生的时间，就是自然血亲发生的时间。即使是非婚生子女，其与生父母的血亲关系也要回溯至其出生之时。

拟制血亲关系因法律规定而发生，此种亲属相互之间没有自然的血缘纽带。就养父母与养子女之间的关系而言，根据《中华人民共和国收养法》（以下简称《收养法》）规定，他们之间拟制血亲的形成以办理收养登记为准。换言之，一定的合法收养行为的完成是养父母与养子女之间形成拟制血亲关系的特定法律事实。就继父母与继子女的关系而言，他们之间本为姻亲关系，在二者间之所以能够产生拟制血亲关系，是因为依《婚姻法》的规定，继父母与继子女之间形成了抚养关系。

2. 姻亲关系的发生

姻亲关系是因婚姻的联络而发生的。男女结婚是形成姻亲关系的必要条件，但仅有结婚的事实尚不充分，婚姻双方还必须有自己的血亲存在才能发生姻亲关系，否则，只会形成配偶关系而不会发生姻亲关系。

3. 配偶关系的发生

配偶关系因男女结婚而发生。根据《婚姻法》的规定，婚姻关系成立的法定程序是办理结婚登记，夫妻关系于领取结婚证之日起确立。因此，配偶关系因婚姻关系的依法成立而发生。

（二）亲属关系的终止

1. 血亲关系的终止

自然血亲关系因一方死亡（包括自然死亡和宣告死亡）而终止。由于自然血亲关系以自然出生为前提，因此，除因一方死亡而终止外，自然血亲关系不能以法律或其他方式人为地解除。

拟制血亲关系因一方死亡或依法解除等法律事件及法律行为而终止。因收养而产生拟制的血亲关系因一方死亡或收养关系依法解除而终止；已形成抚养关系的继父母与继子女之间的拟制血亲关系亦可因一方死亡和依法解除而终止，但我国现行法律并未明确规定他们之间依法解除拟制血亲的程序。在实践中，一般以继子女的生父母与继父母离婚而继父母拒绝继续抚养未成年继子女；或继子女未成年，由原来未与其共同生活的父（母）领回抚养而终止。

2. 姻亲关系的终止

姻亲关系一般因配偶一方的死亡或双方离婚而终止。我国法律上并未规定姻亲之间存在法律上的权利义务关系；在习惯上，夫妻一方死亡，姻亲关系并不当然终止，是否终止姻亲关系应由当事人自行决定。

理论争鸣

关于姻亲关系是否因离婚而消灭，各国立法存在着消灭主义和不消灭主义两种立法例。消灭主义认为，姻亲是因男女结婚而产生的亲属，现双方既已离婚，随之而产生的姻亲关系因存在的基础丧失，当然也就失去了继续存在的理由。不消灭主义认为，姻亲关系一般不发生重大的权利义务关系，因而法律没有必要规定姻亲关系随离婚事实的发生而终止。

关于姻亲关系是否因配偶一方死亡而消灭，各国立法主要存在着有条件不消灭主义和有条件消灭主义两种立法例。有条件不消灭主义认为，配偶一方的死亡并不当然终止姻亲关系。有条件消灭主义认为，如果配偶一方死亡，而生存一方再婚或作出了消灭姻亲的意思表示，姻亲关系即归于消灭。我国学界存在两种不同的看法。一种观点认为，既然当配偶一方死亡时婚姻关系已消灭，那么，基于该婚姻关系而发生的姻亲关系亦应随之终止，除非当事人愿意保留此种关系。另一种观点认为，在具体的姻亲关系中，一方死亡将导致主体缺位，姻亲关系当然不复存在。

3. 配偶关系的终止

配偶关系因一方死亡或双方离婚而终止。配偶一方死亡的时间、取得离婚证的时间以及离婚调解书或离婚判决书生效的时间，即为配偶关系终止的时间。

六、亲属关系的法律效力

亲属关系经法律调整而产生一定的法律效果，即法律上的权利义务关系。因亲属关系不同以及调整亲属关系的法律部门不同，亲属关系相应的法律效力也不相同。

（一）亲属关系在亲属法上的效力

亲属法是调整亲属关系最集中的法律部门，因此，亲属关系在亲属法上具有广泛的法律效力。例如，特定亲属之间的扶养效力、遗产继承效力、共同财产效力、禁止结婚效力等。

（二）亲属关系在其他民事法上的效力

在亲属法之外的其他民事法律上，亲属关系也具有相当广泛的法律效力。例如，特定亲属可以成为特定民事主体的监护人和法定代理人；一定范围内的近亲属可以申请宣告某一亲属为无民事行为能力人或限制民事行为能力人，也可以申请宣告某一亲属失踪或死亡；根据一定的亲属关系，可以确定法定继承人的范围和顺序；特定的监护人可以代替被监护人承担民事责任。

（三）亲属关系在刑法上的效力

亲属关系在刑法上的效力体现为刑法通过刑事处罚的方法对亲属关系的特殊保护或干预。例如,《中华人民共和国刑法》(以下简称《刑法》)中规定的虐待罪、遗弃罪、暴力干涉婚姻自由罪、重婚罪、破坏军婚罪等，要么是基于特定亲属关系而构成的身份犯罪，要么是基于对特定亲属关系的保护而确定的犯罪。

（四）亲属关系在诉讼法上的效力

一定的亲属关系是诉讼法上权利义务发生的依据。例如，因特定的亲属身份需要回避、一定范围内的亲属可以代为上诉和申诉、法定代理人可以当然取得诉讼代理人身份、特定的亲属有协助司法调查和法院判决执行的义务等。

（五）亲属关系在国籍法上的效力

在国籍法上，亲属关系是取得国籍、入籍和退籍的重要依据。例如，《中华人民共和国国籍法》第4条规定：“父母双方或一方为中国公民，本人出生在中国，具有中国国籍。”第5条规定：“父母双方或一方为中国公民，本人出生在外国，具有中国国籍；但父母一方为中国公民并定居在外国，本人出生时即具有外国国籍的，不具有中国国籍。”第6条规定：“父母无国籍或国籍不明，定居在中国，本人出生在中国，具有中国国籍。”

七、亲属法释义

亲属法通常又称为婚姻法或婚姻家庭法，是指调整一定范围的亲属关系的法律规范的总称。亲属法是特定亲属关系产生、变更和终止的法律依据。

在我国现行法上，亲属法的渊源具有多种表现形式，如制定法、最高人民法院的司法解释、某些亲属习惯等。我国亲属法的制定法主要包括《婚姻法》、《收养法》等。

从调整对象的性质来看，亲属法的调整对象既包括婚姻家庭方面的人身关系，又包括婚姻家庭方面的财产关系。其中，人身关系占据主导地位，财产关系是附从于人身关系的。

第二节 亲属法的基本原则

亲属法的基本原则是亲属法立法的指导思想，是研究、解释、适用亲属法的依据和出发点。我国亲属法的基本原则规定于《婚姻法》第2条。据此，亲属法的基本原则包括婚姻自由原则，一夫一妻原则，男女平等原则，保护妇女、儿童和老人合法权益原则以及计划生育原则。

一、婚姻自由原则

事例1-1 甲、乙自由恋爱，乙的母亲认为甲的家庭太穷，坚决反对其女与甲交往。后经媒人介绍乙认识了丙，由于丙家境很好，虽腿有残疾，乙的母亲还是愿意把女儿嫁给他，条件是收取彩礼5万元。尽管乙坚决反抗，但还是被迫与丙结婚。

（一）婚姻自由原则释义

婚姻自由，是指婚姻当事人有权按照法律的规定，完全自主地决定自己的婚姻问题，不受任何他人的强制和干涉。婚姻自由是亲属法的首要原则，这是因为，婚姻关系是亲属关系的基础，当事人的婚姻是否出于本人的自愿，直接关系到婚姻的质量和家庭的和睦。在我国现行法上，除《婚姻法》第2条规定了婚姻自由原则外，《中华人民共和国宪法》（以下简称《宪法》）第49条和《中华人民共和国民法通则》（以下简称《民法通则》）第103条也对该原则作了明确规定。

婚姻自由包括结婚自由和离婚自由，二者相互结合，构成了婚姻自由的完整内容。结婚自由，是指缔结婚姻关系的自由，当事人有权依法决定自己与谁结婚、不与谁结婚，任何人（包括父母）都不得干涉；离婚自由，是指解除婚姻关系的自由，在夫妻感情确已破裂的情况下，夫妻中的任何一方都有权自主决定是否提出离婚，婚姻关系的另一方和其他人都不得干涉。结婚自由是婚姻自由原则的主要方面，离婚自由是结婚自由的重要补充；但缺少二者中的任何一个方面，婚姻自由都无从谈起。

（二）婚姻自由原则的贯彻与实施

为了保障婚姻自由原则的贯彻实施，《婚姻法》第3条第1款明确规定：“禁止包办、买卖婚姻和其他干涉婚姻自由的行为。禁止借婚姻索取财物。”这一禁止性规定是对婚姻自由原则的反面确认和必要补充，属强制性规范。因此，包办、买卖婚姻和其他干涉婚姻自由的行为以及借婚姻索取财物等，都是违反婚姻自由原则的行为。

1.包办婚姻和买卖婚姻

包办婚姻，是指婚姻当事人以外的第三人（包括父母）违反婚姻自由原则，对当事人缔结的婚姻关系进行强制和干涉；买卖婚姻，是指婚姻当事人以外的第三人（包括父母）以索取财物为目的，对当事人的婚

Note

姻实施包办、强迫。

在事例1-1中，甲和乙本是自由恋爱，但乙的母亲因嫌甲的家庭太穷，坚决反对甲与乙交往，这是对二人婚姻自主权的粗暴干涉；后又强迫乙与丙结婚，并索取彩礼5万元，这就构成了包办婚姻和买卖婚姻的违法行为。

2. 其他干涉婚姻自由的行为

其他干涉婚姻自由的行为，是指包办、买卖婚姻以外，违反婚姻自由原则，阻挠、干涉他人行使婚姻自由权利的行为。例如，干涉寡妇再婚、干涉非近亲的同姓结婚、威胁或强迫夫妻离婚等。尤其值得一提的是,《婚姻法》第30条规定:“子女应当尊重父母的婚姻权利，不得干涉父母再婚以及婚后的生活。子女对父母的赡养义务，不因父母的婚姻关系变化而终止。”依据该规定，禁止子女干涉父母的再婚自由。

3. 借婚姻索取财物

借婚姻索取财物，是指婚姻当事人一方（或父母等第三人）向对方索要一定的财物，以此作为结婚附加条件的违法行为。于此情形下，男女双方对欲缔结的婚姻关系一般都是出于自主和自愿的，但其所附加的索要一定财物的条件却是违法的。

➢ **相关链接**

买卖婚姻与借婚姻索取财物		
比较点	买卖婚姻	借婚姻索取财物
婚姻基础	建立在包办、强制婚姻基础之上	建立在自主婚姻基础之上
索取者	婚姻当事人以外的第三人	第三人、婚姻当事人
违法程度	违法程度较重	违法程度较轻

二、一夫一妻原则

事例1-2　甲男于2000年与乙女登记结婚，后甲男于2010年外出打工，与丙女相识后即以夫妻身份租房同居，乙女虽发现但未声张。但事后，甲男、丙女同居地的居民委员会向人民法院检举了二人的同居行为。

（一）一夫一妻原则释义

所谓一夫一妻，是指一男一女结为夫妻的个体婚姻形式。一夫一妻制是现代文明社会中通行的主要婚姻制度。一夫一妻制是建立现代婚姻家庭、实现男女平等和巩固夫妻感情的必然要求。在我国,《宪法》和《婚姻法》明确确立了一夫一妻制。

一夫一妻制的基本内涵是：任何人不得同时拥有两个以上的配偶；已婚者（有夫之妇或有妇之夫）在配偶死亡或离婚之前不得再行结婚；一切公开的或隐蔽的一夫多妻或一妻多夫的婚外两性关系都是非法的，为法律所禁止。《婚姻法》第4条规定的“夫妻应当互相忠实”，即是一夫一妻原则的体现。

（二）一夫一妻原则的贯彻与实施

为保障一夫一妻原则的贯彻实施，《婚姻法》第3条第2款从反面对违反一夫一妻原则的行为作出了禁止性规定："禁止重婚。禁止有配偶者与他人同居。"

1. 禁止重婚

重婚，是指有配偶者又与他人结婚的违法行为，即一个人同时存在两个以上的配偶。构成重婚的条件包括：①当事人一方或双方已存在婚姻关系；②有配偶者与他人结婚。这种结婚包括两种形式：一是有配偶者又与他人登记结婚，称为法律上的重婚；二是虽未登记结婚，但又与他人以夫妻名义同居生活，称为事实上的重婚。在现实生活中，重婚以事实上的重婚为主要表现形式。在事例1-2中，甲已与乙登记结婚，属于有配偶者，又在婚外与丙以夫妻名义同居生活，其行为已构成重婚。

因法律禁止重婚，所以重婚会导致一系列否定性的法律后果。例如，《婚姻法》第10条规定了重婚是婚姻无效的法定事由；《婚姻法》第32条规定了重婚是准予离婚的法定事由；《婚姻法》第46条规定了因重婚导致离婚的，无过错方有权请求损害赔偿。此外，如果重婚构成犯罪的，还应依法承担刑事责任。例如，《刑法》第258条规定："有配偶而重婚的，或者明知他人有配偶而与之结婚的，处二年以下有期徒刑或者拘役。"《刑法》第259条还规定："明知是现役军人的配偶而与之同居或者结婚的，处三年以下有期徒刑或者拘役。"

2. 禁止有配偶者与他人同居

根据最高人民法院《关于适用〈中华人民共和国婚姻法〉若干问题的解释（一）》（以下简称《婚姻法解释（一）》）第2条的规定，有配偶者与他人同居，是指有配偶者与婚外异性，不以夫妻名义，持续、稳定地共同居住。有配偶者与他人同居是严重破坏一夫一妻原则的违法行为，其发生同样将导致某些否定性的法律后果，如构成准予离婚的法定事由（《婚姻法》第32条），会导致离婚中无过错方损害赔偿请求权的产生（《婚姻法》第46条）等。

➢相关链接

事实上重婚和有配偶者与他人同居		
比较点	事实上重婚	有配偶者与他人同居
同居的目的	以永久共同生活为目的	没有永久共同生活的目的
同居的名义	以夫妻身份同居	不以夫妻名义同居

三、男女平等原则

（一）男女平等原则释义

《宪法》第48条第1款规定："中华人民共和国妇女在政治的、经济的、文化的、社会的和家庭的生活等各方面享有同男子平等的权利。"亲属法上的男女平等原则是该条规定的具体化，是指男女两性在婚姻和家庭生活的各个方面都享有平等的权利，承担平等的义务。

（二）男女平等原则的主要内容

在亲属法上，男女平等原则的内容是非常广泛的，主要包括以下三个方面的内容：

第一，男女在婚姻方面的权利平等。例如，男女享有同等的结婚自由和离婚自由；结婚后，女方可以成为男方家庭的成员，男方也可以成为女方家庭的成员；离婚后，男女双方享有平等的共同财产的分割权。

第二，夫妻在家庭中的地位平等。《婚姻法》第13条规定："夫妻在家庭中地位平等。"简而言之，夫妻婚后在家庭生活中各自具有独立的人格，无论是在人身方面还是财产方面，夫妻双方都享有平等的权利，承担平等的义务。

第三，其他男女家庭成员在家庭中的地位平等。例如，父母有平等的抚养教育子女的义务；子女有平等的赡养父母的义务；父母子女之间有平等的相互继承遗产的权利。在其他家庭成员方面，在特定条件具备的情况下，祖孙之间、兄弟姐妹之间也互负扶养、赡养义务，或者互有遗产继承权。

四、保护妇女、儿童和老人合法权益原则

事例1-3 甲男、乙女婚后感情尚好，因乙生的是女儿，婆家很不高兴。加上乙做了结扎手术，婆家认为乙是想让他们断子绝孙，便怂恿甲与乙离婚。由于乙不同意离婚，甲就经常对乙拳打脚踢，甚至不许乙吃饭。乙在忍无可忍的情况下，向当地妇女联合会投诉了甲。

（一）保护妇女、儿童和老人合法权益原则释义

妇女、儿童和老人既是社会生活中的弱者，也是家庭生活中的弱者，他们的合法权益易受侵害，因此，法律对他们的合法权益有予以特殊保护的必要。贯彻执行保护妇女、儿童和老人合法权益原则，对于实现男女平等，建立尊老爱幼、团结和睦的婚姻家庭关系，有着非常重要的意义。我国《婚姻法》不仅于第2条从正面肯定了要"保护妇女、儿童和老人的合法权益"，而且还于第3条从反面作出了"禁止家庭暴力"、"禁止家庭成员间的虐待和遗弃"的规定。

（二）保护妇女合法权益

保护妇女合法权益是对男女平等原则的必要补充。由于男女两性生理的差异、社会角色和分工的不同，更加之历史上对妇女的歧视和压迫，男女不平等现象并未根除，因此，有必要对妇女合法权益予以特别的保护。我国《婚姻法》在结婚、家庭关系等章节中，都贯穿着保护妇女合法权益的精神。例如，《婚姻法》第34条规定："女方在怀孕期间、分娩后一年内或中止妊娠后六个月内，男方不得提出离婚。"此外，我国还有专门的《中华

人民共和国妇女权益保障法》(以下简称《妇女权益保障法》)，对妇女的合法权益保护作了更为全面的集中性规定。

（三）保护儿童合法权益

儿童是家庭、社会和国家的未来，保护儿童的合法权益是为了给儿童创造一个安全、健康、文明和积极向上的生活环境。我国《婚姻法》对儿童的合法权益保护作了比较周详的规定。例如，子女有接受父母抚养的权利；父母对未成年子女有管教、保护的权利和义务；禁止溺婴、弃婴和其他残害婴儿的行为；等等。此外，我国还有专门的《中华人民共和国未成年人保护法》(以下简称《未成年人保护法》)，对儿童的合法权益保护作了更为全面集中的规定。

（四）保护老人合法权益

老年人为家庭和社会的发展做出过积极的贡献，在其步入老年后，理应受到家庭成员和社会的礼遇。目前，我国人口老龄化问题已比较突出，所以对老年人合法权益的法律保护就显得非常必要和迫切。《婚姻法》有许多条款对老年人合法权益的保护作了规定。例如，子女有赡养父母的义务；子女的赡养义务不因父母婚姻关系的改变而改变；在具备一定条件的情况下,（外）孙子女有赡养（外）祖父母的义务；子女不得干涉老年人再婚；等等。此外，我国还有专门的《中华人民共和国老年人权益保障法》(以下简称《老年人权益保障法》)，对老年人的合法权益保护作了更为全面集中的规定。

（五）禁止家庭暴力，禁止家庭成员间的虐待和遗弃

家庭暴力，虐待、遗弃行为均发生在家庭成员之间，是严重侵犯家庭成员人身权的违法行为，因此，我国法律对此明确予以禁止。根据《婚姻法解释（一）》第1条的规定：家庭暴力，是指行为人以殴打、捆绑、残害、强行限制人身自由或者其他手段，给其家庭成员的身体、精神等方面造成一定伤害后果的行为；虐待，是指以作为或不作为的形式，对家庭成员折磨、摧残、歧视、侮辱等，使其在肉体上、精神上遭受损害的违法行为。家庭暴力与虐待既有联系又有区别，按照《婚姻法解释（一）》第1条的规定，持续的、经常性的家庭暴力构成虐待。遗弃，是指家庭成员中负有赡养、抚养、扶养义务的一方，对需要赡养、抚养、扶养的另一方不履行应尽义务的违法行为。

当遭受家庭暴力或者虐待、遗弃行为的侵害时，受害人可依法采取以下措施维护自己的合法权益：①向有救助权的机关提出请求。当遭受家庭暴力、虐待行为时，受害人有权提出请求，居民委员会、村民委员会及所在单位应当予以劝阻，还可请求公安机关予以制止。在事例1-3中，当乙遭受家庭暴力时，其就有权向有关救助机关提出救助请求。②诉请离婚。夫妻一方实施家庭暴力或虐待、遗弃家庭成员行为的，另一方可据此要求离婚。③请求损害赔偿。因实施家庭暴力，或者虐待、遗弃家庭成员行为导致离婚

Note

的，无过错方有权请求损害赔偿。在事例1-3中，乙就有权要求离婚并请求损害赔偿。

五、计划生育原则

（一）计划生育原则释义

计划生育，是指有计划地调节人口增长速度和提高人口素质。实行计划生育是我国的一项基本国策。在我国，计划生育是以降低人口增长速度、控制人口数量和提高人口素质为基本目标的。《婚姻法》第16条明确规定："夫妻双方都有实行计划生育的义务。"为贯彻计划生育的基本国策，我国还专门制定了《中华人民共和国人口与计划生育法》（以下简称《人口与计划生育法》），集中全面地规定了自然人的计划生育权利和计划生育义务。

（二）计划生育原则的主要内容

计划生育既是夫妻的权利，也是夫妻的义务。从权利的角度讲：①夫妻双方有生育一胎的权利；②夫妻有避孕节育措施的知情选择权；③夫妻如果晚婚晚育，则享有延长假期、获得劳动保护和福利补偿的权利；④只生育一胎独生子女的，父母享有特别的利益补偿请求权，如独生子女奖励费。从义务的角度讲：①夫妻有依法实行计划生育的义务；②夫妻有自觉避孕节育的义务；③夫妻不得在胎儿的性别上实行选择性生育；④违法生育的夫妻应承担相应的法律责任，如缴纳社会抚养费的义务。

第三节　救助措施与法律责任

为防范和制裁婚姻家庭领域内的违法行为，保护受害人的合法权益，我国《婚姻法》于第五章专门规定了"救助措施与法律责任"。

一、救助措施

所谓救助，是指有关救助主体对遭受婚姻家庭领域内违法行为侵害的受害人给予援救及帮助。

（一）救助主体

根据《婚姻法》第43条、第44条、第45条、第47条、第48条的规定，救助主体分为两类：一是民间救助主体，包括居民委员会、村民委员会及受害人所在单位；二是官方救助主体，包括公安机关、人民检察院和人民法院。不同的救助主体应当依其性质和职权采取相应的救助措施，给予救助是救助主体的义务。

（二）救助措施

根据《婚姻法》的规定，相应的救助主体可以采取如下救助措施。

1.劝阻、调解

根据《婚姻法》第43条、第44条的规定，对实施家庭暴力或虐待家庭成员，受害人有权提出请求，居民委员会、村民委员会以及所在单位应当予以劝阻、调解；对正在实施的家庭暴力，受害人有权提出请求，居民委员会、村民委员会应当予以劝阻；对遗弃家庭成员，受害人有权提出请求，居民委员会、村民委员会以及所在单位应当予以劝阻、调解。可见，劝阻和调解是民间救助主体所采取的两种主要救助措施。这种救助方式虽属于民间解决纠纷的方式，但却能有效地防止矛盾的进一步激化，在纠纷的解决上具有及时、快速、彻底的优点。

2. 制止

《婚姻法》第43条第2款规定，对正在实施的家庭暴力，受害人有权提出请求，公安机关应当予以制止。在司法解释上，如果受害人无法或无力亲自请求救助，由他人举报的，公安机关亦应派人前往，制止正在实施的家庭暴力等违法行为。制止违法行为、维护自然人的合法权益是公安机关的应尽职责。公安机关依职权制止家庭暴力等违法行为的，相关当事人应当服从。

3. 行政处罚

《婚姻法》第43条第3款规定，实施家庭暴力或虐待家庭成员，受害人提出请求的，公安机关应当依照治安管理处罚的法律规定予以行政处罚。公安机关的行政处罚只能针对尚未构成犯罪的违法行为实施；如果家庭暴力行为或虐待行为构成犯罪的，公安机关应当依法立案侦查，追究侵害者的刑事责任。

4. 强制执行

《婚姻法》第48条规定："对拒不执行有关扶养费、抚养费、赡养费、财产分割、遗产继承、探望子女等判决或裁定的，由人民法院依法强制执行。有关个人和单位应负协助执行的责任。"强制执行是人民法院依职权采取的救助措施，人民法院可以依职权主动采取，也可以依申请人的申请而决定采取。

二、法律责任

《婚姻法》规定的法律责任有三种，即民事责任、行政责任和刑事责任。

（一）民事责任

关于民事责任,《婚姻法》主要规定了以下三种：一是遗弃家庭成员产生的民事责任。《婚姻法》第44条第2款规定："对遗弃家庭成员，受害人提出请求的，人民法院应当依法作出支付扶养费、抚养费、赡养费的判决。"二是因离婚而产生的损害赔偿责任。《婚姻法》第46条规定："有下列情形之一，导致离婚的，无过错方有权请求损害赔偿:（一）重婚的;（二）有配偶者与他人同居的;（三）实施家庭暴力的;（四）虐待、遗弃家庭成员的。"三是因离婚时一方以隐藏、转移等手段损害夫妻共同财产而产生的民事责任。《婚姻法》第47条规定："离婚时，一方隐藏、转移、变卖、毁损夫妻共同财产，或伪造债务企图侵占另一方财产的，分割夫妻共同财产时，对隐藏、转移、变卖、毁损夫妻共同财产或伪造债务的一方，可以少分或不分。离婚后，另一方发现有上述行为的，可以向人民法院提起诉讼，请求再次分割夫妻共同财产。”

（二）行政责任

亲属关系虽然是民事关系，属于私法领域，但《婚姻法》为打击婚姻家庭关系中的违法行为，也规定了相应机关有权追究相关责任人员的行政责任。例如，《婚姻法》第43条第3款规定：“实施家庭暴力或虐待家庭成员，受害人提出请求的，公安机关应当依照治安管理处罚的法律规定予以行政处罚。”

（三）刑事责任

在亲属之间，如果违法行为构成犯罪的，应当追究行为人的刑事责任。《婚姻法》第45条规定：“对重婚的，对实施家庭暴力或虐待、遗弃家庭成员构成犯罪的，依法追究刑事责任。受害人可以依照刑事诉讼法的有关规定，向人民法院自诉；公安机关应当依法侦查，人民检察院应当依法提起公诉。”《刑法》规定的涉及婚姻家庭领域的犯罪主要包括：杀害、伤害、虐待、遗弃、拐卖家庭成员，暴力干涉婚姻自由，重婚等。《刑法》针对上述犯罪行为的定罪、量刑分别作出了明确规定，构成犯罪者要承担相应的刑事责任。

课堂讨论案例

【案例1】 甲男于2000年在某民政学校毕业后，分配至A市某街道办事处担任婚姻登记员。其在21岁时欲与本市女青年乙登记结婚，但因乙在邻近的B县工作，且经常出差，甲便在乙未到场的情况下，给自己与乙开具了结婚证。乙凭着此结婚证在单位申请了住房，逢年过节甲也经常到B县与乙团聚。2004年，甲利用自己是婚姻登记员的便利，又与A市另一女青年丙领取了结婚证。因为甲经常借故不与乙见面，引起乙的怀疑。后乙终于发现甲与丙领取了结婚证，遂以甲、丙构成重婚罪为由到人民法院起诉。人民法院经审理后认为，甲在未达法定结婚年龄且乙未到场的情况下领取了结婚证，其与乙的婚姻属违法婚姻，因此不构成重婚。乙不服，向上级人民法院提出上诉。

问：①一审法院的判决是否正确？②甲的行为应如何定性？③丙的行为应如何定性？

【案例2】 甲的父亲与乙的祖母是兄妹关系，甲是表叔，乙是侄女。后乙被丙夫妇收养，并办理了收养登记手续。现甲、乙申请结婚登记，但婚姻登记机关以双方存在禁止结婚的亲属关系为由，不予办理登记。

问：①甲、乙之间发生何种亲属关系？②如何计算甲、乙之间的亲等？

【案例3】 甲妻早丧，有婚生子乙和养女丙。乙、丙成年后产生恋情欲登记结婚，但甲表示强烈反对。因阻止无效，甲决定断绝与乙、丙的父母子女关系，并与乙、丙分别签订了父母子女关系终止协议，但没有办理相关手续。后甲要求乙、丙履行赡养义务，乙、丙则以与甲的父母子女关系终止为由拒绝履行赡养义务。

问：①甲、乙之间的生父子关系能否协议终止？②甲、丙之间的养父女关系能否协议终止？

【案例4】 2002年12月20日，甲、乙双方具备结婚条件但未办理结婚登记即以夫妻名义同居生活，后于2006年8月10日补办了结婚登记。2007年10月8日，甲向人民法院提起离婚诉讼，经人民法院调解双方达成离婚协议后，甲、乙分别于2007年11月12日和11月15日日签收了离婚调解书。

问：①双方的配偶关系于何时发生？②双方的配偶关系于何时终止？

一、单项选择题

1. 依据亲属关系产生的原因不同，现代亲属关系可以分为（　）。
   A. 直系亲与旁系亲
   B. 配偶、血亲和姻亲
   C. 直系血亲与直系姻亲、旁系血亲与旁系姻亲
   D. 配偶、自然血亲和拟制血亲
2. 我国《婚姻法》中采用的计算亲属关系亲疏远近的方法是（　）。
   A. 罗马法计算法
   B. 寺院法计算法
   C. 以“代”作为计算亲属关系的基本单位
   D. 以上方法综合运用
3. 下列措施中，不属于《婚姻法》中规定的救助措施是（　）
   A. 公安机关的制止　　B. 公安机关的行政处罚
   C. 人民法院的强制执行　　D. 人民法院的调解

二、多项选择题

1. 下列关于“亲属法上的亲属”的阐释，正确的有（　）。
   A. 亲属之间具有固定的身份和称谓
   B. 亲属关系只能产生于特定的法律事实
   C. 亲属之间具有法定的权利和义务关系
   D. 社会学意义上的亲属与法律意义上的亲属相比，范围要广泛得多
2. 下列原则中，属于亲属法基本原则的有（　）。
   A. 婚姻自由原则　　B. 一夫一妻原则

Note

C. 男女平等原则　　　　D. 计划生育原则

3. 下列说法中正确的有（　）。

A. 在我国，叔伯与侄子女之间虽然具有社会学意义上的亲属关系，但他们之间并不具有法定的权利义务关系

B. 我国《婚姻法》采用的是罗马法亲等计算法

C. 同父异母的兄弟姐妹是二代旁系血亲

D. 自然血亲只能因一方死亡而终止，拟制血亲除因一方死亡外，还可因依法解除等法律行为而终止

4. 下列行为中，违反亲属法基本原则的有（　）。

A. 甲男与乙女于2009年登记结婚，婚后两人分别外出打工，甲于2012年在其打工所在城市与丙女同居至今，但甲并未与丙结婚，亦未以夫妻名义同居

B. 家境贫寒的丁男与戊女自由恋爱三年准备结婚，戊女父母称，结婚可以，但必须先支付彩礼人民币2万元

C. 甲男与乙女结婚后，甲要求乙辞职在家专心照顾家庭，乙同意后辞去工作成为全职太太，甲外出工作赚钱养家

D. 甲男与乙女结婚后，甲要求乙辞职在家专心照顾家庭，甲外出赚钱养家。乙辞职后，甲说："这个家是我在挣钱养着，家里事我说了算。"甲并以乙不挣钱为由不允许乙向父母支付赡养费用

三、不定项选择题

1. 下列说法中正确的有（　）。

A. 亲属关系只能产生于血缘、法律拟制和婚姻三个特定的法律事实

B. 亲属关系的法律效力仅体现为亲属法上的效力和其他民事法上的效力

C. 有配偶者与婚外异性持续、稳定地共同居住，但未以夫妻名义进行，不违反一夫一妻原则

D. 保护妇女、儿童和老人合法权益原则与男女平等原则，从某种程度上说是矛盾的

2. 下列选项中，属于我国亲属法的渊源的有（　）。

A. 婚姻法　　　　B. 收养法

C. 最高人民法院的有关司法解释　　　　D. 某些亲属习惯

3.《婚姻法》规定的法律责任有（　）。

A. 民事责任　　　　B. 行政责任

C. 刑事责任　　　　D. 宪法责任

四、辨析题

1. 亲系与亲等。

2. 包办婚姻与买卖婚姻。

3. 重婚与有配偶者与他人同居。

4. 家庭暴力与虐待家庭成员。

五、简答题

1. 亲属的特点。
2. 亲属包括哪些种类?
3. 亲系的划分。
4. 婚姻自由原则。
5. 一夫一妻原则。

第二章 结婚制度

知识结构图

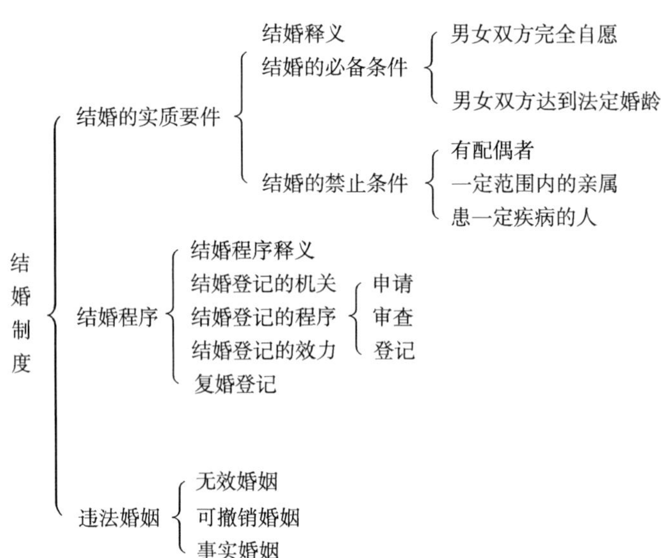

内容导读

结婚是男女双方确立夫妻关系的民事行为。因此，一个有效婚姻关系的确立，必须满足一定的生效要件。婚姻法上的结婚生效要件包括实质要件和形式要件两个方面，二者缺一不可。否则，即使有男女双方共同生活的事实，其婚姻关系仍将被确认为无效或撤销，且不发生夫妻之间的权利义务关系。

司法考试要点

结婚的概念和特征；结婚的条件（结婚的法定条件和禁止条件）；结婚登记；无效婚姻（无效婚姻的概念和范围、确认婚姻无效的程序、无效婚姻的法律后果）；可撤销婚姻（可撤销婚姻的概念、请求撤销的程序、行使撤销权的法定期间）；事实婚姻（事实婚姻的认定和效力、事实婚姻关系和同居关系的处理）。

在历年考题中，本章涉及的问题主要包括结婚的条件、事实婚姻与非法同居关系的认定和处理、无效婚姻、可撤销婚姻等。

第一节 结婚的实质要件

一、结婚释义

事例2-1 甲32周岁，结婚5年，其妻于3年前离家出走，至今未归。2005年3月，甲看中了自己19周岁的表妹乙，于是要乙和他结婚，不然就要毁其容貌。乙迫于威胁，不得已和甲结婚。

结婚又称婚姻的成立或婚姻的缔结，是指男女双方依法确立夫妻关系的民事行为。一个合法有效的结婚行为具有以下三个特点。

（一）结婚行为的主体须是异性

结婚的目的之一是繁衍后代，实现人口的再生产。根据人的生物学特点，只有异性结婚才能实现这一目的。同性成婚，违背了人的自然属性和性本能，是没有意义的。

理论争鸣

关于同性能否结婚的问题，理论上有不同的观点。一种观点认为，一些国家的立法已经承认了同性恋、同性结婚为合法，我国也应承认同性恋、同性结婚为合法；另一种观点认为，同性结婚违背了婚姻的本质，法律应当禁止同性结婚。

（二）结婚行为须符合法定的结婚条件

既然结婚是一种民事行为，那么，其特定法律效力的发生必须以一定法律条件的满足为前提。不具备法定结婚条件而缔结的婚姻，是不可能发生法定的有效婚姻后果的。

（三）结婚行为的法律效果是夫妻关系的确立

结婚行为以夫妻关系的确立为目的，符合结婚条件的婚姻缔结行为在当事人之间产生特定的法律效果，即夫妻关系的确立。夫妻关系一旦合法有效确立，任何一方当事人不得任意解除。

二、结婚的必备条件

结婚的必备条件又称积极要件，是指结婚当事人必须具备的条件。根据《婚姻法》第5条和第6条的规定，结婚的必备条件包括两个方面，即男女双方完全自愿和达到法定婚龄。

（一）男女双方完全自愿

《婚姻法》第5条规定："结婚必须男女双方完全自愿，不许任何一方对他方加以强迫或任何第三者加以干涉。"该条规定是婚姻自由原则在结婚制度上的具体体现。

"男女双方完全自愿"应当是双方自愿而非一厢情愿，是本人自愿而非他人同意，是完全自愿而非勉强同意。

自愿缔结婚姻关系是婚姻当事人意思表示一致的体现，因此，该自愿的结婚合意还须满足民法上有关意思表示一致和有效的法律要件。

结婚必须男女双方完全自愿，是法律赋予当事人本人的权利。但法律并不排斥当事人的父母或第三人对当事人的婚事提出建议。他人的建议和意见并非对当事人婚姻自由的强制干涉，婚姻当事人可以采纳，也可以不采纳。

在事例2-1中，乙系受甲威胁，才被迫和甲结婚的。在这一婚姻关系的缔结中，仅存在甲的一厢情愿，而不存在乙的完全自愿，因而违背了男女双方完全自愿的结婚条件。

（二）男女双方达到法定婚龄

《婚姻法》第6条规定："结婚年龄，男不得早于二十二周岁，女不得早于二十周岁。晚婚晚育应予鼓励。"该条规定是有关法定婚龄的法律依据。所谓法定婚龄，是指法律规定的男女结婚必须达到的最低年龄下限。换言之，在法定婚龄之上可以结婚，不满法定婚龄不得结婚。确定法定婚龄取决于两个因素：一是自然因素，即自然人的身心成熟程度；二是社会因素，即一定的社会经济发展程度。

法律有关法定婚龄的规定属强制性规范，任何人、任何机构不得随意提高或降低。但为尊重我国少数民族的特有婚俗，《婚姻法》第50条规定："民族自治地方的人民代表大会有权结合当地民族婚姻家庭的具体情况，制定变通规定。"依此授权性规范，民族自治地方可以根据本民族的实际情况，对法定婚龄作变通规定，但该变通规定须报经上级人民代表大会常务委员会批准后方能生效。

在此，须明确法定婚龄与晚婚、晚育年龄之间的关系。一般地说，男25周岁、女23周岁以后结婚为晚婚；女24周岁后生育第一胎为晚育。法定婚龄属强制性规范，当事人必须遵守；而晚婚、晚育年龄属倡导性规定，当事人没有必须遵守的义务。达到法定婚龄的当事人要求结婚的，应予准许，任何单位和个人不得干涉。

在事例2-1中，乙结婚时仅有19周岁，尚未达到法定婚龄要求的20周岁，因此，乙与甲的婚姻关系不符合法律有关法定婚龄的条件要求。

三、结婚的禁止条件

结婚的禁止条件，又称结婚的消极要件或婚姻的障碍，是指法律不允许当事人结婚的各种情形。虽然每个自然人都享有婚姻自由权，但基于婚姻的自然属性和社会属性，有的人结婚会给他人或社会带来不利影响，因而法律有必要对禁止结婚的各种情形作出列举式的明确规定。根据《婚姻法》第7条规定，有下列情形之一的，禁止结婚：①直系血亲和三代以内的旁系血亲；②患有医学上认为不应当结婚的疾病。同时，根据2003年10月1日生效的《中华人民共和国婚姻登记条例》（以下简称《婚姻登记条例》）

第6条的规定，一方或者双方已有配偶的，婚姻登记管理机关不予登记。可见，结婚的禁止条件包括如下三项。

（一）有配偶者

所谓有配偶者，是指有婚姻关系者。《婚姻法》实行一夫一妻原则，禁止重婚。有配偶者在夫妻关系存续期间又与他人结婚的，构成重婚，违反了一夫一妻原则。有配偶者作为禁止结婚的条件，属于结婚的绝对障碍。

在事例2-1中，甲的妻子虽离家出走，但她和甲的婚姻关系并没有终结。因此，甲属于有配偶者，其与乙结婚的行为为法律所禁止。

（二）一定范围内的亲属

禁止一定范围内的亲属结婚，是优生优育学和两性伦理观的要求。根据《婚姻法》第7条第1项的规定，直系血亲和三代以内的旁系血亲，禁止结婚。

1. 直系血亲

直系血亲即父母和子女之间、（外）祖父母和（外）孙子女之间、（外）曾祖父母与（外）曾孙子女之间等，禁止结婚。禁止结婚的直系血亲之间没有世代的限制，凡二人之间具有直系血亲关系，不管世隔几代，均不得结婚。此外，在法律解释上，拟制直系血亲之间也是不得结婚的。养父母与养子女之间、形成抚养关系的继父母与继子女之间，属于法律拟制的直系血亲，他们之间虽无自然血缘关系，但他们的法律地位与亲生父母子女一样，因此，从法理上讲也不得结婚。

2. 三代以内的旁系血亲

三代以内的旁系血亲即同源于祖父母、外祖父母的血亲。禁止结婚的三代以内旁系血亲包括：①同父同母的全血缘的兄弟姐妹、同父异母及同母异父的半血缘兄弟姐妹，他们是同源于父母的同辈分旁系血亲；②堂兄弟姐妹和表兄弟姐妹（姑表兄弟姐妹、舅表兄弟姐妹、姨表兄弟姐妹），他们是同源于祖父母或外祖父母的同辈分旁系血亲；③叔伯与侄女、姑妈与侄子、舅父与外甥女、姨妈与外甥，他们之间是同源于祖父母或外祖父母的不同辈分旁系血亲。依反面解释规则，如果婚姻当事人之间属三代以外旁系血亲关系的，则不论其辈分是否相同，均不在禁止结婚之列。

在事例2-1中，乙系甲的表妹，两人关系属三代以内的旁系血亲，是禁止结婚的。

理论争鸣

关于拟制的直系血亲之间和拟制的三代以内旁系血亲之间能否通婚的问题，理论上有不同的看法。一种观点认为，婚姻法上的“血亲”既包括自然血亲，也包括拟制血亲，因此，拟制的直系血亲和拟制的三代以内旁系血亲也不得通婚。另一种观点认为，婚姻法上禁止一定范围内的亲属结婚，是从优生优育的立场出发的。禁婚亲属应仅指自然血亲，而不包括拟制血亲，因此，拟制的直系血亲和拟制的三代以内旁系血亲不在禁止通婚之列。

（三）患一定疾病的人

禁止患有一定疾病的人结婚的目的，在于保护婚姻当事人的个人利益和社会公共利益。根据《婚姻法》第7条第2项的规定，“患有医学上认为不应当结婚的疾病”者禁止结婚。由该条规定的内容可见，我国现行立法对禁止结婚的疾病完全采用概括性规定，而不再有任何的例示性列举规定。因此，哪些疾病应当禁止结婚，应以医学上的鉴定为准。目前，医学上认为不应当结婚的疾病主要包括两类：第一类是严重的精神方面的疾病，如精神分裂症、躁狂抑郁型精神病以及其他重型精神病、先天性痴呆病等；第二类是重大不治且有传染性或遗传性的身体方面的疾病，如麻风病等。当然，曾经患有医学上认为不应当结婚的疾病但已经治愈者，依法可以结婚。

当事人婚前患有医学上认为不应当结婚的疾病而领取了结婚证的，如果婚后疾病未能治愈的，构成宣告婚姻无效的事由之一。但一方于婚后患有某种不宜结婚的疾病的，不在此限。若当事人一方要求解除婚姻关系，应按离婚处理。

理论争鸣

有生理缺陷不能发生性行为者是否禁止结婚？对此，一种观点认为，应禁止不能为性行为者结婚，因为婚姻关系是以两性关系为基础的，若允许不能为性行为者结婚，与婚姻之自然基础有悖；另一种观点认为，性生活仅是夫妻生活的一部分，若婚前一方明知对方有生理缺陷不能发生性行为而仍自愿与之结婚的，法律不应强行禁止。

第二节 结婚程序

事例2-2 甲和乙经人介绍，于2002年准备结婚，但不知道该如何履行法定的手续。乙认为只要在家里举行结婚仪式，并通知亲朋好友，两人就可以宣告结婚；甲则认为应当进行登记，但不知道去哪儿登记。

一、结婚程序释义

结婚程序是婚姻关系成立的法定手续。《婚姻法》第8条规定：“要求结婚的男女双方必须亲自到婚姻登记机关进行结婚登记。符合本法规定的，予以登记，发给结婚证。取得结婚证，即确立夫妻关系。未办理结婚登记的，应当补办登记。”依此规定，结婚登记是合法有效婚姻成立的唯一形式，任何其他的结婚形式都不会产生有效婚姻的法律效力。

在事例2-2中，乙认为在家里举行仪式并通知亲朋好友就可以宣告结婚的想法，显然是错误的，而甲认为应当进行结婚登记的想法才是正确的。

二、结婚登记的机关

关于结婚登记的机关，《婚姻登记条例》第2条规定：“内地居民办理结婚登记的机关是县级人民政府民政部门或者乡（镇）人民政府，省、自治区、直辖市人民政府可以按照便民原则确定农村居民办理婚姻登记的具体机关。中国公民同外国人、内地居民同香港特别行政区居民（以下简称香港居民）、澳门特别行政区居民（以下简称澳门居民）、台湾地区居民（以下简称台湾居民）、华侨办理婚姻登记的机关是省、自治区、直辖市人民政府民政部门或者省、自治区、直辖市人民政府民政部门确定的机关。”其第4条规定：“内地居民结婚，男女双方应当共同到一方当事人常住户口所在地的婚姻登记机关办理结婚登记。中国公民同外国人在中国内地结婚的，内地居民同香港居民、澳门居民、台湾居民、华侨在中国内地结婚的，男女双方应当共同到内地居民常住户口所在地的婚姻登记机关办理结婚登记。”

在事例2-2中，乙和甲应当根据《婚姻登记条例》第2条和第4条的规定，到当地婚姻登记机关办理结婚登记。如果他们自己无力确定具体的登记机关，可以到当地民政部门进行咨询。

三、结婚登记的程序

结婚登记的步骤分为申请、审查和登记三个阶段。

（一）申请

申请，是指自愿结婚的男女双方应共同到一方的常住户口所在地的婚姻登记机关申请结婚登记。结婚双方当事人必须同时、亲自到场，不能由一方单独申请，也不能委托他人代理。根据《婚姻登记条例》第5条的规定，申请结婚的当事人应当出具相应的证件和证明材料。

办理结婚登记的内地居民应当出具下列证件和证明材料：①本人的户口簿、身份证；②本人无配偶以及与对方当事人没有直系血亲和三代以内旁系血亲关系的签字声明。

办理结婚登记的香港居民、澳门居民、台湾居民应当出具下列证件和证明材料：①本人的有效通行证、身份证；②经居住地公证机构公证的本人无配偶以及与对方当事人没有直系血亲和三代以内旁系血亲关系的声明。

办理结婚登记的华侨应当出具下列证件和证明材料：①本人的有效护照；②居住国公证机构或者有权机关出具的、经中国驻该国使（领）馆认证的本人无配偶以及与对方当事人没有直系血亲和三代以内旁系血亲关系的证明，或者中国驻该国使（领）馆出具的本人无配偶以及与对方当事人没有直系血亲和三代以内旁系血亲关系的证明。

办理结婚登记的外国人应当出具下列证件和证明材料：①本人的有效护照或者其他有效的国际旅行证件；②所在国公证机构或者有权机关出具的、经中国驻该国使（领）馆认证或者该国驻华使（领）馆认证的本人无配偶的证明，或者所在国驻华使（领）馆出具的本人无配偶的证明。

（二）审查

审查，是指婚姻登记机关依法对当事人的结婚申请进行审核、查实。结婚审查的目的，在于查实当事人所欲缔结的婚姻关系是否具有法律所禁止的结婚情形。在收到当事人的结婚申请后，婚姻登记人员应对当事人宣讲法律规定的相关内容，查验当事人所提供的证件是否真实、完整，询问当事人的结婚意思表示是否真实自愿，要求当事人双方各自填写一份《申请结婚登记声明书》并亲笔签名。

（三）登记

婚姻登记人员对当事人提交的证件、证明、声明进行审查后，如双方符合结婚条件的，应当场予以登记，发给结婚证。当事人从领取结婚证起，夫妻关系即为确立。至于当事人是否还要按民俗举行一定的结婚仪式，则与婚姻效力无关。根据《婚姻登记条例》第6条的规定，在审查中，办理结婚登记的当事人有下列情形之一的，婚姻登记机关不予登记：①未到法定结婚年龄的；②非双方自愿的；③一方或双方已有配偶的；④属于直系血亲或者三代以内旁系血亲的；⑤患有医学上认为不应当结婚的疾病的。婚姻登记机关对于当事人不符合结婚条件不予登记的，应当向当事人说明理由。

四、结婚登记的效力

事例2-3　甲、乙系夫妻，两人感情不和，长期争吵，一天于争吵中乙将结婚证撕毁，声称两人已经离婚。

根据《婚姻法》第8条的规定，取得结婚证，即确立夫妻关系，亦即只要男女双方履行了结婚登记手续，取得结婚证，当事人之间就形成了合法有效的夫妻关系。无论他们是否举行婚礼，也无论他们是否同居生活，他们都是合法的夫妻，其夫妻之间的合法权益受法律保护。婚姻关系一旦缔结，任何一方当事人不得任意解除，如果一方翻悔要求解除婚姻关系的，须按法定的离婚程序办理。

结婚证是婚姻登记机关签发的证明婚姻关系成立和存续的法律文书，如果当事人遗失或损毁结婚证的，依《婚姻登记条例》第17条的规定，当事人可以持户口簿、身份证向原办理婚姻登记的机关或者一方当事人常住户口所在地的婚姻登记机关申请补领。婚姻登记机关对当事人的婚姻登记档案进行查证，确认属实的，应当为当事人补发结婚证。

在事例2-3中，甲和乙经法定的结婚登记程序已经缔结了合法有效的婚姻关系，二者婚姻关系的解除也只有通过法定的离婚程序方能生效。结婚证是结婚的证明文书而非婚姻法律关系本身，因此，乙虽将结婚证毁损，但两人的婚姻关系并未解除，两人仍是夫妻关系。

五、复婚登记

男女双方离婚后又复婚的，前一次婚姻关系已经终结，复婚是一次新的婚姻关系的缔结。《婚姻法》第35条规定："离婚后，男女双方自愿恢复夫妻关系的，必须到婚姻登记机关进行复婚登记。"《婚姻登记条例》第14条规定："离婚的男女双方自愿恢复夫妻关系的，应当到婚姻登记机关办理复婚登记。复婚登记适用本条例结婚登记的规定。"

理论争鸣

关于取消作为婚姻登记的必要条件之一的婚前健康检查是否妥当的问题，理论上存在不同认识。一种观点认为，取消婚检，简化了结婚程序，方便了当事人，是正确的；另一种观点认为，取消婚检并不妥当，因为这将导致新生儿缺陷率上升的不良后果。

第三节 违法婚姻

结婚是一种民事行为，与一般民事行为一样，结婚也存在合法与违法的问题。违法婚姻，是相对于合法婚姻而言的，是指不具备或不完全具备结婚的实质要件和形式要件，从而在效力上存在瑕疵的婚姻。在我国婚姻法上，违法婚姻有三种表现形式，即无效婚姻、可撤销婚姻和事实婚姻。

一、无效婚姻

事例2-4　甲男20周岁、乙女20周岁，双方于2004年12月结婚，婚后经人检举，认为甲未达法定婚龄，于是2005年4月当地基层组织向人民法院申请宣告其婚姻无效。

（一）无效婚姻释义

无效婚姻，是指欠缺婚姻成立的实质要件，从而不具有合法婚姻效力的男女两性结合。无效婚姻是由结婚行为的无效引起的。在法律上确立无效婚姻制度，其目的在于保证法定的结婚条件得到遵守，从而促进和保护合法婚姻关系的建立。

（二）无效婚姻的原因

宣告婚姻无效，是一种非常严厉的民事法律后果，因此，法律对无效婚姻的原因或事由应作出明确的规定。《婚姻法》第10条规定："有下列情形之一的，婚姻无效：（一）重婚的；（二）有禁止结婚的亲属关系的；（三）婚前患有医学上认为不应当结婚的疾病，婚后尚未治愈的；（四）未达法定婚龄的。"从法律解释的角度讲，该条规定在立法技术上未设"兜底条款"，换言之，除以上法律明确列举的无效婚姻的四种情形之外，不存在其他的婚姻无效原因。最高人民法院《关于适用〈中华人民共和国婚姻法〉若干问题的解释（三）》（以下简称《婚姻法解释（三）》）第1条规定："当事人以婚姻法第十条规定以外的情形申请宣告婚姻无效的，人民法院应当判决驳回当事人的申请。""当事人以结婚登记程序存在瑕疵为由提起民事诉讼，主张撤销结婚登记的，告知其可以依法申请行政复议或者提起行政诉讼。"按照该规定，当事人依《婚姻法》第10条规定以外的情形申请宣告婚姻无效的，人民法院应当判决驳回当事人的申请；当事人对结婚登记程序瑕疵的婚姻，不能行使婚姻无效请求权，但可依法申请行政复议或者提起行政诉讼，通过行政程序撤销程序违法的登记婚姻。这一立法模式限制了有权宣告婚姻无效的机关的自由裁量权，有利于婚姻家庭关系的稳定，在立法政策的选择上是值得肯定的。

须注意的是，无效婚姻的原因具有相对性，其无效后果并非绝对不可逆。《婚姻法解释（一）》第8条规定：“当事人依据婚姻法第十条规定向人民法院申请宣告婚姻无效的，申请时，法定的无效婚姻情形已经消失的，人民法院不予支持。”这条司法解释的规定，揭示了婚姻的无效与一般民事行为无效的一个重大区别。一般民事行为的无效是自始的、绝对的、确定的、当然的、永远的无效，并且其无效是不可逆的，亦即不可能由无效再转变为有效。但婚姻的无效却不然，其无效具有相对性、不确定性和可逆性。一桩效力受到质疑的婚姻是否无效，固然应追查其缔结时是否具备无效的原因，但缔结时即使存在无效的法定原因，也并不必然影响到婚姻的有效性。因此，当事人提出申请宣告婚姻无效的，人民法院应以在申请时无效婚姻的情形是否存在为判断标准。如果在申请时，无效婚姻的情形仍然存在，则人民法院应宣告婚姻无效；如果在申请时，无效婚姻的情形已不存在，则婚姻应为有效而非无效。可见，无效婚姻的情形会因时间的经过而被矫正，本来无效的婚姻可转变为有效婚姻。

在事例2-4中，甲到2005年4月被申请宣告婚姻无效之时仍未满22周岁，未达法定婚龄，无效婚姻情形并未消除，因此，人民法院应宣告其婚姻无效。

理论争鸣

关于是否所有的四种无效婚姻的原因都具有可逆性的问题，理论上存在争议。一种观点认为，无效婚姻的四种无效原因都具有不可逆性，不能因时间的经过而成为有效婚姻；另一种观点认为，重婚的婚姻和禁婚亲属之间的婚姻，其无效的原因不因时间的延续或情况的变化而消失，因而这两种无效婚姻的原因具有不可逆性，而其他两种无效婚姻则具有可逆性。

（三）申请宣告婚姻无效的主体

根据《婚姻法解释（一）》第7条的规定，有权依据《婚姻法》第10条规定向人民法院就已办理结婚登记的婚姻申请宣告婚姻无效的主体除婚姻当事人外，还包括利害关系人，具体为：①以重婚为由申请宣告婚姻无效的，为当事人的近亲属及当地基层组织；②以未到法定婚龄为由申请宣告婚姻无效的，为未达法定婚龄者的近亲属；③以有禁止结婚的亲属关系为由申请宣告婚姻无效的，为当事人的近亲属；④以婚前患有医学上认为不应当结婚的疾病，婚后尚未治愈为由申请宣告婚姻无效的，为与患病者共同生活的近亲属。可见，无效婚姻的原因不同，申请宣告婚姻无效的主体也不相同。

在事例2-4中，甲和乙的婚姻无效的原因属未达法定婚龄，因此，有权申请宣告其婚姻无效的主体应当是甲、乙本人和甲的近亲属，基层组织不具有申请主体资格。

（四）无效婚姻请求权的行使期间

我国《婚姻法》对于无效婚姻请求权行使的期间，没有作出明确规定。最高人民法院《关于适用〈中华人民共和国婚姻法〉若干问题的解释（二）》(以下简称《婚姻法解释（二）》) 第5条规定：“夫妻一方或者双方死亡后一年内，生存一方或者利害关系人依据婚姻法第十条的规定申请宣告婚姻无效的，人民法院应当受理。”依此规定，在司法解释上：其一，于当事人生存期间，只要无效婚姻的原因没有消除，申请主体便可提出宣告婚姻无效的申请；其二，如果当事人一方或者双方死亡的，须在其死亡后1年内提出申请。该1年期间为除斥期间，不得中止、中断和延长。

在事例2-4中，在甲达到法定婚龄之前，有权的申请主体都可以提出宣告婚姻无效的申请。但根据《婚姻法解释（一）》第8条的规定，在甲达到法定婚龄之后，其婚姻即转变为有效婚姻，不得再被申请宣告为无效婚姻。

（五）无效婚姻的宣告机关

我国《婚姻法》未明确规定无效婚姻的法定宣告机关，但根据《婚姻法解释（一）》第7条的规定，有权申请宣告婚姻无效的人应向人民法院申请宣告婚姻无效。因此，无效婚姻的宣告机关只能是人民法院，其他任何单位和个人都无权宣告婚姻无效。

（六）无效婚姻的宣告程序

无效婚姻只能经诉讼程序由人民法院依法宣告无效。因宣告婚姻无效事关当事人的重大切身利益，并会对家庭和社会公益产生不同程度的负面影响，所以，人民法院应适用特别程序而非普通程序和简易程序审理宣告婚姻无效的案件。

启动无效婚姻宣告程序的途径有两种：①依《婚姻法解释（一）》第7条的规定，由婚姻当事人或利害关系人通过起诉的方式，请求人民法院启动宣告程序；符合立案条件的，由人民法院立案审理。②依《婚姻法解释（二）》第3条的规定，人民法院受理离婚案件后，经审查确属无效婚姻的，应当将婚姻无效的情形告知当事人，并依法作出宣告婚姻无效的判决。在第一种途径下，人民法院审理婚姻无效案件适用“不告不理”原则；而在第二种途径下，人民法院的无效宣告带有一定的司法能动性，是人民法院主动监督婚姻效力的职权行为。

依《婚姻法解释（二）》第2条的规定，“人民法院受理申请宣告婚姻无效案件后，经审查确属无效婚姻的，应当依法作出宣告婚姻无效的判决。原告申请撤诉的，不予准许”。之所以作出这一规定，是因为无效婚姻违反了《婚姻法》的强制性规定，事关公益，因此，起诉后当事人不得任意处分其诉权。

依《婚姻法解释（一）》第9条的规定，“人民法院审理宣告婚姻无效案件，对婚姻效力的审理不适用调解，应当依法作出判决；有关婚姻效力的判决一经作出，即发生法律效力。涉及财产分割和子女抚养的，可以调解。调解达成协议的，另行制作调解书。对财产分割和子女抚养问题的判决不服的，当事人可以上诉”。依《婚姻法解释（二）》第4条的规定，

Note

“人民法院审理无效婚姻案件，涉及财产分割和子女抚养的，应当对婚姻效力的认定和其他纠纷的处理分别制作裁判文书”。结合以上两条司法解释的规定，可以得出以下四点认识：①宣告婚姻无效的诉讼不适用调解原则。无效婚姻违反的是强制性法律规定，事关公益，当事人无权处分，人民法院也无自由裁量的权力。②财产分割和子女抚养是当事人可以协议处分的利益，因此，可以适用调解原则。③宣告婚姻无效的判决适用一裁终局原则，不允许上诉。婚姻关系的特殊身份性质决定了对其效力的司法认定不允许再起争执，否则，于当事人的个人利益和社会公共利益都会有所损害。④宣告婚姻无效与裁决财产纠纷和子女抚养，属不同性质的独立诉因，因此，应分别作出裁决，分别制作裁判文书。

申请宣告婚姻无效之诉，相对于离婚之诉在审理上具有优先性。《婚姻法解释（二）》第7条第1款对此作出了规定：“人民法院就同一婚姻关系分别受理了离婚和申请宣告婚姻无效案件的，对于离婚案件的审理，应当待申请宣告婚姻无效案件作出判决后进行。”之所以作此规定，是因为一桩婚姻一旦被宣告无效之后，便不存在离婚问题，而离婚是以有效婚姻的存在为前提的。这样规定既是提高司法效率的要求，也是审判逻辑的自然结果。

（七）无效婚姻的法律后果

《婚姻法》第12条对无效婚姻的法律后果作出了如下规定：“无效或被撤销的婚姻，自始无效。当事人不具有夫妻的权利和义务。同居期间所得的财产，由当事人协议处理；协议不成时，由人民法院根据照顾无过错方的原则判决。对重婚导致的婚姻无效的财产处理，不得侵害合法婚姻当事人的财产权益。当事人所生的子女，适用本法有关父母子女的规定。”依此规定，无效婚姻将产生以下四个方面的法律后果。

1.时间上的效力

依《婚姻法》第12条的规定，无效婚姻，自始无效。《婚姻法解释（一）》第13条规定：“婚姻法第十二条所规定的自始无效，是指无效或者可撤销婚姻在依法被宣告无效或被撤销时，才确定该婚姻自始不受法律保护。”可见，无效婚姻虽然自始无效，但并非自始“当然”无效。无效婚姻是已办理结婚登记的婚姻，其法律上的形式要件并不欠缺，因此，不论是当事人还是其他机关，都无权确认已登记婚姻的效力。只有经人民法院依法宣告婚姻无效后，才会产生婚姻自始无效的后果。

2.身份关系上的效力

《婚姻法解释（一）》第14条规定：“人民法院根据当事人的申请，依法宣告婚姻无效或者撤销婚姻的，应当收缴双方的结婚证书并将生效的判决书寄送当地婚姻登记管理机关。”婚姻有效是确立夫妻关系的前提，无效婚姻并不导致缔结夫妻关系的法律效果，人民法院收缴结婚证书就是对无效婚姻中夫妻关系的否定。既然无效婚姻当事人之间不具有夫妻身份，相互之间也就不会产生夫妻关系上的有关身份和财产方面的权利义务，也不发生因结婚而引起的近亲属之间的权利和义务。

3.财产分割上的效力

《婚姻法解释（一）》第15条规定：“被宣告无效或被撤销的婚姻，当事人同居期间所得的财产，按共同共有处理。但有证据证明为当事人一方所有的除外。”结合《婚姻法》第12条的规定，对无效婚姻所产生的财产分割效力，应从以下几个方面加以理解：①不适用《婚姻法》中有关夫妻财产制的规定。夫妻财产制是针对有效婚姻而言的，因此，无效婚姻当然不予适用。②在财产分割时，以协议分割为原则，判决分割为例外。③若是判决分割，则推定为当事人共同共有，主张个人所有的要承担举证责任。④照顾无过错方利益，从而使导致婚姻无效后果的一方承担不利后果。⑤注意保护合法婚姻当事人的合法权益。为此,《婚姻法解释（一）》第16条规定：“人民法院审理重婚导致的无效婚姻案件时，涉及财产处理的，应当准许合法婚姻当事人作为有独立请求权的第三人参加诉讼。”

4.亲子关系上的效力

无效婚姻并不影响父母子女间的亲子关系，他们的关系仍然适用《婚姻法》中有关父母子女关系的规定。父母可以就子女抚养问题达成协议；协议不成的，由人民法院判决。

理论争鸣

关于无效婚姻所生子女的法律地位问题，理论上有不同的认识。一种观点认为，无效婚姻所生子女应视为非婚生子女；另一种观点认为，无效婚姻所生子女应视同为婚生子女。

二、可撤销婚姻

事例2-5　2003年3月，甲看中打工妹乙，于是开始追求乙。在遭到乙的拒绝后，甲便以毁坏乙的名誉为要挟，要求乙嫁给他。在甲的威胁之下，乙不得已嫁给甲。婚后，甲经常将乙锁在家里，防止其逃跑。2005年8月，乙趁甲不注意，逃了出来。事后，乙的父母向人民法院申请撤销该婚姻。

（一）可撤销婚姻释义

可撤销婚姻，是指虽然符合婚姻成立的形式要件但欠缺婚姻成立的实质要件，依法享有撤销请求权的人可以向有权机关请求撤销婚姻关系的婚姻。

《婚姻法》第11条规定：“因胁迫结婚的，受胁迫的一方可以向婚姻登记机关或人民法院请求撤销该婚姻。受胁迫的一方撤销婚姻的请求，应当自结婚登记之日起一年内提出。被非法限制人身自由的当事人请求撤销婚姻的，应当自恢复人身自由之日起一年内提出。”可撤销婚姻制度赋予撤销请求权人以婚姻撤销选择权，体现了婚姻法对婚姻当事人婚姻自由权利的保护。

可撤销婚姻是民法上可撤销民事行为在婚姻法中的具体体现，因此，

《婚姻法》对可撤销婚姻没有特别规定的，应适用民法上有关可撤销民事行为的规则和原理。

（二）可撤销婚姻的撤销原因

依《婚姻法》第11条的规定，可撤销婚姻的撤销原因只有一种，即受胁迫而缔结的婚姻。可见，可撤销婚姻的撤销原因要窄于民法上可撤销民事行为的撤销原因，后者还包括欺诈、乘人之危、重大误解等。《婚姻法解释（一）》第10条第1款规定："婚姻法第十一条所称的'胁迫'，是指行为人以给另一方当事人或者其近亲属的生命、身体健康、名誉、财产等方面造成损害为要挟，迫使另一方当事人违背真实意愿结婚的情况。"在胁迫结婚的情况下，受胁迫方的结婚意思表示处于一种不自由的状态，违反了婚姻自由原则，因此，法律赋予受胁迫方撤销婚姻关系的权利。

在事例2-5中，甲以损害乙的名誉为要挟，迫使乙违背真实意愿与其结婚，属于可撤销婚姻。

（三）可撤销婚姻的请求权人

婚姻关系事关婚姻当事人的身份利益，因受胁迫而结婚的一方当事人是否有意撤销婚姻，应尊重其自主意愿。因此，在可撤销婚姻中，享有撤销权的人只能是受胁迫的一方。在现实生活中，并不排除在婚姻缔结时有胁迫因素，而在婚后的共同生活中，确实产生深厚的夫妻感情的情形。因此，非受胁迫当事人之外的其他人不得请求撤销婚姻。《婚姻法解释（一）》第10条第2款明确规定："因受胁迫而请求撤销婚姻的，只能是受胁迫一方的婚姻关系当事人本人。"结合《婚姻法》第11条的规定，即使请求权人暂时处于被非法限制人身自由的状态，其他人也不得代其提出撤销婚姻的申请。

在事例2-5中，乙是婚姻关系中的受胁迫方，因此，只有乙有权申请撤销婚姻，乙的父母无权申请撤销乙与甲的婚姻。

（四）可撤销婚姻的请求权行使期间

可撤销婚姻并非绝对无效的婚姻，如果可撤销婚姻长期处于是否撤销并不明确的状态，将影响婚姻家庭关系的稳定。为此，《婚姻法》第11条明确规定，申请撤销婚姻的请求权的行使期间是1年，自受胁迫方可得行使请求权之日起计算。《婚姻法解释（一）》第12条规定："婚姻法第十一条规定的'一年'，不适用诉讼时效中止、中断或者延长的规定。"因此，婚姻撤销请求权的行使期间在性质上是除斥期间而非诉讼时效。

在事例2-5中，当乙处于被非法限制人身自由的状态时，其请求撤销婚姻的请求权的期间并不开始计算，而是于其逃出重获自由时，才开始计算。因此，乙可于逃出后1年内请求撤销其与甲的婚姻。

（五）可撤销婚姻的撤销机关

依《婚姻法》第11条规定，可撤销婚姻的撤销机关是婚姻登记机关和人民法院。其中，婚姻登记机关，是指双方办理结婚登记的机关；人民法院，是指双方婚姻缔结地的基层人民法院。

（六）可撤销婚姻的撤销程序

结婚行为属要式行为，婚姻效力是由法律赋予的，受胁迫方无权自主决定婚姻的效力。因此，受胁迫方要解除其婚姻的效力，就必须依法履行法定的程序。不同的撤销机关对应着不同的程序，婚姻登记机关依行政程序撤销婚姻，人民法院依诉讼程序撤销婚姻。

1.婚姻撤销的行政程序

《婚姻登记条例》第9条规定："因胁迫结婚的，受胁迫的当事人依据婚姻法第十一条的规定向婚姻登记机关请求撤销其婚姻的，应当出具下列证明材料：（一）本人的身份证、结婚证；（二）能够证明受胁迫结婚的证明材料。婚姻登记机关经审查认为受胁迫结婚的情况属实且不涉及子女抚养、财产及债务问题的，应当撤销该婚姻，宣告结婚证作废。"依此规定，经由行政程序撤销婚姻的，应属于双方就子女抚养及财产、债务问题已达成协议或无争议的婚姻；如果存在争议，婚姻登记机关不得撤销婚姻，而应告知当事人向人民法院起诉，通过司法程序解决。

2.婚姻撤销的诉讼程序

受胁迫方向人民法院请求撤销婚姻的，人民法院应当立案审理。经审理发现确实具有婚姻可撤销理由的，应当依法撤销涉讼婚姻。《婚姻法解释（一）》第11条规定："人民法院审理婚姻当事人因受胁迫而请求撤销婚姻的案件，应当适用简易程序或者普通程序。"其第14条规定："人民法院根据当事人的申请，依法宣告婚姻无效或者撤销婚姻的，应当收缴双方的结婚证书并将生效的判决书寄送当地婚姻登记管理机关。"依《婚姻登记条例》第16条的规定，"婚姻登记机关收到人民法院宣告婚姻无效或者撤销婚姻的判决书副本后，应当将该判决书副本收入当事人的婚姻登记档案。"

（七）婚姻被撤销的法律后果

《婚姻法》第12条规定："无效或被撤销的婚姻，自始无效。"由此可见，被撤销的婚姻与无效婚姻发生相同的法律后果。

➢相关链接

无效婚姻与可撤销婚姻

比较点	无效婚姻	可撤销婚姻
性质	都属于欠缺法定结婚条件的婚姻关系，且在形式上都办理了结婚登记	
法律后果	均自始无效，从成立之日起就不具有合法婚姻的效力	
发生原因	欠缺结婚的某些公益性要件，违法程度较重	欠缺结婚的某些私益性要件，违法程度较轻
请求权人	婚姻当事人、利害关系人和基层组织	受胁迫一方当事人本人
行使期间	婚姻无效的原因消灭之前的任何时间内	结婚登记后1年内或恢复自由之日起1年内
权力机关	人民法院	婚姻登记机关、人民法院
程序	诉讼程序	行政程序、诉讼程序

Note

三、事实婚姻

事例2-6 甲和乙于2001年3月在家举行了结婚仪式，但并未领取结婚证。2005年两人因感情不和，乙向人民法院申请离婚。人民法院对二人的婚姻状况进行审查后，要求两人补办结婚手续。甲不同意补办结婚手续，于是乙向人民法院申请，请求解除与甲的同居关系。

（一）事实婚姻释义

事实婚姻，是指没有配偶的男女双方未经结婚登记即以夫妻名义共同生活，群众也认为他们具有夫妻关系的两性结合。

事实婚姻具有以下三个特点：①事实婚姻的构成主体是没有配偶的男女两性。如果有配偶的男女又与他人以夫妻名义共同生活的，则构成事实重婚。②没有配偶的男女两性以夫妻名义共同生活。事实婚姻的构成必须有“夫妻之名”这一要素，这一要素反映出当事人具有结为夫妻的意思表示。不以夫妻名义共同同居生活的，不能构成事实婚姻。③群众认为同居的男女两性具有夫妻关系。事实婚姻的构成仅有夫妻双方结为夫妻的意愿还不够，尚需社会公认。换言之，事实婚姻具有公开性，秘密地以夫妻名义同居的，不构成事实婚姻。

理论争鸣

何为事实婚姻，有广义和狭义两种学说。狭义说认为，欠缺形式要件以夫妻名义共同生活的两性结合，发生在特定的时间以内且符合实质要件，赋予其合法效力时，才构成事实婚姻；广义说认为，凡欠缺结婚的形式要件，以夫妻名义共同生活的两性结合皆为事实婚姻。

（二）事实婚姻的效力

关于事实婚姻问题,《婚姻法》未作出明确的规定。但由《婚姻法》第8条关于“未办理结婚登记的，应当补办登记”的规定可以推知,《婚姻法》对事实婚姻并没有采取全部否定的立法态度，而是有条件地承认某些事实婚姻的成立。对此,《婚姻法解释（一）》第5条第1项规定：“1994年2月1日民政部《婚姻登记管理条例》公布实施以前，男女双方已经符合结婚实质要件的，按事实婚姻处理。”因此，如果某桩婚姻被认定为事实婚姻，则该桩事实婚姻具有与合法婚姻同样的效力，在双方之间产生《婚姻法》上规定的夫妻权利义务关系。

（三）补办结婚登记的效力

《婚姻法解释（一）》第4条规定：“男女双方根据婚姻法第八条规定补办结婚登记的，婚姻关系的效力从双方均符合婚姻法所规定的结婚的实质要件时起算。”依此规定，补办结婚登记具有溯及既往的效力。但该溯及力的溯及时点并非当事人开始以夫妻名义同居之时，而是双方均符合《婚姻法》所规定的结婚的实质要件之时。例如，双方以夫妻名义同居之时有一方或双方未达法定婚龄，在双方均达到法定婚龄之后补办了结婚登记，则其婚姻关系有效的效力追溯至双方均已达到法定婚龄之时，而非此前的双方开始同居生活之时。

（四）未补办结婚登记的效力

《婚姻法解释（一）》第5条规定："未按婚姻法第八条规定办理结婚登记而以夫妻名义共同生活的男女，起诉到人民法院要求离婚的，应当区别对待：（一）1994年2月1日民政部《婚姻登记管理条例》公布实施以前，男女双方已经符合结婚实质要件的，按事实婚姻处理；（二）1994年2月1日民政部《婚姻登记管理条例》公布实施以后，男女双方符合结婚实质要件的，人民法院应当告知其在案件受理前补办结婚登记；未补办结婚登记的，按解除同居关系处理。"依此规定，未补办结婚登记可能产生三个方面的效力：一是事实婚姻效力，二是补办结婚登记后的合法婚姻效力，三是同居关系效力。

在事例2-6中，甲、乙开始以夫妻名义共同生活的事实发生于2001年，后于1994年2月1日民政部《婚姻登记管理条例》的公布实施，依《婚姻法解释（一）》第5条第1项的规定，二人的离婚诉讼不能按事实婚姻处理。但甲、乙可以在补办结婚登记后，再申请离婚。既然在该事例中甲不同意补办结婚登记，则二人的所谓"离婚之诉"只能按解除同居关系处理。

（五）事实婚姻关系的处理

1. 离婚诉讼的处理

在离婚诉讼中，如果经人民法院认定构成事实婚姻的，则对事实婚姻离婚诉讼的处理应适用合法婚姻的离婚诉讼规定。如此处理，与事实婚姻具有与合法婚姻相同的法律效力的规定是一致的。

理论争鸣

关于人民法院能否对事实婚姻的离婚诉讼作出不准离婚判决的问题，理论上有不同的认识。一种观点认为，在事实婚姻的离婚诉讼中，人民法院只能判决准予离婚而不得判决不准离婚；另一种观点认为，事实婚姻与合法婚姻具有完全相同的法律效力，人民法院在判决的处理结果上也应区别对待，可以判决准予离婚，也可以判决不准离婚。

2. 人身财产关系的处理

事实婚姻具有与合法婚姻相同的法律效力，在夫妻关系、父母子女关系和财产分割关系上，适用《婚姻法》上有关合法婚姻的规定。

3. 继承关系的处理

《婚姻法解释（一）》第6条规定："未按婚姻法第八条规定办理结婚登记而以夫妻名义共同生活的男女，一方死亡，另一方以配偶身份主张享有继承权的，按照本解释第五条的原则处理。"亦即，如果双方构成事实婚姻关系的，则请求权人享有配偶身份的继承权；反之，则不享有继承权。

4. 事实重婚的处理

事实重婚包括三种情形：一是已登记结婚的一方又与第三人形成事实婚姻关系；二是事实婚姻关系的一方又与第三人登记结婚；三是事实婚姻关系的一方又与第三人形成新的事实婚姻关系。不论在何种情形下，凡前一个婚姻关系的另一方请求追究重婚罪的，无论该重婚行为是否构成重婚罪，均应解除后一个婚姻关系。前一个婚姻关系的一方如要求处理离婚问题，应根据其婚姻关系的具体情况进行调解或作出判决。

理论争鸣

关于事实重婚能否构成重婚问题，理论上有不同的认识。一种观点认为，事实重婚可以构成重婚，因为是否构成重婚应以是否存在重叠的婚姻行为为标准，不应要求两个以上的婚姻均为合法婚姻关系；另一种观点认为，我国法律已不承认事实婚姻，因此，事实重婚也不应认定为重婚。

（六）关于“同居关系”

根据《婚姻法解释（一）》第5条的规定，“同居关系”是不同于事实婚姻的一种两性结合关系。它包括两大类：一是双方均无配偶者的同居，二是单方或双方有配偶者又与他人同居。

1. 双方均无配偶者的同居

双方均无配偶者的同居又可以分为两种情况：一是双方不以夫妻名义同居；二是双方以夫妻名义同居。双方不以夫妻名义同居，其两性结合不可能构成事实婚姻关系，法律对其同居关系虽不禁止但也不给予保护，二者不具有婚姻法上的权利义务关系。依《婚姻法解释（二）》第1条中规定，“当事人起诉请求解除同居关系，人民法院不予受理。”但“当事人因同居期间财产分割或者子女抚养纠纷提起诉讼的，人民法院应当受理”。如果双方是以夫妻名义同居，则依《婚姻法解释（一）》第5条的规定，构成事实婚姻的，按事实婚姻处理；符合补办结婚登记条件的，可以补办结婚登记，从而使他们的同居关系转化为有效的婚姻关系；拒不补办结婚登记的，按解除同居关系处理。

在事例2-6中，甲和乙的同居关系属于双方均无配偶而以夫妻名义共同居住的情况，二人虽符合补办结婚登记的条件，但因甲拒绝补办结婚登记，从而使得二人的关系只能按解除同居关系处理。乙单独向人民法院请求解除与甲的同居关系，人民法院不予受理。

2. 单方或双方有配偶者又与他人同居

《婚姻法解释（一）》第2条规定：“婚姻法第三条、第三十二条、第四十六条规定的‘有配偶者与他人同居’的情形，是指有配偶者与婚外异性，不以夫妻名义，持续、稳定地共同居住。”《婚姻法》第3条明确禁止有配偶者与他人同居。《婚姻法解释（二）》第1条中规定：“当事人请求解除的同居关系，属于婚姻法第三条、第三十二条、第四十六条规定的‘有配偶者与他人同居'的，人民法院应当受理并依法予以解除。”可见，我国法律对双方均无配偶者同居的并不强制干涉，对有配偶者与他人同居的则采强制解除主义。有配偶者与他人同居构成法定的离婚事由之一（《婚姻法》第32条），也是离婚时无过错方请求损害赔偿的法定事由之一（《婚姻法》第46条）。

课堂讨论案例

【案例1】2007年10月中旬，甲男从广东务工回家后经人介绍认识了乙女，双方彼此印象甚好。在乙父母的催促下，两家开始准备有关婚嫁事宜。甲提出要办理结婚登记，可是乙只有18周岁。两家于2007年12月15日举办了婚宴并对外宣布二人结婚。此后，两人开始共同生活。

问：①甲和乙之间的关系是事实婚姻吗？②乙年满20周岁时，若两人商议去领取结婚证，则需要什么手续？需要作婚检吗？③两人办理结婚登记后，若乙发现甲已于2008年和一打工妹丙办理了结婚登记，甲的哪一个婚姻是无效婚姻？婚姻登记机关有权对该桩无效婚姻直接予以撤销吗？④当丙发现甲和乙同居的事实后，认为甲隐瞒其婚姻状况与自己登记结婚，属民法上的欺诈行为，能否请求撤销她和甲的婚姻关系？

【案例2】2000年，当原告、被告都只有17周岁时，二人便以夫妻名义开始同居生活。2007年年初，二人因生活琐事发生争吵，原告遂搬回娘家居住，双方从此开始分居生活。2010年，原告向人民法院起诉离婚。

问：①本案原告、被告具有合法的夫妻关系吗？②人民法院应如何处理本案？

【案例3】甲是未婚大龄青年。2009年，甲所在单位拟建住宅楼一栋，分给本单位已婚但没有住房的职工。甲得知后非常焦急，但因他尚未结婚，不符合分房条件。在朋友的策划下，甲与一未婚女青年乙商定，甲和乙二人假结婚，待甲分到房子后，二人即去婚姻登记机关办理离婚手续；为答谢乙，甲答应在离婚时给乙2万元的补偿。谈妥后，二人即领取了结婚证，甲如愿分得一套住房。半年后，甲一次性付给乙2万元。付款后的次日，二人一起到婚姻登记机关办理离婚手续。但在到达婚姻登记机关时，乙提出甲应再给5 000元，否则不办理离婚手续。甲不同意，二人发生争吵。婚姻登记机关的工作人员予以劝解时，甲道出了二人婚姻的真相。

问：①甲与乙的婚姻是有效婚姻吗？②婚姻登记机关应如何处理？

【案例4】甲男（已满22周岁）、乙女（已满20周岁）都是某高校的在读大学生。自大学一年级起二人便开始谈恋爱，感情深厚。在大学四年级第一学期时，二人一同去某单位实习，并于此期间开始租房共同居住。实习结束回校后，乙发现自己怀孕。二人请求学校允许他们在完成学业的同时结婚并生下孩子，但遭到了学校的拒绝。学校的意见是：二人要么自动退学，要么在校期间不得结婚生孩子。无奈之下，二人只好办理了退

Note

学手续。

问：①甲、乙能够登记结婚吗？②学校的处理意见于法有据吗？

【案例5】甲男（40周岁）、乙女（27周岁），乙系甲前妻的亲侄女。甲与前妻离婚后，与乙结婚，甲与前妻的儿子（12周岁）由甲抚养。

问：甲、乙之间的婚姻合法吗？

【案例6】甲男（60周岁）、乙女（37周岁），乙系甲的大儿子丙的前妻。在乙、丙的婚姻存续期间，甲与乙即有不正当的男女关系。经亲友的多次劝阻，二人仍不思悔改。丙无奈之下，与乙离婚，5周岁的儿子丁由乙抚养。乙离婚后不久，即与甲登记结婚，甲与丁之间仍以祖孙相称。

问：甲、乙之间的婚姻合法吗？

一、单项选择题

1. 甲男与乙女原系出自同一祖父母的堂兄妹，后来乙女为他人收养，依照我国《婚姻法》的规定，他们（ ）。
   A．可以结婚
   B．如果双方不生育子女，可以结婚
   C．如果乙女为他人收养后改姓，和甲男不同姓，可以结婚
   D．不能结婚
2. 小陈的姨父是小黄的舅父，现小陈和小黄要求登记结婚。婚姻登记机关认为（ ）。
   A．他们是两代以内的旁系血亲，不能结婚
   B．他们是三代以内的旁系血亲，不能结婚
   C．他们是四代以内的旁系血亲，不能结婚
   D．他们之间属于旁系姻亲关系，可以结婚
3. 下列情形中，不属于无效婚姻的是（ ）。
   A．甲男和乙女未到法定婚龄而结婚的
   B．甲男婚前患有医学上认为不应当结婚的疾病，婚后未治愈的
   C．甲男、乙女是表兄妹而结婚的
   D．乙女因受家庭强迫与甲男结婚的
4. 甲与乙原系出自同一外祖父母的表兄妹，后来甲被他人收养。甲与乙（ ）。
   A．不能结婚　　B．可以结婚
   C．从习惯　　D．如双方承诺不生子女可以结婚
5. 某甲与某乙已登记结婚，但未同居，也未举行婚礼。之后某甲后悔与某乙结婚，进行下列哪种行为后，婚姻关系才能解除？（ ）

A．调解　　B．宣布婚姻无效
C．离婚　　D．分居2年以上

6．甲（男，22周岁）为达到与乙（女，19周岁）结婚的目的，故意隐瞒乙的真实年龄办理了结婚登记。两年后，因双方经常吵架，乙以办理结婚登记时未达到法定婚龄为由向人民法院起诉，请求宣告婚姻无效。人民法院应如何处理？（　）【2003年司法考试题】
A.以办理结婚登记时未达到法定婚龄为由宣告婚姻无效
B.对乙的请求不予支持
C.宣告婚姻无效，确认为非法同居关系，并予以解除
D.认定为可撤销婚姻，乙可行使撤销权

7．甲男与乙女通过网聊恋爱，后乙提出分手遭甲威胁，乙无奈遂与甲办理了结婚登记。婚后乙得知，甲婚前就患有医学上不应当结婚的疾病且久治不愈，乙向人民法院起诉离婚。下列哪一说法是正确的？（　）【2009年司法考试题】
A．人民法院应判决撤销该婚姻
B．人民法院应判决宣告该婚姻无效
C．对该案的审理应当进行调解
D．当事人可以对人民法院的处理结果依法提起上诉

8．甲与乙登记结婚3年后，乙向人民法院请求确认该婚姻无效。乙提出的下列哪一理由可以成立？（　）【2011年司法考试题】
A．乙登记结婚的实际年龄离法定婚龄相差2年
B．甲婚前谎称是海归博士且有车有房，乙婚后发现上当受骗
C．甲与乙是表兄妹关系
D．甲以揭发乙父受贿为由胁迫乙结婚

二、多项选择题

1．婚姻登记管理机关不予办理结婚登记的情形有（　）。
A．女方不满20周岁
B．双方的祖母是同胞姐妹
C．已有配偶但配偶失踪多年
D．已做绝育手术的出于同一祖父母或外祖父母的表兄妹

2．有下列情形之一的，婚姻无效（　）。
A．重婚的
B．有禁止结婚的亲属关系的
C．婚前患有医学上认为不应当结婚的疾病，婚后尚未治愈的
D．未达到法定婚龄的

3．结婚的必备条件有（　）。
A．男女双方完全自愿　　B．男女双方单位同意
C．达到法定婚龄　　D．双方均已达晚婚年龄

4．网名“我心飞飞”的21岁女子甲与网名“我行我素”的25岁男子乙在

网上聊天后产生好感，乙秘密将甲裸聊的镜头复制保存。后乙要求与甲结婚，甲不同意。乙威胁要公布其裸聊镜头，甲只好同意结婚并办理了登记。下列哪些说法是错误的?（　）【2006年司法考试题】

A. 甲可以自婚姻登记之日起1年内请求撤销该婚姻

B. 甲可以在婚姻登记后以没有感情基础为由起诉要求离婚

C. 甲有权主张该婚姻无效

D. 乙侵犯了甲的隐私权

三、不定项选择题

1. 甲、乙二人于2004年10月1日举行结婚仪式，开始共同生活，同年12月5日办理结婚登记，2006年生一女孩。2006年1月27日，甲以解除同居关系的子女财产纠纷为由诉至人民法院，要求抚养非婚生女，同居财产依法分割。乙向人民法院提供结婚证，称双方系合法婚姻，夫妻感情并未破裂，不同意与甲离婚。甲称办理结婚证时双方均未到场，违反法律规定，结婚证无效。乙承认当时办理结婚登记双方均未到场。下列人民法院的处理中，正确的有（　）。

A. 人民法院应当采信乙提供的结婚证，认定二人是合法的夫妻关系，继续审理

B. 合议庭应当审查结婚证的效力，查明甲陈述属实后，宣告婚姻无效，继续审理解除同居关系的子女财产纠纷

C. 人民法院应当采信乙提供的结婚证，并应当告知甲可以变更诉讼请求，同时重新指定举证期限

D. 甲坚持不变更诉讼请求，人民法院可以驳回甲的诉讼请求

2. 下列选项中，属于无效婚姻的有（　）。

A. 二审判决准予离婚，判决宣告第二天与他人结婚形成的婚姻

B. 仅差2天即达到法定婚龄而登记形成的婚姻

C. 张某与李某办理婚姻登记手续后，李某一直拒绝与张某举办结婚仪式及同居，张某无奈之下与丁某结婚形成的婚姻

D. 为取得巨额遗产而与他人结婚形成的婚姻

3. 2000年，甲男（22周岁）与乙女（18周岁）举行结婚仪式并以夫妻名义共同生活，2001年，甲的母亲去世，甲继承其母遗产A房产1套。2004年，乙父去世，乙继承父亲遗产人民币5万元。2007年，甲、乙二人至婚姻登记机关补办了结婚登记手续。此后，甲单位集资建房，甲参与集资建房，取得B房产1套，产权证办理在甲名下。甲、乙二人从未对夫妻共同财产事宜有所约定。

（1）下列关于二人婚姻效力的选项中，说法正确的有（　）。

A. 甲、乙二人的婚姻关系的效力自2000年举行结婚仪式时起算

B. 甲、乙二人的婚姻关系的效力自二人均达到法定婚龄之日起算

C. 甲、乙二人的婚姻效力自2007年补办结婚登记手续时起算

D. 由于甲、乙二人以夫妻名义共同生活时未达法定婚龄，婚姻无效

（2）关于夫妻共同财产，下列说法正确的有（　）。

A．甲2001年继承的A房产是夫妻共同财产

B．乙2004年继承的人民币5万元是夫妻共同财产

C．甲单位集资建房取得的B房产是夫妻共同财产

D．上述财产均不是夫妻共同财产

4．下列情形中，属于可撤销婚姻的有（　）。

A．甲男追求乙女不成，便以毁坏乙的名誉为要挟要求乙嫁给他，乙不得已同甲结婚

B．甲男借钱租房布置高档家具电器并身着名牌，使乙女误以为其是大款与其登记结婚

C．乙女父亲身患重病，向甲男借医疗费用人民币8万元。甲称“除非你和我登记结婚，否则这钱我不借”，乙无奈与甲结婚

D．甲男追求乙女不成，以自杀相威胁，乙怕甲自杀，与其登记结婚

5．下列选项中，有权申请宣告婚姻无效的主体有（　）。

A．所有申请宣告婚姻无效理由情形下的婚姻当事人

B．婚前患有精神疾病，婚后久治不愈，与病患者共同生活的近亲属

C．婚前患有精神疾病，婚后久治不愈，未与病患者共同生活的近亲属

D．甲男（23周岁）与乙女（19周岁）登记结婚，甲的母亲

6．2003年3月，杨某看中打工妹李某，于是开始追求李某。在遭到李某的拒绝后，杨某便以毁坏李某的名誉为要挟，要求李某嫁给他。在杨某的威胁之下，李某不得已嫁给杨某。有权申请撤销此婚姻的请求权人有（　）。

A．杨某　　B．杨某的父母　　C．李某　　D．李某的父母

四、辨析题

1．无效婚姻与可撤销婚姻。

2．事实婚姻与同居关系。

五、简答题

1．结婚行为的特点。

2．结婚的必备条件是什么？

3．结婚的禁止条件是什么？

4．无效婚姻的原因包括哪些？

5．无效婚姻请求权的行使主体及行使期间。

6．无效婚姻的法律后果有哪些？

7．可撤销婚姻的原因及撤销权。

8．事实婚姻的特点。

第三章 夫妻关系

知识结构图

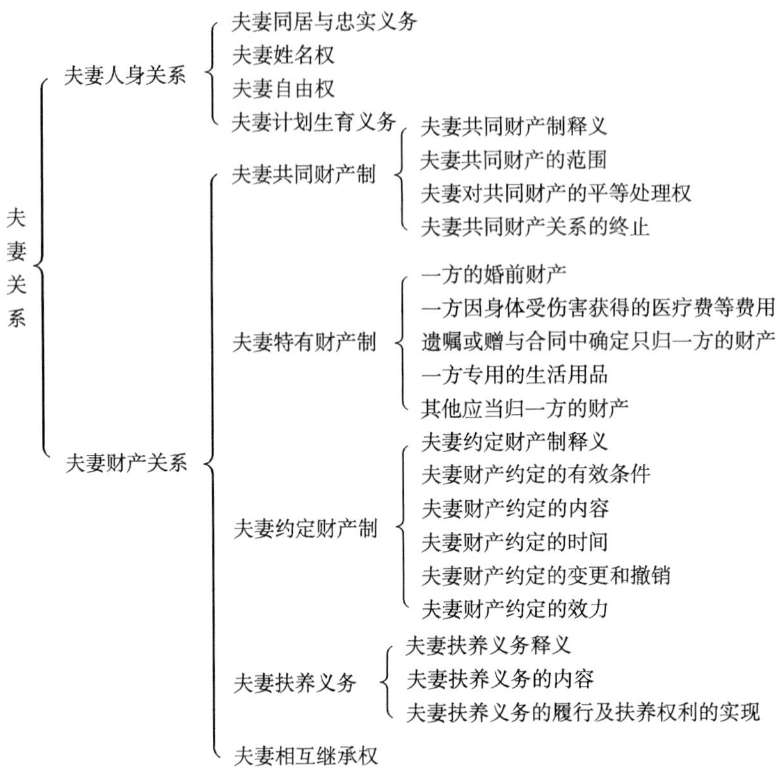

内容导读

夫妻关系是所有亲属关系的核心和纽带，包括夫妻人身关系和夫妻财产关系。在夫妻人身关系方面,《婚姻法》对夫妻同居和忠实义务、夫妻姓名权、夫妻自由权和夫妻计划生育义务作了规定；在夫妻财产关系方面,《婚姻法》对夫妻共同财产制、夫妻特有财产制、夫妻约定财产制、夫妻扶养义务和夫妻相互继承权作了规定。

司法考试要点

夫妻人身关系；夫妻财产关系（夫妻共同财产制、夫妻特有财产制、夫妻约定财产制）。

在历年考题中，本章涉及的问题主要包括夫妻同居和忠实义务、夫妻共同财产制、夫妻约定财产制等。

第一节 夫妻人身关系

夫妻人身关系，是指没有直接财产内容的涉及夫妻人格、身份方面的权利义务关系。《婚姻法》对夫妻同居和忠实义务、夫妻姓名权、夫妻自由权以及夫妻计划生育义务四个方面作出了规定。

一、夫妻同居与忠实义务

事例3-1 甲男和乙女于2006年结婚。甲要求乙改甲之姓，乙不同意。后来甲想生育一个孩子，乙还是不同意，两人因此发生争执。为此原因，甲长期不回家，经常在外和其他女子姘居。

（一）夫妻同居义务

夫妻同居义务，是指男女双方以配偶身份共同生活的义务。夫妻同居与非婚同居是有本质区别的。夫妻同居是具有合法夫妻关系的男女两性以夫妻名义共同生活，既是夫妻的权利，也是夫妻的义务。夫妻同居义务是基于婚姻关系的依法缔结而当然产生的法律效果，是婚姻家庭关系在自然属性和社会属性上的本质要求。

夫妻同居义务的内容非常广泛，除了婚姻住所的共同之外，还包括共同的两性生活、共同的精神生活、共同的物质生活以及相互协力、相互扶助，共同承担家庭生活费用等方面的义务。其中，夫妻性生活是夫妻同居义务的固有之义，也是同居义务的主要内容。

我国《婚姻法》没有明确规定夫妻有同居的义务，但在一些法律条文的表述中明确使用了“同居”、“分居”等术语，如《婚姻法》第3条、第12条、第32条、第46条。特别是《婚姻法》第32条关于判决离婚的法定事由中，明确规定了“因感情不和分居满二年的”调解无效时应准予离婚。这说明,《婚姻法》间接地承认了夫妻同居义务。

理论争鸣

关于夫妻是否有同居义务的问题，理论上有不同的观点。一种观点认为，夫妻婚后是否同居生活，法律不应干预；另一种观点认为，夫妻应有同居的义务，这是婚姻本质的要求。

（二）夫妻忠实义务

夫妻忠实义务又称夫妻贞操义务，是指配偶双方互负专一的性生活义务，不得为婚外性行为。广义的夫妻忠实义务，除贞操义务之外，还包括不得恶意遗弃配偶以及不得为第三人的利益而损害或牺牲配偶的利益。《婚姻法》第4条中规定：“夫妻应当互相忠实，互相尊重”。这是夫妻忠实义务的直接法律依据。《婚姻法》中还有其他条款也体现和重申了夫妻忠实义务，如其第3条规定的“禁止有配偶者与他人同居”；第32条规定的“有配偶者与他人同居”是判决离婚的法定事由之一；第46条规定的因“有配偶者与他人同居”而导致离婚的，无过错方享有损害赔偿请求权；等等。《婚姻法》明确规定夫妻忠实义务，既有利于在家庭伦理方面倡导夫妻美德，又有利于规制和解决因事实重婚、纳妾、“包二奶”、姘居、通奸等而引发的夫妻矛盾和社会矛盾。

在事例3-1中，甲借故长期不回家并和其他女子姘居，其行为违反了夫妻之间的同居和忠实义务。

理论争鸣

关于夫妻忠实义务的性质问题，理论上有不同的认识。一种观点认为，基于一夫一妻制的要求，夫妻忠实义务应是法律义务；另一种观点认为，夫妻忠实义务是道德义务，而不是法律义务。

二、夫妻姓名权

姓名权是人格权的重要组成部分，是一项重要的人身权利。所谓姓名，是指姓与名的合称。姓（姓氏）是家庭系统的共性标志；名（名字）是家庭系统中每个成员的个性标志。在一个家庭中，成员之间的名字是不会重复的，而在由家庭组成的社会中，社会成员之间的重名现象却是比较常见的。虽然“姓名”只是一个人区别于他人的语言符号，但一个人有无姓名权，却往往是一个人有无独立人格的标志。

我国《民法通则》第99条第1款规定：“公民享有姓名权，有权决定、使用和依照规定改变自己的姓名，禁止他人干涉、盗用、假冒。”依此规定，姓名权包括姓名决定权、姓名使用权和姓名变更权三个方面的内容。

《婚姻法》第14条规定：“夫妻双方都有各用自己姓名的权利。”该规定确立了夫妻双方各自独立的姓名权，这是夫妻在家庭中地位平等的体现。《婚姻法》明确规定夫妻姓名权的立法目的在于强调自然人的姓名权不因婚姻关系的缔结而受影响，从而从根本上破除了“妻从夫姓”的封建夫权传统。当然，《婚姻法》第14条的规定并不排除夫妻双方自行约定姓名的使用方式，妻可从夫姓、夫可从妻姓或夫妻相互冠姓，法律对此未作禁止性规定。

夫妻各自拥有独立的姓名权不仅有利于建立平等和谐的家庭关系，而且对子女姓氏的确定也有重要意义。《婚姻法》第22条规定：“子女可以随父姓，可以随母姓。”该条规定既体现了夫妻平等原则，也是夫妻姓名权独立在子女姓氏决定上的反映，有利于破除旧有的“子从父姓”传统。

在事例3-1中，甲要求乙改甲之姓，是对乙姓名权不尊重的表现；而乙拒绝甲的要求，是行使自己独立的夫妻姓名权的体现。

三、夫妻自由权

《婚姻法》第15条规定：“夫妻双方都有参加生产、工作、学习和社会活动的自由，一方不得对他方加以限制或干涉。”依该条规定，夫妻自由权主要包括三个方面的内容。

（一）参加生产、工作的自由

“生产”和“工作”是概称，泛指一切正当的社会生产经营活动和社会职业。劳动就业是每个人的宪法性基本权利，无论结婚与否，任何人都不能剥夺。夫妻双方都有参加生产和工作的权利，从根本上动摇了传统的“男外女内”的社会分工格局，提高了妇女的社会地位，对妇女而言具有重要的社会意义。《妇女权益保障法》在保护妇女的正当权益方面作了比《婚姻法》更为详尽的规定，如平等录用、男女同工同酬、妇女的特殊劳动保护等。

（二）参加学习的自由

夫妻的学习自由，主要是指夫妻在婚姻存续期间，双方都有继续接受教育，提高自身科学文化素质的自由。由于受“重男轻女”错误思想的影响，在我国现阶段，女性的受教育程度较男性普遍为低，从而不利于男女两性实现真正的平等。因而，参加学习的自由对妇女而言，具有特别重要的意义。

（三）参加社会活动的自由

此处所谓的“社会活动”，是指生产、工作和学习之外的其他社会活动。一个人（不分男女）在社会中生活，除了要参加一定的生产、工作和学习活动之外，还有参加其他社会活动的需求和权利，如参政议政活动、科学研究活动、文体娱乐活动、宗教信仰活动等。在夫妻关系存续期间，配偶中的任何一方在没有正当理由的情况下，不得限制和干涉另一方参加正当的社会活动。这既是夫妻民主的体现，也是夫妻平等的要求。

四、夫妻计划生育义务

生育是人的自然本能，也是人口繁衍的基本手段。夫妻是实现人口再生产的基本社会单位，人口再生产也是夫妻承担的主要社会职能之一。但夫妻的人口再生产活动既属于社会活动，就必然要受制于一定的社会经济发展水平。计划生育就是人类生殖文明发展到一定阶段的产物，其目的在于控制人口数量和提高人口质量。

计划生育既是我国的基本国策，也是我国亲属法的基本原则之一。《宪法》第25条规定：“国家推行计划生育，使人口的增长同经济和社会发展计划相适应。”第49条第2款规定：“夫妻双方有实行计划生育的义务。”《人口与计划生育法》第17条规定：“公民有生育的权利，也有依法实行计划生育的义务，夫妻双方在实行计划生育中负有共同的责任。”《婚姻法》第16条规定：“夫妻双方都有实行计划生育的义务。”上述规定，是夫妻计划生育义务的主要法律依据。根据法律规定，夫妻计划生育义务应包括如下三个方面的内容。

（一）计划生育是夫妻的法定义务

基于我国现有的人口国情，计划生育既是夫妻的道德义务，更是夫妻的法定义务，因而具有强制性。既然夫妻具有法定的实行计划生育的义务，则夫妻双方不得违反国家的计划生育法律，不得实行计划外超生，否则应承担相应的法律后果。

（二）计划生育是夫妻双方的义务

生育活动是两性活动，因此，计划生育不是夫妻关系中一方的义务，夫妻双方必须相互配合，共同承担起计划生育的义务。《人口与计划生育法》第19条第1款规定："实行计划生育，以避孕为主。"因此，夫妻双方应当积极采取避孕措施，防止计划外怀孕，避免对妇女一方造成不应有的身体伤害。

（三）计划生育是夫妻的法定权利

计划生育义务与计划生育权利相对应，夫妻双方不仅负有计划生育的义务，还享有计划生育的权利。如果夫妻之外的第三人强迫夫妻超生，夫妻双方有拒绝的权利。夫妻的计划生育权利是夫妻双方共同享有的权利，是夫妻双方相对于夫妻关系之外的第三人享有的权利。就夫妻内部关系而言，夫和妻各自享有生育权，双方都既享有决定生育的权利，也享有决定不生育的权利，作为另一方的配偶无权干涉。《婚姻法解释（三）》第9条规定："夫以妻擅自中止妊娠侵犯其生育权为由请求损害赔偿的，人民法院不予支持；夫妻双方因是否生育发生纠纷，致使感情确已破裂，一方请求离婚的，人民法院经调解无效，应依照婚姻法第三十二条第三款第（五）项的规定处理。"

在事例3-1中，甲无权强制要求乙生育，因为乙有决定不生育的权利。

理论争鸣

关于夫妻生育的权利与义务，学界在如下两个问题上存在不同认识：①关于夫妻可否选择以代孕的形式生育的问题。对此，一种观点认为，代孕有悖传统的伦理道德，应予禁止；另一种观点认为，对代孕不应一概否定，应在满足特定条件的前提下允许夫妻有限制地使用代孕方式生育子女。②关于生育权的主体问题。对此，一种观点认为，生育权是夫妻双方共同享有的权利，夫妻关系中的任何一方不得向对方主张生育权；另一种观点认为，生育权是自然人单独享有的权利，处于夫妻关系中的男女也不例外，因此，妻子有权对丈夫主张生育权，丈夫也有权对妻子主张生育权。

第二节　夫妻财产关系

夫妻财产是夫妻共同生活中不可缺少的物质基础。夫妻财产关系是以夫妻人身关系为基础的，因而有别于物权法、债权法调整的一般财产关系。夫妻财产关系对内事关夫妻双方的切身利益及婚姻家庭生活的和睦，对外涉及第三人的财产利益及交易安全，因而法律对其有加以妥善调整的必要。夫妻财产关系主要涉及夫妻财产制、夫妻扶养义务和夫妻相互继承权三个方面的内容。

事例3-2 甲和乙于2008年结婚，2012年两人协议离婚。两人现有财产状况如下：甲婚前用复员费购买的用于婚后使用的电视机一台，乙写书所得稿酬5万元，乙婚后继承父亲房屋一套，甲炒股盈利2万元，乙的朋友于2007年送给乙的电脑一台，乙婚后购买用于自己写作参考的书籍若干。

一、夫妻共同财产制

（一）夫妻共同财产制释义

夫妻共同财产制是夫妻财产制的一个具体类型。所谓夫妻财产制又称婚姻财产制，是关于夫妻婚前财产和婚后所得财产的归属、管理、使用、收益、处分，以及债务的清偿、婚姻关系解除时财产的清算等方面的法律制度。所谓夫妻共同财产制，是指婚姻关系存续期间，夫妻双方或一方所得的财产，除法律另有规定或夫妻另有约定之外，均为夫妻共同所有，夫妻对于共同财产，平等地享有占有、使用、收益以及处分的权利的财产制度。我国《婚姻法》以婚后所得共同制，即夫妻共同财产制为法定财产制。

夫妻共同财产，是指夫妻双方或一方在婚姻关系存续期间所得的财产，但法律另有规定或当事人另有约定的除外。可见，夫妻共同财产具有以下三个特点：

第一，从财产权的主体上看，夫妻共同财产所有权的主体，只能是具有合法婚姻关系的夫妻。夫妻共同财产制是只适用于合法婚姻的夫妻财产制，违法婚姻不适用夫妻共同财产制。因此，无效婚姻、被撤销婚姻、非婚同居以及通奸、姘居的男女均不能作为夫妻共同财产的主体。

第二，从财产取得的时间上看，夫妻共同财产的范围仅限于婚后所得的财产，婚前财产和婚姻关系终结后的财产都不属于夫妻共同财产。婚后所得的财产，即婚姻关系存续期间配偶一方或双方所得的财产。

第三，从财产的来源上看，夫妻共同财产为一方或双方婚后所得的财产。此处所谓的“所得”，是指取得财产的所有权。财产的所得以财产所有权的取得为准，而非以所得财产的实际占有为准。因此，婚前一方取得财产所有权的财产，即使于婚后始实际占有的，也不属于夫妻共同财产；婚后一方取得财产所有权的财产，即使于婚姻关系终止后始实际占有的，也属于夫妻共同财产。

（二）夫妻共同财产的范围

根据《婚姻法》第17条的规定，夫妻在婚姻关系存续期间所得的下列财产，归夫妻共同所有。

1. 工资、奖金

这里所谓的“工资、奖金”，泛指一切劳动报酬和类似的报酬性收入。例如，基本工资、各种形式的补贴、奖金、福利、年薪、股份期权收入等。工资、奖金是目前我国城镇职工的主要收入形式，也是夫妻共同财产中最基本的构成部分。

2. 生产、经营的收益

这里所谓的“生产、经营的收益”，泛指第一、二、三产业中一切生产、经营活动的收益，既包括劳动收入，又包括资本性收入。在实践中，个体工商户、农村承包经营户、合伙人、有限责任股东、股份有限公司股东、个人独资企业主，在由他们组建的家庭中，其夫妻财产关系比较复杂，涉及的纠纷也比较多，在离婚诉讼中人民法院应慎重处理。

3. 知识产权的收益

知识产权是一种混合性民事权利，具有人身权和财产权的双重属性。知识产权的收益，是指知识产权中的财产性权益。《婚姻法解释（二）》第12条规定：“婚姻法第十七条第三项规定的‘知识产权的收益’，是指婚姻关系存续期间，实际取得或者已经明确可以取得的财产性收益。”

理论争鸣

关于知识产权预期经济收益是否属于夫妻共同财产的问题，理论上有不同的定性。一种观点认为，知识产权的预期收益应属于夫或妻的个人财产；另一种观点认为，知识产权的预期收益应属于夫妻共同财产。

4. 因继承或赠与所得的财产

因继承所得的财产，是指因继承而取得的遗产中的积极财产，不包括税款、债务等消极财产。因赠与而取得的财产，是指接受赠与人的赠与而获得的财产所有权、他物权、债权、知识产权、股权等财产。原则上，在夫妻关系存续期间所继承的遗产和接受赠与的财产归夫妻共同所有，这与婚后所得共同制原则是相吻合的。但为尊重遗嘱人和赠与人的财产处分意愿，在遗嘱或赠与合同明确指定只归夫或妻一方所有的情况下，应属于夫或妻的个人财产。《婚姻法解释（二）》第22条中规定：“当事人结婚后，父母为双方购置房屋出资的，该出资应当认定为对夫妻双方的赠与，但父母明确表示赠与一方的除外。”

5. 其他应当归夫妻共同所有的财产

《婚姻法》第17条第1款列举的四项具体的夫妻共同财产，属例示性规定，并不完全。“其他应当归共同所有的财产”是《婚姻法》有关夫妻共同财产规定的兜底条款。《婚姻法解释（二）》第11条规定：“婚姻关系存续期间，下列财产属于婚姻法第十七条规定的‘其他应当归共同所有的财产’：（一）一方以个人财产投资取得的收益；（二）男女双方实际取得或者应当取得的住房补贴、住房公积金；（三）男女双方实际取得或者应当取得的养老保险金、破产安置补偿费。”此外，《婚姻法解释（二）》第14条第1款还规定：“人民法院审理离婚案件，涉及分割发放到军人名下的复员费、自主择业费等一次性费用的，以夫妻婚姻关系存续年限乘以年平均值，所得数额为夫妻共同财产。”这里所称的年平均值，是指将发放到军人名下的上述费用总额按具体年限均分得出的数额，其具体年限为人均寿命70岁与军人入伍时实际年龄的差额。《婚姻法解释（二）》第19条还规定：“由一方婚前承租、婚后用共同财产购买的房屋，房屋权属证书登记在一方名下的，应当认定为夫妻共同财产。”

在事例3-2中，乙写书所得的稿酬5万元、乙婚后继承的房屋一套、甲炒股的盈利2万元均属于夫妻共同财产的范围。

（三）夫妻对共同财产的平等处理权

《婚姻法》第17条第2款规定：“夫妻对共同所有的财产，有平等的处理权。”夫妻对共同所有的财产是一种典型的法定共同共有，依共同共有法理，共同共有人对共有财产享有平等的占有、使用、收益和处分的权利。所谓夫妻对共同财产的“平等的处理权”，是指夫妻对共同所有的财产享有平等的占有、使用、收益和处分的权利。尤其是其中的处分权利，对夫妻关系中的女性一方具有特别重要的意义。《妇女权益保障法》就妇女对夫妻共同财产的平等处理权作出了较为详尽的规定，如其第28条规定：“国家保障妇女享有与男子平等的财产权利。”第29条规定：“在婚姻、家庭共有财产关系中，不得侵害妇女依法享有的权益。”第43条规定：“妇女对依照法律规定的夫妻共同财产享有与其配偶平等的占有、使用、收益和处分的权利，不受双方收入状况的影响。”

依《婚姻法解释（一）》第17条的规定，对于《婚姻法》第17条“夫或妻对夫妻共同所有的财产，有平等的处理权”的规定，应当理解为：①夫或妻在处理夫妻共同财产上的权利是平等的。因日常生活需要而处理夫妻共同财产的，任何一方均有权决定。②夫或妻非因日常生活需要对夫妻共同财产作重要处理决定，夫妻双方应当平等协商，取得一致意见。他人有理由相信其为夫妻双方共同意思表示的，另一方不得以不同意或不知道为由对抗善意第三人。对于夫妻一方非因日常生活需要擅自处分共有财产对第三人的效力，《婚姻法解释（一）》明确第三人可依表见代理制度主张无权处分人的处分行为有效，《婚姻法解释（三）》则进一步规定第三人可依善意取得制度取得无权处分物的所有权。《婚姻法解释（三）》第11条规定：“一方未经另一方同意出售夫妻共同共有的房屋，第三人善意购买、支付合理对价并办理产权登记手续，另一方主张追回该房屋的，人民法院不予支持。”“夫妻一方擅自处分共同共有的房屋造成另一方损失，离婚时另一方请求赔偿损失的，人民法院应予支持。”

夫妻对共同财产既享有平等的权利，也承担平等的义务。用于家庭生活的费用，由共同财产支付；共同财产不足以支付时，由夫或妻一方的个人财产分担。夫妻为共同生活或为履行扶养义务所负的债务，由共同财产清偿；共同财产不足以清偿时，由夫或妻一方的个人财产分担。夫妻为共同生产、经营所负的债务，是夫妻共同债务，首先由夫妻共同财产偿付；

不能清偿的，由夫或妻以个人财产负连带清偿责任。

（四）夫妻共同财产关系的终止

夫妻共同财产关系因一定原因的出现而终止，能够引起夫妻共同财产关系终止的原因一般来说包括以下三个方面。

1. 因夫妻约定而终止

在婚姻关系存续期间，夫妻双方可以约定终止共同财产制而实行分别财产制或其他形式的夫妻财产制。

2. 因离婚而终止

离婚使婚姻关系消灭，也相应地导致夫妻共同财产关系的终止。离婚时，夫妻应对共同财产进行协议分割或裁判分割，从而使分割后的财产成为各自的个人财产。

3. 因夫妻一方死亡而终止

《中华人民共和国继承法》(以下简称《继承法》）第26条规定："夫妻在婚姻关系存续期间所得的共同所有的财产，除有约定的以外，如果分割遗产，应当先将共同所有的财产的一半分出为配偶所有，其余的为被继承人的遗产。"依此规定，夫妻一方的死亡导致夫妻共同财产关系的终止，并且对夫妻共同财产的分割要先于遗产继承进行。

夫妻共同财产关系因上述原因而终止时，发生对夫妻共同财产进行清算和分割的法律效果。

4. 因夫妻一方请求分割而终止

在婚姻关系存续期间，夫妻一方请求分割共同财产的，人民法院原则上不予支持，但依照《婚姻法解释（三）》第4条的规定，有下列重大理由且不损害债权人利益的，人民法院应当支持：①一方有隐藏、转移、变卖、毁损、挥霍夫妻共同财产或者伪造夫妻共同债务等严重损害夫妻共同财产利益行为的；②一方负有法定扶养义务的人患重大疾病需要医治，另一方不同意支付相关医疗费用的。

二、夫妻特有财产制

夫妻特有财产制又称为夫妻保留财产制，是指夫妻在实行共同财产制的同时，依照法律规定或者双方约定，各自保留一定范围的财产为个人所有，保留方享有对该财产占有、使用、收益和处分的专属权利，夫妻中的另一方不得干涉的夫妻财产制度。我国《婚姻法》中没有使用"夫妻特有财产"的概念，但明确规定婚后一部分财产为夫妻个人财产，且还允许夫妻以约定的方式确定一部分财产为个人财产。这些财产独立于共同财产之外，实际上就是夫妻特有财产。

夫妻特有财产包括两部分：一是法定的夫妻特有财产，二是约定的夫妻特有财产。后者属于夫妻约定财产制范畴，容后阐述，这里仅对法定的夫妻特有财产作一阐释。根据《婚姻法》第18条的规定，有下列情形之一的，为夫妻一方的财产。

1. 一方的婚前财产

夫妻婚前所得的财产属于个人所有，与婚后所得共同制正好形成对应关系。所谓婚前财产，是指当事人结婚之前各自所有的财产，包括通过各种渠道依法取得的合法财产权。在财产形式上，既包括动产也包括不动产，既包括生活资料也包括生产资料。《婚姻法解释（一）》第19条明确规定："婚姻法第十八条规定为夫妻一方所有的财产，不因婚姻关系的延续而转化为夫妻共同财产。但当事人另有约定的除外。"

关于夫妻一方个人财产在婚后产生收益的归属，《婚姻法》对此没有作出明确规定。根据《婚姻法解释（二）》第11条第1款的规定，在婚姻关系存续期间，"一方以个人财产投资取得的收益"属于夫妻共同财产。但《婚姻法解释（三）》第5条规定："夫妻一方个人财产在婚后产生的收益，除孳息和自然增值外，应认定为夫妻共同财产。"根据该规定，夫妻一方个人财产在婚后产生的孳息和自然增值等收益，属于夫妻一方的个人财产，应当排除在夫妻共同财产之外。因此，《婚姻法解释（三）》对夫妻一方个人财产在婚后产生收益的归属，采取了区别对待的态度。

2. 一方因身体受到伤害获得的医疗费、残疾人生活补助费等费用

医疗费是用于治疗、康复的费用，残疾人生活补助费是用于帮助生活有困难的残疾人的费用。这两类费用以及类似性质的费用，具有人身专属性，他人不能分享，因此，法律明确将之归入夫妻个人财产范畴。同时，《婚姻法解释（二）》第13条还明确规定："军人的伤亡保险金、伤残补助金、医药生活补助费属于个人财产。"

3. 遗嘱或赠与合同中确定只归夫或妻一方的财产

将《婚姻法》第17条第1款第4项规定与《婚姻法》第18条第3项规定结合起来解释，继承或赠与所得的财产，原则上属于夫妻共同财产，除非遗嘱或赠与合同中明确确定归夫或妻一方所有。这样规定，是出于对遗嘱人和赠与人财产处分自由权的尊重。《婚姻法解释（二）》第22条中规定："当事人结婚前，父母为双方购置房屋出资的，该出资应当认定为对自己子女的个人赠与，但父母明确表示赠与双方的除外。"《婚姻法解释（三）》第7条第1款规定："婚后由一方父母出资为子女购买的不动产，产权登记在出资人子女名下的，可按照婚姻法第十八条第三项的规定，视为只对自己子女一方的赠与，该不动产应认定为夫妻一方的个人财产。"

4. 一方专用的生活用品

一方专用的生活用品，是指婚后以夫妻共同财产购置的，由夫或妻专人使用的生活消费品。例如，夫妻各自日常生活、职业所需的专用物品，包括个人使用的衣物、书籍、首饰等。理解"一方专用的生活用品"这一概念需把握好以下两点：一是"一方专用"而非"双方共用"；二是"生活

用品”而非“生产资料”。换言之，双方共用的物品和生产资料不属于“一方专用的生活用品”。此外，对于婚后购置的价值较大的贵重物品，虽属个人专用，一般也不宜认定为夫或妻的个人财产；即使认定为个人财产，在分割共同财产时，也应对另一方的份额或比例有所照顾，否则会有失公平。

5. 其他应当归一方的财产

除以上四类《婚姻法》明确规定属于个人所有的财产外，其他的应当归一方所有的财产,《婚姻法》并没有作出明确规定。一般来说，这类财产应当包括夫妻约定归一方所有的财产和具有强烈人身专属性的财产两大类。军人的复员费、自主择业费比较特殊。对此,《婚姻法解释（二）》第14条第1款规定:“人民法院审理离婚案件，涉及分割发放到军人名下的复员费、自主择业费等一次性费用的，以夫妻婚姻关系存续年限乘以年平均值，所得数额为夫妻共同财产。”换言之，复员费和自主择业费在性质上分为军人个人财产和夫妻共同财产两部分，并且以前者为原则，以后者为例外。

在事例3-2中，甲婚前用复员费购买的用于婚后使用的电视机一台，乙的朋友于1997年送给乙的电脑一台，乙婚后购买的用于自己写作参考的书籍等，属于夫妻特有财产，分属于甲和乙个人所有。

三、夫妻约定财产制

事例3-3 甲和乙于2008年结婚，两人约定婚后所得财产归各自所有，但未订立书面协议。甲在外做生意，欠丙5万元，丙要求乙清偿，乙辩称她和甲实行的是分别财产制，拒绝了丙的请求。

（一）夫妻约定财产制释义

约定财产制是法定财产制的对称，是指夫妻以协议的方式，对婚前和婚姻关系存续期间所得财产的归属和利用作出约定，从而部分或全部排除夫妻法定财产制适用的夫妻财产制。具体而言，夫妻之间可以就婚前和婚姻关系存续期间所得财产的归属、管理、使用、收益和处分，以及家庭生活费用的负担和债务清偿、婚姻关系解除时财产的清算等事项作出约定。

（二）夫妻财产约定的有效条件

夫妻财产约定属当事人意思自治的范畴。但夫妻财产约定的生效，还须具备法定的生效要件。根据民事行为生效的一般要件和《婚姻法》的相关规定，夫妻财产约定须满足以下几个方面的条件:

第一，夫妻财产约定的主体仅限于合法婚姻关系中的夫妻双方。未婚同居、婚外同居者约定的财产协议，不具有夫妻约定财产制应具有的法律效力。

第二，夫妻双方必须具有完全民事行为能力。夫妻财产约定属重大的民事行为，无民事行为能力人和限制民事行为能力人因意思能力欠缺，不能亲自作出约定，因此，其不得为约定的主体；即使作出约定，其约定也是无效的。此外，夫妻约定财产制具有一定的人身属性，他人不得代为约定。

第三，夫妻财产约定须双方自愿。夫妻双方财产约定的意思表示须真实、自愿，违背当事人真实意思而作出的约定属于无效或可撤销的民事行为。

第四，夫妻财产约定的内容必须合法。双方约定的内容不得规避法律、违背公序良俗，不得损害国家、集体和他人的利益，不得超出夫妻财产的范围，不得规避扶养、对第三人债务的清偿等法律义务。

第五，夫妻财产约定应当采用书面形式。《婚姻法》第19条规定："约定应当采用书面形式。"书面形式的要求，旨在提醒当事人谨慎约定。当事人的约定以书面形式固定，也便于举证。

理论争鸣

关于夫妻财产约定的形式，理论上有不同的看法。一种观点认为，《婚姻法》对夫妻财产约定的书面形式要求具有强行法性质，违反书面形式要求的约定无效；另一种观点认为，对《婚姻法》关于夫妻财产约定的书面形式的违反并不导致约定无效，双方没有争议的口头约定是有效的，只有存在争议的口头约定才不被承认其效力。

（三）夫妻财产约定的内容

夫妻财产约定的内容主要包括约定的财产范围和约定的财产制形式两个方面。《婚姻法》第19条第1款中规定："夫妻可以约定婚姻关系存续期间所得的财产以及婚前财产归各自所有、共同所有或部分各自所有、部分共同所有。"

1. 夫妻财产约定的财产范围

夫妻财产约定的财产范围，包括夫妻婚前所得的财产和婚姻关系存续期间所得的财产。夫妻可以就婚前所得财产或婚姻关系存续期间所得财产单独或分别进行约定，也可以就二者一并加以约定；约定的财产可以是夫妻的全部财产，也可以是夫妻的部分财产。总之，凡是夫妻双方拥有处分权的财产，都可以进行约定，法律并未作强制的禁止性规定。

2. 夫妻财产约定的财产制形式

根据《婚姻法》第19条的规定，夫妻得约定的财产制形式包括三种，即分别财产制、一般共同财产制和混合财产制。分别财产制，即婚前所得财产和婚姻关系存续期间所得财产，一律约定归各自所有，双方之间不存在共同共有的财产。在作出分别财产制的约定时，夫妻应就家庭生活共同开销的支付作出约定。一般共同制，即婚前所得财产和婚姻关系存续期间所得财产，一律约定为共同所有，双方各自不保留任何的个人所有财产。如果夫妻约定将一方财产的所有权转归另一方而非双方共同共有，则不属于《婚姻法》第19条规定的一般共同制的夫妻约定财产制形式，不适用《婚姻法》的规定，而应当认定为《合同法》第186条的赠与合同，适用《合同法》的规定。《婚姻法解释（三）》明确了对这一问题的态度，《婚姻法解释（三）》第6条规定："婚前或者婚姻关系存续期间，当事人约定将一方所有的房产赠与另一方，赠与方在赠与房产变更登记之前撤销赠与，另

Note

一方请求判令继续履行的，人民法院可以按照合同法第一百八十六条的规定处理。”混合财产制，即婚前所得财产和婚姻关系存续期间所得财产，约定部分归各自所有，部分归共同所有。例如，可以将不动产约定为共同所有，将动产约定为个人所有；将固定工资约定为共同所有，将特种形式的奖金约定为个人所有。

（四）夫妻财产约定的时间

夫妻财产约定的时间，是指约定的成立时间。当事人可于结婚登记前、结婚登记时以及婚姻关系存续期间，对夫妻财产制作出约定。当事人可以对夫妻财产约定的生效时间附加期限的限制。但在结婚登记之前作出约定的，只有待婚姻关系正式成立之后才会发生夫妻财产约定的效力。

（五）夫妻财产约定的变更和撤销

夫妻财产约定是一种民事协议，虽然不是《合同法》上规定的有名合同，但合同法的一般原理和规则还是应当适用的。所谓夫妻财产约定的变更，是指夫妻对原约定的内容予以部分的改变，如对约定的财产范围作出变更、对约定的财产制形式作出变更等。所谓夫妻财产约定的撤销，是指夫妻经协商一致废止原约定，包括部分撤销和全部撤销两种形式。根据夫妻财产约定应以书面形式进行的原则性规定，约定的变更和撤销亦须以书面形式进行。如果原约定是经过公证的，变更和撤销亦须经过公证，否则不发生变更或撤销的法律效力。

（六）夫妻财产约定的效力

满足特定生效要件的夫妻财产约定具有法律效力，对夫妻双方以及夫妻双方以外的第三人会产生一定的法律效果，主要体现在以下三个方面。

1.优先效力

在《婚姻法》上，法定财产制与约定财产制二者并不相互排斥，但在二者发生冲突时，约定财产制优先于法定财产制，后者处于前者的补充地位。《婚姻法》第19条中规定，夫妻双方对夫妻财产“没有约定或约定不明确的，适用本法第十七条、第十八条的规定。”该条规定确立了约定财产制的优先适用地位，体现了《婚姻法》对婚姻当事人自主财产意志的尊重。

2.对内效力

夫妻财产约定的对内效力，是指夫妻财产约定对夫妻双方当事人的拘束力。对内效力是夫妻财产约定的最直接、最基本效力。《婚姻法》第19条第2款规定：“夫妻对婚姻关系存续期间所得的财产以及婚前财产的约定，对双方具有约束力。”因此，一个生效的夫妻财产约定，对夫妻双方均具有可执行的拘束效力，任何一方不得擅自反悔或终止约定。对约定的任何变更或撤销，须取得双方当事人的一致同意。

3.对外效力

夫妻财产约定的对外效力，是指夫妻财产约定对第三人的效力。原则上，夫妻财产约定仅对当事人发生效力，对当事人以外的第三人无对抗力。但为维护夫妻双方的财产权益以及交易安全和第三人利益，《婚姻法》第19条第3款明确规定："夫妻对婚姻关系存续期间所得的财产约定归各自所有的，夫或妻一方对外所负的债务，第三人知道该约定的，以夫或妻一方所有的财产清偿。"依此规定，夫妻财产约定是否对第三人发生效力，以第三人是否知悉该约定的存在和约定的内容为准。如果第三人明知或应知该约定的，则该约定对第三人具有对抗效力。同时，《婚姻法解释（一）》第18条规定："婚姻法第十九条所称'第三人知道该约定的'，夫妻一方对此负有举证责任。"该条规定立足于对债权人利益的侧重保护，课处夫妻一方以举证责任，是合理的。据此规定，夫妻若约定了分别财产制，如其欲对第三人发生对抗效力，就必须将该约定告知第三人，否则其约定对第三人不发生任何效力。

在事例3-3中，如果丙知道甲和乙之间有分别财产制的约定，则丙无权要求乙清偿。相反，如果丙对该约定不知情，则乙应对丙负一定的清偿责任。当然，如果乙主张丙对其夫妻二人的约定知情，则乙应负举证责任。

四、夫妻扶养义务

事例3-4 在事例3-3中，甲患病，无钱医治，乙以双方实行分别财产制为由，拒绝出钱为甲治病。

（一）夫妻扶养义务释义

扶养，是指特定亲属之间形成的经济上供养和生活上扶助的法律关系。提供扶养的一方为扶养义务人，接受扶养的一方为扶养权利人。扶养的概念有广义、狭义之分。广义上的扶养，是指一定范围内的亲属之间经济上供养和生活上扶助的法律关系。广义上的扶养没有亲属身份、辈分之别，包括长辈对晚辈的抚养、晚辈对长辈的赡养及平辈亲属之间的扶养；狭义上的扶养，仅指平辈亲属之间经济上供养和生活上扶助的法律关系。

夫妻扶养义务属狭义上的扶养。《婚姻法》第20条规定："夫妻有互相扶养的义务。一方不履行扶养义务时，需要扶养的一方，有要求对方给付扶养费的权利。"夫妻扶养义务是合法婚姻的效力之一。夫妻扶养义务从合法婚姻成立时起产生，至婚姻关系终止时消灭。扶养是夫妻之间相互存在的法律关系，对一方而言是权利，对另一方而言就是义务。

（二）夫妻扶养义务的内容

一个人的生存，涉及生活的各个方面，因此，夫妻扶养义务的内容也是非常广泛的。概括起来，主要包括如下三个方面的内容。

1.经济上的相互供养义务

在一个完善的家庭中，夫与妻在经济利益上的关系应是"有福同享、有难同当"的，经济上相互供养既是夫妻之间的道德义务，更是夫妻之间的法律义务。夫妻相互约定以个人财产分担生活费用或用夫妻共同财产支

Note

付共同的生活费用，体现了夫妻之间在经济上的相互供养义务。

2. 生活上的相互照料义务

夫妻是一对生活共同体，同寝共食、相濡以沫、举案齐眉的日常生活决定了他们之间的相互照料义务是非常广泛的，可谓事无巨细，小到衣食住行，大到病老护理，夫妻之间都应相互照料，相互扶助，同舟共济。

3. 精神上的相互慰藉义务

人活着除了物质生活之外，还需要精神生活。因此，夫妻之间的扶养义务除了物质上的供养和照料之外，还需要夫妻相互之间在精神上的慰藉和关心体贴。夫妻是人生的伴侣，相互慰藉是夫妻的情感义务。

（三）夫妻扶养义务的履行及夫妻扶养权利的实现

夫妻扶养义务是强制性法律义务，夫妻任何一方不得推托。如果一方不履行扶养义务，致使另一方的扶养权利无法实现的，一般可通过如下三种途径要求对方履行扶养义务。

1. 直接向对方提出支付扶养费的请求

当夫妻一方没有生活来源或生活困难及患病、年老等原因需要扶养，而另一方不自觉履行扶养义务时，需要扶养的一方有权直接请求对方承担扶养义务。这一途径属自力救济范畴，有赖于被请求方的自觉履行。

2. 直接向人民法院提起给付扶养费的诉讼

若夫妻因扶养问题发生纠纷，可直接向人民法院提起诉讼。人民法院在审理扶养纠纷时，应首先进行调解，如调解无效，应当及时判决，强制义务人履行扶养义务。这一途径属公力救济范畴，对支付扶养费的判决，义务方必须履行。

3. 追究不履行扶养义务一方的刑事责任

夫妻一方拒不履行扶养义务，情节恶劣、后果严重，致使需要扶养的一方陷入生活无着的困境，从而构成遗弃罪的，应依法追究拒不履行义务一方的刑事责任。刑事责任的承担与民事上支付扶养费用是不同性质的两种法律关系，因此，不得以刑事责任的承担来代替扶养费用的支付。

在事例3-4中，乙违背了夫妻扶养义务。夫妻约定财产制与夫妻扶养义务分属不同的制度范畴，其法律上的制度功能和意义也各不相同。乙以夫妻约定的分别财产制为由来推卸对甲的扶养义务，于法无据。甲可依法请求乙支付医疗费用等扶养费。

五、夫妻相互继承权

夫妻相互继承权是合法婚姻的法律效力之一，也是夫妻财产关系的重要构成内容。所谓夫妻相互继承权，是指夫和妻基于夫妻身份而依法享有的相互继承遗产的权利。《婚姻法》第24条第1款规定：“夫妻有相互继承遗产的权利。”对此，《继承法》在法定继承中对配偶继承权作了较为全面详尽的规定。

课堂讨论案例

【案例1】甲和乙于2008年结婚，婚后甲的父母想早一点要孙子，于是甲要求乙为其生一个孩子，但乙不同意。甲认为乙侵犯了他的生育权，于是起诉到人民法院。

问：①甲的主张是否正确？②若后来两人感情继续恶化，甲经常不回家。最后，乙起诉离婚，并同时主张甲违反了夫妻的同居义务，请求离婚损害赔偿，人民法院能否支持乙的主张？③乙和甲在婚姻关系存续期间没有对财产进行约定。在乙提起离婚时，两人的财产状况如下：10万元存款；甲作为出租车司机，于婚后购买的个人专用的一辆小汽车；婚后乙的哥哥送给乙的一台联想笔记本电脑，且明确表示是送给乙一个人的；婚前，由乙父母送给他俩作为结婚使用的房屋一幢。上述财产哪些是夫妻个人财产？哪些是夫妻共同财产？

【案例2】甲与乙系夫妻。甲因生意的原因认识了有夫之妇丙，此后二人便开始了不间断的同居生活。乙得知此事后，以极大的宽容心原谅了丈夫甲的婚外性行为，并多次劝说甲断绝与丙的关系，但甲执意不听规劝。无奈之下，乙以甲违反夫妻忠实义务为由向人民法院提起诉讼，要求人民法院责令甲停止与丙的婚外同居生活，并赔偿其精神损害。

问：乙的诉讼请求能否得到支持？

【案例3】甲是一位大学教师，科研工作十分繁忙。与乙结婚并生有一子后，甲便劝说乙放弃工作，全心全意在家相夫教子。乙接受了甲的请求。儿子上学后，随着家务劳动的减少，乙感觉生活过于空虚无聊，于是闲暇时便到一慈善机构从事一些公益性活动。但甲认为，乙所从事的不仅是对家庭收入无益的无偿性劳动，而且乙因从事公益活动减少了对自己和儿子的关照，于是要求乙以后不得再去从事以前的公益性活动。而乙认为，自己有权从事公益性劳动，参加社会活动是自己的自由，丈夫无权干涉。二人为此引起纷争，要求所在地的居民委员会予以调解。

问：①甲的要求是合理的吗？②乙的争辩于法有据吗？③当地居民委员会应如何处理？

课后思考习题

一、单项选择题

1. 我国的法定夫妻财产制属于（　　）。

　A. 一般共同制　　　　B. 劳动所得共同制

　C. 动产及所得共同制　D. 婚后所得共同制

2．按照我国法定夫妻财产制，下列财产中，属于夫妻个人财产的是（　）。

A．婚后一方接受亲友馈赠的财物

B．一方在婚前接受继承而于婚后实际取得的财产

C．夫妻分居两地分别管理、使用的婚后所得财产

D．婚后一方所得的奖金

3．下列财产中，属于夫妻共同财产的是（　）。

A．夫妻一方的生活用品　B．经过若干年以后的夫妻一方婚前财产

C．夫妻一方的婚前财产　D．夫妻关系存续期间的知识产权收益

4．甲于2010年与乙结婚，2011年以个人名义向其弟借款10万元购买商品房1套，夫妻共同居住。2013年，甲、乙离婚。甲向其弟所借的钱，离婚时应如何处理？（　）

A．由甲偿还　B．由乙偿还

C．以夫妻共同财产偿还　D．主要由甲偿还

5．某甲与某乙在离婚诉讼进行时，甲父未留遗嘱因故去世，甲依法继承遗产一宗。此后不久，人民法院判决甲、乙离婚。根据《婚姻法》的规定，甲继承的遗产（　）。

A．属于甲的个人财产

B．属于乙的个人财产

C．由甲、乙双方协商确定所有权归属

D．属于夫妻共同财产，双方另有约定除外

6．甲在结婚后不久向朋友借债12 000元，其中6 000元为新家购买电器，5 000元偿还结婚请客时欠酒店的酒席款，余款1 000元寄给前妻所生、判归抚养前妻的儿子作生活费。债务1 2000元中，属于夫妻共同债务的是（　）。

A．12 000元　B．11 000元　C．6 000元　D．5 000元

7．甲、乙是夫妻，甲在婚前发表小说《昨天》，婚后获得稿费。乙在婚姻存续期间发表了小说《今天》，离婚后第二天获得稿费。甲在婚姻存续期间创作小说《明天》，离婚后发表并获得稿费。下列哪一选项是正确的？（　）【2007年司法考试题】

A.《昨天》的稿费属于甲婚前个人财产

B.《今天》的稿费属于夫妻共同财产

C.《明天》的稿费属于夫妻共同财产

D.《昨天》、《今天》和《明天》的稿费都属于夫妻共同财产

8．甲、乙结婚的第10年，甲父去世留下遗嘱，将其拥有的一套房子留给甲，并声明该房屋只归甲一人所有。下列哪一表述是正确的？（　）【2009年司法考试题】

A．该房屋经过8年婚后生活即变成夫妻共有财产

B．如甲将该房屋出租，租金为夫妻共同财产

C．该房屋及租金均属共同财产

D. 甲、乙即使约定将该房屋变为共同财产，其协议也无效

9. 黄某与唐某自愿达成离婚协议并约定财产平均分配，婚姻关系存续期间的债务全部由唐某偿还。经查，黄某以个人名义在婚姻存续期间向刘某借款10万元用于购买婚房。下列哪一表述是正确的？（　）【2011年司法考试题】

A. 刘某只能要求唐某偿还10万元

B. 刘某只能要求黄某偿还10万元

C. 如黄某偿还了10万元，则有权向唐某追偿10万元

D. 如唐某偿还了10万元，则有权向黄某追偿5万元

10. 甲、乙夫妻的下列哪一项婚后增值或所得，属于夫妻共同财产？（　）【2013年司法考试题】

A. 甲婚前承包果园，婚后果树上结的果实

B. 乙婚前购买的1套房屋升值了50万元

C. 甲用婚前的10万元婚后投资股市，得利5万元

D. 乙婚前收藏的玉石升值了10万元

11. 甲（男）、乙（女）结婚后，甲承诺，在子女出生后，将其婚前所有的一间门面房，变更登记为夫妻共同财产。后女儿丙出生，但甲不愿兑现承诺，导致夫妻感情破裂离婚，女儿丙随乙一起生活。后甲又与丁（女）结婚。未成年的丙因生重病住院急需医疗费20万元，甲与丁签订借款协议从夫妻共同财产中支取该20万元。下列哪一表述是错误的？（　）【2014年司法考试题】

A. 甲与乙离婚时，乙无权请求将门面房作为夫妻共同财产分割

B. 甲与丁的协议应视为双方约定处分共同财产

C. 如甲、丁离婚，有关医疗费按借款协议约定处理

D. 如丁不同意甲支付医疗费，甲无权要求分割共有财产

二、多项选择题

1. 按照我国法定夫妻财产制，在婚姻关系存续期间所取得的下列财产中，属于夫妻共同财产的范围有（　）。

A. 一方或双方劳动所得的收入

B. 一方或双方由知识产权取得的经济利益

C. 一方或双方继承、受赠的财产或取得的债权，但遗嘱或赠与合同中确定只归一方的财产除外

D. 一方或双方从事承包、租赁等生产经营活动的收入

2. 依照有关司法解释，下列财产中属于夫妻个人财产的有（　）。

A. 复员军人从部队带回的医药补助费和伤残补助费

B. 复员、转业军人所得的复员费、转业费，无论结婚时间长短

C. 夫妻分居两地分别管理、使用的婚后所得财产

D. 一方婚前个人所有的财产，婚后由双方共同使用的

3．甲与乙于2007年8月结婚，2013年5月协议离婚。下列各项中，属于夫妻共同财产的有（　）。

A．甲在2013年1月出版一本专著，2013年6月拿到一笔2万元的稿费

B．乙所在单位拖欠乙从2010年6月至2012年1月的工资，2013年7月，乙拿到拖欠的工资，共计1万元

C．2012年3月，乙的伯父死亡，其遗嘱指明遗赠给乙的财产只归乙一人所有，价值4万余元

D．甲2012年6月购买的用于参加国际会议的1套高级西装

4．根据我国《婚姻法》规定，夫妻在人身关系方面的权利与义务有（　）。

A．夫妻各有独立的姓名权

B．夫妻双方都有参加生产、工作、学习和社会活动的自由

C．夫妻有同居与忠实义务

D．夫妻双方都有实行计划生育的义务

5．甲从外地写信表示赠与其侄女乙笔记本电脑1台，乙当即表示同意。因甲身在外地，当时乙并未实际收到电脑。此后不久，乙与丙登记结婚，随后收到甲赠与的笔记本电脑，甲表明这是送给他们的结婚礼物。关于该笔记本电脑，下列表述中不正确的有（　）。

A．属于乙的婚前个人财产

B．属于乙与丙的夫妻共同财产

C．属于乙婚前取得，但因电脑是甲赠与乙的结婚礼物，故由乙与丙共有

D．上述说法都不对

6．常某与刘某婚前即约定双方婚前财产归各自所有，并到公证机关办理了公证。婚后，由于两人均系再婚，出于对再婚生活的谨慎，双方又签订了婚后财产协议，约定婚姻关系存续期间各人所得财产归各人所有，对方不得干涉，但此协议并未办理公证。就常某与刘某的夫妻财产约定的效力，下列说法中不正确的有（　）。

A．双方的夫妻财产约定对双方均有约束力

B．双方的夫妻财产约定对第三人均不具有约束力

C．双方的婚前财产约定有效，但婚后财产约定因未办理公证而无效

D．因婚后财产的取得尚未确定发生，故双方的婚后财产约定无效

7．陈某1988年从部队转业，半年后与李某结婚，结婚时李某购置了一套家具。1994年陈某创作长篇小说《军人》。1999年李某得知1986年陈某的姑妈去世遗留给陈某一套私房，一直由陈某的父母居住。根据以上情况，陈、李二人的夫妻共同财产包括哪些？（　）【2002年司法考试题】

A．陈某的转业费　　B．李某所购置的家具

C．出版小说《军人》所得的稿费　　D．陈某姑妈遗留的房屋

8．王某与赵某2000年5月结婚。2001年7月，王某出版了一本小说，获得20万元的收入。2002年1月，王某继承了其母亲的一处房产。2002年2月，赵某在一次车祸中重伤，获得6万元赔偿金。在赵某受伤后，有许多

亲朋好友来探望，共收礼1万多元。对此，下列哪些表述是正确的？（ ）【2003年司法考试题】

A.王某出版小说所得的收入归夫妻共有

B.王某继承的房产归夫妻共有

C.赵某获得的6万元赔偿金归赵某个人所有

D.赵某接受的礼品归赵某个人所有

三、不定项选择题

1．冯杰与赵小琴于1997年结婚，婚后感情不和。1999年冯杰母亲去世，由于冯父早年病故，遗产房屋8间由冯杰姐弟4人继承。冯杰为了不让赵小琴得到房产，与其姐弟等其他3个继承人商量，决定先放弃继承权，待其与赵小琴离婚后再让其姐以赠与的形式将房屋转给他。随后姐弟4人到公证处作了遗产分割协议，一致同意冯杰放弃继承权。2000年，人民法院判决冯杰与赵小琴离婚，分割夫妻共同财产时，赵小琴提出应将冯母遗留的房产分给她1间，冯杰拿出公证过的协议书说自己已放弃了继承权，赵小琴只得作罢。2001年冯杰再婚，其小弟又以赠与的形式，将2间房屋还给冯杰作新房并办理了产权变更登记手续。赵小琴得知后，向人民法院起诉要求分房。下列说法中，正确的有（ ）。

A．赵小琴有权申请人民法院将冯杰应得继承份额的房产按夫妻共同财产进行分割，从而取得1间房屋的所有权

B．赵小琴本应当有权将冯杰应得继承份额的房产按夫妻共同财产进行分割从而取得1间房屋的所有权，但因2000年离婚诉讼时该房产并未实际参加分割，赵小琴已无法再取得1间房屋的产权

C．赵小琴无权参与分房，因为冯杰取得房产的所有权是在两人离婚之后

D．冯杰放弃继承权的行为损害了赵小琴的利益，因而是无效的

2．刘华（男）于2011年与张英（女）结婚。结婚前，张英的父亲出资20万元购买婚房1栋并将房产证办于张英名下。2013年，因遭遇车祸，刘华被定为十级伤残，事故责任方向刘华支付医疗费2万元、残疾人生活补助费5万元。此后，张英以夫妻感情不合为由向人民法院提出离婚，并要求分割夫妻共同财产。另查，2012年，张英单位一次性发放住房补贴人民币3万元。下列选项中，属于夫妻共同财产的有（ ）。

A．张英父亲出资购买的婚房

B．刘华因遭遇车祸取得的医疗费2万元

C．刘华因评定为十级伤残取得的残疾人生活补助费5万元

D．张英单位发放的住房补贴3万元

3．刘江的妻子李爱红是个体经营者，开一家高级饭店，生意兴隆，年收入10万余元。2005年，李爱红不幸遭遇车祸死亡。此时，两人家中存款60余万元。因李爱红死亡，当地工商银行找到刘江，告知李爱红为经营饭店从银行贷款40万元尚未偿还，要求刘江清偿债务。如果该饭店的收入是用于家庭共同生活的，则40万元银行贷款（ ）。

A．刘江应当清偿债务

B．刘江不应当清偿债务

C．如果该银行贷款刘江知情，应当由其偿还；如果刘江并不知情，则无需承担清偿责任

D．刘江应当清偿20万银行贷款

4．甲、乙结婚时双方约定婚后各自赚的钱归各自所有，并办理了夫妻财产约定的公证。现乙因故向丙借款人民币3万元，则（　　）。

A．因夫妻财产约定仅是两人间的约定，不能对抗第三人，故甲和乙都应对该借款承担清偿责任

B．如果丙知道甲与乙的夫妻财产约定，则只能向乙一人要求清偿，甲不承担清偿责任

C．如果丙不知甲与乙的夫妻财产约定，则甲、乙两人均对该借款承担清偿责任

D．由于该夫妻财产约定已经过公证，无论丙是否知道该约定，均只能向乙一人要求清偿

5．甲男与乙女于2009年2月结婚，2010年生有一子。生子后甲外出打工，乙在家照顾甲的父母及孩子。外出打工期间，甲遇丙女并开始同居。返回老家后，甲向人民法院提出离婚。乙看甲去意已决，同意离婚。关于财产分割问题，下列说法中正确的有（　　）。

A．人民法院应根据财产的具体情况，本着照顾乙的权益的原则作出判决

B．如离婚后乙的生活确有困难，则甲应从个人财产中给予适当帮助

C．如甲、乙曾书面约定婚姻关系存续期间所得财产归各自所有，则乙有权要求甲就乙照顾老人和孩子所支出的费用进行补偿

D．假如2011年甲的母亲因病住院，乙为此向自己的姐姐借款2万元，现仍未偿还，则该借款2万元应由甲单独一人清偿

四、辨析题

1．夫妻约定财产制与夫妻法定财产制。

2．夫妻约定财产制与夫妻分别财产制。

3．夫妻约定财产制与夫妻特有财产制。

五、简答题

1．夫妻人身关系的内容。

2．夫妻共同财产的范围包括哪些？

3．夫妻特有财产的范围包括哪些？

4．夫妻财产约定的效力。

5．夫妻扶养义务的内容。

第四章 父母子女关系

知识结构图

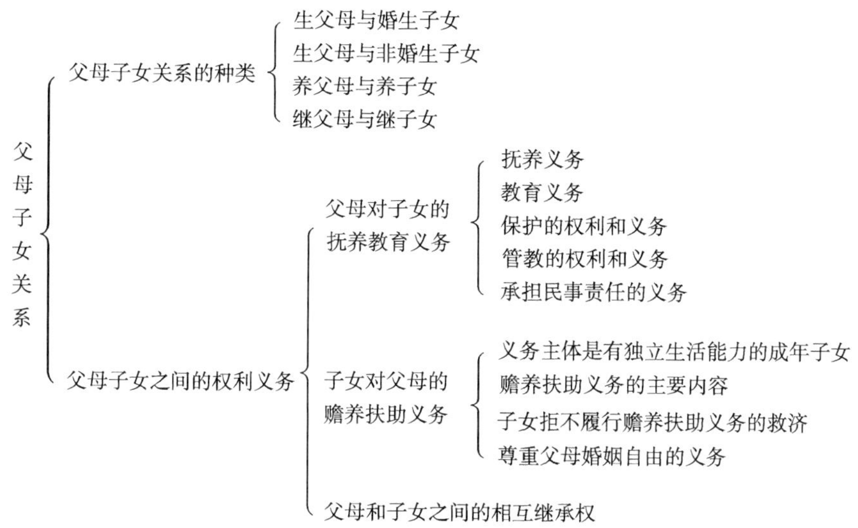

内容导读

夫妻关系是其他亲属关系产生的源泉和基础，派生于夫妻关系的父母子女关系是家庭关系的最基本构成部分之一。父母子女关系属血亲关系，有自然血亲关系和拟制血亲关系之分。不管父母与子女的关系属于何种类型，它们的法律地位都是平等的，不同类型的父母子女关系具有同等的权利义务关系。

司法考试要点

婚生父母子女关系；非婚生父母子女关系；继父母子女关系；养父母子女关系。

在历年考题中，本章涉及的问题主要包括继父母子女关系的构成、父母与子女间的权利义务关系等。

第一节　父母子女关系的种类

父母子女关系，又称亲子（“亲”即父母双亲，“子”即子女）关系，是指依照相关法律规定，在父母子女之间产生的权利和义务关系。父母子女关系是亲属关系中最近的直系血亲关系。根据父母子女关系产生的原因，《婚姻法》将父母子女关系分为两种，即自然血亲的父母子女关系和拟制血亲的父母子女关系。自然血亲的父母子女关系包括生父母与婚生子女的关系、生父母与非婚生子女的关系，拟制血亲的父母子女关系包括养父母与养子女的关系、形成抚养关系的继父母与继子女的关系。

事例4-1　甲和乙于2001年结婚，婚后两人感情不和，甲经常打骂乙。后来，两人于2005年协议离婚。离婚后，乙发现自己已有身孕，后生下一子。乙要求甲支付孩子的抚养费，但甲以自己不是该孩子的生父为由，拒付抚养费。

一、生父母与婚生子女

（一）婚生子女释义

婚生子女，是指在婚姻关系存续期间受胎或出生的子女。严格意义上的婚生子女应具备以下四个要件：①父母具有合法的婚姻关系；②由生父之妻所怀孕受胎；③在婚姻存续期间出生或者受胎；④为生母之夫的血统。

（二）婚生子女的推定

父母子女身份的确立是父母子女之间权利义务发生的前提。母亲与子女之间的身份关系是明显的，可由子女分娩的事实加以确定；而父亲与子女间身份关系的确定就没有这么简单。在父母子女关系中，子女的社会性父亲的确定往往比子女的生物性父亲的确定显得更为重要，因为婚姻本身即为一种社会现象，而非单纯的生物性事实，因此,只有确定了子女的社会性父亲，才能确定父亲与子女之间在法律上的权利义务关系。但要证明子女为生母之夫的血统，却是一件比较棘手的事情。为解决这一法律上的难题，各国亲属法设立了婚生子女推定制度。

所谓婚生子女的推定，是指子女系生母在婚姻关系存续期间受胎或出生，该子女即被法律推定为生母与生母之夫的婚生子女。在我国,《婚姻法》未明确建立婚生子女推定制度。1956年，最高人民法院在《关于徐秀梅所生的小孩应如何断定生父问题的复函》中指出：“徐秀梅的丈夫向徐提出离婚，且不承认小孩是他生的，按这小孩是在双方婚姻关系继续存在中所生的，男方现主张非其所生，应提出证据证明。男方既提不出任何证据而法院亦无法另找证明方法，在这种情况下，法院只能认为男方的主张不能证明，在这种认定下对小孩问题予以判决。”这一司法解释实际上已经确立了我国的婚生子女推定制度，至今仍为人民法院所遵循。

Note

概括而言，我国司法实践中掌握的婚生子女推定制度的主要内容包括：①对于合法婚姻关系存续期间受胎的子女，不问是否在婚姻关系存续期间出生，均推定为婚生子女；②凡是在合法婚姻关系存续期间出生的子女均为婚生子女，不问其是否在婚姻关系存续期间受胎；③子女由生父之妻分娩，推定为生父之血统。

理论争鸣

关于对子女的婚生推定标准问题，存在着受胎说、出生说和混合说三种不同的观点。受胎说认为，只要子女在婚姻关系存续期间受胎，即推定为婚生子女；出生说认为，只要子女在婚姻关系存续期间出生，无论是否在婚姻关系期间受胎，都推定为婚生子女；混合说认为，不应仅局限于受胎说或出生说，而应将两种标准结合起来，或者以出生说为原则，受胎说为补充，或者以受胎说为原则，出生说为补充。

（三）婚生子女推定的否认

婚生子女的生父身份只是一种法律上的推定，为了保护当事人的利益，还应相应地建立对婚生子女推定的否认制度。在我国，《婚姻法》未明确建立婚生子女推定的否认制度，但这并不妨碍人民法院受理婚生子女否认之诉。根据医学理论和司法实践经验，父亲提出否认婚生子女之诉的主要依据有三：一是在妻子受孕之时夫妻未曾同居；二是丈夫自身不具有生育能力；三是有确切证据证明因第三人原因导致孩子的错认。如果以上三个方面的依据仍无法确定孩子的生父，可以利用现代医学上的“亲子鉴定”技术，借助鉴定结论来判断涉讼子女是否为婚生。对此，《婚姻法解释（三）》第2条规定：“夫妻一方向人民法院起诉请求确认亲子关系不存在，并已提供必要证据予以证明，另一方没有相反证据又拒绝做亲子鉴定的，人民法院可以推定请求确认亲子关系不存在一方的主张成立。当事人一方起诉请求确认亲子关系，并提供必要证据予以证明，另一方没有相反证据又拒绝做亲子鉴定的，人民法院可以推定请求确认亲子关系一方的主张成立。”否认婚生子女推定的事实一旦由人民法院查证确认并作出判决，涉讼子女就丧失了婚生子女的资格；一旦丧失婚生子女的资格，就证明该子女与父亲之间不存在自然的血亲关系。

在事例4-1中，乙是在婚姻关系存续期间怀孕，所生子女应当推定为婚生子女。除非甲有相反的证据证明，如进行“亲子鉴定”等，否则不能推翻此推定。

（四）父母与人工生育的子女

生育本是一个自然的生理过程，但由于各种原因，某些夫妻不能生育或不愿生育，从而导致非自然生育的人工生育技术的诞生。所谓人工生育的子女，是指利用人类辅助生殖技术受胎而出生的子女。根据原卫生部2001年2月20日颁布的《人类辅助生殖技术管理办法》第24条的规定，“人类辅助生殖技术是指运用医学技术和方法对配子、合子、胚胎进行人工操作，以达到受孕目的的技术，分为人工授精和体外受精—胚胎移植技术及其各种衍生技术”。《人类辅助生殖技术管理办法》第3条规定：“人类辅助生殖技术的应用应当在医疗机构中进行，以医疗为目的，并符合国家计划生育政策、伦理原则和有关法律规定。禁止以任何形式买卖配子、合子、胚胎。医疗机构和医务人员不得实施任何形式的代孕技术。”

人类辅助生殖技术的出现给法律上的父母子女关系带来了冲击和挑战，原来法律上关于父母子女关系分类及身份地位的理论和规则，已不能圆满地解释父母与人工生育子女的亲子关系。在我国,《婚姻法》对人工生育子女的法律地位问题未作规定。1991年7月8日，最高人民法院在《关于夫妻关系存续期间以人工授精所生子女的法律地位的复函》中指出：在夫妻关系存续期间，双方一致同意进行人工授精，所生子女视为夫妻双方的婚生子女，父母子女间的权利义务关系适用《婚姻法》的相关规定。

二、生父母与非婚生子女

事例4-2　甲和乙在广州打工，两人相识后，便在外同居，但一直未登记结婚。后来乙怀孕生下一女，自己无力抚养，要求甲支付抚养费。甲认为自己没有和乙结婚，于是拒绝支付抚养费。

（一）非婚生子女释义

非婚生子女，是指无合法婚姻关系的男女所生的子女。未婚同居男女所生的子女、已婚男女与第三人发生性关系所生的子女、婚姻被依法宣告无效或被撤销而于同居期间所生的子女、女方被强奸后所生的子女，均属于非婚生子女。生育非婚生子女的男女，是非婚生子女的生父母。

虽然非婚生子女的生父母之间不存在合法的婚姻关系，但他们与所生子女之间的父母子女关系却不会因其未登记结婚的事实或婚姻效力的瑕疵而受影响。非婚生子女与其生父母之间的血缘关系是以其出生为前提的，这一自然血缘的事实是无法改变的。因此，无论非婚生子女是否得到生父母的承认（准正或认领），一经查证属实，他们之间的父母子女关系就是不可否认的。

在外国立法例上，确立有非婚生子女的准正和认领制度，以保护非婚生子女的合法权益。在我国,《婚姻法》没有建立非婚生子女的准正和认领制度。在司法实践中，可以采用如下方法确认非婚生子女与生父母的关系：在子女出生以后男女双方补办结婚登记的，该子女即被视为婚生子女；在非婚生子女的生母要求其“生父”认领的问题上，生母应承担“生父”与其所生子女具有亲子关系的举证责任；在必要时，可以运用亲子鉴定的技术手段确定被告与涉讼子女是否具有亲子关系。

（二）非婚生子女的法律地位

《婚姻法》第25条第1款规定：“非婚生子女享有与婚生子女同等的权利，任何人不得加以危害和歧视。”可见，非婚生子女与婚生子女具有同等的法律地位，其合法权益受到法律的平等保护。

在现实生活中，非婚生子女可能随同母亲生活，也可能随同父亲生活，但无论与谁一起生活，为切实保障非婚生子女的利益，《婚姻法》第25条第2款规定："不直接抚养非婚生子女的生父或生母，应当负担子女的生活费和教育费，直至子女能独立生活为止。"在实践中，非婚生子女的生父母可就抚养子女的方式进行协商；协商不成时，由人民法院根据有利于子女健康成长的原则确定。对于拒不履行抚养义务的生母或生父，非婚生子女有权要求他们给付抚养费。在处理非婚生子女与生父、生母分别居住的抚养纠纷时，可适用父母离婚后子女抚养纠纷的处理办法。

对非婚生子女，任何人不得危害和歧视。如果危害非婚生子女的行为已经构成犯罪的，应依刑法的有关规定，追究其刑事责任。所谓不得歧视非婚生子女，是指非婚生子女与婚生子女具有平等的法律地位，任何人在态度上、情感上、精神上、行为上不得对非婚生子女低看一等，更不得采取实际的歧视性行为伤害非婚生子女的人格尊严和损害其合法权益。

在事例4-2中，乙所生之女为非婚生子女，非婚生子女和婚生子女享有同等的权利。甲作为乙所生之女的生父，有义务支付抚养费。

三、养父母与养子女

养父母与养子女之间因收养关系的合法成立而建立法律上拟制的父母子女关系。我国《婚姻法》、《收养法》等法律对收养关系的成立、养父母与养子女的法律地位以及收养关系的解除等作了概括性规定。详细内容见本书第六章"收养制度"。

四、继父母与继子女

事例4-3 甲（11周岁）系乙和丙之子。丙和乙离婚后，甲跟乙一起生活。此后，乙再嫁给丁。后来，乙病逝，丁不愿继续抚养甲，而丙要求丁支付抚养费。

（一）继父母子女释义

所谓继父母，是指父之后妻或母之后夫；所谓继子女，是指夫与前妻或妻与前夫所生的子女。继父母子女关系的形成原因有二：一是由于父母一方死亡，生存的一方再婚；二是由于父母离婚，父或母再婚。子女对父母再婚的配偶称为继父母，夫或妻对其再婚配偶的子女称为继子女。

《婚姻法》以继父母子女之间是否形成抚养关系为依据，将继父母子女关系分为两种：一是受继父母抚养的继子女，其与继父母之间形成法律上拟制的直系血亲关系；二是未受继父母抚养的继子女，其与继父母之间形成直系姻亲关系。依《婚姻法》的规定，只有形成抚养关系的继父母子女之间才会产生法律上的权利义务关系，而没有形成抚养关系的继父母子女之间虽具有一定的亲属关系，但二者之间不具有法律上的权利义务关系。因此，正确判断继父母子女之间是否形成抚养关系是至关重要的。遗憾的是，我国相关法律并未就继父母与继子女之间是否形成了抚养关系作出明确的规定，这给司法实践中相关问题的解决带来了困扰。为此,《收养法》第14条规定:“继父或者继母经继子女的生父母同意，可以收养继子女，并可以不受本法第四条第三项、第五条第三项、第六条和被收养人不满十四周岁以及收养一名的限制。”该条规定体现了国家鼓励有意与继子女形成抚养关系的继父母收养继子女的立法精神。

理论争鸣

关于继父母子女之间是否已经形成抚养关系，理论上有不同的判断标准。第一种观点认为，应以继父母是否负担了继子女全部或部分的生活费和教育费为准；第二种观点认为，继父母与未成年继子女共同生活，对未成年继子女进行了教育和生活上的照料，即使未负担抚养费用，也应认为形成了抚养关系；第三种观点认为，只要继父母子女共同生活，即可认定他们之间形成了事实上的抚养关系。

（二）继父母子女的法律地位

《婚姻法》第27条第1款规定:“继父母与继子女间，不得虐待或歧视。”依此规定，不论是具有法律上拟制的直系血亲关系的继父母子女之间，还是具有直系姻亲关系的继父母子女之间，彼此应当平等相待，不得虐待或歧视。

《婚姻法》第27条第2款规定:“继父或继母和受其抚养教育的继子女间的权利和义务，适用本法对父母子女关系的有关规定。”依此规定，继父母与未受其抚养的继子女之间不存在法律上的权利和义务关系，不适用《婚姻法》对父母子女关系的有关规定；继父母与已经形成抚养关系的继子女之间，具有法律上的权利义务关系，适用《婚姻法》有关父母子女关系的规定。

理论争鸣

关于未与继父母形成抚养关系而对继父母尽了主要赡养义务的继子女的法律地位问题，理论上有不同的认识。一种观点认为，于此情形下，继子女与受其赡养的继父母之间的权利义务关系，应适用法律关于父母子女关系的有关规定；另一种观点认为，于此情形下，继父母与继子女之间的关系是一种道义关系，不属于法律上的权利义务关系，不能适用法律上有关父母子女关系的规定。

需要注意的是，与继父母形成抚养关系的继子女与其生父母之间的权利义务关系并不因继父母子女关系的形成而解除，生父母子女之间的自然血亲关系仍然存在，其法律上的权利义务关系也不消灭。在这一点上，与继父母形成抚养关系的继子女和养子女具有明显的不同。于此情形，与继父母形成抚养关系的继子女存在双重的子女身份，即自然血亲的子女身份和拟制血亲的子女身份，二者并行存在，互不抵触。其结果是，具有双重子女身份的子女在法律上享有双重的子女权利，承担双重的子女义务。

理论争鸣

关于继子女与继父母的近亲属、继父母与继子女的近亲属之间能否产生近亲属之间的权利义务关系问题，理论上有不同的认识。一种观点认为，拟制血亲的继父母子女关系的效力及于近亲属，因而，继子女与继父母的近亲属、继父母与继子女的近亲属之间具有近亲属之间的权利义务关系；另一种观点认为，拟制血亲的继父母子女关系的效力不及于其他近亲属，因而，继子女与继父母的近亲属、继父母与继子女的近亲属之间不具有近亲属之间的权利义务关系。

（三）继父母子女关系的终止

继父母子女关系是一种法律拟制的血亲关系或姻亲关系，当然可因一定法律事实的发生而终止。

1. 继父母子女关系终止的原因

概括起来，继父母子女关系发生终止的原因有如下两种。

（1）因一方死亡而终止。继父母子女关系是在继父母与继子女之间形成的法律关系，当作为法律关系主体一方的继父母或继子女死亡时，他们之间的继父母子女关系即告消灭。但是，当生父母死亡时，已形成拟制血亲的继父母子女关系不能自行解除。如生父母一方要求将子女领回抚养，或继父母不愿再抚养继子女以及继子女不愿再随继父母生活的，经生父母、继父母、年满10周岁的继子女各方协商一致，可解除继父母子女关系。

在事例4-3中，甲的生母乙死亡，丁和甲之间的权利义务关系并不自然解除。但因丁不愿意继续抚养甲，因此，丁经与丙、甲协商一致，可以解除与甲的继父子关系，并不再对甲承担抚养义务。

（2）因解除而终止。继父母子女关系因解除而终止的，解除的原因有三：其一，离婚解除。继父母与生父母离婚，若继父母拒绝继续抚养未成年继子女的，已形成的拟制血亲关系消除，继子女由生父母抚养。其二，协议解除。未与子女共同生活的生父母一方要求变更抚养关系将子女领回的，或抚养子女的生父母一方和继父母不愿再抚养子女的，经生父母、继父母以及年满10周岁的子女各方协商一致，可解除继父母子女关系。成年继子女与继父母关系恶化，经协商一致时也可以解除。其三，诉讼解除。当事人之间如就解除继父母子女关系不能达成协议的，可诉请人民法院处理。人民法院审理此类案件，应遵循有利于未成年子女成长、教育、维护未成年子女利益的原则，确定继子女抚养的归属问题。

2. 继父母子女关系终止的效力

未形成抚养关系的继父母子女关系解除后，双方之间的姻亲关系即告消灭，继父母与继子女的对称也不复存在。已形成抚养关系的继父母子女关系解除后，双方之间的拟制血亲关系消灭。但经继父母抚养成年的继子女，对年老、生活困难的继父母仍应承担赡养、扶助的义务。

第二节　父母子女之间的权利义务

一、父母对子女的抚养教育义务

事例4-4　甲和乙婚后生有一子丙。丙成年后，因意外事故受伤住院，住院期间生活不能自理。于是，丙要求其父母支付生活费和医疗费。

根据《婚姻法》的规定，父母对子女的抚养教育义务主要包括如下内容。

（一）抚养义务

根据《婚姻法》第21条第1款的规定，父母对子女有抚养的义务。抚养，是指父母从物质上供养子女和在日常生活中照料子女，保障子女的生存，使子女得以健康成长。父母对未成年子女的抚养是无条件的，而对成年子女的抚养是有条件的。根据《婚姻法》第21条的规定，父母仅对“不能独立生活的”成年子女负有抚养义务；如果成年子女已能独立生活，则父母不再对其负有抚养义务。《婚姻法解释（一）》第20条规定：“婚姻法第二十一条规定的‘不能独立生活的子女’，是指尚在校接受高中及其以下学历教育，或者丧失或未完全丧失劳动能力等非因主观原因而无法维持正常生活的成年子女。”《婚姻法》第21条第2款规定：“父母不履行抚养义务时，未成年的或不能独立生活的子女，有要求父母付给抚养费的权利。”所谓抚养费，依《婚姻法解释（一）》第21条的规定，包括子女生活、教育、医疗等费用。

在事例4-4中，丙已成年，其虽在生病住院期间生活不能自理，但康复出院后并不会丧失独立生活能力，因此，其父母没有为其支付生活费和医疗费的义务，丙的主张在法律上是不成立的。

（二）教育义务

根据《婚姻法》第21条第1款的规定，父母对子女有教育的义务。父母对子女的教育义务，是指父母在日常生活中对子女的人生观、世界观、价值观、道德观、生活技能等加以指导、培养和培育的义务。父母是子女的第一任教师，子女能否成为对他人、对社会有用的人，关键在于父母能否为子女上好第一堂课。《未成年人保护法》第11条规定：“父母或者其他监护人应当关注未成年人的生理、心理状况和行为习惯，以健康的思想、良好的品行和适当的方法教育未成年人，引导未成年人进行有益身心健康的活动，预防和制止未成年人吸烟、酗酒、流浪、沉迷网络以及聚赌、吸毒、卖淫等行为。”父母不仅在思想、品行上有教育未成年人的义务，而且还有义务提供条件使未成年人接受正规的学校教育。2006年修订的《中华人民共和国义务教育法》（以下简称《义务教育法》）第5条第2款规定：“适龄儿童、少年的父母或者其他监护人应当依法保证其按时入学接受并完成义务教育。”《未成年人保护法》第13条也规定：“父母或者其他监护人应当尊重未成年人受教育的权利，必须使适龄未成年人依法入学接受并完成义务教育，不得使接受义务教育的未成年人辍学。”

（三）保护的权利和义务

囿于年龄和认知水平的局限，未成年人极容易作出伤害他人的举动，其自身也极易受到伤害。因此，作为未成年人在社会关系上最亲密的人，父母当然有保护未成年人的权利和义务。《婚姻法》第23条中规定："父母有保护和教育未成年子女的权利和义务。"父母对子女的保护，是指父母对未成年子女的人身利益和财产利益依法予以维护，预防、排除来自人为的或非人为的侵害，并在子女利益受到侵害时代为请求救济的权利和义务。具体而言：首先，父母作为保护人，其自身不得实施侵害未成年人利益的行为，如虐待、遗弃、擅自挪用未成年人个人的财产等；其次，父母应为未成年子女的安全考虑，为其创造一个安全的生活环境，尽量远离危险来源；再次，当侵害未成年子女利益的危险或违法行为正在发生时，父母有采取措施施救和避险的权利和义务，如采取适当的紧急避险和正当防卫的行为等；最后，当未成年子女利益受到不法侵害时，父母作为未成年子女的法定代理人，有权利也有义务通过诉讼等途径请求救济，维护未成年子女的合法权益。

（四）管教的权利和义务

根据《婚姻法》第23条规定，父母有教育未成年子女的权利和义务。该条规定的父母的"教育的权利和义务"与《婚姻法》第21条规定的"教育义务"，在立法意旨上其侧重点是不同的。父母的"教育的权利和义务"强调父母有教育子女的权利，对子女而言，其有接受并听从父母教育的义务。因此，《婚姻法》第23条中规定的"教育"一词，其含义更接近于"管教"，即管理、教导和约束。《中华人民共和国预防未成年人犯罪法》对父母教育子女的权利和义务作了比较全面的规定，如该法第14条规定："未成年人的父母或者其他监护人和学校应当教育未成年人不得有下列不良行为：（一）旷课、夜不归宿；（二）携带管制刀具；（三）打架斗殴、辱骂他人；（四）强行向他人索要财物；（五）偷窃、故意毁坏财物；（六）参与赌博或者变相赌博；（七）观看、收听色情、淫秽的音像制品、读物等；（八）进入法律、法规规定未成年人不适宜进入的营业性歌舞厅等场所；（九）其他严重违背社会公德的不良行为。"

（五）承担民事责任的义务

《婚姻法》第23条中规定："在未成年子女对国家、集体或他人造成损害时，父母有承担民事责任的义务。"这一规定，强化了父母管教保护子女的责任感，也有利于保护受害方的合法权益。《中华人民共和国侵权责任法》（以下简称《侵权责任法》）第32条规定："无民事行为能力人、限制民事行为能力人造成他人损害的，由监护人承担侵权责任。监护人尽到监护责任的，可以减轻其侵权责任。有财产的无民事行为能力人、限制民事行为能力人造成他人损害的，从本人财产中支付赔偿费用。不足部分，由监护人赔偿。"

Note

二、子女对父母的赡养、扶助义务

事例4-5　甲和乙有一养子丙，丙已成年。甲去世后，养父乙再婚，丙以此为由不再支付乙赡养费。

《婚姻法》第21条第1款中规定："子女对父母有赡养扶助的义务。"所谓赡养，是指子女对年老父母的经济供养；所谓扶助，是指子女对年老父母的生活照顾和精神慰藉。

（一）赡养扶助义务的主体是有独立生活能力的成年子女

《老年人权益保障法》第14条第2款规定："赡养人是指老年人的子女以及其他依法负有赡养义务的人。"《婚姻法》第21条仅规定了"子女"对父母的赡养扶助义务，未规定其他负有赡养义务的人的赡养义务。但作为赡养义务主体的"子女"范围如何,《婚姻法》未作出明确界定。依据《宪法》第49条第3款规定,"成年子女有赡养扶助父母的义务"。因此，成年子女是赡养扶助义务的主体。未成年人尚是父母抚养教育的对象，自身并不具有独立的生活能力，要求其对父母尽赡养扶助义务是不现实的。此外，并非所有的成年子女都是赡养扶助义务的主体，只有自身具备独立生活能力的成年子女才是现实的义务主体。因为，依《婚姻法》第21条第2款的规定，不能独立生活的成年子女是父母抚养义务的对象，不具有对父母尽赡养扶助义务的现实可能性，其可谓有心而无力。

（二）赡养扶助义务的主要内容

赡养扶助义务的内容是非常广泛的，概括起来，赡养扶助义务的主要内容包括经济供养、生活照顾和精神慰藉三个方面。根据《老年人权益保障法》第15~18条的规定，赡养人应当使患病的老年人得到及时治疗和护理，对经济困难的老年人应当提供医疗费用；赡养人应当妥善安排老年人的住房，不得强迫老年人迁居条件低劣的房屋；老年人自有的或者承租的住房，子女或者其他亲属不得侵占，不得擅自改变产权关系或者租赁关系；老年人自有的住房，赡养人有维修的义务；赡养人有义务耕种老年人承包的田地，照管老年人的林木和牲畜等，收益归老年人所有；家庭成员应当关心老年人的精神需求，不得忽视、冷落老年人。与老年人分开居住的家庭成员，应当经常看望或问候老年人。子女对父母的赡养扶助义务是无期的，直到父母死亡为止。不管子女是否与父母共同居住，都应根据父母的实际需要承担经济责任。有多个子女的，可根据父母的实际需要，分担经济责任。赡养费的支付方式，可以根据不同的情况，采取按期或定期给付现金的方式；无固定收入的，可以采取按收益季节支付现金或实物的方式。赡养费数额的确定，既要考虑义务人一方的经济负担能力，又要照顾父母一方的实际生活需要。一般来讲，应不低于子女本人或当地群众的平均生活水平，以保障老年人的生活需要。

（三）子女拒不履行赡养扶助义务的救济

《婚姻法》第21条第3款规定："子女不履行赡养义务时，无劳动能力的或生活困难的父母，有要求子女付给赡养费的权利。”父母可以直接向子女主张赡养费，也可以通过村民委员会、居民委员会以及子女所在单位劝说子女主动给付赡养费，父母也可以直接向人民法院提起给付赡养费之诉。有赡养扶助能力而拒绝赡养扶助老人的，如果情节恶劣，构成遗弃罪的，应依法追究其刑事责任。

子女赡养父母是无条件的，子女所附加的任何条件都是无效的，因此，子女不得以任何借口不履行赡养义务。例如，有的子女以放弃继承权为由，拒绝赡养老人；还有的子女以“先分家析产，后赡养老人”或“分家析产不公”为借口，拒绝赡养老人。这些行为都是违法的，并不因此而解除子女对父母的赡养义务。

理论争鸣

关于请求给付赡养费的父母的资格问题，理论上有不同的认识。一种观点认为，《婚姻法》第21条第3款仅规定了“无劳动能力的或生活困难的父母”可以要求子女给付赡养费，因此，有劳动能力的和生活并不困难的父母不得要求子女支付赡养费；另一种观点认为，不论父母有无劳动能力或生活是否困难，只要子女已成年并具有独立生活能力的，父母即可向其主张付给赡养费。

（四）尊重父母婚姻自由的义务

《婚姻法》第30条规定：“子女应当尊重父母的婚姻权利，不得干涉父母再婚以及婚后的生活。子女对父母的赡养义务，不因父母的婚姻关系变化而终止。”《老年人权益保障法》第21条也规定：“老年人的婚姻自由受法律保护。子女或者其他亲属不得干涉老年人离婚、再婚及婚后的生活。赡养人的赡养义务不因老年人的婚姻关系变化而消除。”

婚姻自由是老年人的权利，也是子女对父母尽扶助义务的主要内容。老年人因退休、子女成年等原因，往往会感到精神上和情感上空虚寂寞，需要有人陪伴。因此，再婚自由对父母而言是非常重要的权利，子女必须予以尊重。《婚姻法》和《老年人权益保障法》之所以将子女尊重父母婚姻自由的义务作为独立的一个条款加以规定，就是基于该权利地位之重要的考虑。在现实生活中，有的子女以父母再婚为由，拒绝履行赡养义务，这是违法的。子女对父母的赡养义务是无条件的，有的子女将父母不得再婚作为尽赡养义务的附加条件，既干涉了父母的婚姻自由，也违背了法定赡养义务的要求。

在事例4-5中，丙对父亲的赡养义务不因父亲再婚而消除，其父亲乙有权要求丙继续支付赡养费，丙不得拒绝。

三、父母和子女之间的相互继承权

《婚姻法》第24条第2款规定：“父母和子女有相互继承遗产的权利。”依《继承法》第10条的规定，父母和子女互为第一顺序的继承人。当父母死亡时，子女有继承父母遗产的权利；当子女死亡时，父母有继承子女遗产的权利。

课堂讨论案例

【案例1】甲和乙因感情不和，协议离婚。离婚后，甲发现自己已有两个月的身孕。甲生下孩子丙后，要求乙支付抚养费，乙不同意。

问：①丙是非婚生子女吗？②乙应当支付抚养费吗？

【案例2】甲一直未婚，35岁时与乙结婚。乙系再婚，并带一子丙（6岁）与甲共同生活。二人婚后未再生育，甲因无亲生子女，所以视丙为己出，倍加疼爱。甲、乙二人虽然婚后收入状况一般，但二人还是坚持将丙供到读完大学。在丙大学毕业时，其生母乙去世。此后，甲与丙仍一起共同生活，直至丙结婚后独立生活。丙独立居住后，甲因感觉生活孤独，便欲再娶，而丙坚决不同意。为此，二人发生激烈争吵。甲执意再婚后，二人的争吵不断升级，丙经常打骂甲，甲不堪忍受。最终，甲感觉其与丙的父子关系已经无法维持，遂起诉到人民法院要求解除与丙的继父母子女关系。

问：①甲与丙之间的继父母子女关系能够解除吗？②甲有权要求丙继续给付生活费吗？③甲能否请求丙偿付其支出的抚养费和教育费？

【案例3】甲是一位品学兼优的初中一年级女学生，其父受重男轻女思想的影响，在甲初中一年级尚未读完时就要求其退学，而只让其读小学五年级的弟弟继续上学。甲被迫退学后即外出打工。学校在得知甲退学的原因后，随即动员甲的父亲召回甲并让甲读完初中，但甲父坚决不同意。

问：①甲父的做法违法吗？②学校应如何处理？

课后思考习题

一、单项选择题

1. 小刘5周岁时父亡，母亲后与继父王某结婚，小刘与外祖母一起生活，受其抚养。小刘工作后，母亡，继父王某年老多病要求小刘赡养，人民法院应判决（　）。

   A. 小刘每月付给王某一定的生活费

   B. 小刘不付给王某生活费

   C. 小刘每月付给王某一定的生活费，王某死后遗产由小刘继承

   D. 以上答案都不对

2. 离婚后，子女抚育费的给付期限（　）。

   A. 一般至子女18周岁为止　　B. 一律至子女18周岁为止

   C. 一般至子女结婚成家时为止　D. 一律至子女结婚成家时为止

3. 未形成抚养关系的继父母与继子女之间属于（　）。

A．自然直系血亲关系　　B．拟制直系血亲关系

C．直系姻亲关系　　D．拟制旁系血亲关系

4．甲与乙离婚后，9周岁的儿子丙随父亲甲生活。甲因外出经商，委托好友丁代为看护。一日丁醉酒，丙偷跑出去玩耍，损坏小卖店电视1台。对此，应由谁承担赔偿责任？（　）

A．甲承担　　B．丁承担

C．甲与丁承担　　D．甲、乙、丁共同承担

5．张丽（19周岁）的父母于2003年离婚，张丽随母生活。同年，张丽考上某重点高校独立学院，每年学费、生活费需人民币2万元。由于其母无力独自承担这笔费用，其父又拒绝出钱，张丽遂向人民法院提起诉讼，要求父亲承担其大学期间学费与生活费用的一半即每年人民币1万元。对此纠纷，人民法院（　）。

A．应当以父母对子女负有抚养教育义务为由判决在张丽大学期间，其父每年向张丽支付学费、生活费等费用人民币1万元

B．应当追加其母为共同被告，判决两人分别在张丽大学期间每年向其支付学费、生活费等人民币1万元

C．应当驳回张丽的诉讼请求

D．应当不予受理

二、多项选择题

1．在我国，自然血亲的父母子女是指（　）。

A．生父母与非婚生子女　　B．继父母与继子女

C．生父母与婚生子女　　D．养父母与养子女

2．刘琳（女）4周岁时，其母与王佳强再婚，刘琳随生母与继父共同生活9年，继父女间形成抚养关系。2005年，王佳强与刘琳的生母登记离婚。刘琳遂起诉与王佳强解除继父女关系。下列选项中，说法正确的有（　）。

A．刘琳与王佳强之间的权利义务关系随王佳强与其生母离婚而自然终止，人民法院对刘琳的起诉应不予受理

B．刘琳与王佳强之间的权利义务关系随王佳强与其生母离婚而自然终止，人民法院对刘琳的起诉应在受理后以此为由驳回起诉

C．刘琳与王佳强之间的权利义务关系不能自然终止

D．人民法院应对刘琳与其继父的关系作出是否准许解除的判决或调解

3．2001年，甲夫妻收养3周岁的乙为养女，一直共同生活。2005年，乙的生父母丙夫妻与甲夫妻达成解除对乙的收养关系协议，并办理了解除收养关系的登记。2006年，甲、丙两夫妻同时遇车祸去世。下列选项中，说法正确的有（　）。

A．乙与甲夫妻的收养关系解除后，其与生父母及其近亲属的权利义务关系自行恢复

B．乙与甲夫妻的收养关系解除后，其与生父母及其近亲属的权利义务

关系是否恢复须协商确定

C．乙有权继承甲夫妻的遗产

D．乙有权继承丙夫妻的遗产

4．下列选项中，乙应当对甲承担子女对父母的赡养扶助义务的情形有（　）。

A．甲57周岁时收养了乙（6周岁），两人以祖孙相称，现乙已长大成人

B．乙3周岁时丧父，不久乙母携子与丙再婚，3年后乙母死亡，丙随后与甲再婚，丙、甲合力将乙养大成人

C．甲系乙亲生父亲。乙出生后不久其母离家出走，甲怕乙耽误自己再婚而将乙送养他人。20年后甲生活无着，要求乙承担赡养义务

D．甲有两子乙和丙。因家贫，甲在给丙办完婚事后无力助乙娶妻，乙过而立之年仍单身。乙以甲未尽父亲责任和偏心为由拒绝承担赡养义务

三、不定项选择题

1．下列说法，正确的有（　）。

A．我国《婚姻法》已建立了完整的婚生子女的准正和认领制度

B．依我国《婚姻法》的规定，没有形成抚养关系的继父母子女之间不具有法律上的权利义务关系

C．我国《婚姻法》已明确建立婚生子女推定制度

D．与继父母形成抚养关系的继子女，因继父母子女关系的形成，其与生父母之间的权利义务关系解除

2．甲、乙系父子。由于二人长期关系不和，2005年乙19周岁时，双方签订一份协议，称：两人从此脱离父子关系，甲不负责给乙盖结婚用房，乙也无须为甲养老，双方从此不再往来。该协议履行至2012年，乙已结婚生子，甲突发疾病失去劳动能力，又无其他经济来源，遂向乙索要赡养费用。乙以协议为由拒绝支付。下列说法中，正确的有（　）。

A．此协议签订时双方意思表示真实，甲无权再向乙索要赡养费用

B．不论协议签订时双方意思表示是否真实，此协议均属无效

C．由于协议签订时双方意思表示真实，协议有效。但甲享有撤销权，故乙仍须向甲支付赡养费用

D．赡养父母是子女对父母的法定义务，不能以协议的形式予以免除，故乙仍须向甲支付赡养费用

3．袁立夫妻离婚后，其子袁森（11周岁）与父袁立一同生活。某日袁立因事出差两日，留下儿子一人在家。因年幼无知，袁森玩弄打火机引发火灾，除烧毁自家部分财物外还导致邻居家财物损失数千元。关于邻居家财物损失，下列说法正确的有（　）。

A．由袁立与袁森之母共同承担赔偿责任

B．由袁立承担赔偿责任，但如果其独立承担民事责任确有困难的，可以责令袁森的母亲共同承担民事责任

C．应在袁森的财产范围内承担赔偿责任，如袁森无个人财产，则无法赔偿

D．如袁森有个人财产，则应从个人财产中支付赔偿费用

四、辨析题

1．非婚生子女与继子女。

2．养子女与继子女。

五、简答题

1．父母子女关系的种类。

2．婚生子女的推定。

3．继父母子女关系。

4．父母对子女的抚养教育义务的内容是什么？

5．子女对父母的赡养、扶助义务。

第五章 祖孙及兄弟姐妹关系

知识结构图

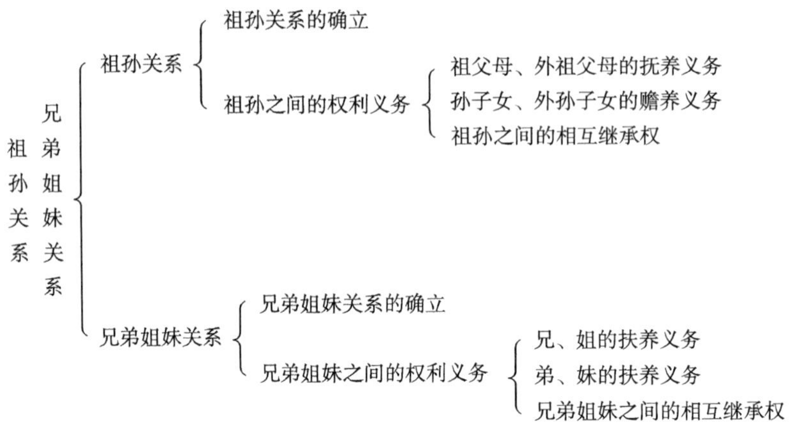

内容导读

家庭关系是亲属关系的外在法律表现，但并非所有的亲属间都会形成家庭关系。法律一般将家庭关系所包容的亲属关系限制在一定的范围内，即只有特定的亲属间才会产生法律上的权利义务关系。在现实生活中，家庭成员除了夫妻、父母子女外，往往还包含祖孙和兄弟姐妹。作为家庭成员的祖孙及兄弟姐妹，他们之间相应地会产生一系列的权利义务关系。

司法考试要点

祖孙及兄弟姐妹之间形成抚养、扶养关系的条件。

在历年考题中，本章涉及的问题主要包括祖孙之间及兄弟姐妹之间的权利义务关系。

第一节　祖孙关系

事例5-1　甲和乙收养一女婴丙。三年后，因为一次意外事故，甲死亡，乙也完全丧失了劳动能力。甲的父母对丙有抚养义务吗？

一、祖孙关系的确立

家庭是由一定范围内的亲属构成的共同生活的单位或组织。家庭成员之间基于亲情，在共同生产、生活、扶养等过程中形成的关系，可以统称为家庭关系。在现实生活中，家庭成员除了夫妻、父母子女外，还有兄弟姐妹、（外）祖父母、（外）孙子女的存在。

在亲属法上，祖父母包括亲祖父母、亲外祖父母、养祖父母、养外祖父母、有抚养关系的继祖父母和继外祖父母。相应的，孙子女包括亲孙子女、亲外孙子女、养孙子女、养外孙子女、有抚养关系的继孙子女和继外孙子女。

亲祖父母、亲外祖父母与亲孙子女、亲外孙子女之间是隔代直系血亲，也是除亲子关系之外最近的直系血亲。因此，法律规定了他们之间的权利义务关系。

养祖父母与养孙子女、养外祖父母与养外孙子女之间因养父母与养子女的收养关系而产生。收养关系的确立使养子女与生父母之间的权利义务关系解除，与养父母之间的权利义务关系建立。养子女与养父母虽然是法律拟制的血亲关系，但其产生的法律效果与自然血亲关系并无不同。因此，在收养关系确立后，养子女在与养父母形成父母子女关系的同时，也与养父母的父母之间形成亲属关系。相应地，养祖孙之间的祖孙关系确立，他们之间的权利义务关系适用《婚姻法》有关祖孙权利义务的规定。

根据《婚姻法》及有关司法解释规定的精神，继父母如对继子女尽了抚养教育义务，他们之间即产生了父母子女关系。但继子女与继父母的父母之间并不因此产生法律上的权利义务关系，只有在他们之间形成了抚养关系的情况下，才能产生法律上的权利义务关系。继祖父母、继外祖父母与继孙子女、继外孙子女之间因形成事实上的抚养关系而产生法律上的权利义务关系，适用法律中关于祖孙之间权利义务的法律规定。

在事例5-1中，丙与甲乙之间是养父母子女关系，丙与甲乙的近亲属也形成了法律上的近亲属关系。因此，丙与甲的父母在法律上的养祖孙关系得以确立。

二、祖孙之间的权利义务

根据《婚姻法》的规定，抚养和赡养义务一般只发生在一亲等的直系血亲之间，父母、子女是法律上承担抚养、赡养义务的一般主体。祖孙之间是隔代亲，在一般情况下，子女由父母抚养，父母由子女赡养，祖孙之间不会发生抚养和赡养关系。但因特定情形发生导致父母子女之间的抚养与赡养义务无法履行时，法律规定祖孙之间产生抚养与赡养关系。《婚姻法》

Note

第28条规定："有负担能力的祖父母、外祖父母，对于父母已经死亡或父母无力抚养的未成年的孙子女、外孙子女，有抚养的义务。有负担能力的孙子女、外孙子女，对于子女已经死亡或子女无力赡养的祖父母、外祖父母，有赡养的义务。"可见，祖孙之间的抚养、赡养义务是第二顺位的，相对于父母、子女之间的抚养、赡养义务而言，具有补位性质。只有当第一顺位的抚养、赡养义务主体不存在或不能履行义务时，才会发生第二顺位的义务主体补位履行抚养、赡养义务。

（一）祖父母、外祖父母对孙子女、外孙子女的抚养义务

根据《婚姻法》第28条的规定，祖父母、外祖父母对孙子女、外孙子女承担抚养义务须具备如下三个条件：

第一，孙子女、外孙子女尚未成年，或虽已成年但没有独立生活能力，需要抚养。对已成年并有独立生活能力的子女，父母对其尚且不存在抚养的义务，祖父母和外祖父母对其当然也不存在抚养义务。未成年人和虽已成年但无独立生活能力的子女是父母抚养义务的对象，当父母死亡或父母无力抚养时，祖父母和外祖父母有抚养的义务。

第二，孙子女、外孙子女的父母双亡，或者虽然父或母一方生存但失去抚养子女的能力，或者父母双方虽都生存但没有能力抚养子女。在这三种情形发生时，因孙子女、外孙子女失去了抚养依托，处于一种无人抚养的状态，法律为保护未成年人以及无独立生活能力的成年子女的利益，规定了祖父母和外祖父母的抚养义务。

第三，祖父母、外祖父母有负担能力。所谓"有负担能力"，包括经济上的供养能力、生活上的照顾能力以及教育和保护能力等。当祖父母、外祖父母自身年老体衰无生活自理能力，或祖父母、外祖父母自身尚且依靠子女赡养而生活，再要求他们承担抚养孙子女、外孙子女的义务，显然是不可能的，也是不合情理的。为此，法律特别规定，只有在祖父母、外祖父母自身具有负担能力时，才承担对孙子女和外孙子女的抚养义务。

在事例5-1中，丙和甲的父母形成了养祖孙关系，丙的养父母一个死亡，一个完全丧失了劳动能力。因此，甲的父母对无独立生活能力的未成年人丙应承担相应的抚养义务。

（二）孙子女、外孙子女对祖父母、外祖父母的赡养义务

根据《婚姻法》第28条的规定，孙子女、外孙子女对祖父母、外祖父母承担赡养义务须具备如下三个条件：

第一，孙子女、外孙子女是有负担能力的成年人。只有孙子女、外孙子女已经成年并有负担能力，才能承担起赡养的义务。如果孙子女、外孙子女尚未成年或虽已成年但没有独立生活的能力，要求他们承担赡养义务，显然是不切实际的，也是行不通的。

第二，祖父母、外祖父母必须是需要赡养的人。赡养义务的发生，以被赡养人有需要赡养的事实为前提。如果祖父母、外祖父母具备劳动能力

能够自我谋生，或者他们的生活并不存在困难，则赡养义务无从发生。因此，只有祖父母、外祖父母是无劳动能力或生活发生困难而真正需要赡养的人，才会产生孙子女、外孙子女的赡养义务。

第三，祖父母、外祖父母的子女已经死亡或虽生存但无赡养能力。若祖父母、外祖父母是确需赡养的人，则子女的死亡或丧失赡养能力，将导致他们失去生活来源而发生生活困难。只有在这种情况下，才会产生孙子女和外孙子女的赡养义务。如果其子女健在并有赡养能力，则隔代的孙子女和外孙子女没有代其父母承担赡养祖父母和外祖父母的法律义务。

理论争鸣

关于继祖孙之间是否存在抚养和赡养义务的问题，理论上存在争议。一种观点认为，继祖孙之间的权利义务关系适用《婚姻法》有关祖孙权利义务的规定；另一种观点认为，继祖孙之间只是姻亲关系，他们之间没有形成法律上的权利义务关系，因此，不适用《婚姻法》有关祖孙关系的规定。

（三）祖孙之间的相互继承权

祖孙之间是二亲等的直系血亲，亲属关系非常近，因此，法律规定他们之间享有相互继承遗产的权利。根据《继承法》第10条的规定，祖父母、外祖父母是孙子女、外孙子女的第二顺序继承人。《继承法》虽未规定孙子女、外孙子女对祖父母、外祖父母的继承顺序，但根据代位继承制度，当父母早于祖父母、外祖父母死亡时，孙子女、外孙子女可代位继承祖父母、外祖父母的遗产。

第二节 兄弟姐妹关系

事例5-2 甲自幼父母双亡，由其哥哥乙扶养长大。后来乙年老，生活贫困，无钱治病，甲应当对乙承担扶养义务吗？

一、兄弟姐妹关系的确定

兄弟姐妹是血缘最密切的同辈旁系血亲，包括同胞兄弟姐妹、同父异母或同母异父的兄弟姐妹、养兄弟姐妹、有扶养关系的继兄弟姐妹。

同胞兄弟姐妹属于全血缘的旁系血亲，同父异母或同母异父的兄弟姐妹属于半血缘的旁系血亲（同父或同母的血亲），他们之间的血缘关系较近，又往往生活在一个家庭里，相互之间关系密切，因此，法律规定了他们相互之间的权利义务关系。

养兄弟姐妹因养父母与养子女之间的收养关系而产生。收养关系一旦成立，养子女与生父母之间的权利义务关系消灭，而与养父母之间形成拟制血亲关系，并且养子女及其后代与养父母的亲生子女之间也产生相应的亲属关系。因此，养兄弟姐妹与同胞兄弟姐妹具有相同性质的亲属关系。

继父母与受其抚养的继子女之间产生法律上的父母子女关系，但继子女与继父母的生子女之间并不因此而必然形成法律上的权利义务关系。只有在形成了扶养关系的情况下，继子女与继父母的亲生子女、养子女或有扶养关系的其他继子女之间才会发生法律上的权利义务关系。据最高人民法院《关于贯彻执行〈中华人民共和国继承法〉若干问题的意见》（以下简称《继承法意见》）第24条规定："继兄弟姐妹之间的继承权，因继兄弟姐妹之间的扶养关系而发生。没有扶养关系的，不能互为第二顺序继承人。"可见，继兄弟姐妹之间如果未形成扶养关系的，则相互之间不产生法律上的权利义务关系；如果继兄弟姐妹之间形成了事实上的扶养关系，则相互之间产生法律上的权利义务关系，适用法律上有关兄弟姐妹的相关规定。

在事例5-2中，甲和乙属于同胞兄弟姐妹。

二、兄弟姐妹之间的权利义务

在一般情况下，兄弟姐妹均由他们的父母抚养成人，他们相互之间不发生扶养的权利义务关系。但在特定情况下，兄、姐和弟、妹之间会产生附条件的扶养义务。《婚姻法》第29条规定："有负担能力的兄、姐，对于父母已经死亡或父母无力抚养的未成年的弟、妹，有扶养的义务。由兄、姐扶养长大的有负担能力的弟、妹，对于缺乏劳动能力又缺乏生活来源的兄、姐，有扶养的义务。"可见，同祖孙之间的扶养义务性质一样，兄弟姐妹之间的扶养义务也是第二顺序的，具有补位性质。如果兄、姐或者弟、妹有第一顺序的扶养义务人，如配偶、父母或成年子女，且第一顺序的扶养义务人有扶养能力的，则需要扶养的兄、姐或者弟、妹由第一顺序的配偶、父母或成年子女承担扶养义务，兄弟姐妹不承担扶养义务。

（一）兄、姐对弟、妹的扶养义务

兄、姐对弟、妹承担扶养义务须具备如下三个条件：

第一，弟、妹未成年或没有独立生活能力，需要扶养。未成年的弟、妹或虽已成年但不具有独立生活能力的弟、妹，本应处于父母的监护和照顾之下，但因父母死亡或其他客观原因父母不能履行抚养义务时，扶养弟、妹的义务就落在了兄、姐身上。

第二，他们的父母死亡，或父母虽健在但没有承担抚养义务的能力。父母死亡或丧失抚养能力时，未成年的弟、妹和没有独立生活能力的成年弟、妹处于一种无人照管的状态，法律出于对他们的利益保护考虑，规定有负担能力的兄、姐承担扶养义务。

第三，兄、姐有负担扶养弟、妹的能力。如果兄、姐生活困难，自身尚处于一种自顾不暇的艰难境地，再要求他们负担扶养弟、妹的义务，显然不太现实。因此，法律并不强制兄、姐无条件地承担对弟、妹的扶养义务。

结合《婚姻法》第28条和第29条的规定，如果未成年人的兄、姐、祖父母、外祖父母均有负担能力的，他们应共同承担抚养该未成年人的义务，他们之间不存在承担抚养义务的先后顺序。

（二）弟、妹对兄、姐的扶养义务

弟、妹对兄、姐承担扶养义务须具备如下三个条件：

第一，弟、妹是由兄、姐扶养长大的。该条件体现了权利与义务相一致的原则。如果弟、妹是由父母、祖父母、外祖父母抚养成人，不是由其兄、姐扶养成人，则弟、妹对其兄、姐不承担扶养义务。

第二，兄、姐缺乏劳动能力又缺乏生活来源。如果兄、姐仅缺乏劳动能力而有生活来源的，或虽没有生活来源但有劳动能力的，弟、妹对其都不承担扶养义务。只有既缺乏劳动能力又没有生活来源的，亦即生活完全陷入困境的，弟、妹才对其承担扶养义务。

第三，弟、妹有负担能力。如果弟、妹不具有负担能力，则对兄、姐无扶养的义务。

在事例5-2中，甲是由哥哥乙扶养长大的，当哥哥乙年老而丧失劳动能力而又生活困难时，在甲有负担能力的情况下，应当承担对其哥哥乙的扶养义务。

（三）兄弟姐妹之间的相互继承权

根据《继承法》第10条的规定，兄弟姐妹互为第二顺序的遗产继承人，相互之间有继承遗产的权利。

课堂讨论案例

【案例1】丙被甲和乙于1980年收养，2002年甲和乙相继病逝。甲的父亲平时由甲和乙供应吃穿，丙认为养父母甲和乙已死，他对甲的父亲无赡养义务，于是将甲的父亲拒之门外。无奈之下，甲的父亲一纸诉状将丙告到人民法院。

问：①丙和甲的父亲有亲属关系吗？②丙应当赡养甲的父亲吗？

【案例2】甲、乙系同父异母的姐弟关系。在甲出嫁1年后，乙出生。乙5岁时，其父、母相继去世，甲将乙领回自己家扶养。甲含辛茹苦将弟弟乙带大，并供其读完大学。乙大学毕业时，甲的丈夫和子女相继去世，甲一人寡居在农村，靠种地为生，生活相当艰难。感念姐姐甲的扶养之恩，乙每月给甲寄生活费200元。但3年后，乙娶妻生子，生活开销陡增，乙的妻子不同意再给甲每月寄生活费。乙虽苦苦相劝，但其妻终未同意。无奈之下，乙从此再未给甲寄过生活费。甲因年事已高，又体弱多病，既无继续种地维持生活的能力又无其他的生活来源。实出无奈，甲将乙告上法庭，要求乙继续给付生活费。

问：①甲有扶养乙的法律义务吗？②乙成年后有扶养甲的法律义务吗？③甲的诉讼请求能够得到人民法院的支持吗？

课后思考习题

一、单项选择题

1．李言、李娜为兄妹关系。李言大学毕业后就职于某外资企业，李娜在19

周岁时考上某大学。因二人父母均为农民，李言念完大学后家中负债累累，无力再为李娜支付上大学的费用。李娜要求哥哥承担她的大学费用，李言称自己收入并不太高，除日常开支外还要攒钱买房结婚，也无力承担李娜的大学费用。对此情形，下列说法中正确的是（　）。

A．因李娜的父母健在且有劳动能力，应由其父母承担李娜的大学费用

B．李娜的父母是因为供李言读大学才无力提供李娜的大学费用，故应由李言承担李娜的大学费用

C．如李言有经济条件应承担李娜的大学费用，但鉴于他的经济状况，李言可不承担该费用

D．李言没有承担李娜大学费用的义务

2．由兄、姐抚养长大的，有负担能力的弟妹，对（　）的兄姐有抚养的义务。

A．丧失劳动能力　　B．无固定工作

C．丧失劳动能力又缺乏生活来源　　D．无儿无女

二、多项选择题

1．根据有关司法解释，弟、妹对兄、姐履行扶养义务的条件有（　）。

A．兄、姐已退休

B．兄、姐缺乏劳动能力又缺乏生活来源

C．弟、妹是由兄、姐抚养长大的

D．弟、妹有负担能力

2．下列情形中，祖父母、外祖父母在有负担能力时对孙子女、外孙子女应当承担抚养义务的有（　）。

A．张某的父母2006年意外死亡，张某2006年1月满16周岁，2005年底外出打工补贴家用

B．林某的父母意外死亡，林某2006年1月满16周岁，目前正就读于某高中一年级

C．孙某的父母因事故导致二级伤残，孙某正就读于某小学

D．周某父母因车祸一死一残，正念初一的周某向祖父提出缀学出去打工给母亲挣医药费

3．杨大林、杨二林为兄弟。2008年二人父母去世时，杨大林20周岁，杨二林12周岁。下列选项中，杨大林应承担对杨二林的扶养义务的情形有（　）。

A．杨大林于某高等院校读大学二年级，杨二林系小学五年级学生

B．杨大林在家务农并兼作木匠，杨二林系小学五年级学生

C．杨大林在家务农并兼作木匠，杨二林系小学五年级学生。因二人大伯家中只有3个女儿没有儿子，其父母在2007年将杨二林“过继”给大伯但并未与大伯共同生活

D．杨大林已于某专科院校毕业但因未找到工作，失业在家

三、不定项选择题

1. 林丽与张某婚后育有一女张琴，张某在女儿出生不久后病故。林丽在张琴3周岁时与陈冬再婚，婚后生一子陈信。经与林丽协商，陈冬将张琴收养为养女。因陈冬为独子，其父母年纪渐老又无生活来源，自2000年起陈冬每月向父母给付赡养费400元。陈信、张琴成年后，均参加了工作。2005年，陈冬遇车祸身亡，其父母失去每月400元的生活费来源，因生活无着，向人民法院起诉陈信、张琴，要求二人承担赡养义务。关于此案，下列说法中正确的有（　）。
   A. 陈信应当承担赡养义务
   B. 张琴应当承担赡养义务
   C. 陈信应当承担赡养义务，张琴因与原告并无血缘关系，不承担赡养义务
   D. 陈信、张琴均不承担原告的赡养义务
2. 依照我国《婚姻法》和有关司法解释，下列情形中，有负担能力的孙子女、外孙子女应赡养祖父母、外祖父母的条件有（　）。
   A. 祖父母、外祖父母的子女已经死亡
   B. 祖父母、外祖父母已退休
   C. 祖父母、外祖父母为残疾人亦无劳动收入
   D. 祖父母、外祖父母无生活来源，子女已经死亡或确无能力赡养
3. 下列情形中，甲对乙应负抚养义务的有（　）。
   A. 甲为退休教师，其子于2001年与丧偶的孙某结婚，并与孙某共同抚养孙某与前夫所生女儿乙。2003年，其子与孙某在一次外出旅游时双双不幸车祸身亡
   B. 甲于1999年与乙（4周岁）的母亲（丧偶）结婚并共同抚养乙。2005年，乙母因病去世，乙的外祖父为争夺乙的抚养权以甲为被告向人民法院提起诉讼。诉讼期间，原告遇车祸死亡
   C. 甲于1999年与乙（4周岁）的母亲结婚并共同抚养乙。2003年，乙母因病去世，经协商乙生父将其领回抚养。2006年乙的生父亦因故身亡
   D. 甲为退休教师，其女儿1995年与陈某结婚并生有一子乙。1998年，陈某因病死亡。乙母于1999年与孙某结婚，孙某拒绝抚养乙。2005年乙母外出旅游时遇险身亡

四、简答题

1. 祖孙关系如何确定？
2. 祖孙之间的权利义务。
3. 兄弟姐妹关系如何确定？
4. 兄弟姐妹之间的权利义务。

第六章 收 养 制 度

知识结构图

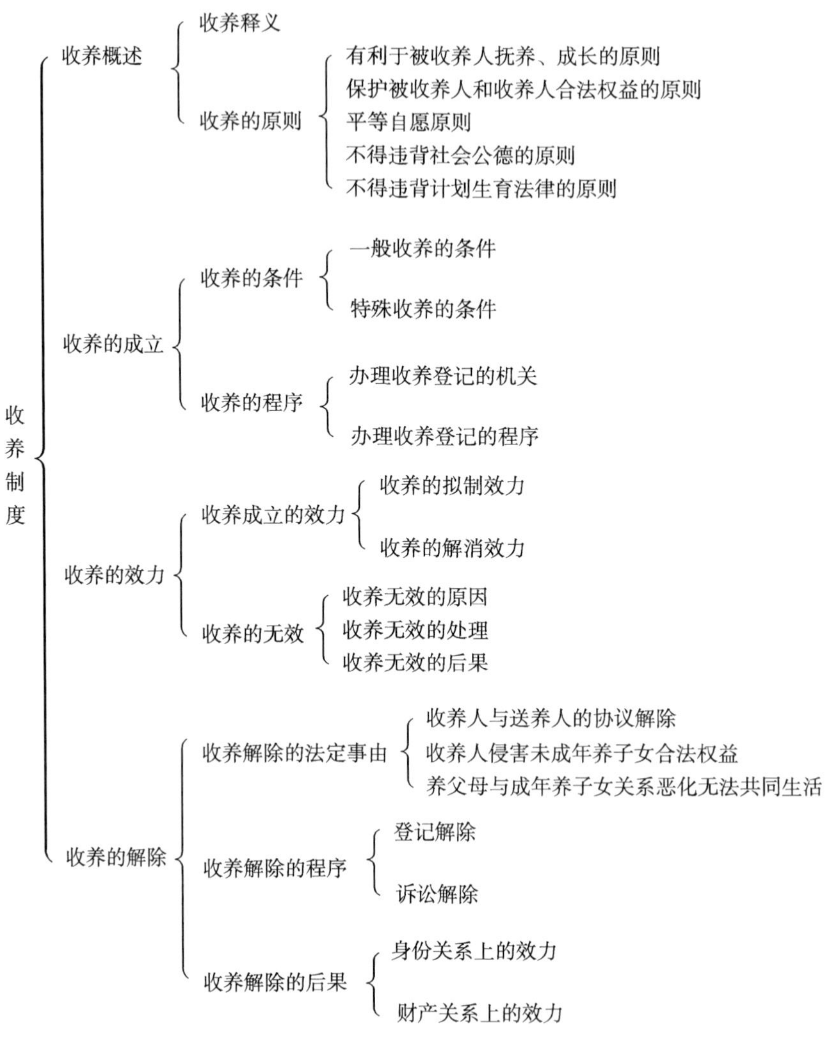

内容导读

收养是亲属制度的重要组成部分，也是生育制度的必要补充。收养是一种重要的民事行为，旨在引起亲属关系的变更，使没有血缘关系的人之间产生法律拟制的血亲关系，涉及自然人的人身和财产关系。合法的收养关系一旦产生，收养人与被收养人之间、被收养人与养父母的近亲属之间、被收养人与其亲生父母之间会产生一系列的法律后果。因此，收养关系的产生、消灭必须符合一定的条件，履行相应的手续。

司法考试要点

收养关系成立的条件；收养的法律效力；收养关系的解除。

在历年考题中，本章涉及的问题主要包括收养人、被收养人、送养人应当具备的条件以及收养的法律效力等。

第一节　收养概述

事例6-1　甲和乙于2004年结婚，婚后生有一女丙。甲想再要个男孩，于是将丙送给他人收养。这样的行为是否合法？

一、收养释义

收养，是指自然人依照法律规定，领养他人的子女作为自己的子女进行抚养，从而使本无父母子女关系的人之间产生法律确认的父母子女关系的民事行为。收养行为的当事人是收养人、被收养人和送养人。领养他人子女的人为收养人，即养父母；被他人收养的人为被收养人，即养子女；将子女或儿童送给他人收养的自然人或社会组织为送养人，如子女的父母、儿童福利机构、医院等。

作为法律特别规定的一种身份制度和身份行为，收养具有以下法律特点。

（一）收养是一种民事行为

养父母与养子女之间本无血缘关系，他们之间父母子女关系的建立是基于特定当事人之间依法形成的收养行为。因此，收养关系有别于自然血亲关系，属于法律拟制的血亲关系，是基于当事人之间的民事行为而发生的。

（二）收养是一种身份行为

民事行为依其发生的内容和法律效果的不同，可分为财产行为和身份行为。身份行为是发生身份关系变动效果的民事行为，而收养的目的和法律效果即在于建立一种养父母子女关系，因此，收养行为是一种身份行为。收养的这一法律特点使其与公养区别开来。所谓公养，是指国家社会福利机构或社会慈善团体对无家可归、无依无靠和无生活来源的儿童的收容养育。

➢相关链接

收养与公养

比较点	收养	公养
性质	身份行为	社会福利措施
目的	建立父母子女关系	保护儿童的生存权益和健康成长
法律后果	产生父母子女之间的权利义务关系	不产生父母子女关系而仅产生监护关系

（三）收养是一种要式行为

收养关系的成立事关当事人的身份和财产利益，收养行为当事人必须慎重选择。因此，《收养法》将收养行为规定为要式行为，收养关系的成立与解除，除当事人须具备法定条件外，还须履行收养登记的法定程序，否则收养行为无效。

Note

（四）收养是一种特定法律主体之间的行为

法律对一般民事行为的主体身份不作限制性规定，但收养行为是创设父母子女关系的特殊身份行为，因此，法律设有比较严格的要求。收养人、送养人、被收养人必须符合法律规定的资格和条件，否则不得收养子女、送养子女或被他人收养。除送养人外，收养人和被收养人只能是自然人，社会组织不得充任收养人和被收养人。

（五）收养是一种变更亲属关系的行为

收养行为是一种身份行为，其目的在于变更一定的亲属关系。一方面，收养关系的成立使得被收养人与收养人之间形成父母子女关系并产生相应的权利义务关系；另一方面，收养关系的成立使得被收养人与其生父母之间的父母子女关系终止并消灭他们之间相应的权利义务关系。但是，被收养人与其生父母和其他近亲属的自然血缘关系不因收养关系的成立而解除，关于近亲结婚的禁止性规定对他们仍然有效。收养的这一特点使其与寄养区别开来。寄养，是指父母因某种特殊原因不能直接履行对子女的抚养义务，把子女寄托在他人家中生活的一种委托代养行为。

➢相关链接

收养与寄养

比较点	收养	寄养
成立要件	须经法定程序	无法定程序
法律效果	收养人与被收养人之间形成拟制血亲关系	收寄人与被寄养人之间不形成拟制血亲关系
存续期间	收养关系无期限约定	寄养关系一般有约定期限

（六）收养不能发生于直系血亲之间

收养的目的在于建立收养人与被收养人之间的拟制直系血亲关系，因此，如果收养人与被收养人之间本就具有自然的直系血亲关系或其他的拟制直系血亲关系，再在他们之间成立收养关系，会形成直系血亲关系的重叠，既不必要，也不合理。当然，旁系血亲之间是可以成立收养关系的。

（七）收养关系是一种拟制血亲关系

收养的成立使得收养人与被收养人之间形成法律拟制的血亲关系，但这种法律关系是一种人为的法律拟制，而非基于出生的自然事实而发生的。因此，收养关系可以人为地建立，也可以人为地解除，完全依当事人的自主意志而定。自然血缘的血亲关系则不同，自然血缘关系是不可能人为解除的。此外，收养关系与形成抚养关系的继父母子女关系虽然都是一种拟制血亲关系，但二者是相互独立的亲属制度。

➢相关链接

养父母子女关系与形成抚养关系的继父母子女关系		
比较点	养父母子女关系	继父母子女关系
产生根据	依法定条件单独成立	依双方意愿及附属于生父或生母的婚姻关系而成立
权利义务	权利义务具有单一性，收养关系的成立使养子女与生父母的权利义务关系解除	权利义务具有双重性，继子女与其继父母、生父母形成双重的权利义务关系
解除原因	依法定程序解除	自愿协商解除

二、收养的原则

《收养法》第2条规定：“收养应当有利于被收养的未成年人的抚养、成长，保障被收养人和收养人的合法权益，遵循平等自愿的原则，并不得违背社会公德。”《收养法》第3条规定：“收养不得违背计划生育的法律、法规。”可见，收养应当遵循如下原则。

（一）有利于被收养人抚养、成长的原则

收养的目的之一，在于保护被收养的未成年人的合法权益，因此，我国《收养法》将有利于被收养人的抚养、成长原则确定为收养制度的首位原则。未成年人因身心发育尚不成熟，缺乏辨识能力和自我保护能力，作为社会中的弱势群体，其合法权益易受伤害，因此,《收养法》确立该原则具有现实的必要性和制度意义。此外，我国已批准加入的联合国《儿童权利公约》第21条明确规定：“凡承认和（或）许可收养制度的国家应确保以儿童的最大利益为首要考虑。”因此，确立该原则也是我国履行国际公约义务的要求和体现。

（二）保护被收养人和收养人合法权益的原则

《收养法》第1条规定：“为保护合法的收养关系，维护收养关系当事人的权利，制定本法。”而被收养人和收养人是收养关系的当事人，因此，保障被收养人和收养人的合法权益原则是《收养法》立法目的的具体化和原则化。在具体的制度设计上,《收养法》在收养关系的成立、收养的效力、收养关系的解除、法律责任等规定中，都充分贯彻和体现了对收养关系当事人的利益保护的原则。依该原则，养父母不得侵害养子女的合法权益，养子女不得侵害养父母的合法权益，送养人以及收养关系以外的其他人不得侵害养父母子女的合法权益。《收养法》第22条规定：“收养人、送养人要求保守收养秘密的，其他人应当尊重其意愿，不得泄露。”该条规定即具体体现了对被收养人和收养人的合法权益予以保障的原则。

（三）平等自愿原则

收养行为是一种民事行为，因此，收养行为也应当遵循平等自愿原则，这是民法上的平等自愿原则的具体体现。平等，是指收养关系当事人的民事法律地位平等；自愿，是指收养关系的成立和解除完全取决于收养当事人的自主意志，任何他人不得强制干涉。《收养法》中关于成立

收养时须当事人各方同意的规定，关于有配偶者须共同送养、共同收养的规定，以及关于协议解除收养的规定等，都体现了平等自愿原则。收养行为不仅是一种民事行为，而且还是一种伦理情感行为，因此，收养当事人必须在平等自愿的基础上达成协议，任何违反平等自愿原则而建立的收养关系都是无效的。

（四）不得违背社会公德的原则

从事任何民事行为都有不得违反社会公德的要求，收养行为也不例外。社会公德是全体社会成员在社会公共生活中形成的基本道德规范和行为准则，对从事法律活动的人具有法律上的约束力，任何人不得违反。《收养法》第31条规定：“借收养名义拐卖儿童的，依法追究刑事责任。遗弃婴儿的，由公安部门处以罚款；构成犯罪的，依法追究刑事责任。出卖亲生子女的，由公安部门没收非法所得，并处以罚款；构成犯罪的，依法追究刑事责任。”依该条规定，借收养之名拐卖儿童的行为、遗弃婴儿的行为、出卖亲生子女的行为，都是违背社会公德的行为，为法律所禁止并应承担相应的行政责任和刑事责任。

（五）不得违背计划生育法律的原则

实行计划生育是我国的一项基本国策，也是婚姻立法的基本原则之一。我国现实的人口国情，决定了我国必须实行计划生育制度。收养制度的功能之一在于解决不能生育的夫妻无子女的困扰，是计划生育制度的补充手段，但送养人、收养人不得借收养制度违背计划生育的法律、法规。例如，《收养法》第19条规定：“送养人不得以送养子女为理由违反计划生育的规定再生育子女。”其第6条规定：“收养人应当同时具备下列条件：（一）无子女；……”其第8条规定：“收养人只能收养一名子女，收养孤儿、残疾儿童或者社会福利机构抚养的查找不到生父母的弃婴和儿童，可以不受收养人无子女和收养一名的限制。”以上规定都体现了不得违背计划生育法律的原则。违背计划生育的法律、法规从事收养行为，不仅不会导致收养关系的成立，而且还要受到相应的行政处罚。

在事例6-1中，甲受重男轻女思想的影响，在已生育一女的情况下，想通过将亲生女儿送给他人收养的方式规避计划生育原则而再生育一男孩，这一行为显然是违法的和无效的。

第二节 收养的成立

一、收养的条件

事例6-2 甲29周岁，乙28周岁，两人结婚后未生育子女。经医学检查确知，甲不具有生育能力，于是夫妻两人决定去福利院收养一名弃婴丙。甲和乙经济条件良好，身体健康。两人能收养丙吗？

我国《收养法》将收养划分为一般收养和特殊收养两种，与此相对应，收养的条件也划分为一般收养的条件和特殊收养的条件。

（一）一般收养的条件

根据《收养法》的规定，一般收养的条件包括以下几个方面。

1.被收养人的条件

（1）被收养人应是不满14周岁的未成年人。收养的目的之一在于实现有利于被收养人的抚养和成长，如果被收养人已经成年，则无需他人抚养；如果被收养人虽未成年但已年满14周岁，因其年龄较大，难以消除与生父母的深厚感情，从而难以与养父母建立起深厚的亲子感情，所以不宜作为收养对象。只有被收养人的年龄较小，才有建立收养关系的必要性和可行性，所以《收养法》规定了14周岁为被收养人的年龄上限。

（2）被收养人应当是不满14周岁的丧失父母的孤儿、查找不到生父母的弃婴和儿童、生父母有特殊困难无力抚养的子女。其中：①不满14周岁的丧失父母的孤儿。父母是承担子女抚养义务的第一顺序义务人，如果父母均死亡，则其子女就成了孤儿。为了使孤儿幼有所养和保障其健康成长，法律规定丧失父母的孤儿可以被人收养。②不满14周岁的查找不到生父母的弃婴和儿童。这里的“弃婴和儿童”，是指被生父母或其他监护人遗弃的婴儿和其他生父母所在不明的儿童。于此情形，虽不能确定这两类未成年人的父母已经死亡，但其父母将其遗弃的事实使得他们与孤儿无异，因而《收养法》规定他们可以被收养。在事例6-2中，丙即属于查找不到生父母的弃婴，因此，丙符合被收养的条件。③不满14周岁的生父母有特殊困难无力抚养的子女。在这种情形下，这类子女的父母虽然尚在人世并且确知其所在，但因其无力抚养子女，不利于子女的抚养和成长，所以《收养法》规定其子女可以被收养。在特定情况下，如果生父母丧失人身自由（如被判无期徒刑），也将无法履行其抚养子女的义务，其子女也属于可以被收养的情形。

2.送养人的条件

（1）孤儿的监护人。孤儿是丧失双亲的未成年人，依《民法通则》第16条规定，可以担任孤儿监护人的包括孤儿的祖父母、外祖父母、成年兄姐以及关系密切的其他亲属、朋友；如果没有上述监护人的，则由孤儿的父、母的所在单位或者孤儿住所地的居民委员会、村民委员会或者民政部门担任监护人。其中，在上述监护人中，依《婚姻法》的相关规定，孤儿的有负担能力的祖父母、外祖父母和兄、姐与其有抚养上的权利义务关系。因此，为维护这些抚养人的合法权益以及从有利于孤儿的抚养和成长角度出发，当监护人与抚养人不一致时,《收养法》第13条规定：“监护人送养未成年孤儿的，须征得有抚养义务的人同意；有抚养义务的人不同意送养、监护人不愿意继续履行监护职责的，应当依照《中华人民共和国民法通则》的规定变更监护人。”

此外,《收养法》第12条对监护人送养孤儿以外的其他未成年人作出了限制。依《收养法》第12条规定："未成年人的父母均不具备完全民事行为能力的，该未成年人的监护人不得将其送养，但父母对该未成年人有严重危害可能的除外。"

（2）社会福利机构。《未成年人保护法》第43条第2款规定："对孤儿、无法查明其父母或者其他监护人的以及其他生活无着的未成年人，由民政部门设立的儿童福利机构收留抚养。"因此，儿童福利机构以及其他的社会福利机构，作为孤儿、弃儿、弃婴等未成年人的监护机构，可以作为送养人将其收留的未成年人送由适格的收养人收养。在事例6-2中，丙所在的福利院属于社会福利机构，可以作为丙的送养人。

（3）有特殊困难无力抚养子女的生父母。依《婚姻法》的规定，抚养教育子女是父母应尽的法律义务，父母不得无故推托。但抚养子女是需要具备一定的经济基础和抚养能力的，如果父母确实在生活上有特殊困难而无力抚养子女的，强行要求其承担子女的抚养义务是不现实的，对其子女也是不利的。为此，《收养法》特别规定有特殊困难无力抚养子女的生父母可以作为送养人将其亲生子女送由他人收养。但何为"特殊困难"，《收养法》未作明确规定。一般而言，如果父母既无劳动能力又无生活来源，从而不具备独立生活能力的，属于特殊困难。生父母作为送养人送养子女的，以夫妻共同送养为原则，以附条件的夫或妻单方送养为例外。为此，《收养法》第10条规定："生父母送养子女，须双方共同送养；生父母一方不明或者查找不到的可以单方送养。"

此外，《收养法》对生父母送养亲生子女还设置了一些限制性的或禁止性的规定。例如，《收养法》第18条规定："配偶一方死亡，另一方送养未成年子女的，死亡一方的父母有优先抚养的权利。"其第19条规定："送养人不得以送养子女为理由违反计划生育的规定再生育子女。"其第20条规定："严禁买卖儿童或者借收养名义买卖儿童。"

收养是变更亲属关系的身份行为，对父母子女之间的身份和权利义务关系会产生重大影响，因此，有特殊困难无力抚养子女的父母未必愿意将子女送由他人收养。为此，《收养法》第17条规定："孤儿或者生父母无力抚养的子女，可以由生父母的亲属、朋友抚养，抚养人与被抚养人的关系不适用收养关系。"

3. 收养人的条件

（1）收养人无子女。收养制度的功能之一在于填补无子女夫妻的家庭缺憾，因此，法律将收养人无子女确立为收养的首要条件。收养人无子女，主要是指收养人因先天生理原因或后天疾病原因不能生育，或虽能生育但不愿生育，或所生子女均死亡。收养人无子女包括收养人无亲生子女和养子女，不包括继子女，有继子女者仍可收养一名子女。

（2）收养人有抚养教育被收养人的能力。首先，收养人必须是完全民事行为能力人。限制民事行为能力人和无民事行为能力人自身尚需他人抚养和监护，因此不能作为收养人。其次，收养人必须具有抚养被收养人的能力。所谓抚养能力，包括抚养的经济能力和身体条件。如果收养人自身生活不能自理或无生活来源，则不具备抚养能力。最后，收养人必须具有教育被收养人的能力。所谓教育能力，主要是指收养人具有良好的人品，能使被收养人得到良好的品质教育，从而有利于其心理健康。

（3）收养人未患有在医学上认为不应当收养子女的疾病。有利于未成年人的抚养和成长是收养应贯彻的原则，若收养人患有在医学上认为不应当收养子女的疾病，如恶性传染病，则不利于被收养人的健康成长，因而禁止其收养子女。

（4）收养人年满30周岁。这是对收养人年龄的下限要求。收养的目的是建立父母子女关系，因此，收养人的年龄最起码要高于结婚年龄；从鼓励晚婚晚育的角度讲，还应该不低于晚育的年龄。《收养法》规定收养人须年满30周岁，晚于法定结婚年龄10年左右，如果此时夫妻尚不能生育，一般会产生收养子女的愿望，因而是比较科学合理的。在事例6-2中，由于甲和乙未年满30周岁，所以不能作为收养人收养子女。

除上述条件外，《收养法》对收养人的条件还作了如下特殊的规定：一是收养人只能收养1名子女。我国计划生育政策要求一对夫妻原则上只生育一个孩子，与此相适应，《收养法》第8条第1款规定："收养人只能收养一名子女。"二是有配偶者收养子女，须夫妻共同收养。收养以产生拟制的父母子女关系为目的，收养人最好为已婚。夫妻收养有利于培养、教育子女，让子女生活在一个完整、和睦的家庭里，使他们身心得以健康成长。为此，《收养法》第10条规定："有配偶者收养子女，须夫妻共同收养。"

4.收养人与送养人须达成收养的合意

收养行为是一种民事行为，因此，收养人与送养人应当在平等自愿的基础上，达成收养的合意。同时，如果收养年满10周岁的未成年人的，还应当征得被收养人的同意。这是因为，年满10周岁的未成年人是限制民事行为能力人，已经具备了一定的认知水平和判断能力，其已经能够对是否愿意被收养以及被谁收养等事项形成自己的认知和判断，并能够表达自己的愿望。因此，根据平等自愿原则，须征得其同意方可将其收养。若其不同意，则不得强制建立收养关系。对此，《收养法》第11条规定："收养人收养与送养人送养，须双方自愿。收养年满十周岁以上未成年人的，应当征得被收养人的同意。"

理论争鸣

关于是否承认单方收养的问题，理论上有不同的看法。一种观点认为，根据收养应当有利于被收养的未成年人的抚养、成长的原则，当夫妻一方不能表意或失踪时，他方只要符合《收养法》第6条规定的条件，就可以单方收养，但收养的效力不及于未表意的一方；另一种观点认为，依《收养法》第10条的规定，凡有配偶者收养子女，必须夫妻双方共同收养，对此不存在任何例外，因而不应承认单方收养。

（二）特殊收养的条件

在收养实践中，有些收养关系的建立并不能完全适用一般收养的条件，而应对某些特殊收养主体的收养条件作出限制或放宽的规定。在对一般收养的条件予以限制或放宽的基础上成立的收养关系，称为特殊收养。一般来说，特殊收养包括以下几种。

1.收养三代以内同辈旁系血亲的子女

《收养法》第7条规定："收养三代以内同辈旁系血亲的子女，可以不受本法第四条第三项、第五条第三项、第九条和被收养人不满十四周岁的限制，华侨收养三代以内同辈旁系血亲的子女，还可以不受收养人无子女的限制。"三代以内同辈旁系血亲的子女与收养人具有血亲关系，依我国传统的亲属伦理，法律对这种收养作出了放宽性规定：①不受被收养人应是生父母有特殊困难无力抚养的子女的限制；②不受送养人应是有特殊困难无力抚养子女的生父母的限制；③无配偶的男性收养女性子女的，不受收养人与被收养人年龄应相差40周岁以上的限制；④不受被收养人应不满14周岁的限制；⑤华侨作为收养人的，不受收养人须无子女的限制。

2.收养孤儿、残疾儿童或者社会福利机构抚养的查找不到生父母的弃婴和儿童

由于收养孤儿、残疾儿童或者社会福利机构抚养的查找不到生父母的弃婴和儿童，具有人道主义性质，理应提倡与鼓励，所以，《收养法》对此种情形下的收养条件作了放宽性规定。《收养法》第8条第2款规定："收养孤儿、残疾儿童或者社会福利机构抚养的查找不到生父母的弃婴和儿童，可以不受收养人无子女和收养一名的限制。"换言之，于此情形，不论收养人自己是否已有子女，都可以收养1名以上的子女。

3.无配偶的男性收养女性子女

《收养法》第9条规定："无配偶的男性收养女性的，收养人与被收养人的年龄应当相差四十周岁以上。"无配偶的男性，包括一直未婚者、离婚者和丧偶者三种情况。无配偶的男性收养女性子女的，除须具备40周岁年龄差的要求外，还须具备一般收养的诸项条件。但根据《收养法》第7条的规定，在男性收养女性子女时，如果属于我国公民或华侨收养三代以内同辈旁系血亲的子女的，不需受年龄相差40周岁要求的限制。此外，依反面解释原则，无配偶的男性收养男性子女的、无配偶的女性收养女性或男性子女的，不需存在年龄差的要求，只要具备一般收养的条件即可。

4.收养继子女

《收养法》第14条规定："继父或者继母经继子女的生父母同意，可以收养继子女，并可以不受本法第四条第三项、第五条第三项、第六条和被收养人不满十四周岁以及收养一名的限制。"从本源上讲，继父母子女关系

Note

是姻亲关系，但当继父母子女之间形成抚养关系时，他们之间则是拟制的血亲关系。一旦继子女与其继父母形成拟制血亲关系，就会导致继父母与继子女的双重权利义务身份，从而为以后的抚养或赡养埋下纠纷的隐患。因此，从简化法律关系的角度考虑,《收养法》鼓励继父母收养继子女。继父母与继子女之间一旦形成收养关系，他们的身份地位便单一化，从而有利于对继子女的抚养和对继父母的赡养。为此,《收养法》为继父母收养继子女设置了非常宽松的收养条件：①不受被收养人应是生父母有特殊困难无力抚养的子女的限制；②不受送养人应是有特殊困难无力抚养子女的生父母的限制；③不受收养人无子女、有抚养教育被收养人的能力、未患有医学上认为不应当收养子女的疾病以及年满30周岁的限制；④不受被收养人应不满14周岁的限制；⑤不受收养人只能收养1名子女的限制。

5.收养成年人

《收养法》对成年人能否作为被收养的对象，未作明确规定。但从该法第7条和第14条的规定来看，我国法律在严格限定的前提下是承认成年人收养制度的。《收养法》第7条规定收养三代以内同辈旁系血亲的子女可以不受被收养人不满14周岁的限制，第14条规定继父母收养继子女可以不受被收养人不满14周岁的限制。所谓“不受不满14周岁的限制”，即可以收养14周岁以上的被收养人，而被收养人的年龄上限是没有限制的，当然包括成年人在内。收养成年人只能发生在法律有特别规定的特殊情形下，否则成年人不得作为被收养人。

6.隔代收养

隔代收养，即收养孙子女。在现实生活中，有的收养人与被收养人年龄相差悬殊或辈分不当，依伦理习惯，不宜作为养子女，而是以收养孙子女的名义发生收养关系。依《继承法意见》第22条规定：“收养他人为孙子女，视为养父母与养子女的关系，可互为第一顺序继承人”。可见,收养他人为孙子女的，虽然他们之间以祖父母和孙子女的名义相称，但他们的权利义务关系却适用《婚姻法》上有关养父母子女关系的规定。

二、收养的程序

《收养法》第15条第1款规定：“收养应当向县级以上人民政府民政部门登记，收养关系自登记之日起成立。”依此规定，我国实行统一的收养登记制度，收养登记是收养关系合法有效成立的形式要件。为配合《收养法》规定的收养登记制度的实行，民政部于1999年颁发了《中国公民收养子女登记办法》(以下简称《收养登记办法》)，对收养登记的程序作了具体规定。

（一）办理收养登记的机关

依《收养登记办法》第2条第2款和第3条的规定，办理收养登记的机关是县级人民政府民政部门，其管辖分工如下：①收养社会福利机构抚养的查找不到生父母的弃婴、儿童和孤儿的，在社会福利机构所在地的收养登记机关办理登记；②收养非社会福利机构抚养的查找不到生父母的弃婴和儿童的，在弃婴和儿童发现地的收养登记机关办理登记；③收养生父母有特殊困难无力抚养的子女或者由监护人监护的孤儿的，在被收养人生父母或者监护人常住户口所在地（组织作监护人的，在该组织所在地）的收养登记机关办理登记；④收养三代以内同辈旁系血亲的子女，以及继父母收养继子女的，在被收养人生父母常住户口所在地的收养登记机关办理登记。

（二）办理收养登记的程序

1. 申请

《收养登记办法》第4条规定："收养关系当事人应当亲自到收养登记机关办理成立收养关系的登记手续。夫妻共同收养子女的，应当共同到收养登记机关办理登记手续；一方因故不能亲自前往的，应当书面委托另一方办理登记手续，委托书应当经过村民委员会或者居民委员会证明或者经过公证。"在办理收养登记申请时，当事人应当提交申请书及相应的材料。

依《收养登记办法》第5条的规定，收养人应当向收养登记机关提交收养申请书和下列证件、证明材料：①收养人的居民户口簿和居民身份证。②由收养人所在单位或者村民委员会、居民委员会出具的本人婚姻状况、有无子女和抚养教育被收养人的能力等情况的证明。③县级以上医疗机构出具的未患有在医学上认为不应当收养子女的疾病的身体健康检查证明。收养查找不到生父母的弃婴、儿童的，并应当提交收养人经常居住地计划生育部门出具的收养人生育情况证明。其中，收养非社会福利机构抚养的查找不到生父母的弃婴、儿童的，收养人还应当提交下列证明材料：①收养人经常居住地计划生育部门出具的收养人无子女的证明；②公安机关出具的捡拾弃婴、儿童报案的证明。收养继子女的，可以只提交居民户口簿、居民身份证和收养人与被收养人生父或者生母的结婚证明。

依《收养登记办法》第6条的规定，送养人应当向收养登记机关提交下列证件和证明材料：①送养人的居民户口簿和居民身份证（组织作监护人的，提交其负责人的身份证件）；②《收养法》规定送养时应当征得其他有抚养义务的人同意的，并提交其他有抚养义务的人同意送养的书面意见。其中，社会福利机构为送养人的，并应当提交：①弃婴、儿童进入社会福利机构的原始记录；②公安机关出具的捡拾弃婴、儿童报案的证明；或者③孤儿的生父母死亡或者宣告死亡的证明。监护人为送养人的，并应当提交：①实际承担监护责任的证明；②孤儿的父母死亡或者宣告死亡的证明；或者③被收养人生父母无完全民事行为能力并对被收养人有严重危害的证明。生父母为送养人的，并应当提交与当地计划生育部门签订的不违反计划生育规定的协议；有特殊困难无力抚养子女的，还应当提交其所在单位或者村民委员会、居民委员会出具的送养人有特殊困难的证明。其中，因丧偶或者一方下落不明由单方送养的，还应当提交配偶死亡或者下落不明

Note

的证明；子女由三代以内同辈旁系血亲收养的，还应当提交公安机关出具的或者经过公证的与收养人有亲属关系的证明。被收养人是残疾儿童的，送养人并应当提交县级以上医疗机构出具的该儿童的残疾证明。

《收养法》第21条规定："外国人依照本法可以在中华人民共和国收养子女。外国人在中华人民共和国收养子女，应当经其所在国主管机关依照该国法律审查同意，收养人应当提供由其所在国有权机构出具的有关收养人的年龄、婚姻、职业、财产、健康、有无受过刑事处罚等状况的证明材料，该证明材料应当经其所在国外交机关或者外交机关授权的机构认证，并经中华人民共和国驻该国使领馆认证，该收养人应当与送养人订立书面协议，亲自向省级人民政府民政部门登记。收养关系当事人各方或者一方要求办理收养公证的，应当到国务院司法行政部门认定的具有办理涉外公证资格的公证机构办理收养公证。"

2.审查

《收养登记办法》第7条第1款中规定："收养登记机关收到收养登记申请书及有关材料后，应当自次日起30日内进行审查。"审查的主要内容包括：收养的目的是否正当，是否存在利用收养从事违法活动的不良动机；收养关系当事人是否符合《收养法》规定的一般条件和特殊条件；申请材料是否齐全、合法有效；申请收养的意思表示是否真实；等等。

3.公告

《收养法》第15条第2款规定："收养查找不到生父母的弃婴和儿童的，办理登记的民政部门应当在登记前予以公告。"《收养登记办法》第7条第2款规定："收养查找不到生父母的弃婴、儿童的，收养登记机关应当在登记前公告查找其生父母；自公告之日起满60日，弃婴、儿童的生父母或者其他监护人未认领的，视为查找不到生父母的弃婴、儿童。公告期间不计算在登记办理期限内。"

4.登记

《收养登记办法》第7条第1款中规定："对符合收养法规定条件的，为当事人办理收养登记，发给收养登记证，收养关系自登记之日起成立；对不符合收养法规定条件的，不予登记，并对当事人说明理由。"《收养登记办法》第8条规定："收养关系成立后，需要为被收养人办理户口登记或者迁移手续的，由收养人持收养登记证到户口登记机关按照国家有关规定办理。"而依《收养法》第16条规定："收养关系成立后，公安部门应当依照国家有关规定为被收养人办理户口登记。"

理论争鸣

关于事实收养问题，理论上存在不同的认识。一种观点认为，《收养法》未明确规定承认事实收养，因此，事实收养不具有法律效力；另一种观点认为，《收养法》虽未明确规定事实收养，但事实收养的现实存在是不容忽视的，因而应有条件地承认某些事实收养的法律效力。

第三节 收养的效力

一、收养成立的效力

事例6-3 甲45岁，离异，没有孩子。同村乙和丙生活困难，无力抚养孩子丁，于是甲收养了丁，并办理了收养手续。

收养成立后，在当事人之间即产生法律上的约束力，主要体现为如下两个方面的效力。

（一）收养的拟制效力

收养关系成立的目的是使本无直系血亲关系的当事人之间发生直系血亲的关系，因此，收养的主要效力是拟制效力。收养的拟制效力包括如下三个方面。

1.收养人与被收养人之间产生拟制的父母子女关系

《收养法》第23条第1款规定："自收养关系成立之日起，养父母与养子女间的权利义务关系，适用法律关于父母子女关系的规定"。《婚姻法》第26条第1款也规定："国家保护合法的收养关系。养父母和养子女间的权利和义务，适用本法对父母子女关系的有关规定。"依上述规定，自收养关系成立之日起，养父母子女之间的法律地位与婚生父母子女之间的法律地位完全等同，他们之间的权利义务关系应适用《婚姻法》关于父母子女关系的有关规定。例如，婚姻法》第22条规定："子女可以随父姓，可以随母姓。"与此相适应，《收养法》第24条也规定："养子女可以随养父或者养母的姓，经当事人协商一致，也可以保留原姓。"在收养人与被收养人之间产生拟制的父母子女关系是收养的最根本效力，也是其他效力发生的基础。

在事例6-3中，甲和丁之间发生法律拟制的父母子女关系，虽属拟制血亲，但与自然血亲的父母子女关系具有相同的法律地位和权利义务关系。

2.养子女与养父母的近亲属之间产生拟制的血亲关系

《收养法》第23条第1款规定："养子女与养父母的近亲属间的权利义务关系，适用法律关于子女与父母的近亲属关系的规定。"因此，收养成立后，养子女与养父母的父母产生养祖孙关系，适用法律有关祖孙之间权利义务关系的规定；养子女与养父母的子女（包括亲生子女、养子女和形成抚养关系的继子女）产生养兄弟姐妹关系，适用法律关于兄弟姐妹之间权利义务关系的规定。

3.养子女的后代与养父母及其近亲属之间产生拟制的血亲关系

养子女的直系晚辈血亲与养父母及其近亲属之间也产生拟制的血亲关系，对此，《收养法》虽未作明文规定，但可以从有关的司法解释中得到印证。根据《继承法意见》第26条的规定，被继承人的养子女的生子女和养子女可代位继承。因为代位继承只发生于直系血亲之间，因此，依该条司法解释的规定可知，养子女的后代与养父母及其近亲属之间也会产生拟制的血亲关系。

（二）收养的解消效力

《收养法》第23条第2款规定："养子女与生父母及其他近亲属间的权利义务关系，因收养关系的成立而消除。"依此规定，所谓收养的解消效力，是指收养关系依法成立后，养子女与生父母及其他近亲属之间的权利义务关系，因收养关系的成立而解除和消灭。由收养的解消效力可见，《收养法》对收养的效力采取完全收养制，即收养关系一经确立，养子女就完全融入养父母的家庭而断绝了与生父母和其他近亲属的一切权利义务关系。当然，养子女与生父母及其他近亲属之间被解除的仅是法律上的权利义务关系，他们之间的自然血缘关系是不能人为消除的。因此，《婚姻法》上禁止直系血亲和三代以内旁系血亲结婚的规定，对他们仍然适用。

在事例6-3中，丁与其生父母乙和丙之间的权利义务关系，因其与甲收养关系的成立而解除。乙和丙对丁不再有法律上的抚养教育义务，丁成年后对乙和丙也不再负担赡养扶助义务。

二、收养的无效

无效收养，是指欠缺收养成立的法定有效条件，不能产生收养法律效力的收养行为。收养是重要的民事行为，必须符合法律规定的实质要件和形式要件才能成立合法有效的收养关系；否则，收养无效。

（一）收养无效的原因

《收养法》第25条第1款规定："违反《中华人民共和国民法通则》第五十五条和本法规定的收养行为无法律效力。"依此规定，收养无效的原因有如下两项。

1.违反《民法通则》第55条的收养行为

《民法通则》第55条规定："民事法律行为应当具备下列条件：（一）行为人具有相应的民事行为能力；（二）意思表示真实；（三）不违反法律或者社会公共利益。"按照这一规定，下列收养行为应为无效：①收养人、送养人不具有相应的民事行为能力。无民事行为能力人或限制民事行为能力人不具备独立生活的能力，自身尚需他人抚养、监护、扶助，因此，依法不能为收养或送养行为，否则其行为无效。②收养人、送养人的意思表示不真实。收养或送养如非收养关系各方当事人的真实意愿，而系一方以欺诈、胁迫、乘人之危等手段所为的收养或送养行为，该收养关系的确立无效。③收养或送养行为违反法律或者社会公共利益。例如，收养人与送养人恶意串通，以收养之名为非法招募童工之实，就既违反了法律的强制性规定又违反了社会公共利益，因而是无效的收养行为。

Note

在事例6-3中，如果甲、乙、丙具有相应的民事行为能力，意思表示真实，并且没有违反法律或者社会公共利益的情形，则其收养行为有效；反之，则收养行为无效。

2.违反《收养法》的收养行为

《收养法》就收养成立的实质要件和形式要件作了明确、具体的规定，凡欠缺法定条件的收养行为均为无效收养。

（二）收养无效的处理

1.收养登记机关撤销收养登记

《收养登记办法》第12条规定："收养关系当事人弄虚作假骗取收养登记的，收养关系无效，由收养登记机关撤销登记，收缴收养登记证。"

2.人民法院确认收养无效

对于不符合法定收养条件的收养行为，当事人可以请求人民法院确认其无效；人民法院在审理收养纠纷时，如果发现涉讼收养关系无效的，可直接确认其无效。

理论争鸣

关于收养登记机关能否直接宣告收养无效的问题，理论上存在争议。一种观点认为，收养效力的确认事关重大，作为行政机关的登记机关无权宣告收养无效，收养效力的确认只能经由诉讼程序由人民法院宣告；另一种观点认为，收养登记机关既然有权对收养关系予以登记，当然也有权对收养登记的效力作出确认。

（三）收养无效的后果

《收养法》第25条第2款规定："收养行为被人民法院确认无效的，从行为开始时起就没有法律效力。"依此规定，不论是由收养登记机关撤销收养登记还是由人民法院确认收养无效，收养行为都自始无效，在当事人之间不产生收养的效力。此外，如果收养无效的原因还涉及行政责任和刑事责任的，应依法追究相关当事人的行政责任和刑事责任。

第四节　收养的解除

一、收养解除的法定事由

事例6-4　甲和乙收养一名弃婴丙，丙成年后经常打骂父母，三人关系恶化。于是，三人协议解除收养关系。后来乙死亡，甲生活困难，又长期患病在床，遂要求丙支付赡养费。丙认为他与甲的收养关系已经解除，拒绝支付赡养费。

依《收养法》第26条、第27条的规定，有下列情形之一的，当事人可以解除收养关系。

（一）收养人、送养人双方协议解除收养关系的

《收养法》第26条第1款规定：“收养人在被收养人成年以前，不得解除收养关系，但收养人、送养人双方协议解除的除外。养子女年满十周岁以上的，应当征得本人同意。”该规定既体现了有利于被收养人抚养、成长原则和平等自愿原则，也体现了《收养法》对收养关系当事人利益的保护。据此规定，只有当收养人和送养人在平等自愿的基础上协商一致解除收养关系的，收养关系才能终止。此外，在被收养人年满10周岁时，因其已经具有了一定的认知能力，可以就自己的生活环境做出选择，所以在解除收养关系时，应征得其同意。

（二）收养人不履行抚养义务，有虐待、遗弃等侵害未成年养子女合法权益行为的

《收养法》第26条第2款规定：“收养人不履行抚养义务，有虐待、遗弃等侵害未成年养子女合法权益行为的，送养人有权要求解除养父母与养子女间的收养关系。送养人、收养人不能达成解除收养关系协议的，可以向人民法院起诉。”收养关系成立后，养父母应从有利于被收养人身心健康的角度出发，履行父母对子女应尽的抚养教育义务。如果养父母实施虐待、遗弃等侵害未成年养子女合法权益的行为，就会直接产生对未成年人的抚养和成长不利的后果，因此，送养人有权请求解除收养关系。

（三）养父母与成年养子女关系恶化、无法共同生活的

《收养法》第27条规定：“养父母与成年养子女关系恶化、无法共同生活的，可以协议解除收养关系。不能达成协议的，可以向人民法院起诉。”养父母子女关系毕竟是法律拟制的血亲关系，与基于自然血缘的血亲关系相比，他们之间的感情基础相对比较薄弱。养子女虽由养父母抚养成人，但由于种种原因，他们之间的亲子感情可能恶化，从而导致不能继续共同生活。基于此情形，他们可以协议解除收养关系。如果不能达成协议，可以向人民法院起诉。

在事例6-4中，因养父母子女关系恶化，养父母甲和乙可以与养子丙经协商解除收养关系。

二、收养解除的程序

（一）登记解除

当事人经协商达成解除协议的，可以适用登记解除程序。如果当事人不能就解除收养关系达成协议的，则不能适用该程序。《收养法》第28条规定：“当事人协议解除收养关系的，应当到民政部门办理解除收养关系的登记。”《收养登记办法》第9条规定：“收养关系当事人协议解除收养关系的，应当持居民户口簿、居民身份证、收养登记证和解除收养关系的书面协议，共同到被收养人常住户口所在地的收养登记机关办理解除收养关系登记。”其第10条规定：“收养登记机关收到解除收养关系登记申请书及有

关材料后，应当自次日起30日内进行审查；对符合收养法规定的，为当事人办理解除收养关系的登记，收回收养登记证，发给解除收养关系证明。”

（二）诉讼解除

诉讼解除适用于当事人不能就解除收养关系达成协议的情形。人民法院在接到当事人解除收养关系的请求后，一般应先进行调解。如经调解，当事人能达成协议的，应制作调解书。调解书生效之日，收养关系解除。经调解仍不能达成协议的，人民法院应依法予以判决。对于收养纠纷的处理，人民法院应遵循保护合法收养关系、保障被收养人和收养人的合法权益的原则，根据具体情况慎重判决。

三、收养解除的后果

收养关系解除后，在当事人之间产生相应的法律效力，包括身份关系和财产关系上的效力。

（一）身份关系上的效力

《收养法》第29条规定：“收养关系解除后，养子女与养父母及其他近亲属间的权利义务关系即行消除，与生父母及其他近亲属间的权利义务关系自行恢复，但成年养子女与生父母及其他近亲属间的权利义务关系是否恢复，可以协商确定。”依此规定，收养解除会导致以下三个方面的身份关系效力：

第一，养子女与养父母及其他近亲属间的权利义务关系消除。养子女与养父母及其他近亲属之间是一种法律拟制的血亲关系，当收养关系解除后，他们之间的拟制血亲关系也就自动消除。

第二，未成年养子女与自己的生父母及其他近亲属之间的权利义务关系自行恢复。法律为单一化父母子女的权利义务关系从而规定在收养关系成立后，养子女与其生父母之间的权利义务关系终止。但养子女与其生父母和其他近亲属之间毕竟存在着自然的血亲关系，而这种血亲关系是永远无法消除的，所以《收养法》规定他们之间的权利义务关系因收养关系的解除而自动恢复是合理的，也有利于未成年人的抚养和成长。

第三，成年养子女与生父母及其他近亲属间的权利义务关系是否恢复由双方协商确定。成年养子女已由养父母抚养成人，不再需要生父母的抚养；而且成年养子女与自己的亲生父母之间，由于长时间不共同生活，感情可能已经淡漠，因此，他们之间的权利义务关系并不自动恢复，是否恢复由当事人自主决定。

（二）财产关系上的效力

《收养法》第30条规定：“收养关系解除后，经养父母抚养的成年养子女，对缺乏劳动能力又缺乏生活来源的养父母，应当给付生活费。因养子女成年后虐待、遗弃养父母而解除收养关系的，养父母可以要求养子女补偿收养期间支出的生活费和教育费。生父母要求解除收养关系的，养父母可以要求生父母适当补偿收养期间支出的生活费和教育费，但因养父母虐待、遗弃养子女而解除收养关系的除外。”依此规定，解除收养会产生以下三个方面的财产关系效力：

第一，收养关系解除后，经养父母抚养成年的养子女，对缺乏劳动能力又缺乏生活来源的养父母，应当给付生活费。养子女由养父母抚养成年，养父母已尽了为人父母应尽的抚养教育义务，按照权利义务相对等的原则，即使养父母子女之间的身份关系已经解除，成年养子女对养父母的赡养扶助义务也不因此而消除。

在事例6-4中，丙是由甲抚养成年的，而甲现在处于既无劳动能力又无生活来源的困难境地，因此，甲有权要求丙支付赡养费。

第二，因养子女成年后虐待、遗弃养父母而解除收养关系的，养父母可以要求养子女补偿收养期间支出的生活费与教育费。结合上述第一方面的财产效力，如果养父母缺乏劳动能力又缺乏生活来源的，因虐待、遗弃而导致收养关系解除的，成年养子女除须补偿收养期间支出的生活费和教育费外，还须支付养父母的生活费。

在事例6-4中，丙与甲收养关系的解除是因丙虐待甲所致，因此，甲不仅有权要求丙支付生活费，还有权要求丙补偿收养期间支出的生活费与教育费。

第三，生父母要求解除收养关系的，养父母可以要求生父母适当补偿收养期间支出的生活费和教育费。但如系养父母虐待、遗弃养子女而致生父母要求解除收养关系的，养父母则丧失要求生父母提供经济补偿的权利。此外，如果是养父母要求解除收养关系的，养父母没有要求生父母或其他送养人给予经济补偿的权利。

课堂讨论案例

【案例1】2009年，甲的第二个女儿乙呱呱坠地。恰巧邻村的丙、丁夫妇（都是28周岁）想收养一个女儿，家境并不富裕的甲同意送养自己的二女儿。于是，甲和丙、丁夫妇来到当地民政局要求办理收养手续。

问：①民政局能为他们办理收养手续吗？②如果符合收养条件，办理了收养手续，乙还能继承甲的遗产吗？③后来甲家境转好，想领回乙自己抚养，丙、丁夫妇对此也表示同意。该收养关系可以解除吗？

【案例2】甲、乙夫妻俩生两子A（7岁）和B（5岁），丙、丁夫妻俩不能生育。经甲、乙、丙、丁四人协商同意，将A送由丙、丁夫妻收养，并到收养登记机关办理了相应的登记手续。A成年参加工作后，每年去看望自己的生父母甲、乙两次。天有不测风云，甲、乙在一次海难中双双遇难，未留下遗嘱。因甲、乙的父母都已过世，于是B与A商量甲与乙的遗产分割问题。A认为二人应当均分遗产，但B不同意。B认为，A已经与丙、丁夫妻形成了养父母子女关系，A只能继承丙、丁的遗产，而不能继承生父母甲、乙的遗产。二人协商未果，A起诉到人民法院。

问：①A与甲、乙的父母子女关系因收养关系的成立而解除了吗？②A是否还有权继承甲、乙的遗产？

【案例3】甲在病重期间将自己的好友乙夫妇叫到病床前，临终托孤，请求乙夫妇在其死后抚养自己5岁的儿子，乙夫妇答应其请求。于是三人书写了一纸协议，大意内容为：甲5岁的儿子由乙夫妇抚养，甲的遗产由其儿子一人继承，在其成年前，乙夫妇为了抚养原因可以动用这笔遗产。甲去世后，乙夫妇即带着甲的儿子去办理收养手续，但遭到了收养登记机关的拒绝。

问：①甲与乙夫妇之间的书面协议是否为送养协议？②乙夫妇与甲儿子之间的关系是收养关系吗？③收养登记机关的拒绝行为是否于法有据？

一、单项选择题

1．下列关于收养的表述，不正确的是（　）。

A．收养是一种要式民事行为

B．收养不能发生在直系血亲之间

C．因收养必办理登记而构成行政行为

D．收养形成拟制血亲关系

2．我国《收养法》第13条规定：监护人送养未成年孤儿的，须征得有抚养义务的人同意。这里所说的有抚养义务的人是指（　）。

A．有负担能力的祖父母、外祖父母和兄、姐

B．有负担能力的叔、伯、姑、舅、姨

C．孤儿住所地的居民委员会或村民委员会

D．孤儿的父母生前所在单位

3．根据我国《收养法》的规定，办理收养登记的机关是（　）。

A．各级人民政府民政部门

B．县级人民政府民政部门

C．基层人民法院

D．基层社会福利机构

4．47周岁的甲在妻子逝世后与年方5周岁的儿子相依为命，甲想收养一个女儿。下列何人可为其依法收养？（　）

A．福利院抚养的10周岁残疾女童

B．福利院抚养的10周岁的孤女

C．福利院抚养的查找不到父母的6周岁女童

D．生父母有特殊困难无力抚养子女的6周岁女童

5．吴某（女）16周岁，父母去世后无其他近亲，吴某的舅舅孙某（50周岁，

离异，有一个19周岁的儿子）提出愿将吴某收养。孙某咨询律师收养是否合法，律师的下列哪一项答复是正确的？（　　）【2008年司法考试题】

A．吴某已满16周岁，不能再被收养

B．孙某与吴某年龄相差未超过40岁，不能收养吴某

C．孙某已有子女，不能收养吴某

D．孙某可以收养吴某

6．张某和李某达成收养协议，约定由李某收养张某6岁的孩子小张；任何一方违反约定，应承担违约责任。双方办理了登记手续，张某依约向李某支付了10万元。李某收养小张1年后，因小张殴打他人赔偿了1万元，李某要求解除收养协议并要求张某赔偿该1万元。张某同意解除但要求李某返还10万元。下列哪一表述是正确的？（　　）【2014年司法考试题】

A．李某、张某不得解除收养关系

B．李某应对张某承担违约责任

C．张某应赔偿李某1万元

D．李某应返还不当得利

二、多项选择题

1．一般收养中，收养人应当满足的条件有（　　）。

A．收养人无子女

B．收养人有抚养教育被收养人的能力

C．收养人未患有在医学上认为不应当收养子女的疾病

D．收养人年满30周岁

2．根据我国《收养法》的规定，继父母经继子女的生父母同意，可以收养继子女。此时，他们可以不受限制的条件有（　　）。

A．被收养人不满14周岁

B．只能收养1名养子女

C．收养人须年满30周岁

D．收养人有抚养教育被收养人的能力

3．按照我国现行的收养制度，可以作送养人的公民、组织包括（　　）。

A．孤儿的监护人　　B．社会福利机构

C．妇产医院　　D．有特殊困难无力抚养子女的生父母

4．下列关于收养的法律效力，说法正确的有（　　）。

A．收养人与被收养人之间产生拟制的父母子女关系

B．养子女与养父母的近亲属之间产生拟制的血亲关系

C．养子女的后代与养父母及其近亲属之间产生拟制的血亲关系

D．养子女与生父母之间的权利义务关系及自然血缘关系因收养而消除

5．当事人可以解除收养关系的情形包括（　　）。

A．双方自愿

B．收养人不履行收养义务，有虐待、遗弃等侵害未成年养子女合法权益的行为

C．收养关系当事人一方死亡

D．养父母与成年养子女关系恶化，无法共同生活

6．下列关于收养解除后身份关系上的效力，说法正确的有（　）。

A．养子女与养父母之间的权利义务关系消除

B．养子女与生父母之间的权利义务关系自行恢复，但成年养子女除外

C．养子女与生父母之间的权利义务关系一律自行恢复

D．养子女与养父母的近亲属间的权利关系消除

三、不定项选择题

1．下列情形中，甲可以收养乙的情形包括（　）。

A．甲为乙的外祖父，2004年，乙的父母因事故双双死亡，甲承担起了抚养乙的责任

B．甲为乙的伯父，2004年，乙的父母因事故双双死亡，甲承担起了抚养乙的责任

C．甲夫妻（均为28周岁）无子女，欲收养某社会福利机构收容的孤儿乙

D．甲（41周岁）于2003年丧妻，无子女，欲收养某社会福利机构收容的孤儿男童乙（3周岁）

2．下列情形中，甲可以将乙收养的情形包括（　）。

A．甲（45周岁）于2003年丧妻，无子女，欲收养某社会福利机构收容的孤儿女童乙（3周岁）

B．2004年甲（26周岁，无业）与林某（丧偶）结婚并与林某与前妻所生女儿乙（5周岁）共同生活，感情融洽

C．甲（42周岁）为乙（女，4周岁）的伯父。乙有哥姐3人，甲至今仍未娶妻，更无子女，遂与乙的父母商量希望将乙收养

D．甲为乙的伯父。乙家因子女多生活贫困，甲夫妻只有一个女儿，家庭条件富裕。乙的父母遂希望将乙送养给甲

3．下列关于收养孤儿、残疾儿童或者社会福利机构抚养的查找不到生父母的弃婴和儿童的选项中，表述不正确的有（　）。

A．不受被收养人应不满14周岁的限制

B．无配偶的男性收养女性的，不受收养人与被收养人年龄应相差40周岁以上的限制

C．不受收养人仅可收养1名的限制

D．不受收养人须无子女的限制

4．下列选项中，收养无效的情形有（　）。

A．吴强与钱英夫妻生育有一子吴高山。2004年，吴强夫妻外出时遇车祸，钱英死亡，吴强五级伤残丧失劳动能力。吴强欲把吴高山（5周岁）送给自己的大哥收养，钱英的父母提出异议，要求由他们来抚养外孙。吴强以外姓人不得干预家事为由，拒绝了钱英父母的要求，将吴高山送养

B．张某夫妻欲将自己12周岁的女儿张华送养他人，张华强烈反对但仍

被送养

C．陈东山（36周岁）夫妻2004年从某社会福利机构收养1名女婴（1周岁）。2005年，陈东山之妻因病死亡

D．于亮（37周岁，单身，教师）收养了家境贫困的大哥的3周岁的女儿

5．于小鑫已有哥姐5人，家中家庭经济条件又不好，父母遂将其送养给某市一对无儿无女的老夫妇。收养关系成立后，下列关于于小鑫与亲生父母之间关系的表述中，正确的有（　）。

A．权利义务关系消灭，自然血亲关系不消灭

B．权利义务和自然血亲关系都不消灭

C．权利义务和自然血亲关系都消灭

D．权利义务关系不消灭，自然血亲关系消灭

6．下列关于收养三代以内同辈旁系血亲的子女的选项中，表述不正确的有（　）。

A．不受送养人应是有特殊困难无力抚养子女的生父母的限制

B．无配偶的男性收养女性的，不受收养人与被收养人年龄应相差40周岁以上的限制

C．不受被收养人应不满14周岁的限制

D．不受收养人须无子女的限制

7．张林夫妻因婚后数年未生育，1982年由他人介绍，从方某夫妻处收养方晓镜（3周岁）为养子，1984年又生育一女张楠。张楠于2004年大学毕业任职于某事业单位，张林夫妻亦先后从工作单位退休。方晓镜成年后不务正业，打架斗殴，长期因生活琐事无端打骂张林夫妻。迫于无奈，张林夫妻于2006年7月向人民法院提起诉讼，请求解除与方晓镜的收养关系。

（1）关于收养解除的身份关系上的后果，下列选项正确的有（　）。

A．收养关系解除后，方晓镜与张林夫妻的父母子女关系及与张楠的兄妹关系即行消除

B．收养关系解除后，方晓镜与张林夫妻的父母子女关系即行消除。因张楠已成年，他与张楠的兄妹关系是否消除，由方晓镜与张楠协商确定

C．收养关系解除后，方晓镜与其生父母及其他近亲属的权利义务关系自行恢复

D．收养关系解除后，方晓镜与其生父母及其他近亲属的权利义务关系是否恢复由双方协商确定

（2）关于收养解除的财产后果，下列选项正确的有（　）。

A．因方晓镜系张林夫妻抚养成人，解除收养关系后他仍应给付张林夫妻生活费

B．因张林夫妻有生活来源，方晓镜无须给付张林夫妻赡养费

C．因张林夫妻是主动要求与方晓镜解除收养关系，故不得要求方

晓镜补偿收养期间支出的生活费和教育费

D. 收养关系是因方晓镜成年后虐待养父母而解除的，张林夫妻可以要求方晓镜补偿收养期间支出的生活费和教育费

四、辨析题

1. 收养与公养
2. 收养与寄养
3. 收养与立嗣（过继）

五、简答题

1. 收养的法律特点。
2. 一般收养的条件是什么？
3. 收养成立的效力。
4. 收养解除的法定事由包括哪些？
5. 收养解除的法律后果。

第七章 婚姻的终止

知识结构图

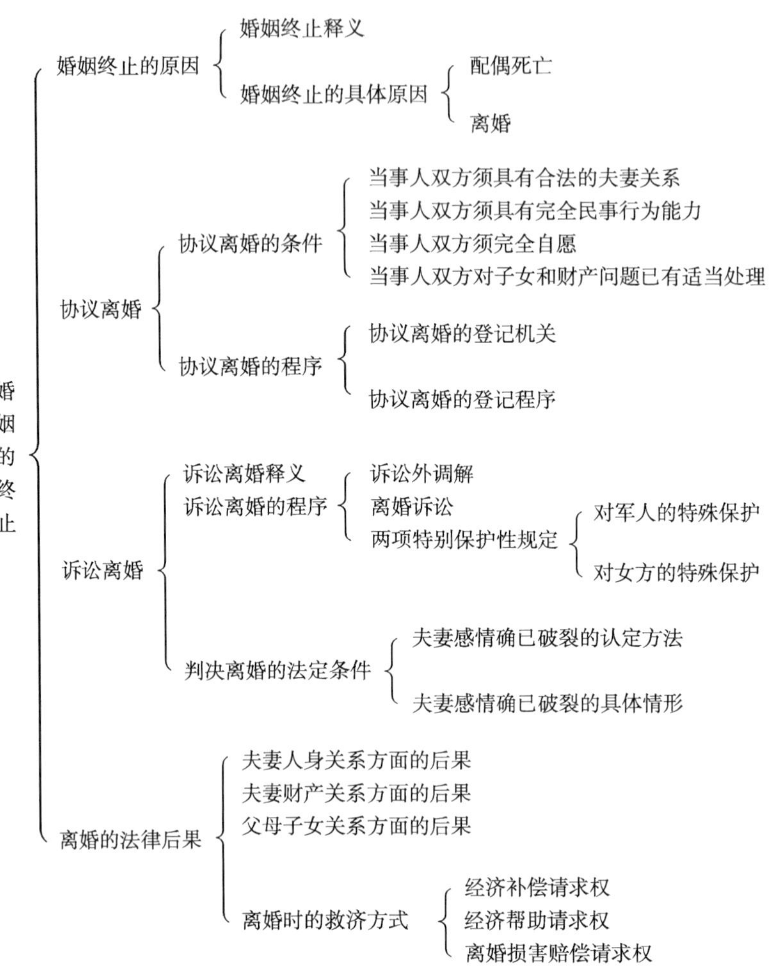

内容导读

婚姻关系是一种依法成立的法律关系，当然可因某种法律事实的发生而终止。婚姻关系是一种双方关系，既可因一方的死亡而终止，也可因双方离婚而终止。夫妻双方可协议离婚，协议不成的，可请求人民法院判决离婚。离婚不仅将导致夫妻双方身份关系和财产关系的终止，而且还会因家庭的解体而导致一系列其他的法律后果，如子女抚养等。

司法考试要点

协议离婚的概念和条件、主管机关和程序、离婚登记的撤销；诉讼离婚中的两项特殊保护、判决离婚的法律原则；离婚时的财产处理、离婚时的债务清偿、离婚后的子女抚养；探望权的概念与主体、行使、中止、恢复行使；离婚诉讼中无过错方的损害赔偿请求权及其行使条件、离婚时的救济方式。

在历年考题中，本章涉及的内容主要包括离婚时的财产处理、探望权的主体和行使、离婚诉讼无过错方的损害赔偿请求权及其行使条件等。

第一节　婚姻终止的原因

事例7-1　2002年5月，甲与乙经人介绍认识，3个月后两人结婚。婚后，由于性格不合，两人经常发生争吵，甲对乙经常拳打脚踢。乙不堪忍受，于2006年向人民法院提起离婚诉讼。

一、婚姻终止释义

婚姻终止，又称婚姻关系的消灭，是指合法有效的婚姻关系因一定法律事实的发生而归于消灭。婚姻终止包含以下三层含义。

（一）被终止的婚姻只能是合法有效的婚姻

只有合法有效的婚姻法律关系才会存在依法终止的问题。一件婚姻被宣告无效或撤销，发生其自始无效的法律后果，不存在终止的问题。因此，宣告婚姻无效、撤销婚姻和解除同居关系等，涉及的是对违法婚姻的处理，不属婚姻终止的范畴。

（二）婚姻因特定法律事实的发生而终止

婚姻是一种法律上的权利义务关系，其终止须由一定法律事实的发生而引起。能够引起婚姻终止的法律事实包括两种：一是婚姻一方当事人死亡。婚姻是一种双方身份关系，一个婚姻关系的存在必须包括一夫一妻或男女双方。一方当事人的死亡导致法律关系主体的缺失，当然会引起法律关系自动终止的法律效果。二是离婚。离婚是婚姻当事人自愿选择的婚姻终止方式，包括协议离婚和诉讼离婚。

（三）婚姻终止会引发一系列法律后果

婚姻关系是一种长期法律关系，在婚姻终止之前往往已存在了相当长的时间，婚姻当事人之间已经形成了复杂的人身关系、财产关系和家庭关系。而婚姻的终止将导致夫妻之间人身关系和财产关系的消灭，并进而导致家庭解体，从而对父母子女关系发生重大影响。这些法律后果的发生都是由婚姻终止这一原因引起的。

在事例7-1中，甲与乙系夫妻关系，甲经常对乙实施家庭暴力，乙不堪忍受，向人民法院提起离婚诉讼，这就涉及婚姻终止制度。乙向人民法院提起离婚诉讼的目的，就是为了终止其与甲的婚姻关系。

二、婚姻终止的具体原因

（一）婚姻因配偶一方死亡而终止

婚姻关系的存续必须以配偶双方的生存为前提，如果配偶一方死亡，婚姻关系自然就丧失了存在的基础。《民法通则》第9条规定：“公民从出生时起到死亡时止，具有民事权利能力，依法享有民事权利，承担民事义务。”如果配偶一方死亡，其所具有的民事权利能力会自动消失，当然包括亲属法上资格的丧失，婚姻关系也就随之而终止。配偶一方的死亡包括两种情形：一是自然死亡，二是宣告死亡。死亡方式不同，其产生的法律后果也不同。

自然死亡，是指一个自然人在生理上的生命的结束。配偶一方自然死亡后，夫妻之间不再有共同生活的可能，夫妻双方之间的权利义务关系当然也就不复存在了。配偶一方自然死亡导致婚姻关系的绝对终止，勿须经过任何法定的终止程序。

宣告死亡，是指经利害关系人的申请，由人民法院依法对下落不明达法定期间的自然人宣告其死亡的制度。《民法通则》对宣告死亡的条件、《中华人民共和国民事诉讼法》(以下简称《民事诉讼法》) 对宣告死亡的程序都作了明确规定。宣告死亡是在法律上推定失踪人已死亡，其与自然死亡产生相同的法律效果。因此，被宣告死亡的人与配偶的婚姻关系，自死亡宣告之日起消灭。但宣告死亡毕竟是一种法律推定，与被宣告人的生存状态可能不符，为此，《民法通则》第24条第1款规定："被宣告死亡的人重新出现或者确知他没有死亡，经本人或者利害关系人申请，人民法院应当撤销对他的死亡宣告。"正是由于死亡宣告具有可撤销性，不像自然死亡一样具有事实上的不可逆性，因而，在当事人的婚姻家庭关系上产生了一些特殊的法律效果。最高人民法院《关于贯彻执行〈中华人民共和国民法通则〉若干问题的意见（试行）》(以下简称《民法通则意见》) 第37条规定："死亡宣告被人民法院撤销，如果其配偶尚未再婚的，夫妻关系从撤销死亡宣告之日起自行恢复；如果其配偶再婚后又离婚或者再婚后配偶又死亡的，则不得认定夫妻关系自行恢复。"其第38条规定："被宣告死亡的人在被宣告死亡期间，其子女被他人依法收养，被宣告死亡的人在死亡宣告被撤销后，仅以未经本人同意而主张收养关系无效的，一般不应准许，但收养人和被收养人同意的除外。"

《婚姻法》第32条第4款规定："一方被宣告失踪，另一方提出离婚诉讼的，应准予离婚。"据此规定，宣告失踪不是导致婚姻终止的原因，而是准予离婚的理由。

（二）婚姻因离婚而终止

离婚是解除合法有效婚姻的法律手段，其是指夫妻双方在生存期间，按照法定的条件和程序解除婚姻关系的民事行为。

离婚具有以下特点：①离婚双方的法律地位平等。夫或妻任何一方都可以提出离婚。②离婚主体具有特定性和专属性。离婚的意思表示只能由本人做出而不能由他人代替。离婚中的委托代理是一种特殊代理形式，它要求当事人必须到场。③离婚必须以合法婚姻关系的存在为前提。重婚、姘居、未婚同居不是合法的婚姻关系，因此，不存在离婚问题。合法婚姻包括合法登记的婚姻，以及符合婚姻的实质要件但尚未办理结婚登记的为法律所承认的事实婚姻，还包括法定无效婚姻情形已经消失或在法定期间内未行使撤销权的婚姻。④离婚必须在夫妻双方生存期间才能办理。配偶一方自然死亡或被宣告死亡，婚姻关系自行终止，不需要再通过离婚来终止婚姻关系。⑤离婚条件具有法定性。离婚既是夫妻之间的个人行为，也是会对社会产生一定负面影响的社会行为。因此，离婚不是婚姻当事人恣意而为的事情，必须在符合法律规定的离婚条件的情况下才能离婚。⑥离婚程序具有法定性。离婚是要式民事行为，必须由当事人按照法律所规定的程序，采取法定的形式，得到国家法律的认可才发生法律效力。⑦离婚是夫妻双方以解除婚姻关系为目的的民事行为，将引发一系列法律后果。例如，离婚将导致夫妻人身关系消灭、分割夫妻共同财产、清偿婚姻存续期间所负的共同债务、经济补偿请求权、经济帮助请求权、离婚损害赔偿请求权以及未成年子女的抚养、探望等一系列法律后果。

➢**相关链接**

离婚与婚姻无效、婚姻撤销

比较点	离婚	婚姻无效	婚姻撤销
性质	对合法有效婚姻的解除	对不具有婚姻效力的男女两性结合的否认	对有瑕疵的有效婚姻予以否认
形成原因	夫妻感情确已破裂	违反法定的婚姻成立的实质要件	胁迫结婚
法律效力	离婚生效时婚姻关系终止	自始无效	自始无效
请求权主体	夫妻双方	当事人及其他利害关系人	受胁迫的一方当事人
请求时效	婚姻关系存续期间内的任何时间	法定的无效婚姻情形消失之前	自结婚登记之日起1年；被非法限制人身自由的，自恢复人身自由之日起1年
适用程序	司法程序和行政程序	司法程序	司法程序和行政程序

第二节　协议离婚

事例7-2　在事例7-1中，乙并没有向人民法院提起离婚诉讼，而是和甲协商订立了离婚协议，并向婚姻登记机关提出离婚申请。

一、协议离婚的条件

协议离婚，又称合意离婚、两愿离婚和登记离婚，是指夫妻双方在平等自愿的基础上达成离婚协议，从而依行政程序终止婚姻关系的一种离婚制度。

《婚姻法》第31条规定：“男女双方自愿离婚的，准予离婚。双方必须到婚姻登记机关申请离婚。婚姻登记机关查明双方确实是自愿并对子女和财产问题已有适当处理时，发给离婚证。”依此规定，我国法律对协议离婚实行离婚登记制度。

协议离婚制度是婚姻自由原则的体现，对于保障婚姻当事人的婚姻家庭幸福具有积极意义。但协议离婚制度也会产生一些弊端，如草率离婚、虚假离婚、借离婚之名行遗弃之实等。因此，法律必须将当事人的协议离婚行为纳入监督审查的范围，以防婚姻当事人双方或一方滥用离婚自由的权利。

协议离婚是一种民事行为，其生效必须符合一定的要件要求。不符合生效要件的离婚协议不具有法律约束力。一般来说，协议离婚应具备以下四个方面的要件。

（一）当事人双方须具有合法的夫妻关系

根据《婚姻登记条例》第11条的规定，办理离婚登记时，当事人应当出具本人结婚证。可见，能够办理离婚登记的只能是持有结婚证的合法夫妻。申请离婚的当事人不能提供结婚证的，只能推定他们之间未经结婚登记，不具有合法的夫妻关系，不能登记离婚。

在事例7-2中，甲与乙系合法的夫妻关系，两人亲自去婚姻登记机关登记离婚，婚姻登记机关应当受理他们的离婚申请。

（二）当事人双方须具有完全民事行为能力

离婚是重要的民事行为，只有当双方当事人都具有完全民事行为能力时，其所作出的离婚意思表示才具有法律上的效力。为此,《婚姻登记条例》第12条规定了办理离婚登记的当事人“属于无民事行为能力人或者限制民事行为能力人的”，婚姻登记机关不予受理。

在事例7-2中，如果乙因长期遭受家庭暴力而精神失常，已经不具有完全民事行为能力，则只能通过诉讼程序终止其与甲的婚姻关系。

（三）当事人双方须完全自愿

《婚姻登记条例》第13条规定了“对当事人确属自愿离婚”的，婚姻登记机关“应当当场予以登记，发给离婚证”。由此可见，只有离婚当事人“确属自愿离婚”的，婚姻登记机关才会准予离婚；反之，则不准予离婚。所谓双方完全自愿，是指离婚夫妻已就离婚事宜达成合意且不存在一方欺诈、胁迫另一方的情形。

在事例7-2中，甲与乙双方自愿达成离婚协议，不存在一方欺诈、胁迫另一方的非自愿情形。因此，婚姻登记机关不应以“非当事人自愿”为由不准予离婚。

（四）当事人双方对子女和财产问题已有适当处理

所谓适当处理，是指当事人就子女抚养、财产和债务等问题达成了一致的处理意见。《婚姻登记条例》第13条规定了离婚当事人“已对子女抚养、财产、债务等问题达成一致处理意见的”，婚姻登记机关“应当当场予以登记，发给离婚证”。可见，只有婚姻当事人就子女和财产问题达成了一致处理意见，才能准予协议离婚；无法达成一致意见的，则不能协议离婚。此外，为防止当事人滥用离婚自由的权利，离婚登记机关进行适当的实质审查还是有必要的。所谓实质审查，即审查离婚协议内容的合法性、真实性和完整性。如果当事人持违法的、虚假的或仅就子女和财产问题作出部分处理的离婚协议申请离婚登记的，登记机关应不准予离婚。

在事例7-2中，甲与乙虽都希望离婚，但如果他们未能对子女抚养、财产分割、债务承担等问题达成一致意见，婚姻登记机关将不准其离婚。甲和乙只能向人民法院起诉，由人民法院判决离婚。

上述四个条件是《婚姻法》就协议离婚所规定的必备要件。这些条件既是对婚姻当事人双方提出的要求，也是对婚姻登记机关提出的要求。

二、协议离婚的程序

（一）协议离婚的登记机关

与结婚登记一样，协议离婚登记的主管机关也是婚姻登记机关。《婚姻登记条例》第10条规定："内地居民自愿离婚的，男女双方应当共同到一方当事人常住户口所在地的婚姻登记机关办理离婚登记。中国公民同外国人在中国内地自愿离婚的，内地居民同香港居民、澳门居民、台湾居民、华侨在中国内地自愿离婚的，男女双方应当共同到内地居民常住户口所在地的婚姻登记机关办理离婚登记。"

（二）协议离婚的登记程序

根据《婚姻登记条例》的相关规定，离婚登记机关在办理协议离婚登记时，要经过申请、审查和登记三个步骤。

1.申请

申请协议离婚的当事人应当到离婚登记机关申请离婚。根据《婚姻登记条例》第11条的规定，办理离婚登记的中国内地居民应当出具下列证件和证明材料：①本人的户口簿、身份证；②本人的结婚证；③双方当事人共同签署的离婚协议书。办理离婚登记的香港居民、澳门居民、台湾居民、华侨、外国人除应当出具本人的结婚证、双方当事人共同签署的离婚协议书外，香港居民、澳门居民、台湾居民还应当出具本人的有效通行证、身份证，华侨、外国人还应当出具本人的有效护照或者其他有效国际旅行证件。离婚协议书应当载明双方当事人自愿离婚的意思表示，以及对子女抚养、财产及债务处理等事项协商一致的意见。

2.审查

婚姻登记机关应当根据《婚姻法》、《婚姻登记条例》的规定，对申请人提交的申请、证件、证明材料等进行严格的认真审查，并询问相关情况。《婚姻登记条例》第12条规定："办理离婚登记的当事人有下列情形之一的，婚姻登记机关不予受理：（一）未达成离婚协议的；（二）属于无民事行为能力人或者限制民事行为能力人的；（三）其结婚登记不是在中国内地办理的。"婚姻登记机关及其婚姻登记人员应当恪尽职守，依《婚姻登记条例》第18条的规定，婚姻登记机关及其婚姻登记人员"为不符合婚姻登记条件的当事人办理婚姻登记的"，对直接负责的主管人员和其他直接责任人员依法给予行政处分。

3. 登记

《婚姻登记条例》第13条规定：“婚姻登记机关应当对离婚登记当事人出具的证件、证明材料进行审查并询问相关情况。对当事人确属自愿离婚，并已对子女抚养、财产、债务等问题达成一致处理意见的，应当当场予以登记，发给离婚证。”

理论争鸣

关于虚假离婚的效力问题，理论上有不同的认识。一种观点认为，虚假离婚应为无效，因为虚假离婚的目的并不在于解除夫妻关系，而是以离婚为手段达到其他目的。另一种观点认为，虚假离婚应为有效，因为离婚虽以解除夫妻关系为目的，但考虑信赖离婚登记的第三人应受保护之立场，应承认虚假离婚的效力。还有一种观点认为，对虚假离婚的法律效力不能一概而论，应分别视具体情况作出处理。如果虚假离婚的当事人均未与第三人结婚的，则离婚应为无效；如果虚假离婚的当事人一方或者双方再婚的，则离婚有效。

第三节 诉讼离婚

事例7-3 甲和乙于2001年2月结婚。2003年3月的一天，甲外出旅游，碰见初恋情人丙。两人旧情复燃，发生婚外情的行为被乙发现。乙要求离婚，甲因乙已怀孕不同意离婚。于是，乙起诉到人民法院要求离婚。

一、诉讼离婚释义

诉讼离婚又称裁判离婚，是指夫妻双方就是否离婚，或者就离婚中的财产分割、债务负担、子女抚养等问题无法达成一致意见，夫妻一方向人民法院起诉，人民法院经审理后，通过调解或判决解除婚姻关系的一种离婚制度。《婚姻法》第32条规定：“男女一方要求离婚的，可由有关部门进行调解或直接向人民法院提出离婚诉讼。”

诉讼离婚适用于下列几种情形：①夫妻一方要求离婚，而另一方不同意离婚的；②双方自愿离婚，但就子女抚养、财产分割、债务承担等问题无法达成一致意见的；③双方都同意离婚但一方不在国内居住的，或一方下落不明或被宣告失踪的，或一方被监禁而无法亲自办理登记离婚手续的；④未办理结婚登记而以夫妻名义同居，为法律承认为事实婚姻的。

诉讼离婚是适用于合法有效婚姻关系解除的一种离婚制度，无效婚姻、重婚、通奸、姘居及同居关系的男女都不存在离婚问题。离婚的目的是解除夫妻之间的权利义务关系，因此，只有夫妻双方才有权提起离婚之诉。其他的任何人包括当事人的父母及近亲属，都无权代替当事人请求人民法院判决离婚。此外，既然离婚诉讼由人民法院审理，当事人在起诉离婚时，就必须正确选择有管辖权的人民法院。如果管辖人民法院选择不当，人民法院不会受理其离婚之诉，从而达不到诉讼离婚的目的。

➢相关链接

协议离婚与诉讼离婚		
比较点	协议离婚	诉讼离婚
请求主体	夫妻双方共同提出	夫妻双方中的一方提出
受理机关	婚姻登记机关	人民法院
适用程序	行政程序	诉讼程序
审查目的	主要是形式审查	强调实质审查
离婚标准	是否达成离婚合意	感情是否确已破裂

在事例7-3中，甲与乙就是否离婚无法达成一致意见，于是乙起诉到人民法院，这就涉及诉讼离婚制度。

二、诉讼离婚的程序

根据《婚姻法》第32条的规定，诉讼离婚的程序包括诉讼外调解和离婚诉讼两个方面。

（一）诉讼外调解

诉讼外调解，又称诉前调解，是指男女一方要求离婚的，在依法向人民法院提出离婚诉讼之前，由有关部门对是否离婚以及离婚中的子女抚养、财产分割、债务承担等问题进行的调解。

能够进行诉讼外调解的“有关部门”，包括当事人一方或双方所在的单位、村民委员会、居民委员会、人民调解委员会、婚姻登记机关等。离婚当事人可主动要求这些部门进行调解，上述部门发现当事人正在闹离婚纠纷时，也可主动介入调解。当然，调解必须本着双方当事人平等自愿的原则，依法进行，不得进行违法调解或强制调解。在调解时，可由一个部门单独进行，也可由几个部门联合进行，完全视当事人意愿及具体情况而定。

在效力上，有关部门进行调解后所达成的调解协议，婚姻当事人应当遵守。但是，因为诉讼外调解是一种不具有强制法律效力的活动，因而，调解协议不具有法律上的可执行性。如果此后一方当事人违反调解协议或不履行调解协议，另一方当事人不得据此申请人民法院强制执行，有关涉入调解的部门更不得自行直接强制执行。

在程序上，诉讼外调解不是离婚诉讼的前置程序，当事人可以选择诉讼外调解，也可以不选择诉讼外调解而直接向人民法院起诉，人民法院不得因其未经诉讼外调解而不予受理。

在结果上，进行诉讼外调解的可能结果有三：一是经调解双方当事人和好如初，自愿不再提出离婚；二是经调解双方当事人达成离婚协议，就子女抚养、财产分割、债务承担等做出适当的处理，依法向婚姻登记机关申请离婚登记；三是经调解仍未达成离婚协议，当事人之间就是否离婚以及子女抚养、财产分割、债务承担等分歧较大，依法向人民法院起诉，经诉讼程序由人民法院判决离婚。

Note

（二）离婚诉讼

根据《婚姻法》和《民事诉讼法》的规定，离婚的诉讼程序包括起诉与受理、诉讼中调解和判决三个阶段。

1.起诉与受理

起诉与受理是人民法院进行诉讼内调解和判决的必经阶段。离婚诉讼应由夫妻一方作为原告向人民法院提起，而不能由他人代替包办，更不能以他人的名义（如父母）提起。无民事行为能力人的监护人原则上不能代理无民事行为能力人提起离婚诉讼，但依照《婚姻法解释（三）》第8条的规定："无民事行为能力人的配偶有虐待、遗弃等严重损害无民事行为能力一方的人身权利或者财产权益行为，其他有监护资格的人可以依照特别程序要求变更监护关系；变更后的监护人代理无民事行为能力一方提起离婚诉讼的，人民法院应予受理。"

离婚诉讼一般由被告住所地人民法院管辖，当被告住所地与其经常居住地不一致时，由被告经常居住地人民法院管辖。但在特殊情况下，离婚诉讼由原告住所地人民法院管辖。《民事诉讼法》第22条规定："下列民事诉讼，由原告住所地人民法院管辖；原告住所地与经常居住地不一致的，由原告经常居住地人民法院管辖：（一）对不在中华人民共和国领域内居住的人提起的有关身份关系的诉讼；（二）对下落不明或者宣告失踪的人提起的有关身份关系的诉讼；（三）对被采取强制性教育措施的人提起的诉讼；（四）对被监禁的人提起的诉讼。"此外，《最高人民法院关于适用〈中华人民共和国民事诉讼法〉的解释》（以下简称《民事诉讼法解释》）第11~16条规定下列离婚诉讼的管辖法院作了特殊规定：①双方当事人均为军人或者军队单位的民事案件由军事法院管辖。②夫妻一方离开住所地超过一年，另一方起诉离婚的案件，可以由原告住所地人民法院管辖。夫妻双方离开住所地超过一年，一方起诉离婚的案件，由被告经常居住地人民法院管辖；没有经常居住地的，由原告起诉时被告居住地人民法院管辖。③在国内结婚并定居国外的华侨，如定居国法院以离婚诉讼须由婚姻缔结地法院管辖为由不予受理，当事人向人民法院提出离婚诉讼的，由婚姻缔结地或者一方在国内的最后居住地人民法院管辖。④在国外结婚并定居国外的华侨，如定居国法院以离婚诉讼须由国籍所属国法院管辖为由不予受理，当事人向人民法院提出离婚诉讼的，由一方原住所地或者在国内的最后居住地人民法院管辖。⑤中国公民一方居住在国外，一方居住在国内，不论哪一方向人民法院提起离婚诉讼，国内一方住所地人民法院都有权管辖。国外一方在居住国法院起诉，国内一方向人民法院起诉的，受诉人民法院有权管辖。⑥中国公民双方在国外但未定居，一方向人民法院起诉离婚的，应由原告或者被告原住所地人民法院管辖。

《民事诉讼法》第119条规定："起诉必须符合下列条件：（一）原告是与本案有直接利害关系的公民、法人和其他组织；（二）有明确的被告；

（三）有具体的诉讼请求和事实、理由；（四）属于人民法院受理民事诉讼的范围和受诉人民法院管辖。”当事人提起的离婚诉讼如果符合起诉条件，人民法院应当立案受理；如果不符合起诉条件的，人民法院应当依法裁定不予受理。根据《民事诉讼法》第124条第7项规定，人民法院判决不准离婚和调解和好的离婚案件，没有新情况、新理由，原告在6个月内又起诉的，不予受理。

2. 诉讼中调解

《婚姻法》第32条第2款规定：“人民法院审理离婚案件，应当进行调解”。这表明诉讼中调解是人民法院审理离婚案件的必经程序，不经调解，人民法院不得直接作出判决。

诉讼中调解的主体是人民法院，由具体承办离婚案件的审判员主持，其代表人民法院依法调解。

诉讼中调解是具有法律效力的调解，所达成的调解协议当事人必须遵守，当事人可据此申请强制执行。

诉讼中调解是人民法院审判离婚案件的必经程序，不适用当事人自愿申请调解的原则。

经人民法院调解，当事人有和好意向的，当事人可以撤诉，人民法院应当终止审理。根据《民事诉讼法解释》第214条第2款规定，原告撤诉或者按撤诉处理的离婚案件，没有新情况、新理由，6个月内又起诉的，可比照《民事诉讼法》第124条第7项的规定不予受理。经人民法院调解，当事人达成离婚协议的，由人民法院制作调解书。调解书与判决书具有同等的法律效力，当事人之间的身份关系、子女抚养关系、财产关系等，依调解书的内容确定。经人民法院调解，当事人之间无法达成调解协议的，人民法院应依法进行审理并最终作出准予离婚或不准离婚的判决。

➢ **相关链接**

诉讼中调解与诉讼外调解

比较点	诉讼中调解	诉讼外调解
调解主体	人民法院	人民法院之外的其他有关部门
程序性质	必经程序	非必经程序
法律效力	调解协议具有可执行性	调解协议不具有可执行性
调解结果	调解无效的依法进入审判程序	调解无效的终止调解，是否起诉由当事人自主决定

3. 判决

人民法院对于调解无效的离婚案件，应在查明事实、分清是非的基础上，依照《婚姻法》的规定作出判决。

人民法院的判决有两种可能的结果：一是判决不准离婚，二是判决准予离婚。凡是夫妻感情尚未破裂或者尚未完全破裂且有和好可能的，应判决不准离婚；如果夫妻感情确已破裂，应判决准予离婚。当事人对一审判决不服的，可在一审判决后15日内，向上一级人民法院提起上诉。第二审人民法院作出的判决属于终审判决，一经送达，即发生法律效力。判决一经生效，即具有强制执行的效力，当事人必须执行。《民事诉讼法》第202条规定："当事人对已经发生法律效力的解除婚姻关系的判决书、调解书，不得申请再审。"可见，一旦离婚判决生效，双方的婚姻关系即告解除，任何一方都有权与他人再婚，即使判决有误也不得再审。如果当事人一方或双方事后反悔，认为二人不应离婚的，可以通过复婚的途径解决，而不能通过提请人民法院再审的方式解决。但是，如果当事人对于离婚判决中财产分割问题不服的，可就财产分割问题申请再审。例如，涉及判决中已分割的财产，人民法院应进行审查，符合再审条件的，应立案审理；涉及判决中未作处理的夫妻共同财产，应告知当事人另行起诉。

（三）离婚程序的两项特别保护性规定

1.诉讼离婚中对现役军人的特殊保护

《婚姻法》第33条规定："现役军人的配偶要求离婚，须得军人同意，但军人一方有重大过错的除外。"这一规定是对现役军人配偶离婚自由权的一种法定限制，体现了我国法律对军婚予以特殊保护的立法思想。在适用该条规定时，需明确以下几点：

（1）现役军人的范围。所谓现役军人，是指正在人民解放军或人民武装警察部队服役，具有军籍的干部和战士（包括军队中的文职人员），但退伍、复员、转业的军人和军事单位中不具有军籍的职工不包括在内。

（2）适用的具体条件。该条规定只适用于配偶中非军人一方向军人一方提出的离婚诉讼，不适用于军人一方向非军人一方提出的离婚诉讼。如果是军人一方向非军人一方提出离婚诉讼的，或者双方都是现役军人的，或者双方协议离婚的，均不适用本条规定，而应按《婚姻法》中的一般规定处理。

（3）适用的例外情形。根据该条规定，在"军人一方有重大过错"的情况下，军人的配偶要求离婚的，无须征得军人的同意。《婚姻法解释（一）》第23条规定："婚姻法第三十三条所称的'军人一方有重大过错'，可以依据婚姻法第三十二条第三款前三项规定及军人有其他重大过错导致夫妻感情破裂的情形予以判断。"而《婚姻法》第32条第3款前三项规定的法定离婚事由包括：其一，重婚或有配偶者与他人同居的；其二，实施家庭暴力或虐待、遗弃家庭成员的；其三，有赌博、吸毒等恶习屡教不改的。此外，如果军人有刑事犯罪行为伤害夫妻感情的或有其他的违背公序良俗行为（如嫖娼）导致夫妻感情破裂的，亦属军人有重大过错的情形。

在事例7-3中，如果甲是现役军人，则其与丙的同居行为属于有重大过错的情形，人民法院应当支持乙的离婚请求，判决离婚。

（4）军婚的刑法保护。《刑法》第259条规定："明知是现役军人的配偶而与之同居或者结婚的，处三年以下有期徒刑或者拘役。利用职权、从属关系，以胁迫手段奸淫现役军人的妻子的，依照本法第二百三十六条的规定定罪处罚。"《刑法》的这一规定重在打击破坏军婚的行为，以保护军婚。

当然，在对现役军人的婚姻予以特殊保护的同时，也应当对现役军人配偶离婚自由权给予尊重。非军人一方向军人一方提出离婚时，若军人一方不同意且无重大过错的，人民法院应当教育非军人一方珍惜与军人的夫妻感情，尽力调解和好或判决不准离婚。但离婚自由是军人配偶一方的合法权利，如果经调解确实无法和好，夫妻感情确已破裂的，人民法院也不应强行维持已无感情的婚姻关系。基于此情形，人民法院或军人所在部队应当劝说军人同意离婚。总之，人民法院在处理这类离婚案件时，应将灵活性和原则性结合起来，协调好保护军婚与保护婚姻自由两者的关系。

2.诉讼离婚中对女方的特殊保护

《婚姻法》第34条规定："女方在怀孕期间、分娩后一年内或中止妊娠后六个月内，男方不得提出离婚。女方提出离婚的，或人民法院认为确有必要受理男方离婚请求的，不在此限。"这一规定限制了夫妻中男方离婚自由权的行使，体现了法律对女方利益予以特别保护的立法思想。但法律限制男方在某些时期不得提出离婚，并不等于对其离婚自由权的剥夺，而仅是程序性的对其权利的行使期间予以限制。待特定的情形消除和特定的期间届满后，男方仍有权提出离婚，人民法院也应当受理其离婚请求。因此，适用该条规定时应明确以下两点：

（1）男方不得提出离婚的适用情形和时间限制。第一，女方在怀孕期间。如果原审人民法院判决离婚时未发现女方怀孕的事实，而女方自己发现并提出上诉的，二审法院应撤销原判决，驳回男方的离婚请求。第二，女方在分娩后1年内。即使女方分娩出的胎儿是死胎或者胎儿出生后死亡的，男方仍然不得在女方分娩后1年内请求离婚。第三，女方中止妊娠后6个月内。中止妊娠包括女方早产、人工流产或因计划生育原因而中止妊娠等情况。之所以对上述三种情形作出规定，是出于对妇女、婴儿合法权益特殊保护的目的。

（2）适用这一规定的两种例外情形。第一，女方提出离婚的，不受上述三种情形的限制。如果是女方主动提出离婚请求，说明她对离婚的后果已有清楚认识，并认为离婚对她或胎儿、婴儿而言比不离婚更为有利。因此，在女方主动提出离婚或两人协商同意离婚时，法律没有作出限制的必要。第二，人民法院认为确有必要受理男方离婚诉讼请求的。所谓"确有必要"，根据司法实践，主要是指两种情形：一是双方确实存在不能继续共同生活的重大紧迫事由，如一方对他方有危及生命、人身安全的可能；二是妻子虽怀有身孕，却是与他人通奸所致。基于此情形，妻子违背了夫妻之间的忠实义务，其自身应对怀孕、分娩或中止妊娠的后果负责。如果在这种情况下还要限制丈夫的离婚请求权，未免有失公平。

在事例7-3中，因为是女方乙主动提出离婚请求，所以人民法院应予受理而不受《婚姻法》第34条规定的限制。反之，如果是男方甲提出离婚请求的，则人民法院应适用《婚姻法》第34条的规定，驳回甲的离婚请求。

三、判决离婚的法定条件

《婚姻法》第32条第2款规定："人民法院审理离婚案件，应当进行调解；如感情确已破裂，调解无效，应准予离婚。"该条规定了诉讼离婚中判决离婚的前提性条件，即"调解无效"和"感情确已破裂"。"调解无效"是程序性要件，要求人民法院在判决准予离婚之前必须先行调解；"感情确已破裂"是实体性要件，是人民法院判决离婚的实质依据。判决离婚的法定条件，是指人民法院判决离婚的实体性要件，即夫妻感情确已破裂。

理论争鸣

关于判决离婚的法定条件历来是理论上争议的焦点，主要有感情破裂论、婚姻关系破裂论、感情义务结合论三种不同的观点。感情破裂论认为，准予或不准予离婚的法定条件应当以夫妻感情是否破裂为标准；婚姻关系破裂论认为，准予或不准予离婚的法定条件应当以婚姻关系是否破裂为标准；感情义务结合论认为，准予或不准予离婚的法定条件应当以感情和义务两个方面为依据。

（一）夫妻感情确已破裂的认定方法

夫妻感情是否确已破裂主要是夫妻双方的主观感受问题，但一旦进入离婚的诉讼程序，根据司法判决的一般要求，就需要某些客观化的认知手段将当事人的主观感受予以外化，从而为法官作出最终判决提供一种统一的、确定的基础。根据1989年最高人民法院《关于人民法院审理离婚案件如何认定夫妻感情确已破裂的若干具体意见》(以下简称《认定夫妻感情破裂的意见》)的规定，"判断夫妻感情是否确已破裂，应当从婚姻基础、婚后感情、离婚原因、夫妻关系的现状和有无和好的可能等方面综合分析"。这一认定方法就是司法实践中通常所称的"五看"方法。

一看婚姻基础。婚姻是爱情的结晶，而爱情是男女两性在平等自愿基础上产生的一种亲密感情。但由于受到各方面主客观社会环境的影响，在有些时候婚姻关系的缔结并非出于纯粹的爱情，而是掺杂了许多私心杂念甚至是不良动机，这些因素都会影响到婚姻基础的牢固性和巩固性，从而为将来夫妻离婚纠纷埋下了隐患。因此，对婚姻基础的考察有利于确定婚后夫妻感情的深厚程度，从而为最终确定夫妻感情是否确已破裂提供了判断依据。

二看婚后感情。爱情是婚姻的必要基础，但却不是婚姻关系巩固和幸福的充分条件。夫妻结婚后面临的生活既是丰富多彩的，又往往充满了矛盾纠葛。夫妻个人的兴趣爱好、生活方式、工作性质等各个方面，在婚后需要彼此磨合。如果磨合得好，会增进夫妻相互的了解、理解和感情；如果磨合得不好，就会影响到夫妻感情，进而发生矛盾冲突，最终的最坏结果就是离婚。如果达到离婚境地，夫妻之间往往形同陌路，甚至反目为仇。因此，法官对夫妻婚后感情的考察，对于其判断夫妻感情是否确已破裂是非常必要的。

三看离婚原因。在司法实践中，夫妻一方请求离婚的理由往往只有一个，即夫妻感情确已破裂。但因何种原因导致夫妻感情破裂呢？对此，当事人往往言之不详。因此，法官有必要主动介入询问个中的真正原因，这对于判断夫妻感情是否确已破裂是十分必要的。能够导致夫妻感情破裂的原因非常复杂，如一方有背离夫妻忠实义务的行为，或者一方对另一方有严重的家庭暴力行为，或者一方具有令另一方无法容忍的恶习，等等。只有找出夫妻离婚的真正原因，才能正确地估计出离婚原因与夫妻感情破裂之间的内在联系。

四看婚姻现状。婚姻关系的现状是夫妻现实感情状况的外在表现，对于判断夫妻感情是否确已破裂具有重要意义。有的夫妻共同生活，有的夫妻分居两地；有的夫妻相敬如宾，有的夫妻长期争吵；有的夫妻之间存在热暴力，有的夫妻之间存在冷暴力；有的夫妻一方同意离婚，有的夫妻一方坚决不离婚；等等。可以说，夫妻关系的现状千差万别，难以进行类型化的条理分析。对夫妻婚姻关系现状的考察，有利于推测夫妻和好的可能性以及夫妻感情破裂的具体程度。

五看和好可能。如果经调解，当事人一方或双方坚决要求离婚的，表明夫妻感情确已破裂，已无继续维持的必要。如果经调解，当事人双方对是否离婚持一种犹豫不决的心态，表明双方感情尚未彻底破裂，还有和好的可能。是否能够和好，仅是一种基于各种主客观因素的推测，而非夫妻感情的真实现状。因此，法官不应以自己的主观判断代替对夫妻感情的客观考察。

（二）夫妻感情确已破裂的具体情形

夫妻感情确已破裂是一抽象的概括性标准，为加强该标准的可操作性，《婚姻法》第32条第3款和第4款规定了准予离婚的情形，即感情确已破裂的情形。

1. 重婚或有配偶者与他人同居的

所谓重婚，是指有配偶者与他人结婚的行为；所谓有配偶者与他人同居，是指有配偶者与婚外异性，不以夫妻名义，持续、稳定地共同居住。重婚或有配偶者与他人同居的，违反了夫妻之间的忠实义务，是对夫妻感情的严重伤害，因此，经调解无效的，应准予离婚。

在事例7-3中，如果甲和丙发生同居关系，人民法院可据此判决甲和乙离婚。而如果甲和丙虽然彼此仍有好感，但未发生性关系，也未同居的，则人民法院应具体审理甲和乙的夫妻感情是否确已破裂。

2. 实施家庭暴力或者虐待、遗弃家庭成员的

根据《婚姻法解释（一）》第1条的规定，家庭暴力，是指行为人以殴打、捆绑、残害、强行限制人身自由或者其他手段，给其家庭成员的身

体、精神等方面造成一定伤害后果的行为。持续性、经常性的家庭暴力，构成虐待。遗弃，是指负有赡养、扶养义务的一方不履行其义务的情形。家庭暴力、虐待和遗弃家庭成员属于非常严重的有背伦理的行为，如果具有上述三种情形之一的，一方请求离婚时，应予准许。

3.有赌博、吸毒等恶习屡教不改的

恶习，是指严重影响正常生活的不良嗜好和习惯。赌博、吸毒等恶习不同于一般的缺点、错误，它不仅给家庭的经济生活带来极大负担，而且还会对配偶以及其他家庭成员的精神、感情造成重大伤害。因此，如果一方具有类似性质的恶习而又屡教不改者，配偶另一方必然极度失望，确定他们之间感情确已破裂也就是理所当然的了。

4.因感情不和分居满2年的

共同居住和生活是夫妻关系的常态，如果夫妻长期分居的，则表明他们之间的感情出了问题。这里有两点需要明确：①夫妻分居应是由于“感情不和”的原因，而不是因为工作、学习的缘故；②分居满2年，是指婚姻当事人一方起诉离婚前最后一次分居的时间，并且是持续不断的分居状态，而非数次分居的时间累加。

5.一方被宣告失踪，另一方提出离婚诉讼的

《民事诉讼法解释》第217条规定：“夫妻一方下落不明，另一方诉至人民法院，只要求离婚，不申请宣告下落不明人失踪或死亡的案件，人民法院应当受理，对下落不明人用公告送达诉讼文书。”根据《婚姻法》第32条第4款和最高人民法院这一司法解释的规定，一方下落不明满2年，经公告查找确无下落的，另一方请求离婚时，人民法院应准予离婚。

6.其他导致夫妻感情破裂的情形

依照《认定夫妻感情破裂的意见》的规定，其他导致夫妻感情破裂的情形应当包括：①一方患有法定禁止结婚疾病的，或一方有生理缺陷或其他原因不能发生性行为，且难以治愈的；②婚前缺乏了解，草率结婚，婚后未建立起夫妻感情，难以共同生活的；③婚前隐瞒了精神病，婚后久治不愈，或者婚前知道对方患有精神病而与其结婚或一方在夫妻共同生活期间患精神病，久治不愈的；④双方办理结婚登记后，未同居生活，无和好可能的；⑤一方被依法判处长期徒刑，或其违法、犯罪行为严重伤害夫妻感情等情况。

第四节　离婚的法律后果

离婚导致婚姻关系的终止，必然会引发一系列的法律后果，如夫妻人身关系方面的后果、夫妻财产关系方面的后果、父母子女关系方面的后果以及特定救济方式的发生等。离婚的法律后果只能发生于婚姻关系依法终结时：在协议离婚中，以离婚登记之日为准；在判决离婚中，以

离婚判决生效之日为准。离婚只能面向将来发生法律后果，而不具有溯及既往的效力。

事例7-4 甲和乙于2002年结婚，后来两人感情不和，于2006年离婚。离婚后乙和丙认识，并准备结婚。甲知道后，对丙大打出手，并声言：乙是我老婆，谁也不能娶。

一、离婚在夫妻人身关系方面的后果

离婚解除了当事人的夫妻身份，基于夫妻身份而产生的夫妻之间的人身权利义务关系也因此而消灭。《婚姻法》规定的离婚对夫妻人身关系产生的效力，主要表现为以下几个方面。

（一）配偶身份的丧失

夫妻之间因结婚而取得配偶身份，因离婚而丧失配偶身份。夫妻关系存续期间，男女双方互为对方的配偶，但婚姻关系的终结导致双方互为配偶的身份的丧失，这是离婚的最直接效力和目的。

（二）双方当事人获得再婚的自由

再婚自由属婚姻自由的内容之一。离婚后，配偶身份的丧失使婚姻中的双方当事人从原婚姻关系中完全解脱出来，获得了再婚的自由。再婚自由是离婚后当事人的自由权利，任何人不得干涉和侵犯。

在事例7-4中，甲和乙离婚后，乙获得再婚的权利，甲的行为显然侵犯了乙的再婚自由和丙的结婚自由。

（三）夫妻之间同居义务和忠实义务消灭

同居义务和忠实义务是《婚姻法》所规定的夫妻身份义务，当婚姻关系终结后，同居义务和忠实义务也即随之消灭。如果一方在离婚后仍强行要求另一方与之同居或对其负忠实义务的，应承担相应的法律责任。

（四）夫妻之间扶养的权利义务终止

夫妻之间的扶养权利义务是以夫妻关系的存续为前提的，一旦婚姻关系终止，夫妻相互扶养的权利义务也即不复存在，一方不再享有要求另一方支付扶养费的权利，另一方也不再负有向对方支付扶养费的义务。

（五）夫妻相互继承权丧失

根据《继承法》的规定，夫妻互为第一顺序的法定继承人。夫妻相互继承权是以夫妻关系的存续为前提的，婚姻关系终止后因配偶身份的丧失，夫妻之间的相互继承权也随之丧失。

（六）夫妻家事代理权消灭

夫妻之间的日常家事代理权是结婚的效力之一，夫妻关系的终止使之消灭。离婚登记或离婚判决具有公示的公信效力，一旦登记完成或判决生效，任何第三人都不得以夫妻家事代理权为由，要求原夫妻中的一方对另一方的行为负代理责任。

（七）姻亲关系消灭

《婚姻法》虽然未就离婚在姻亲关系上发生的效力作出明确规定，但通说认为，姻亲关系因夫妻关系的终止而消灭。

二、离婚在夫妻财产关系方面的后果

离婚不仅终止了夫妻之间的人身关系，而且随之解除了夫妻财产关系，产生夫妻财产清算、夫妻财产分割以及共同债务清偿等一系列的财产方面的法律后果。

事例7-5　在事例7-4中，甲和乙离婚时，有以下财产：甲于婚前个人购置的1处房产，乙因出版畅销小说获得的30万元收入，两人平时的工资、奖金存款20万元，价值5万元的股票，甲因工伤获得的医疗费，甲使用的轮椅1辆。甲、乙离婚后，上述财产应当如何分割？

（一）夫妻共同财产的分割

1.分割对象

根据《婚姻法》第39条的规定，夫妻离婚时分割的财产应是夫妻共同财产。

夫妻共同财产的范围与夫妻婚后实行的财产制密切相关。双方在婚姻关系存续期间实行法定的共同财产制的，分割的是婚后所得财产，但属于一方特有财产的除外；双方约定实行一般共同制的，分割的是双方婚前财产和婚后所得财产，但约定为个人所有的财产除外；约定实行分别财产制的，分割的是没有明确约定为个人所有的财产；约定实行混合财产制的，分割的是约定为共同共有的财产。根据最高人民法院《关于人民法院审理离婚案件处理财产分割问题的若干具体意见》（以下简称《离婚案件财产分割的意见》）第7条的规定，对个人财产还是夫妻共同财产难以确定的，主张权利的一方负有举证责任。当事人举不出有力证据，人民法院又无法查实的，按夫妻共同财产处理。

在事例7-5中，甲于婚前个人购置的房产属于甲个人所有的财产，甲使用的轮椅是属于一方专用的生活用品，甲因工伤获得的医疗费属于法律直接规定的夫妻个人特有财产，离婚后上述财产都应当归甲个人所有，不涉及财产分割问题。而乙因为出版畅销小说所获得的30万元收入，两人平时的工资、奖金存款20万元，价值5万元的股票，这些财产属于婚后所得的共同财产，应当依法进行分割。

2.分割的方法和原则

《婚姻法》第39条第1款规定：“离婚时，夫妻的共同财产由双方协议处理；协议不成时，由人民法院根据财产的具体情况，照顾子女和女方权益的原则判决。”依此规定，夫妻共同财产分割的方法有二：一是协议分割，二是判决分割。关于夫妻财产分割协议的生效条件，《婚姻法解释（三）》第14条规定：“达成的以登记离婚或者到人民法院协议离婚为条件的财产分割协议，如果双方协议离婚未成，一方在离婚诉讼中反悔的，人民法院应当认定该财产分割协议没有生效，并根据实际情况依法对夫妻共同财产进行分割。”

夫妻共同财产分割的原则有四：一是坚持男女平等的原则；二是照顾子女和女方权益的原则；三是有利于当事人生产和生活的原则；四是不得损害国家、集体和他人合法权益的原则。

3.具体的财产分割问题

根据《婚姻法》及《婚姻法解释（二）》、《婚姻法解释（三）》的相关规定，具体的财产分割问题涉及以下内容：

（1）关于土地承包经营权的分割。《婚姻法》第39条第2款规定：“夫或妻在家庭土地承包经营中享有的权益等，应当依法予以保护。”在现实生活中，许多农村妇女结婚后，娘家土地被收回；离婚后回到娘家，既不得重新分地，也不得带走在夫家承包的土地，无田可耕，基本的生存得不到保障。因此，在离婚时，应保护夫妻任何一方，特别是女方在家庭土地承包经营权中享有的权益。《妇女权益保障法》第33条规定：“任何组织和个人不得以妇女未婚、结婚、离婚、丧偶为由，侵害妇女在农村集体经济组织中的各项权益。”《中华人民共和国农村土地承包法》（以下简称《农村土地承包法》）第30条亦明确规定：“妇女离婚或者丧偶，仍在原居住地生活或者不在原居住地生活但在新居住地未取得承包地的，发包方不得收回其原承包地。”

（2）关于投资性财产的分割。根据《婚姻法解释（二）》第15条的规定，夫妻双方分割共同财产中的股票、债券、投资基金份额等有价证券以及未上市股份有限公司的股份时，协商不成或者按市价分配有困难的，人民法院可以根据数量按比例分配。

（3）关于有限责任公司出资额的分割。根据《婚姻法解释（二）》第16条的规定，人民法院审理离婚案件，涉及分割夫妻共同财产中以一方名义在有限责任公司的出资额，另一方不是该公司股东的，按以下情形分别处理：①夫妻双方协商一致将出资额部分或者全部转让给该股东的配偶，过半数股东同意、其他股东明确表示放弃优先购买权的，该股东的配偶可以成为该公司股东。②夫妻双方就出资额转让份额和转让价格等事项协商一致后，过半数股东不同意转让，但愿意以同等价格购买该出资额的，人民法院可以对转让出资所得财产进行分割；过半数股东不同意转让，也不愿意以同等价格购买该出资额的，视为其同意转让，该股东的配偶可以成为该公司股东。

（4）关于合伙企业中出资额的分割。根据《婚姻法解释（二）》第17条的规定，人民法院审理离婚案件，涉及分割夫妻共同财产中以一方名义在合伙企业中的出资，另一方不是该企业合伙人的，当夫妻双方协商一致，将其合伙企业中的财产份额全部或者部分转让给对方时，按以下情形分别处理：①其他合伙人一致同意的，该配偶依法取得合伙人地位；②其他合伙人不同意转让，在同等条件下行使优先受让权的，可以对转让所得的财产进行分割；③其他合伙人不同意转让，也不行使优先受让权，但同意该合伙人退伙或者退还部分财产份额的，可以对退还的财产进行分割；④其他合伙人既不同意转让，也不行使优先受让权，又不同意该合伙人退伙或者退还部分财产份额的，视为全体合伙人同意转让，该配偶依法取得合伙人地位。

（5）关于独资企业财产的分割。根据《婚姻法解释（二）》第18条的规定，夫妻以一方名义投资设立独资企业的，人民法院分割夫妻在该独资企业中的共同财产时，应当按照以下情形分别处理：①一方主张经营该企业的，对企业资产进行评估后，由取得企业一方给予另一方相应的补偿；②双方均主张经营该企业的，在双方竞价基础上，由取得企业的一方给予另一方相应的补偿；③双方均不愿意经营该企业的，按照《中华人民共和国个人独资企业法》等有关规定办理。

（6）关于夫妻分别管理、使用的婚后所得财产的分割。《离婚案件财产分割的意见》第4条规定："夫妻分居两地分别管理、使用的婚后所得财产，应认定为夫妻共同财产。在分割财产时，各自分别管理、使用的财产归各自所有。双方所分财产相差悬殊的，差额部分，由多得财产的一方以与差额相当的财产抵偿另一方。"

（7）关于军人复员费、自主择业费的分割。《婚姻法解释（二）》第14条规定："人民法院审理离婚案件，涉及分割发放到军人名下的复员费、自主择业费等一次性费用的，以夫妻婚姻关系存续年限乘以年平均值，所得数额为夫妻共同财产。前款所称年平均值，是指将发放到军人名下的上述费用总额按具体年限均分得出的数额。其具体年限为人均寿命七十岁与军人入伍时实际年龄的差额。"

（8）关于彩礼的返还问题。婚前给付彩礼是我国许多地方的民间习俗，许多男方家庭为此而负担沉重。有鉴于此，《婚姻法解释（二）》对离婚时是否应当返还彩礼的问题作出了明确规定，以照顾因交付彩礼而遭受严重经济负担的家庭的利益。根据《婚姻法解释（二）》第10条的规定，在离婚时，当事人请求返还按照习俗给付的彩礼的，如果查明属于以下情形，人民法院应当予以支持：①双方办理结婚登记手续但确未共同生活的；②婚前给付并导致给付人生活困难的。

（9）关于养老保险金的分割。《婚姻法解释（三）》第13条规定："离婚时夫妻一方尚未退休、不符合领取养老保险金条件，另一方请求按照夫妻共同财产分割养老保险金的，人民法院不予支持；婚后以夫妻共同财产缴付养老保险费，离婚时一方主张将养老金账户中婚姻关系存续期间个人实际缴付部分作为夫妻共同财产分割的，人民法院应予支持。"

（10）关于侵害共同财产的法律处理。《婚姻法》第47条规定："离婚时，一方隐藏、转移、变卖、毁损夫妻共同财产，或伪造债务企图侵占另

Note

一方财产的，分割夫妻共同财产时，对隐藏、转移、变卖、毁损夫妻共同财产或伪造债务的一方，可以少分或不分。离婚后，另一方发现有上述行为的，可以向人民法院提起诉讼，请求再次分割夫妻共同财产。”

（二）离婚时房屋的处理

在我国目前的经济水平下，房产属一个家庭中的大宗财产，因此，《婚姻法解释（二）》、《婚姻法解释（三）》对房产的分割问题作了特别规定。

1. 夫妻共有房屋的归属和分割问题

《婚姻法解释（二）》对夫妻共有房屋的归属和分割问题作了三条相关规定：①由一方婚前承租、婚后用共同财产购买的房屋，房屋权属证书登记在一方名下的，应当认定为夫妻共同财产（第19条）。②双方对夫妻共同财产中的房屋价值及归属无法达成协议时，人民法院按以下情形分别处理：双方均主张房屋所有权并且同意竞价取得的，应当准许；一方主张房屋所有权的，由评估机构按市场价格对房屋作出评估，取得房屋所有权的一方应当给予另一方相应的补偿；双方均不主张房屋所有权的，根据当事人的申请拍卖房屋，就所得价款进行分割（第20条）。③离婚时双方对尚未取得所有权或者尚未取得完全所有权的房屋有争议且协商不成的，人民法院不宜判决房屋所有权的归属，应当根据实际情况判决由当事人使用。当事人就该房屋取得完全所有权后，有争议的，可以另行向人民法院提起诉讼（第21条）。

2. 夫妻一方婚前支付首付款婚后共同还贷房屋的权属和归属问题

依照《婚姻法解释（三）》第10条的规定：“夫妻一方婚前签订不动产买卖合同，以个人财产支付首付款并在银行贷款，婚后用夫妻共同财产还贷，不动产登记于首付款支付方名下的，离婚时该不动产由双方协议处理。”“依前款规定不能达成协议的，人民法院可以判决该不动产归产权登记一方，尚未归还的贷款为产权登记一方的个人债务。双方婚后共同还贷支付的款项及其相对应财产增值部分，离婚时应根据婚姻法第三十九条第一款规定的原则，由产权登记一方对另一方进行补偿。”

3. 父母为子女购置房屋的权属和分割问题

关于父母为子女购置房屋的权属和分割问题，根据《婚姻法解释（二）》第22条的规定，应分两种情形处理：①当事人结婚前，父母为双方购置房屋出资的，该出资应当认定为对自己子女的个人赠与，但父母明确表示赠与双方的除外；②当事人结婚后，父母为双方购置房屋出资的，该出资应当认定为对夫妻双方的赠与，但父母明确表示赠与一方的除外。在上述两种情形下，如果确定是对夫妻一方的赠与的，另一方不得参与分割；如果确定归夫妻双方共有的，在离婚时应依法按照共同财产予以分割。根据《婚姻法解释（三）》第7条第2款的规定：“由双方父母出资购买的不动产，产权登记在一方子女名下的，该不动产可认定为双方按照各自父母的出资份额按份共有，但当事人另有约定的除外。”

（三）夫妻债务的清偿

事例7-6　在事例7-4中，甲、乙实行分别财产制，甲离婚前以个人财产在外做生意，但做生意所赚得的钱全部用于家庭生活开销。甲在做生意过程中以个人名义欠生意伙伴戊10万元，而离婚时甲仅有4万元，无奈之下，戊向乙要求清偿6万元钱。

《婚姻法》第41条规定：“离婚时，原为夫妻共同生活所负的债务，应当共同偿还。共同财产不足清偿的，或财产归各自所有的，由双方协议清偿；协议不成时，由人民法院判决。”据此，离婚时夫妻债务的清偿须在分清夫妻个人债务和夫妻共同债务的基础上，兼顾夫妻一方或双方以及债权人的利益，妥善处理。

1.共同债务和个人债务的认定

区分共同债务和个人债务是确定夫妻债务清偿的前提。《婚姻法解释（二）》第23条规定：“债权人就一方婚前所负个人债务向债务人的配偶主张权利的，人民法院不予支持。但债权人能够证明所负债务用于婚后家庭共同生活的除外。”其第24条规定：“债权人就婚姻关系存续期间夫妻一方以个人名义所负债务主张权利的，应当按夫妻共同债务处理。但夫妻一方能够证明债权人与债务人明确约定为个人债务，或者能够证明属于婚姻法第十九条第三款规定情形的除外。”根据《婚姻法》第19条第3款的规定，夫妻对婚姻关系存续期间所得的财产约定归各自所有的，夫或妻一方对外所负的债务，第三人知道该约定的，以夫或妻一方所有的财产清偿。

2.夫妻共同债务

夫妻共同债务，是指在婚姻关系存续期间，由夫妻一方或双方为家庭共同生活或共同生产、经营活动所负的债务。夫妻共同债务的范围是非常广泛的，如购买家具所负的债务，装修房屋所负的债务，为抚育子女及赡养老人所负的债务，因治病所负的医疗费债务，为夫妻一方或双方的继续教育所负的债务，从事个体经营、独资企业经营、合伙企业经营、合资企业经营、有限责任公司经营及其他金融投资业务等所负的债务等。夫妻共同债务由夫妻共同财产清偿。在性质上，夫妻共同债务是夫妻的连带债务，夫妻对共同债务负连带清偿责任。《婚姻法解释（二）》第25条规定：“当事人的离婚协议或者人民法院的判决书、裁定书、调解书已经对夫妻财产分割问题作出处理的，债权人仍有权就夫妻共同债务向男女双方主张权利。一方就共同债务承担连带清偿责任后，基于离婚协议或者人民法院的法律文书向另一方主张追偿的，人民法院应当支持。”其第26条规定：“夫或妻一方死亡的，生存一方应当对婚姻关系存续期间的共同债务承担连带清偿责任。”

在事例7-6中，甲做生意所赚得的钱用于婚后家庭共同生活，因此，该债务在性质上属于夫妻共同债务，乙负有连带清偿该6万元债务的责任。

3. 夫妻个人债务

夫妻个人债务，是指夫妻为个人原因，以个人名义并以个人财产为责任担保所负的债务。根据《离婚案件财产分割的意见》第17条第2款的规定，下列债务不能认定为夫妻共同债务，应由一方以个人财产清偿：①夫妻双方约定由个人负担的债务，但以逃避债务为目的的除外；②一方未经对方同意，擅自资助与其没有抚养义务的亲朋所负的债务；③一方未经对方同意，独自筹资从事经营活动，其收入确未用于共同生活所负的债务；④其他应由个人承担的债务。夫妻个人债务应由夫妻个人财产承担清偿责任，不能用夫妻共同财产清偿。用于清偿个人债务的夫妻个人财产包括法定的个人财产、约定的个人财产以及分割夫妻共同财产所得的个人财产。

三、离婚在父母子女关系方面的后果

事例7-7　在事例7-4中，甲和乙婚后生有一子丁。离婚时丁不满1周岁，甲和乙都争夺对丁的抚养权。

（一）离婚后父母子女的关系

《婚姻法》第36条第1款和第2款分别规定："父母与子女间的关系，不因父母离婚而消除。离婚后，子女无论由父或母直接抚养，仍是父母双方的子女。""离婚后，父母对于子女仍有抚养和教育的权利和义务。"夫妻关系和父母子女关系是性质完全不同的两种法律关系，前者可依法缔结也可依法解除，而后者是由子女出生的事实决定的，父母子女之间的自然血亲关系是不可能人为消除的。因此，父母离婚对父母子女关系不会产生影响。

非婚生子女和人工生育子女与父母之间是自然血亲关系，他们之间的父母子女关系不受父母离婚的影响。

养父母子女关系是法律拟制的血亲关系，与基于自然血亲的生父母子女具有同等的法律地位和法律上的权利义务关系。因此，养父母子女关系不因养父母的离婚而解除，不论养子女是随养父生活还是随养母生活，养父和养母仍是养子女的父母。但养父母子女关系毕竟是法律拟制的血亲关系，既可依收养行为而成立，也可依解除收养行为而消灭。在养父母离婚时，如果经生父母和已满10周岁的养子女同意，可变更收养关系，由原养父母一方收养，或解除收养关系由生父母抚养。

离婚对继父母子女关系的影响视具体情况而定。如果继子女未成年而由其生父或生母抚养的，继父母与继子女之间的权利义务关系自然解除；如果继子女受继父母长期抚养教育并已成年，则继父母子女关系不能自然解除，只有继父母或继子女一方或双方提出解除继父母子女关系，并在符合法律规定的情况下，才能解除。但由继父母抚养长大并独立生活的继子女，仍有义务继续承担生活困难且无劳动能力的继父母晚年的生活费用。

在事例7-7中，丁是甲、乙的亲生儿子，甲、乙的离婚行为对丁与甲、乙的父母子女关系不产生任何影响。丁不论是由甲抚养还是由乙抚养，甲、乙仍是丁的父母。

Note

（二）离婚后子女的抚养归属

根据《婚姻法》和最高人民法院《关于人民法院审理离婚案件处理子女抚养问题的若干具体意见》(以下简称《关于抚养问题的意见》)的相关规定，在决定子女随父或母的哪一方共同生活时，应当遵循有利于子女身心健康、保障子女合法权益的原则，并在此原则指导下，具体确定子女的抚养问题。

1.哺乳期内子女的抚养问题

哺乳期内的子女，以随哺乳的母亲抚养为原则。哺乳期内的子女，一般是指2周岁以下的子女。《婚姻法》第36条第3款规定："离婚后，哺乳期内的子女，以随哺乳的母亲抚养为原则。"如此规定是由哺乳期的母婴生理特征所决定的，由哺乳的母亲抚养婴儿有利于婴儿的健康成长。但根据《关于抚养问题的意见》第1条的规定，母方有下列情形之一的，可随父方生活：①患有久治不愈的传染性疾病或其他严重疾病，子女不宜与其共同生活的；②有抚养条件不尽抚养义务，而父方要求子女随其生活的；③因其他原因，子女确无法随母方生活的。此外,《关于抚养问题的意见》第2条规定："父母双方协议两周岁以下子女随父方生活，并对子女健康成长无不利影响的，可予准许。"

在事例7-7中，丁未满1周岁，属于哺乳期内的子女，应当以归母亲抚养为原则，除非母亲具有不宜随其共同生活的例外情形。

2.哺乳期后的未成年子女的抚养问题

哺乳期后的未成年子女的直接抚养人既可以是父方，也可以是母方。父母双方可以先行协商，若双方协商不成，根据《婚姻法》第36条第3款的规定,"哺乳期后的子女，如双方因抚养问题发生争执不能达成协议时，由人民法院根据子女的权益和双方的具体情况判决"。而根据《关于抚养问题的意见》第3条的规定，对2周岁以上未成年的子女，父方和母方均要求随其生活，一方有下列情形之一的，可予优先考虑：①已做绝育手术或因其他原因丧失生育能力的；②子女随其生活时间较长，改变生活环境对子女健康成长明显不利的；③无其他子女，而另一方有其他子女的；④子女随其生活，对子女成长有利，而另一方患有久治不愈的传染性疾病或其他严重疾病，或者有其他不利于子女身心健康的情形，不宜与子女共同生活的。此外,《关于抚养问题的意见》第4条规定："父方与母方抚养子女的条件基本相同，双方均要求子女与其共同生活，但子女单独随祖父母或外祖父母共同生活多年，且祖父母或外祖父母要求并且有能力帮助子女照顾孙子女或外孙子女的，可作为子女随父或母生活的优先条件予以考虑。"

3.10周岁以上未成年子女的抚养归属问题

10周岁以上的未成年人已经有了一定的认识和判断能力，因此,《关于抚养问题的意见》第5条规定："父母双方对十周岁以上的未成年子女随父或随母生活发生争执的，应考虑该子女的意见。"

Note

4. 轮流抚养的问题

离婚后子女归父或母一方抚养只是一般情况，在特殊情况下，父、母可以轮流抚养子女。因此，《关于抚养问题的意见》第6条规定：“在有利于保护子女利益的前提下，父母双方协议轮流抚养子女的，可予准许。”

5. 养子女、继子女的抚养问题

关于养子女、继子女的抚养问题，《关于抚养问题的意见》作了两条规定。《关于抚养问题的意见》第13条规定：“生父与继母或生母与继父离婚时，对曾受其抚养教育的继子女，继父或继母不同意继续抚养的，仍应由生父母抚养。”其第14条规定：“《中华人民共和国收养法》施行前，夫或妻一方收养的子女，对方未表示反对，并与该子女形成事实收养关系的，离婚后，应由双方负担子女的抚育费；夫或妻一方收养的子女，对方始终反对的，离婚后，应由收养方抚养该子女。”

6. 双方均拒绝抚养时的处理

根据《关于抚养问题的意见》第20条的规定，在离婚诉讼期间，当事人双方均拒绝抚养子女的，可先行裁定暂由一方抚养。

（三）离婚后子女抚养归属的变更

子女的直接抚养归属确定后，父母双方应严格执行双方达成的抚养协议或人民法院的调解、判决。但随着时间的推移，如果父或母的抚养能力、抚养条件发生了变化，或者出现了新情况，可依法变更子女的直接抚养归属。

抚养归属的变更有两种方式：一是父母双方协议变更。《关于抚养问题的意见》第17条规定：“父母双方协议变更子女抚养关系的，应予准许。”二是诉讼变更，即当双方无法达成变更抚养协议时，由父或母一方提起变更抚养归属的诉讼。根据《关于抚养问题的意见》第16条的规定，父或母一方要求变更子女抚养关系有下列情形之一的，应予支持：①与子女共同生活的一方因患严重疾病或因伤残无力继续抚养子女的；②与子女共同生活的一方不尽抚养义务或有虐待子女行为，或其与子女共同生活对子女身心健康确有不利影响的；③10周岁以上未成年子女，愿随另一方生活，该方又有抚养能力的；④有其他正当理由需要变更的。

在事例7-7中，如果丁归乙抚养后，乙经常打骂丁，还经常不给丁饭吃，对丁的身心健康明显不利，若甲提出变更直接抚养权的诉讼，人民法院应当予以支持。

（四）离婚后子女抚养费的负担和变更

事例7-8 在事例7-7中，甲、乙离婚后，丁判给乙抚养，由甲每月支付抚养费1 000元。后来因丁上学每年需要学费4 000元，乙要求甲增加抚养费。

《婚姻法》第37条规定：“离婚后，一方抚养的子女，另一方应负担必要的生活费和教育费的一部或全部，负担费用的多少和期限的长短，由双方协议；协议不成时，由人民法院判决。关于子女生活费和教育费的协议或判决，不妨碍子女在必要时向父母任何一方提出超过协议或判决原定数额的合理要求。”就子女抚养费的负担和变更，应注意以下问题。

1. 抚养费数额的确定

《关于抚养问题的意见》第7条规定：“子女抚育费的数额，可根据子女的实际需要、父母双方的负担能力和当地的实际生活水平确定。有固定收入的，抚育费一般可按其月总收入的百分之二十至三十的比例给付。负担两个以上子女抚育费的，比例可适当提高，但一般不得超过月总收入的百分之五十。无固定收入的，抚育费的数额可依据当年总收入或同行业平均收入，参照上述比例确定。有特殊情况的，可适当提高或降低上述比例。”可见，抚养费不是一个固定不变的数额，而应当根据实际情况，实事求是地予以确定。

2. 抚养费的给付方法

《关于抚养问题的意见》第8条规定：“抚育费应定期给付，有条件的可一次性给付。”其第9条规定：“对一方无经济收入或者下落不明的，可用其财物折抵子女抚育费。”其第10条规定：“父母双方可以协议子女随一方生活并由抚养方负担子女全部抚育费。但经查实，抚养方的抚养能力明显不能保障子女所需费用，影响子女健康成长的，不予准许。”

3. 抚养费的给付期限

根据《关于抚养问题的意见》第11条的规定，抚养费的给付期限，一般至子女18周岁为止。16周岁以上不满18周岁，以其劳动收入为主要生活来源，并能维持当地一般生活水平的，父母可停止给付抚育费。但在特定情形下，即使子女已经成年，父母亦需给付抚养费。根据《关于抚养问题的意见》第12条的规定，尚未独立生活的成年子女有下列情形之一，父母又有给付能力的，仍应负担必要的抚育费：①丧失劳动能力或虽未完全丧失劳动能力，但其收入不足以维持生活的；②尚在校就读的；③确无独立生活能力和条件的。

4. 抚养费的变更

根据《婚姻法》第37条第2款的规定，抚养费的变更仅限于子女请求增加抚养费的一种情形。依《关于抚养问题的意见》第18条的规定，子女要求增加抚养费有下列情形之一，父或母有给付能力的，应予支持：①原定抚养费数额不足以维持当地实际生活水平的；②因子女患病、上学，实际需要已超过原定数额的；③有其他正当理由应当增加的。

在事例7-8中，原定1 000元的抚养费已不足以支付丁的教育费用，因此，请求增加抚养费是有正当理由的。但请求增加抚养费的主体应是子女丁而非母亲乙，乙可以丁的名义代为提起。

5. 父母不得因子女变更姓氏而拒付子女抚养费

《关于抚养问题的意见》第19条规定：“父母不得因子女变更姓氏而拒

付子女抚育费。父或母一方擅自将子女姓氏改为继母或继父姓氏而引起纠纷的，应责令恢复原姓氏。”

6.抚养费给付的强制执行

根据《关于抚养问题的意见》第21条规定，对拒不履行或妨害他人履行生效判决、裁定、调解中有关对子女抚养义务的当事人或者其他人，人民法院可依照《民事诉讼法》的相关规定采取强制措施。

（五）离婚后不直接抚养子女一方的探望权

1.探望权释义

探望权又称见面交往权，是指离婚后不直接抚养子女的父亲或母亲一方享有的与未成年子女探望、联系、会面、交往、短期共同生活的权利。探望权基于血缘关系而产生，是亲子关系自然流露的权利，具有高度专属性。《婚姻法》第38条第1款规定：“离婚后，不直接抚养子女的父或母，有探望子女的权利，另一方有协助的义务。”

2.探望权的行使主体

探望权是与直接抚养权相对应的一种权利，父母离婚后，如果子女由一方直接抚养而取得直接抚养权的，则另一方即取得探望权。因此，探望权的权利主体是不直接抚养子女的父亲或母亲，义务主体为直接抚养子女的一方。

理论争鸣

关于祖父母、外祖父母是否享有探望孙子女、外孙子女的权利问题，理论上有不同的认识。一种观点认为，行使探望权的主体应仅限于子女的父或母；另一种观点认为，探望权的主体应扩大至祖父母、外祖父母。

3.探望权的行使方式

《婚姻法》第38条第2款规定：“行使探望权利的方式、时间由当事人协议；协议不成时，由人民法院判决。”《婚姻法解释（一）》第24条规定：“人民法院作出的生效的离婚判决中未涉及探望权，当事人就探望权问题单独提起诉讼的，人民法院应予受理。”在行使探望权时，父或母一方应遵守方便对方和子女工作、生活、学习的原则，不得借行使探望权之名妨碍对方和子女的工作、生活和学习。同时，直接抚养子女的一方负有协助的义务。

4.探望权的中止与恢复

《婚姻法》第38条第3款规定：“父或母探望子女，不利于子女身心健康的，由人民法院依法中止探望的权利；中止的事由消失后，应当恢复探望的权利。”《婚姻法解释（一）》第25条规定：“当事人在履行生效判决、裁定或者调解书的过程中，请求中止行使探望权的，人民法院在征询双方当事人意见后，认为需要中止行使探望权的，依法作出裁定。中止探望的情形消失后，人民法院应当根据当事人的申请通知其恢复探望权的行使。”

以上两条规定构建了探望权的中止和恢复制度。探望权的中止只是暂时限制不直接抚养子女一方当事人的权利，并不是完全终局性地剥夺和消灭其探望权，因此，探望权只能“中止”而不能被“终止”。终止之后不存在恢复的问题，而中止之后还可以再恢复。根据《婚姻法解释（一）》第26条的规定，“未成年子女、直接抚养子女的父或母及其他对未成年子女负担抚养、教育义务的法定监护人，有权向人民法院提出中止探望权的请求”。

5.探望权的强制执行

《婚姻法》第48条规定：“对拒不执行有关扶养费、抚养费、赡养费、财产分割、遗产继承、探望子女等判决或裁定的，由人民法院依法强制执行。有关个人和单位应负协助执行的责任。”但须注意的是，探望权强制执行的对象只能是拒不履行协助责任的有关个人和单位，而不是子女。因为探望权纠纷案件涉及人身问题，如果执行不当，会对子女的身心健康造成伤害。为此，《婚姻法解释（一）》第32条规定：“婚姻法第四十八条关于对拒不执行有关探望子女等判决和裁定的，由人民法院依法强制执行的规定，是指对拒不履行协助另一方行使探望权的有关个人和单位采取拘留、罚款等强制措施，不能对子女的人身、探望行为进行强制执行。”此外，如果子女已年满10周岁，对是否希望被探望已具备了独立的思考能力和认识能力，在强制执行探望权时应征求其意见。如果其不同意被探望的，不应当强制执行探望权。

四、离婚时的救济方式

事例7-9　甲、乙系夫妻。甲在外做生意，乙在家全职做家务，照料子女。后来乙发现甲经常在外和丙同居，于是乙提出离婚。

（一）经济补偿请求权

《婚姻法》第40条规定：“夫妻书面约定婚姻关系存续期间所得的财产归各自所有，一方因抚育子女、照料老人、协助另一方工作等付出较多义务的，离婚时有权向另一方请求补偿，另一方应当予以补偿。”该条规定确立了离婚中一方的经济补偿请求权，体现了法律对家务劳动所包含价值的肯定。

所谓经济补偿请求权，是指夫妻之间在婚后采取分别财产制的情况下，离婚时，赋予抚育子女、照料老人、协助另一方工作的一方请求另一方给予经济上补偿的权利。在理解经济补偿请求权时，应注意以下几点：

（1）经济补偿请求权仅适用于实行夫妻分别财产制的情形。如果夫妻实行婚后所得共同制，可在分割共同财产时酌情作出处理，而不需适用经济补偿请求权。

（2）经济补偿请求权的权利主体是付出较多时间和精力从事家务劳动的一方，既可以是男方，也可以是女方。但现实生活中一般多是夫妻中的女方，所以经济补偿请求权还涉及妇女权益保护问题。

（3）经济补偿请求权是婚姻法上的一项独立制度，既不同于离婚中的夫妻共同财产分割，也不同于离婚中的损害赔偿制度。

（4）夫妻可就经济补偿的数额和方式于离婚前达成协议；如果不能达成补偿协议或一方拒不履行协议的，可向人民法院起诉，由人民法院依法判决。

在事例7-9中，如果甲、乙两人实行的是夫妻分别财产制，那么，乙在离婚时就有权向甲请求经济补偿，甲应当给予补偿。

（二）经济帮助请求权

《婚姻法》第42条规定："离婚时，如一方生活困难，另一方应从其住房等个人财产中给予适当帮助。具体办法由双方协议；协议不成时，由人民法院判决。"该规定确立了离婚当事人一方的经济帮助请求权，体现了法律保护离婚中经济弱势一方利益的立法思想，对于消除弱势一方的经济顾虑从而保障离婚自由来说，是非常必要的。

经济帮助请求权的行使须满足以下四个方面的条件：①一方生活困难。《婚姻法解释（一）》第27条第1款和第2款规定："婚姻法第四十二条所称'一方生活困难'，是指依靠个人财产和离婚时分得的财产无法维持当地基本生活水平。一方离婚后没有住处的，属于生活困难。"②请求经济帮助须在离婚时。一方的生活困难往往是由离婚导致的，因此，一方请求经济帮助的时间应限定在离婚之时，而不是在离婚后任何时间发生生活困难的都可以请求帮助。③被请求方须具有帮助的经济能力。此亦即提供帮助应在被请求方力所能及的范围内，如果被请求方本人尚且生活困难或住房狭小的，不能强行要求其提供帮助。④请求权主体须未再婚。如果生活困难的一方在离婚后再婚的，不得请求经济帮助。因为于此情形，再婚后产生了夫妻之间的相互扶养义务，其可请求再婚后的配偶一方予以扶养。

生活困难一方请求经济帮助的内容既可以是直接的经济请求，也可以是住房请求。在我国现实生活中，一方的生活困难往往表现为住房困难，为此，《婚姻法解释（一）》第27条特别规定了"一方离婚后没有住处的，属于生活困难"，并于该条第3款规定："离婚时，一方以个人财产中的住房对生活困难者进行帮助的形式，可以是房屋的居住权或者房屋的所有权。"

在事例7-9中，因为乙离婚后没有工作收入，生活陷入困境，可以要求甲提供必要的经济帮助。

➢相关链接

经济补偿请求权、经济帮助请求权与夫妻扶养请求权

比较点	经济补偿请求权	经济帮助请求权	夫妻扶养请求权
权利性质	离婚后一方对另一方的请求权	离婚后一方对另一方的请求权	夫妻关系存续期间夫妻双方的相互请求权
发生时间	离婚时	离婚时	夫妻关系存续期间
行使条件	抚育子女、照料老人、协助另一方工作	请求方生活困难	请求方勿须生活困难
请求内容	请求经济上的补偿	请求住房等经济帮助	请求经济上、精神上、生活上的相互照顾

（三）离婚损害赔偿请求权

离婚损害赔偿请求权，是指因配偶一方存在法定过错行为而导致婚姻关系破裂的，配偶中无过错一方依法向过错一方请求财产损害赔偿和精神损害赔偿的权利。对此，《婚姻法》第46条规定："有下列情形之一，导致离婚的，无过错方有权请求损害赔偿：（一）重婚的；（二）有配偶者与他人同居的；（三）实施家庭暴力的；（四）虐待、遗弃家庭成员的。"

1. 离婚损害赔偿的范围

《婚姻法解释（一）》第28条规定："婚姻法第四十六条规定的'损害赔偿'，包括物质损害赔偿和精神损害赔偿。涉及精神损害赔偿的，适用最高人民法院《关于确定民事侵权精神损害赔偿责任若干问题的解释》的有关规定。"依此规定，离婚损害赔偿的范围包括物质损害赔偿和精神损害赔偿两个方面。

2. 离婚损害赔偿的责任主体

《婚姻法解释（一）》第29条第1款规定："承担婚姻法第四十六条规定的损害赔偿责任的主体，为离婚诉讼当事人中无过错方的配偶。"换言之，责任主体只能是作为过错方的配偶一方，破坏他人婚姻关系的第三者不是责任主体。

理论争鸣

关于第三者能否为离婚损害赔偿的责任主体问题，理论上有不同的看法。一种观点认为，第三者应作为共同侵权人承担离婚损害赔偿责任；另一种观点认为，第三者不应作为离婚损害赔偿的责任主体。

3. 离婚损害赔偿的前提

离婚损害赔偿的前提是判决离婚。为此，《婚姻法解释（一）》第29条第2款和第3款分别规定："人民法院判决不准离婚的案件，对于当事人基于婚姻法第四十六条提出的损害赔偿请求，不予支持。""在婚姻关系存续期间，当事人不起诉离婚而单独依据该条规定提起损害赔偿请求的，人民法院不予受理。"

4. 协议离婚中的损害赔偿问题

《婚姻法解释（二）》第27条规定："当事人在婚姻登记机关办理离婚登记手续后，以婚姻法第四十六条规定为由向人民法院提出损害赔偿请求的，人民法院应当受理。但当事人在协议离婚时已经明确表示放弃该项请求，或者在办理离婚登记手续一年后提出的，不予支持。"

5. 诉讼离婚中的损害赔偿问题

根据《婚姻法解释（一）》第30条的规定，人民法院受理离婚案件时，应当将《婚姻法》第46条等规定中当事人的有关权利义务，书面告知当事人。在适用《婚姻法》第46条时，应当区分以下不同情况：①符合《婚姻法》第46条规定的无过错方作为原告基于该条规定向人民法院提起损害赔偿请求的，必须在离婚诉讼的同时提出；②符合《婚姻法》第46条规定的无过错方作为被告的离婚诉讼案件，如果被告不同意离婚也不基于该条规定提起损害赔偿请求的，可以在离婚后1年内就此单独提起诉讼；③无过错方作为被告的离婚诉讼案件，一审时被告未基于《婚姻法》第46条规定提出损害赔偿请求，二审期间提出的，人民法院应当进行调解，调解不成的，告知当事人在离婚后1年内另行起诉。

在事例7-9中，乙因甲与他人同居而提出离婚，因此，甲具有法定的离婚过错，乙作为无过错方可以在离婚诉讼中要求甲承担损害赔偿责任。

课堂讨论案例

【案例1】甲男与乙女婚后经营一家建材商店，生意非常红火，收入颇丰。一次，甲在进货途中发生车祸，经医院全力抢救，虽保住性命，但成了植物人。乙在照顾了甲半年多以后，眼见几十万的积蓄已所剩无几，便每月花500元钱请一护工照顾甲，自己又开始经营商店。在甲刚住院时，甲的父母、兄弟也从老家赶来照顾。后见甲没有好转的希望，便都回到老家。2005年，乙向人民法院起诉要求与甲离婚，并承诺即使离婚以后，仍将负担甲每月雇请护工的费用。对于乙请求离婚的行为，甲的父母及兄弟非常气愤，认为乙作为妻子应承担起扶养、照顾甲的义务。因此，他们认为乙不应提出离婚，并对乙愿在离婚后仍负担甲的部分费用的承诺表示怀疑。但他们同时也承认，乙在丈夫发生车祸以后，积极救助，也花去了几十万的存款，乙的情况也值得同情。

问：如果你是审理该案的法官，你会作出怎样的处理？

【案例2】甲男无业且有赌博恶习，乙女系某国家机关工作人员。甲、乙二人经人介绍相识并结婚，婚后生有一女丙（1岁）。在结婚后的两年时间里，二人经常为生活琐事发生争吵。甲起诉离婚，乙同意离婚。但乙以自己身体状况欠佳为由，拒绝直接抚养丙。

问：就本案情况而言，丙应由谁抚养较为合适？

【案例3】甲男与乙女结婚不到1年，因性格原因，二人经常发生激烈争吵。甲性格较弱，乙生性强悍，脾气粗暴，在争吵时经常对甲非打即骂，并经常扬言要置甲于死地。甲不堪忍受，起诉到人民法院要求与乙离婚。在审理过程中，人民法院经调查查明，乙已怀孕半年，于是人民法院驳回了甲的起诉。

问：①人民法院为什么驳回了甲的离婚起诉？②就本案的具体情况而言，人民法院驳回甲的起诉是合理的吗？

【案例4】甲女与乙男经人民法院判决离婚，正在读高中的女儿丙归乙直接抚养。人民法院在离婚判决中同时规定，每两周的最后一个周日，甲接丙回自己的住处生活1天。甲有过吸毒史，并且经常与社会上一些不三不四的男女一起交往，在离婚前丙对此就非常反感。离婚后，甲不仅于规定的时间接丙回自己的住处生活1天，还经常在上课时间去探望丙，久之，丙产生厌烦情绪。某天，丙正在其母亲甲处做作业时，来了甲的一帮朋友，其中还有一人就在丙面前注射毒品。丙背起书包回到自己家中，从此拒绝与甲再见面。甲以乙不协助其行使探望权为由起诉到人民法院。在庭审中，乙提出反诉，要求人民法院中止甲的探望权。

问：人民法院应支持谁的请求？

【案例5】甲女为支持丈夫完成博士学业，全心全意料理一切家务。其丈夫取得博士学位后，提出与甲离婚，甲坚强地承受了离婚的结果。

问：甲是否有权要求其丈夫给予经济补偿？

一、单项选择题

1. 村民甲与妻子感情较好，但因其妻接连生了2个女孩而欲离婚，对此，人民法院（　）。
   A．可以判决离婚
   B．必须判决离婚
   C．在调解无效后，判决离婚
   D．在调解无效后，判决不准离婚

2. 甲、乙夫妻双方协议离婚，乙委托丙去婚姻登记管理机关代理办理离婚登记手续。依我国有关法律，丙（　）。
   A．可以代理
   B．在甲乙双方同意下可以代理
   C．在取得授权委托书的情况下可以代理
   D．不能代理

3. 下列哪种情形中，导致离婚时，不会涉及无过错方的损害赔偿请求？（　）
   A．甲的丈夫乙在家中时常打骂甲
   B．甲的丈夫乙在出外打工时与某女青年以夫妻名义同居生活
   C．甲的丈夫乙在外地用欺骗手段得以和某女青年登记结婚
   D．甲的丈夫乙在婚前隐瞒自己的精神病史

4. 王健亭与周芳已登记结婚，但未同居，也未举行婚礼。之后，王健亭后悔与周芳结婚，其进行下列哪种行为后，婚姻关系才能解除？（　）
   A．调解　　B．宣布婚姻无效
   C．离婚　　D．撤销结婚登记

5. 调解是人民法院审理离婚案件的（　）
   A．诉讼外程序　　B．必经的诉讼程序
   C．可有可无的例行程序　　D．审判人员任意选择的程序

Note

6．一方提出离婚，人民法院判决准予离婚的法定条件是（　）。

A．离婚有正当理由的

B．夫妻感情确已破裂又有正当理由的

C．夫妻感情尚未破裂但调解无效的

D．夫妻感情已破裂而调解无效的

7．离婚时，用于家庭生活的债务，应由（　）。

A．男方偿还　　B．女方偿还

C．双方共同偿还　　D．有负担能力的一方偿还

8．张山是现役军人，2006年与李青结婚。婚后两人长期两地分居，张山遂于2008年与军队驻地一女子同居至今，李青得知后向人民法院提起诉讼请求离婚。人民法院应当如何处理？（　）

A．是否判决离婚须经张山同意

B．是否判决离婚须部队有关机关同意

C．不得判决离婚

D．调解无效的，准予离婚

9．陈天（男）与谢林（女）于2000年结婚，婚后二人感情不和，常为琐事争吵。谢林多次与陈天协商离婚，均因财产处理问题无法达成一致而未成。2007年3月谢林向人民法院提起诉讼，要求解除与陈天的婚姻关系，人民法院判决二人离婚。离婚判决生效1年后，谢林听说陈天在2005年曾购买彩票中奖，陈天用奖金25万元购买了1套商品房。因原离婚判决中并涉及该房产的处理，谢林向一审法院申请再审。人民法院应当如何处理？（　）

A．接受申请并进行再审

B．应当不予受理

C．应当告知谢林另行起诉

D．可以组织双方当事人对房产的分割进行调解，调解不成驳回申请

10．甲婚前受赠一幢房屋，与乙结婚后共同使用、管理该房屋近15年。当甲与乙离婚时，该房屋（　）。

A．为甲的婚前个人财产

B．为甲、乙的夫妻共同财产

C．如双方无夫妻个人财产的特别约定，则为夫妻共同财产

D．以上选项都不对

11．甲被宣告死亡后，其妻乙改嫁于丙，其后丙死亡。1年后乙确知甲仍然在世，遂向人民法院申请撤销对甲的死亡宣告。依我国法律，该死亡宣告撤销后，甲与乙原有的婚姻关系（　）。【2003年司法考试题】

A．自行恢复　　B．不得自行恢复

C．经乙同意后恢复　　D．经甲同意后恢复

12．甲于1990年与乙结婚，1991年以个人名义向其弟借款10万元购买商品房一套，夫妻共同居住。2003年，甲乙离婚。甲向其弟所借的钱，离

婚时应如何处理？（　）【2004年司法考试题】

A．由甲偿还　B．由乙偿还

C．以夫妻共同财产偿还　D．主要由甲偿还

13．甲以夫妻共有的写字楼作为出资设立个人独资企业。企业设立后，其妻乙购体育彩票中奖100万元，后提出与甲离婚。离婚诉讼期间，甲的独资企业宣告解散，尚欠银行债务120万元。该项债务的清偿责任应如何确定？（　）【2005年司法考试题】

A．甲以其在家庭共有财产中应占的份额对银行承担无限责任

B．甲以家庭共有财产承担无限责任，但乙中奖的100万元除外

C．甲以全部家庭共有财产承担无限责任，包括乙中奖的100万元在内

D．甲仅以写字楼对银行承担责任

14．周某与妻子庞某发生争执，周某一记耳光导致庞某右耳失聪。庞某起诉周某赔偿医药费1 000元、精神损害赔偿费2 000元，但未提出离婚请求。下列哪一选项是正确的？（　）【2007年司法考试题】

A．周某应当赔偿医疗费和精神损害

B．周某应当赔偿医疗费而不应赔偿精神损害

C．周某应当赔偿精神损害而不应赔偿医疗费

D．人民法院应当不予受理

15．王某以个人名义向张某独资设立的飞跃百货有限公司借款10万元，借期1年。不久，王某与李某登记结婚，将上述借款全部用于婚房的装修。婚后半年，王某与李某协议离婚，未对债务的偿还作出约定。下列哪一选项是正确的？（　）【2008年司法考试题】

A．由张某向王某请求偿还　B．由张某向王某和李某请求偿还

C．飞跃公司只能向王某请求偿还　D．由飞跃公司向王某和李某请求偿还

16．甲与乙结婚多年后，乙患重大疾病需要医治，甲保管夫妻共同财产但拒绝向乙提供治疗费，致乙疾病得不到及时治疗而恶化。下列哪一说法是错误的？（　）【2012年司法考试题】

A．乙在婚姻关系存续期间，有权起诉请求分割夫妻共同财产

B．乙有权提出离婚诉讼并向甲要求损害赔偿

C．乙在离婚诉讼中有权请求多分夫妻共同财产

D．乙有权请求公安机关依照《治安管理处罚法》对甲予以行政处罚

二、多项选择题

1．一方要求离婚，人民法院判决准予离婚的法定条件有（　）。

A．有正当离婚理由　B．夫妻感情确已破裂

C．无和好可能　D．经调解无效

2．下列情况中，属于视为夫妻感情确已破裂的有（　）。

A．丈夫因强奸罪被判有期徒刑10年，妻子坚决要求离婚

B．包办婚姻，婚后妻子难以接受丈夫，随即提出离婚

C．夫妻发生争吵，妻子一怒之下回娘家住了1月有余仍拒绝回家

D．丈夫公然与另一女性同居，又不同意妻子的离婚要求

3．婚姻终止的原因包括（　）。

A．婚姻无效　　B．婚姻当事人一方自然死亡

C．婚姻当事人一方被宣告死亡　　D．离婚

4．离婚对当事人的后果有（　）。

A．夫妻身份关系的解除　　B．夫妻财产关系的变更

C．夫妻扶养义务的解除　　D．父母子女关系的变更

5．某甲被宣告死亡，后又重新出现，人民法院撤销了死亡宣告后，下列表述中正确的有（　）。

A．如甲妻尚未结婚，夫妻关系从撤销死亡宣告之日起自行恢复

B．如甲妻再婚，则夫妻关系不能自行恢复

C．如甲妻再婚后又离婚，夫妻关系可自行恢复

D．如甲妻再婚后配偶又死亡，夫妻关系不可自行恢复

6．下列情形中，男方不得提出离婚的情形有（　）。

A．女方怀孕　　B．女方分娩的1年内

C．女方为现役军人　　D．女方提出离婚

7．潘英与何青于2001年协议离婚，协议约定女儿潘晓琳（6周岁）由何青抚养，潘英每月支付抚养费1 000元直至潘晓琳满18周岁。2008年夏，何青下岗，潘晓琳考入某寄宿制重点初中，每年学杂费5 000元。何青因无力承担该笔费用，遂与潘英协商提高其按月支付的抚养费。关于潘英承担的抚养费，下列选项中正确的有（　）。

A．潘英与何青可以通过协商提高每月支付的抚养费的数额

B．由于双方离婚时已明确约定潘英的抚养费的支付时限至潘晓琳18周岁，何青要求提高抚养费的主张违约

C．如协商不成，何青可以代理潘晓琳向人民法院起诉请求提高潘英承担的抚养费数额

D．如诉至人民法院，人民法院应当驳回原告的诉讼请求

8．甲与乙离婚并达成协议：婚生男孩丙（3周岁）由乙(女方)抚养，如双方中一方再婚，丙则由另一方抚养。后乙在丙6岁时再婚，甲去乙家欲接回丙抚养，乙不允。甲即从幼儿园将丙接回，并电话告知乙。为此，双方发生争执，诉至人民法院。下列有关论述正确的有哪些？(　)【2002年司法考试题】

A．甲、乙均为丙的监护人

B．乙的行为是违约行为，受合同法调整

C．甲欲行使对丙的抚养权，应通过诉讼程序解决

D．甲、乙的协议违反了法律

9．王某与周某结婚时签订书面协议，约定婚后所得财产归各自所有。周某婚后即辞去工作在家奉养公婆，照顾小孩。王某长期在外地工作，后与

李某同居，周某得知后向人民法院起诉要求离婚。周某的下列哪些请求可以得到人民法院的支持？（　）【2004年司法考试题】

A．由于自己为家庭生活付出较多义务，请求王某予以补偿

B．由于自己专门为家庭生活操持，未参加工作，请求人民法院判决确认双方约定婚后所得归各自所有的协议显失公平，归于无效

C．由于离婚后生活困难，请求王某给予适当帮助

D．由于王某与他人同居导致双方离婚，请求王某给予损害赔偿

10．甲与乙结婚后因无房居住，于2000年8月1日以个人名义向丙借10万元购房，约定5年后归还，未约定是否计算利息。后甲外出打工与人同居。2004年4月9日，人民法院判决甲与乙离婚，家庭财产全部归乙。下列哪些说法是错误的？（　）【2006年司法考试题】

A．借期届满后，丙有权要求乙偿还10万元及利息

B．借期届满后，丙只能要求甲偿还10万元

C．借期届满后，丙只能要求甲和乙分别偿还5万元

D．借期届满后，丙有权要求甲和乙连带清偿10万元及利息

11．张某和柳某婚后开了一家美发店，由柳某经营。二人自2005年6月起分居，张某于2005年12月向当地人民法院起诉离婚。审理中查明，柳某曾于2005年9月向他人借款2万元用于美发店的经营。下列哪些选项是正确的？（　）【2007年司法考试题】

A．该美发店属于夫妻共同财产

B．该债务是夫妻共同债务，应以共同财产清偿

C．该债务是夫妻共同债务，张某应承担一半的清偿责任

D．该债务系二人分居之后所负，不是用于夫妻共同生活，应由柳某独自承担清偿责任

12．甲、乙结婚多年，因甲沉迷于网络游戏，双方协议离婚，甲同意家庭的主要财产由乙取得。离婚后不久，乙发现甲曾在婚姻存续期间私自购买了两处房产并登记在自己名下，于是起诉甲，要求再次分割房产并要求甲承担损害赔偿责任。下列哪些选项是正确的？（　）【2008年司法考试题】

A．乙无权要求甲承担损害赔偿责任

B．人民法院应当将两处房产都判给乙

C．请求分割房产的诉讼时效，为乙发现或者应当发现甲的隐藏财产行为之次日起2年

D．若人民法院判决乙分得房产，则乙在判决生效之日即取得房屋所有权

13．2003年5月王某（男）与赵某结婚，双方书面约定婚后各自收入归个人所有。2005年10月王某用自己的收入购置一套房屋。2005年11月赵某下岗，负责照料女儿及王某的生活。2008年8月王某提出离婚，赵某得知王某与张某已同居多年。人民法院应支持赵某的下列哪些主张？（　）【2009年司法考试题】

A．赵某因抚育女儿、照顾王某生活付出较多义务，王某应予以补偿

B．离婚后赵某没有住房，应根据公平原则判决王某购买的住房属于夫妻共同财产

C．王某与张某同居导致离婚，应对赵某进行赔偿

D．张某与王某同居破坏其家庭，应向赵某赔礼道歉

14．甲、乙因离婚诉至人民法院，要求分割实为共同财产而以甲的名义对丙合伙企业的投资。诉讼中，甲、乙经协商，甲同意将其在丙合伙企业中的财产份额转让给乙。人民法院对此作出处理，下列哪些选项是正确的？（　　）【2010年司法考试题】

A．其他2/3以上合伙人同意转让的，乙取得合伙人地位

B．其他合伙人不同意转让，在同等条件下行使优先受让权的，可对转让所得的财产进行分割

C．其他合伙人不同意转让，也不行使优先受让权，但同意甲退伙或退还其财产份额的，可对退伙财产进行分割

D．其他合伙人对转让、退伙、退还财产均不同意，也不行使优先受让权的，视为全体合伙人同意转让，乙依法取得合伙人地位

15．甲与乙离婚，甲、乙的子女均已成年，与乙一起生活。甲与丙再婚后购买了一套房屋，登记在甲的名下。后甲因中风不能自理，常年卧床。丙见状离家出走达3年之久。甲、乙的子女和乙想要回房屋，进行法律咨询。下列哪些意见是错误的？（　　）【2011年司法考试题】

A．因房屋登记在甲的名下，故属于甲个人房产

B．丙在甲中风后未尽妻子责任和义务，不能主张房产份额

C．甲、乙的子女可以申请宣告丙失踪

D．甲本人向人民法院提交书面意见后，甲、乙的子女可代理甲参与甲与丙的离婚诉讼

三、不定项选择题

1．下列选项中，符合我国《婚姻法》中对现役军人的特殊保护规定的有（　　）。

A．现役军人的配偶要求离婚都必须经过军人的同意

B．除特定情形外，现役军人的配偶要求离婚都必须经过军人的同意

C．现役军人及其配偶不允许协议离婚

D．现役军人如有重大过错，人民法院判决离婚无须现役军人的同意

2．张飞扬与林云大学期间恋爱，2003年大学毕业后不久登记结婚，夫妻感情尚好。张飞扬自2010年担任公司部门经理后被委派外地工作，与同事刘某发生婚外情，林云知道后难以接受张飞扬的行为，向人民法院提起离婚诉讼。

（1）对此纠纷，人民法院（　　）。

A．调解无效，应判决离婚

B．调解无效，可判决不准离婚

C．调解无效，应判决不准离婚

D．调解无效，可以判决离婚

（2）张飞扬的婚外恋情被林云发现后，如果林云原谅了张飞扬，不想离婚，而张飞扬向人民法院提起诉讼执意离婚，人民法院（　）。

A．调解无效，应判决离婚

B．调解无效，可判决不准离婚

C．调解无效，应判决不准离婚

D．调解无效，可以判决离婚

3．李梅与孔令峰于2003年办理了婚姻登记手续并共同生活。2005年，李梅收到数张照片，显示孔令峰与一女同事赵某关系暧昧，夫妻二人因此争吵不休，李梅于2006年1月向人民法院提起离婚诉讼，人民法院以照片为证据认定孔令峰有婚外情且夫妻感情确已破裂，判决两人离婚。判决生效后，李梅才发现照片系人为合成，心生悔意，要求与孔令峰复婚遭拒，遂以原判"主要事实认定错误"为由申请对离婚案件再审撤销原判，恢复她与孔令峰的婚姻关系。

（1）关于李梅的再审申请，下列选项正确的有（　）。

A．由于原判确实有误，人民法院应当撤销原判进行再审

B．人民法院应当不予再审

C．如果孔令峰已经再婚，人民法院不予再审；如果孔令峰仍为独身，人民法院应当再审撤销原判，改判为维持二人婚姻关系

D．是否进行再审由人民法院根据具体情形自由裁量

（2）如果李梅的再审申请对一审判决的财产分割也提出异议，则（　）。

A．如果李梅要求对一审判决中未涉及的夫妻共同财产进行分割，人民法院应告知其另行起诉

B．如果李梅对一审判决中已涉及的夫妻共同财产的分割提出异议，人民法院应依法决定是否再审

C．如果人民法院因夫妻共同财产分割决定再审，可以附带就李梅与孔令峰是否离婚进行再审

D．如果人民法院因夫妻共同财产分割决定再审，不能就李梅与孔令峰是否离婚进行判决，但可以就离婚与否进行调解

4．鲁天（男）与谢威（女）于1989年结婚，婚后二人感情不和，常为琐事争吵。谢威多次与鲁天协商离婚，均因财产处理问题无法达成一致而未成。1999年3月谢威向法院提起诉讼，要求解除与鲁天的婚姻关系。请回答以下问题:【2002年司法考试题】

（1）如果鲁天在1999年3月谢威起诉前2年已离家出走，人民法院应如何处理？（　）

A．人民法院不能受理该案，应当告知谢威先按特定程序申请宣告鲁天为失踪人

B．人民法院可以受理该案并且应在审理过程中同时宣布鲁天为失踪人

C．人民法院不能受理该案，因为被告在起诉时下落不明

D．人民法院可以受理该案并应用公告方式向鲁天送达诉讼文书

（2）如果人民法院审理该案的过程中发现谢威怀孕已3个月，人民法院应当如何处理？（　）

A．作出驳回起诉裁定

B．应当判决不准许离婚

C．中止诉讼，待谢威分娩后1年再继续审理

D．可以继续审理

（3）如果人民法院在审理后认为原告与被告的感情确已破裂因而判决离婚并就财产分割问题一并作出处理，判决生效后谢威认为人民法院判决不公正，她可以就哪些方面问题申请再审？（　）

A．就判决涉及的财产分割问题可以申请再审

B．对判决准许离婚可以申请再审

C．就判决书中的笔误可以申请再审

D．就子女的抚养权问题可以申请再审

（4）如果人民法院的离婚判决生效后1年，谢威听说鲁天在1994年曾因设计了一个办公软件而被公司奖励了15万元，鲁天用这15万元为自己购买了一套商品房，原判决中没有涉及该房子的处理。谢威向原审人民法院申请再审，人民法院应如何处理？（　）

A．接受申请并进行再审

B．可以组织双方当事人对房子的分割进行调解，调解不成驳回申请

C．应当不予受理

D．应当告知谢威另行起诉

四、辨析题

1．离婚与别居。

2．离婚与无效婚姻、可撤销婚姻。

3．协议离婚与诉讼离婚。

4．经济补偿请求权与经济帮助请求权、夫妻扶养请求权。

五、简答题

1．离婚的特点。

2．协议离婚的要件。

3．夫妻感情确已破裂的具体情形包括哪些？

4．离婚在夫妻人身关系方面发生哪些法律后果？

5．离婚后子女的抚养归属。

6．经济帮助请求权的条件。

下编 继承法

第八章 继承法通则

知识结构图

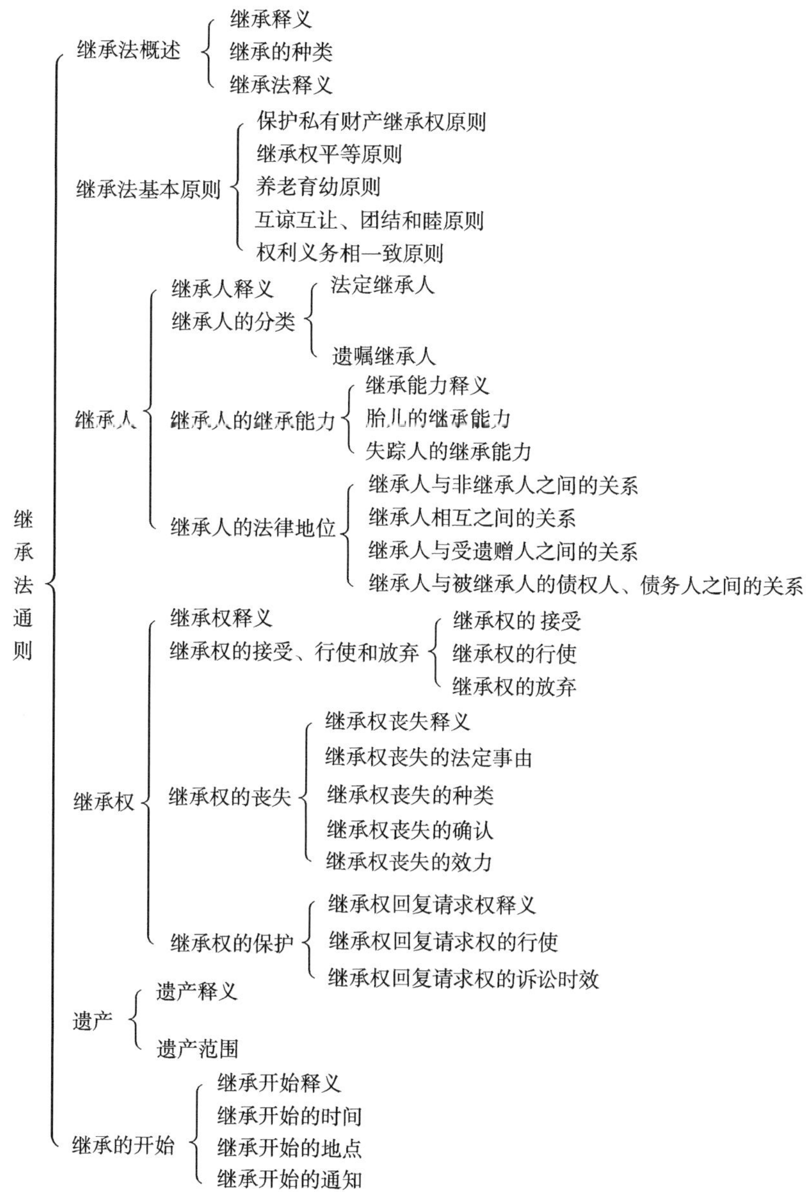

内容导读

自然人死亡，其作为财产权的主体资格归于消灭，财产权的主体必然要发生变更。财产权继承的主体如何确定?继承人应当按照何种原则继承财产?继承的财产范围等问题都需要继承法加以解决。继承法解决这些问题所涉及的制度主要包括继承法的基本原则、继承人、继承能力、继承权、遗产、继承的开始等。

司法考试要点

继承的概念；继承权的概念和特点；继承权的取得；继承权的放弃；继承权的丧失；继承权的保护；继承法的基本原则；继承开始的时间；继承开始的地点；继承开始的通知；遗产的概念和特点；遗产的范围。

在历年考题中，本章涉及的问题主要包括继承权的放弃、继承权的丧失、遗产的范围和继承人的确定等。

第一节　继承法概述

一、继承释义

自然人死亡，其民事权利能力终止，不能再为民事主体，其财产权的主体必定要发生变更，这就会涉及继承问题。因此，自然人没有死亡，自不能发生继承；自然人虽死亡，如没有遗留任何财产，也不会发生继承。但是，因自然人死亡而发生的财产的转移并不都属于继承。只有依法将财产转移给继承人的法律现象，才属于继承。因此，在民法学上，继承，是指在自然人死亡时，其法律规定范围内的近亲属，按照死者生前所立的有效遗嘱或者法律的规定，依法取得死者所遗留的个人合法财产的法律制度。在继承中，死亡的自然人称为被继承人，被继承人遗留的财产称为遗产，依法承接被继承人遗产的人称为继承人。可见，继承具有如下特点。

1.继承基于自然人的死亡而发生

继承是因自然人死亡而发生的法律现象，因此，没有自然人死亡的法律事实，就不会发生继承问题。在现代民法上，继承只能从自然人死亡时开始。所以，只有因自然人死亡而发生的财产转移才属于继承的范畴，不是因自然人的死亡而发生的财产转移不属于继承。例如，夫妻离婚时的财产分割就不属于继承，即使在夫妻一方死亡时，夫妻共同财产的一半应分出归未死亡一方所有，也不属于继承；分家析产也不属于继承，即使在分家析产时父母将其全部财产分给其子女所有，也不是子女继承了父母的财产。

2.继承主体只能是死者一定范围内的近亲属

自然人死亡后，能够继承其遗产的继承主体只能是自然人，国家、集体以及其他社会组织等都不能作为继承人，而只能作为受遗赠人。但是，能够作为继承主体的自然人也不是没有限制的，只能是法律规定范围内的死者的近亲属。死者的近亲属以外的人，依法只能作为死者的受遗赠人。

3.继承的客体只能是死者的个人合法财产

继承的客体只能是自然人死亡时所遗留的个人合法财产，他人的财产、国家或集体的财产都不能作为继承的客体。所以，自然人虽然死亡，但如果没有任何合法财产遗留下来，就不会发生继承问题。

4.继承产生财产权利变动的后果

自然人死亡后，其财产权的主体必定要发生变更，即由死者的继承人成为财产权的主体。因此，继承发生后，会发生权利变更的后果。当然，因自然人死亡而发生的财产权利的变动并不都属于继承。例如，因遗赠、遗赠扶养协议而发生的死者财产的转移，虽然也是《继承法》中规定的，但不属于继承。

Note

二、继承的种类

继承从不同的角度，有不同的分类。不同种类的继承，适用的条件和产生的法律后果等均有所不同。在实践中，继承主要有以下几种分类。

（一）法定继承与遗嘱继承

根据继承人继承遗产的方式，继承可分为法定继承与遗嘱继承。

法定继承，是指继承人不是依照被继承人的遗嘱而是依照法律的直接规定继承被继承人遗产的继承方式。在法定继承中，继承人的范围、继承人参与继承的顺序、继承人应继承的份额和遗产的分配原则等都是由法律直接规定的，而不是由被继承人的意思直接确定的。

遗嘱继承，是指继承人依照被继承人的遗嘱继承被继承人遗产的继承方式。在遗嘱继承中，继承人、继承人继承的顺序、继承人继承的财产份额或对象等都是由被继承人在其遗嘱中依法确定的，也就是直接决定于被继承人生前的意思。

在我国继承法上，遗嘱继承具有优先于法定继承的适用效力。

（二）有限继承与无限继承

根据继承人继承被继承人财产权利义务的范围，继承可分为有限继承与无限继承。

有限继承，又称为限定继承，是指继承人仅于一定的范围内继承被继承人的财产权利和义务的继承。在有限继承中，继承人继承被继承人的债务仅以遗产的实际价值总额为限，对于被继承人生前所欠债务超过遗产的实际价值的部分，继承人不负清偿责任。

无限继承，又称为不限定继承，是指继承人必须承受被继承人的全部财产权利和义务的继承。在无限继承中，即使被继承人的债务超过其财产权利，继承人也须继承被继承人的遗产而不得拒绝，继承人须以自己的财产清偿被继承人生前所欠的全部债务。

在我国继承法上，继承为有限继承，而不是无限继承。

（三）共同继承与单独继承

根据得参与继承的人数，继承可分为共同继承与单独继承。

共同继承，是指法律规定的继承人为数人而不是一人的继承。数个继承人共同继承被继承人的遗产的，为共同继承人。在共同继承中，法定继承人为两人以上，两个以上的继承人参与继承时，须对遗产进行分割，所以，共同继承又称为分割继承。应当指出的是，共同继承强调的是法律规定的继承人为多人，而不是实际的继承人为多人。因此，若法律规定的继承人为多人，而实际的继承人只是一人，则仍为共同继承。

单独继承，是指法律规定的继承人仅为一人的继承，即仅由亲属中的一人继承被继承人的遗产。例如，仅由长子继承、幼子继承、旁系继承（如兄亡弟继）等。因在单独继承中，仅由一人继承被继承人的全部遗产，所以，又称为独占继承。

在现代各国继承法上，继承仅指共同继承，单独继承已不再存在。

（四）本位继承与代位继承

根据继承人参与继承时的地位，继承可分为本位继承与代位继承。

本位继承，是指继承人基于自己的地位，在自己原来的继承顺序继承被继承人的遗产的继承。例如，配偶、子女、父母为第一顺序法定继承人，由这些人参与继承时即为本位继承。

代位继承，是指在直接应继承被继承人遗产的顺序者不能为继承时，由其直系晚辈血亲代其地位的继承。在代位继承中，代位继承人只能在被代位继承人原来的继承顺位上继承被代位继承人应继承的份额，而不论代位继承人有几人。

在我国继承法上，本位继承与代位继承的适用范围是不同的。例如，本位继承可以适用于法定继承和遗嘱继承，而代位继承只适用于法定继承。

（五）均等份额继承与不均等份额继承

根据继承人的应继份额，继承可分为均等份额继承与不均等份额继承。

均等份额继承，是指同一顺序的共同继承人在分配遗产时原则上应当均分；不均等份额继承，是指共同继承人继承的遗产份额不均等，其中特定的继承人比其他继承人的应继承份额要多。

在我国继承法上，继承原则上是均等份额继承，特殊情况下实行不均等份额继承。

三、继承法释义

继承法是调整因自然人的死亡而发生的继承关系的法律规范的总称。继承法有形式意义上的继承法与实质意义上的继承法之分。形式意义上的继承法是冠以“继承法”名称的法律，如《中华人民共和国继承法》。实质意义上的继承法，是指有关继承关系的法律规范的总和，不仅包括形式意义上的继承法，也包括其他法律、法规中有关继承的规范以及最高人民法院有关继承的司法解释等。通常所指的继承法是实质意义上的继承法，而不限于形式意义上的继承法。

当然，无论是形式意义上的继承法还是实质意义上的继承法，其内容并不仅限于与遗产继承直接有关的问题。也就是说，继承法一般并不是纯粹的继承法，凡与遗产继承密切相关的内容，均在继承法的范围之内。例如，遗赠、遗赠扶养协议并不是继承问题，但亦属于继承法的内容。因此，凡与遗产继承密切相关的内容，均在继承法的调整范围之内。

继承法作为调整继承关系的法律规范，其性质可以从以下方面理解。

1.继承法为私法

继承法是规定因自然人死亡而发生的财产继承关系的，因而属于私法，而不属于公法。明确继承法的私法性质，有助于正确理解继承法的立法精神，正确处理继承纠纷，更好地保护自然人在继承上的合法权益。

Note

2. 继承法为普通法

财产继承关系是自然人之间普遍存在的社会关系，继承法是适用于一切自然人的，而不是仅适用于某一部分人。凡我国自然人，不论其性别、年龄、出身、职业、文化程度、社会地位如何，均适用继承法，依继承法的规定享有继承权，并受法律的平等保护。因此，继承法属于普通法。当然，继承法中也有一些特别规定。例如,《继承法》第35条规定了民族自治地方可以根据继承法的原则，结合当地民族财产继承的具体情况，制定变通的或者补充的规定。这类由民族自治地方制定的变通的或者补充的特别规定，可以说是继承法的特别法。

3. 继承法为强行法

继承法中的绝大多数规范是强行性的，而不是任意性的，当事人不得任意变更。例如，关于继承方式、继承人的范围和顺序、遗嘱人的遗嘱能力、遗嘱形式、遗产范围、继承权保护的诉讼时效等方面的规定，当事人都必须遵守，任何人不得任意改变。当然，继承法中也有一些任意性规定。例如，关于遗产分割的时间以及分配份额，得由当事人协商决定。但从整体上说，继承法为强行法。

4. 继承法为财产法

继承法规定的是在自然人死亡后，其财产转移的方式、效力和条件。在现代社会，继承人继承的只是遗产，故遗产继承当然属于财产法的范围。尽管继承权是以一定的身份关系为前提的，但继承法本质上并不调整身份关系，而是调整因继承而发生的财产关系。因此，继承法在本质上是财产法。

理论争鸣

关于继承法是否为财产法，学者间存在很大争议。一种观点认为，继承法为身份法，其主要理由在于，继承法的本来目的在于规定有一定身份关系的人继承被继承人地位的条件，是规定以身份关系为基础发生的权利，因而继承法本质上应属于身份法；另一种观点认为，继承法是身份法与财产法的结合，具有财产法和身份法的双重属性。

第二节　继承法的基本原则

继承法的基本原则是继承法立法的指导思想，是研究、解释、适用继承法的依据和出发点。关于继承法的基本原则，我国《继承法》并没有明确加以规定。根据《继承法》的规定精神，继承法的基本原则可以概括为如下几项。

一、保护私有财产继承权原则

《继承法》第1条规定：“为保护公民的私有财产的继承权，制定本法。”可见，保护私有财产继承权，既是继承法的目的和任务，也是继承法的首要原则。在继承法上，保护私有财产继承权原则主要表现在以下几个方面：

（1）凡自然人死亡时遗留的个人合法财产均为遗产，都得由继承人依法继承。例如，《继承法》第3条就明确规定，遗产是自然人死亡时遗留的个人合法财产，既包括生活资料，也包括生产资料；既包括自然人的有形财产，也包括无形财产。

（2）被继承人的遗产一般不收归国家所有，尽可能由继承人或受遗赠人取得。例如，依《继承法》第32条规定，无人继承又无人受遗赠的遗产，死者生前是集体所有制组织成员的，应归所在集体所有制组织所有，而不是收归国家所有。

（3）继承人的继承权不得非法剥夺。除法律规定的丧失继承权的法定情形外，继承人的继承权不能丧失，任何单位或个人都不得非法剥夺继承人的继承权。继承开始后，继承人没有明确表示放弃继承的，视为接受继承，而不能作为放弃继承处理。

（4）保障继承人、受遗赠人的继承权、受遗赠权的行使。依《继承法》第6条的规定，无民事行为能力人的继承权、受遗赠权，由其法定代理人代为行使；限制民事行为能力人的继承权、受遗赠权，由其法定代理人代为行使，或者征得法定代理人同意后行使。

（5）继承人的继承权受到非法侵害时，有权于法律规定的期限内通过诉讼程序请求人民法院给予法律保护。对此，《继承法》第8条规定：“继承权纠纷提起诉讼的期限为二年，自继承人知道或者应当知道其权利被侵犯之日起算。”

二、继承权平等原则

继承权平等原则是社会主义平等观念在继承法中的反映，是民法的平等原则在继承法中的具体体现。在继承法上，继承权平等原则主要体现在以下方面：

（1）继承权男女平等。继承权男女平等是继承权平等原则的核心和基本表现，具体体现在如下方面：①女子与男子有平等的继承权。《继承法》第9条规定：“继承权男女平等。”因此，继承权的主体不因性别不同而在权利上有所不同。②夫妻在继承上有平等的权利，有相互继承遗产的继承权。夫妻对夫妻共同财产有平等处理的权利。夫妻任何一方死亡时，须先分割出应归未亡配偶所得的部分，其余部分才为死者的遗产。丈夫可以继承妻子的遗产，妻子也可以继承丈夫的遗产，任何人不得干涉。③在继承人的范围和法定继承的顺序上，男女亲等相同。《继承法》在继承人的范围和继承顺序的确定上，对父系亲等与母系亲等同样对待，适用于父系亲等的，同样适合于母系亲等。例如，父亲与母亲同为第一顺序的继承人，祖父母与外祖父母同为第二顺序的继承人，丧偶儿媳和丧偶女婿作为第一顺

Note

序法定继承人的条件也是一样的。④在代位继承中，男女有平等的代位继承权。适用于父系的代位继承，同样适用于母系。⑤在遗嘱继承中，无论男性还是女性，遗嘱人都有权按照自己的意愿依法通过遗嘱处分自己的合法财产。

（2）非婚生子女与婚生子女继承权平等。在我国，非婚生子女与婚生子女的法律地位是平等的，受国家法律的同样保护。在继承法上，非婚生子女与婚生子女同为子女，有着平等的继承权，子女的继承权不因其为婚生或非婚生而有所不同。

（3）养子女与亲生子女继承权平等。在我国，养子女与亲生子女在亲属关系中的法律地位是平等的。这体现在继承权上，养子女与亲生子女在继承权上也是平等的。依《继承法》的规定，养子女与养父母之间，如同亲生子女与父母之间一样，有相互继承遗产的权利；养子女与亲生子女同为子女，有平等的继承权；在代位继承中，养子女的晚辈直系血亲与亲生子女的晚辈直系血亲一样地享有代位继承权。

（4）儿媳与女婿在继承上权利平等。《婚姻法》第9条规定："登记结婚后，根据男女双方约定，女方可以成为男方家庭成员，男方可以成为女方家庭成员。"男女双方都不因到对方家庭生活而丧失继承其父母遗产的权利。《继承法》不仅规定子女不论是否结婚或到何方落户都有平等的继承权，而且在第12条中还规定："丧偶儿媳对公、婆，丧偶女婿对岳父、岳母，尽了主要赡养义务的，作为第一顺序继承人。"

（5）同一顺序的继承人继承遗产的权利平等。依《继承法》规定，凡为同一顺序的继承人，不分尊卑、男女、长幼，也不论职业、政治状况，继承被继承人遗产的权利一律平等。

三、养老育幼原则

养老育幼既是保护老人和儿童的合法权益的需要，也是实现家庭职能的需要。为实现保护老人、妇女、儿童和残疾人的合法权益的法律任务，继承法必然要确认养老育幼原则。在继承法上，养老育幼原则主要体现在以下几个方面：

（1）在继承人范围和继承顺序的确定上，以继承人与被继承人之间相互扶助的法律义务为出发点。按照《婚姻法》规定对被继承人有赡养、抚养、扶养义务的人，在《继承法》上规定为第一顺序的继承人；按照《婚姻法》规定对被继承人在一定情形下有抚养、扶养义务的人，在《继承法》上则规定为第二顺序的继承人。为了鼓励赡养老人和有利于抚育下一代，《继承法》规定，丧偶儿媳或女婿对公、婆或岳父、岳母尽了主要赡养义务的，作为第一顺序继承人参加继承；被继承人的子女先于被继承人死亡的，由被继承人子女的晚辈直系血亲代位继承。

（2）在分配遗产时，对生活有特殊困难的、缺乏劳动能力的继承人，应当予以照顾；对被继承人尽了主要扶养义务或者与被继承人共同生活的继承人，可以多分遗产；有扶养能力和有扶养条件的继承人，不尽扶养义务的，应当不分或者少分遗产；对继承人以外的依靠被继承人扶养的、缺乏劳动能力又没有生活来源的人，或者继承人以外的对被继承人扶养较多的人，可以分给他们适当的遗产。

（3）被继承人以遗嘱处分其财产时，应当为缺乏劳动能力又无生活来源的继承人保留必要的遗产份额，以保障他们的基本生活需要。

（4）保护被继承人死亡后出生的子女的利益。在遗产分割时，应当保留胎儿的继承份额，以免因遗产分割完毕而不利于胎儿出生后的养育成长。

（5）为有利于子女已死亡的老年人的生活，丧偶儿媳或女婿对公婆或岳父母尽了主要赡养义务的，作为第一顺序继承人。

（6）需要扶养的人可以与扶养人或者集体所有制组织签订遗赠扶养协议。按照协议，扶养人或者集体所有制组织承担对受扶养人的生养死葬的义务，享有受遗赠的权利。这样，以协议的形式确定对需要扶养的人的扶养关系，使受扶养人的生活有切实可靠的保障。

四、互谅互让、团结和睦原则

继承关系是近亲属之间发生的法律关系，因此，在继承关系中，坚持互谅互让、团结和睦原则，对于正确处理继承关系，维护家庭的和睦团结具有重要意义。在继承法上，互谅互让、团结和睦原则主要表现在以下几个方面：

（1）继承人的继承权受法律平等的保护。如果继承人严重违反社会公德，实施有害于被继承人、其他继承人，破坏社会主义家庭关系的违法犯罪行为，则会依法丧失继承权。例如，根据《继承法》第7条的规定，有下列情形之一的，继承人丧失继承权：故意杀害被继承人的；为争夺遗产而杀害其他继承人的；遗弃被继承人的，或者虐待被继承人情节严重的；伪造、篡改或者销毁遗嘱，情节严重的。

（2）继承人可以协商确定继承遗产的份额。继承人的继承权是平等的，共同继承人的应继份额原则上应均等。但是，继承人经协商同意的，遗产的分配也可以不均等。同时，在确定继承份额和分割遗产时，应当考虑继承人对被继承人所尽的义务、各继承人的生活需要、遗产效益的发挥以及照顾缺乏劳动能力又无生活来源的继承人等情况。

（3）继承人可以协商确定遗产的保管、使用收益、处分。在继承开始后，继承人之间可以通过协商确定遗产由谁保管、如何保管等。同时，对遗产的使用收益、处分的方法、时间等，继承人也可以协商确定。

（4）继承人可以协商确定遗产分割。继承从被继承人死亡时开始，但遗产的分割不必在继承开始后即进行。继承人可以在继承开始后的任何时间内请求分割遗产，也可以协商在继承开始后不分割遗产或者在特定时间内分割遗产。同时，有关遗产分割的办法、份额等，继承人也可以通过协商确定。《继承法》第15条规定：“继承人应当本着互谅互让、和睦团结的精神，协商处理继承问题。遗产分割的时间、办法和份额，由继承人协商确定。协商不成的，可以由人民调解委员会调解或者向人民法院提起诉讼。”

（5）对继承人以外的依靠被继承人扶养的缺乏劳动能力又没有生活来源的人，或者继承人以外的对被继承人扶养较多的人，可以分给他们适当的遗产。

（6）继承法允许自然人在不违背法律规定的前提下，通过遗赠的方式将个人财产遗赠给国家、集体或法定继承人以外的人。

五、权利义务相一致原则

在继承法上，继承人范围、继承顺序、继承份额的确定等，均以权利义务相一致原则为出发点。例如，根据《继承法》的规定，凡是具有法定的抚养、扶养、赡养权利义务关系的人，均为第一顺序继承人；而在一定条件下才具有抚养、扶养、赡养权利义务关系的人只能作为第二顺序继承人。同时，只有具备抚养、扶养、赡养权利义务关系的人才能作为遗嘱继承人，其他人只能作为受遗赠人。因此，权利义务相一致是继承法的一项基本原则。在继承法上，权利义务相一致原则主要体现在以下几个方面：

（1）对公、婆或者岳父、岳母尽了主要赡养义务的丧偶儿媳或女婿有权继承公、婆或岳父、岳母的遗产。而没有对公、婆或岳父、岳母尽主要赡养义务的丧偶儿媳或女婿，对公、婆或岳父、岳母的遗产没有继承权。

（2）继承人遗弃被继承人，或者虐待被继承人情节严重的，丧失继承权。

（3）在遗产分配上，对被继承人尽了主要赡养义务的继承人，可以多分遗产；被继承人生前需要扶养，有扶养能力和扶养条件而不尽扶养义务的继承人，可以不分或者少分遗产。

（4）对被继承人生前不负有法定扶养义务而对被继承人扶养较多的人，有权取得适当的遗产。

（5）继承人继承被继承人的财产权利的，也应当偿还被继承人生前所欠的债务和应缴纳的税款。

（6）遗嘱继承或者遗赠附有义务的，继承人或者受遗赠人应当履行所附义务；没有正当理由不履行义务的，人民法院可以取消其接受遗产的权利。

（7）在订有遗赠扶养协议的情形下，扶养人按照协议尽了扶养义务的，有受遗赠的权利；不履行协议，不尽扶养义务的，不享有受遗赠的权利。

理论争鸣

关于权利义务相一致原则，理论上有否定其为继承法的基本原则的观点，理由主要有：①继承权的产生并不以继承人是否对被继承人尽过赡养、抚养或扶养义务为前提条件；②继承份额的确定不能以对被继承人所尽义务的多少为标准；③财产权利和财产义务的同时继承不是权利义务相一致原则的反映。

第三节 继 承 人

一、继承人释义

事例8-1 甲死亡时有妻乙、长子丙、次子丁,有遗产房屋3间、存款人民币20万元。甲生前立有自书遗嘱，写明：房屋3间由甲弟戊继承；存款中的3万元赠给所在单位，2万元赠给朋友己。丁与甲一直关系不睦，2005年3月10日，双方因家庭琐事发生争吵，丁用刀将甲刺死。

继承人是继承法律关系的权利主体，是指依照继承法的规定在法定继承或者遗嘱继承中有权继承被继承人遗产的自然人。

继承人只能是继承法所规定的，基于继承权取得被继承人遗产的自然人。首先，继承人是由继承法所规定的。哪些人可以成为继承人，各国继承法的规定并不相同。例如，有的国家继承法规定的继承人仅限于被继承人的亲属；而有的国家继承法规定的继承人除被继承人的亲属外，还包括与被继承人有扶养关系的人。在我国，继承法所规定的继承人仅限于与被继承人存在婚姻关系、血缘关系及家庭关系的近亲属。其次，继承人是享有继承权的人。继承人只能是基于法定继承和遗嘱继承而取得遗产的人，非因法定继承和遗嘱继承而取得遗产的人不为继承人。例如，通过遗赠而取得遗产的人就不是继承人，而只是受遗赠人。最后，继承人只能是自然人，法人及其他社会组织、国家等都不能成为继承人，而只能作为受遗赠人。

在事例8-1中，在继承开始时，乙、丙、丁、戊均属于甲的近亲属，应属于继承人的范围。但因丁故意杀害被继承人甲而丧失继承权，不再为甲的继承人。甲所在单位有权根据甲的遗嘱取得甲的遗产，但因其不是自然人，所以不是继承人。已有权根据甲的遗嘱取得甲的财产，但因其不是甲的近亲属，所以也不是继承人。

二、继承人的分类

继承人从不同的角度，可以有不同的分类。一般来说，根据继承的方式，继承人分为法定继承人和遗嘱继承人。

（一）法定继承人

法定继承人，是指在法定继承中对被继承人的遗产享有继承权，依照法律规定的范围和顺序直接承受被继承人遗产的继承人。法定继承人的继承权直接来自法律的规定，而无须被继承人的指定。

在我国继承法上，法定继承人仅限于与被继承人存在婚姻关系、血缘关系及家庭关系的近亲属，包括配偶、父母、子女、兄弟姐妹、祖父母、外祖父母、孙子女、外孙子女、对公婆或岳父母尽了主要赡养义务的丧偶儿媳或女婿。

根据《继承法》规定，法定继承人应当按照一定的顺序继承遗产。因

Note

此，在继承开始时，法定继承人并不是同时参加继承，而是依法律规定的继承顺序参加继承。

在事例8-1中，乙、丙、戊是甲的法定继承人。但对甲遗嘱中没有处分的15万元，只能由乙、丙继承。戊虽是甲的法定继承人，但继承顺序在乙、丙之后，故不能继承甲的15万元遗产。

（二）遗嘱继承人

遗嘱继承人，是指按照被继承人所立的合法有效的遗嘱而直接承受遗产的继承人。遗嘱继承人是遗嘱人在遗嘱中指定的，所以又称为指定继承人。遗嘱继承人的继承权不是来自法律的直接规定，而是来自被继承人依照法律规定所设立的遗嘱。因此，遗嘱继承人是由被继承人的意志决定的。

根据《继承法》的规定，遗嘱继承人只能是法定继承人范围以内的人，法定继承人范围之外的人不能作为遗嘱继承人，只能作为受遗赠人。遗嘱继承人依据遗嘱继承遗产，不受法定继承顺序、继承份额的限制。

➢**相关链接**

法定继承人和遗嘱继承人

比较点	法定继承人	遗嘱继承人
继承权的产生原因	继承权直接来自法律规定	继承权来自被继承人依法设立的遗嘱
继承顺序	法定继承人有继承顺序的限制，在继承开始时，由第一顺序继承人继承，第二顺序继承人不能继承	遗嘱继承人没有继承顺序的限制，只要是法定继承人范围内的人，都有权根据遗嘱继承被继承人的遗产
继承份额	按照继承法规定的遗产分配原则确定	按照遗嘱的指定确定
遗产债务清偿	法定继承人是第一顺位的遗产债务清偿人，故遗产已经被分割而没有清偿债务的，首先由法定继承人用其所得遗产清偿债务	遗嘱继承人是第二顺位的遗产债务清偿人，故遗产已经被分割而没有清偿债务的，遗嘱继承人对法定继承人用所得遗产清偿债务的不足部分用所得遗产偿还

在事例8-1中，甲在遗嘱中指定其所有的3间房屋由戊继承，戊属于法定继承人范围以内的人，因此，戊是甲遗产的遗嘱继承人。甲的所在单位、朋友己均不是法定继承人，因此，甲的所在单位、朋友己均不是遗嘱继承人，而是受遗赠人。

三、继承能力

（一）继承能力释义

继承人是继承法律关系的主体，因此，继承人应当具有继承权利能力，即继承能力。所谓继承能力，是指自然人能够享有继承权的法律资格。

继承能力是民事权利能力的一项具体内容。因此，只有享有民事权利能力的人才能享有继承权，才能成为继承人。可见，继承能力是法律赋予自然人的享有继承权的资格，是当事人取得继承权的前提条件。因此，继承能力不同于继承权，任何人不得非法剥夺，当事人自己也不得放弃。

按照《民法通则》的规定，自然人的民事权利能力始于出生，终于

Note

死亡。因此，自然人自出生时开始，到死亡时为止，有继承能力。也就是说，只有在继承开始时生存的继承人才具有继承能力。继承人于继承开始时应为生存之人，这一原则被称为“继续存在”或“同时存在”原则。不论法定继承还是遗嘱继承，只有于继承开始时生存的人才有继承能力，只有具有继承能力的继承人才能实际享有继承权。

（二）胎儿的继承能力

事例8-2　甲于2004年3月10日因病死亡。甲死亡时，其妻乙已怀孕，父母丙、丁健在。甲留有遗产若干，生前未立遗嘱。在分割遗产时，乙请求保留胎儿的继承份额，丙、丁不同意。

只有在继承开始时生存的人才具有继承能力，在继承开始时尚未出生或者已死亡的人没有继承能力。根据《民法通则》的规定，胎儿不具有民事权利能力，因此，胎儿当然不具有继承能力。只有于继承开始时已受孕的胎儿且于出生时为活体的，才有继承权。但是,《继承法》对胎儿出生后的合法利益予以特别保护。根据《继承法》第28条的规定，在遗产分割时，应当保留胎儿的继承份额。

在事例8-2中，甲死亡时，胎儿尚未出生，按照“同时存在”原则，该胎儿不具有继承能力，不应享有对甲遗产的继承权。但《继承法》对胎儿在继承问题上采取了特别的保护措施，在遗产分割时，应当为胎儿保留继承份额。因此，乙的请求是符合《继承法》规定的。

理论争鸣

关于胎儿是否具有继承能力问题，国外立法中有不同的立法例，我国学者也存在不同的看法。肯定说认为，胎儿享有继承能力，胎儿就继承视为出生；否定说认为，民事权利能力始于出生，因此，胎儿不具有继承能力；折中说认为，继承法应当赋予胎儿在作为次位继承人或补充继承人时的继承能力。

（三）失踪人的继承能力

事例8-3　一日，甲因故与父发生争吵，离家出走后下落不明。2年后，人民法院根据甲兄的申请，依法定程序宣告甲失踪。甲被宣告失踪后一年，其父抑郁而死，留有遗产。甲早年丧母，有妻子和一兄一弟。甲被宣告失踪后，甲兄和甲弟平分了其父的遗产，甲妻主张保留甲的继承份额并代管甲继承所得财产，遭到拒绝。

在继承开始时已死亡的继承人不具有继承能力，不能实际享有继承权。这里的死亡包括自然死亡和宣告死亡。按照“同时存在”原则，凡于继承开始时尚生存的继承人都有继承能力，得实际享有继承权。被宣告失踪的人并不丧失民事权利能力和民事行为能力，因而其继承能力并不丧失。当继承开始时，失踪人仍有权继承遗产，只是其继承权由他的财产代管人代为行使，取得的遗产也由财产代管人代为管理。因此，继承开始时被宣告失踪的继承人也具有继承能力，不得否认其继承权的享有。

Note

在事例8-3中，甲虽在其父死亡前已被宣告失踪，但未被宣告死亡，因此，在其父死亡时应认定其为生存之人，具有继承能力，有权参与继承法律关系实现对其父遗产的继承权。但因甲被宣告失踪，不能亲自行使继承权，根据《民法通则》第21条的规定，由其妻以财产代管人的身份取得遗产并对该财产进行管理。

四、继承人的法律地位

在继承开始后，因被继承人遗产的转移会发生各种不同的法律关系，如继承法律关系、遗产分割关系、遗赠关系、被继承人债务的清偿关系等。在不同的法律关系中，继承人与不同的人共同构成该法律关系的主体。继承人在遗产继承过程中所享有的权利和负担的义务，就是继承人的法律地位。概括起来，继承人的法律地位可以从如下几种情形予以分析。

1.继承人与非继承人之间的关系

在继承开始后，继承人与非继承人之间的关系是继承法律关系。在继承法律关系中，继承人为权利主体，享有继承权，有权接受或放弃继承，继承权受侵害时享有继承权的回复请求权；继承人以外的非继承人为义务主体，负有不侵害继承人继承权的消极的不作为义务。

2.继承人相互之间的关系

数个继承人共同继承同一被继承人的遗产时，则发生共同继承人相互之间法律的关系。在这种关系中，每一个继承人既是权利主体，也是义务主体；既享有权利，也负担义务。共同继承人的权利主要有遗产分割的请求权、个人应得份额的处分权等；共同继承人的义务主要是管理和保管遗产、不得侵占遗产等。同时，共同继承人对于遗产中的债权债务和基于遗产而发生的债权债务产生连带关系。

3.继承人与受遗赠人之间的关系

受遗赠人是法定继承人之外的，根据遗赠人的遗嘱接受遗赠的人。继承人与受遗赠人之间的关系是一种因遗赠而发生的具有债权债务性质的法律关系。在遗赠中，遗嘱执行人由遗嘱人在遗嘱中指定，被指定的遗嘱执行人可以是继承人，也可以是继承人以外的人；遗嘱未指定遗嘱执行人的，由继承人作为遗嘱执行人。可见，继承人与受遗赠人之间的关系主要体现为遗嘱执行人与受遗赠人之间的法律关系。在这种法律关系中，受遗赠人有请求遗嘱执行人将遗嘱人遗赠的遗产移交其所有的权利，遗嘱执行人有义务按照被继承人的遗嘱将遗嘱人遗赠的财产交付受遗赠人所有。

4.继承人与被继承人的债权人、债务人之间的关系

在继承人与被继承人的债权人之间的债权债务关系中，继承人为债务人（在数人共同继承遗产时，共同继承人为连带债务人），有清偿被继承人债务的义务，但继承人仅于继承的遗产的实际数额内对被继承人的债务负清偿责任；被继承人的债权人为债权人，有请求继承人偿还被继

承人债务的权利。

在继承人与被继承人的债务人之间的债权债务关系中，继承人为债权人（在数人共同继承遗产时，共同继承人为连带债权人），其有权请求被继承人的债务人清偿债务；被继承人的债务人为债务人，有清偿其所负债务的义务。

第四节 继 承 权

一、继承权释义

继承权，是指继承人依照法律的规定或者被继承人的合法有效遗嘱所享有的继承被继承人遗产的权利。在继承法上，继承权在不同的场合具有不同的含义。概括起来，继承权有客观意义上的继承权和主观意义上的继承权两种含义，它们具有不同的性质和特点。

（一）客观意义上的继承权

客观意义上的继承权，是指继承开始前继承人的法律地位，是自然人依照法律的规定或者遗嘱的指定而继承被继承人遗产的资格。可见，客观意义上的继承权实质上就是继承人所具有的继承遗产的权利能力，属于一种期待权。客观意义上的继承权只是继承人将来参与遗产继承的客观的、现实的可能性，继承人对被继承人的财产还不享有任何权利，因而，客观意义上的继承权只是主观意义上的继承权的基础和前提。由于客观意义上的继承权只是法律赋予的一种资格，因而具有专属性，仅为继承人本人所专有，不得转让、放弃，非因法定的事由也不得剥夺。

（二）主观意义上的继承权

主观意义上的继承权，是指继承人在继承法律关系中实际享有的继承被继承人遗产的具体权利。可见，主观意义上的继承权只有在继承人参与继承法律关系时才能享有，属于既得权。继承法律关系如同其他民事法律关系一样，必须有一定的法律事实才能发生。因为只有被继承人死亡并留有遗产，继承人具有参与继承的权利，继承人才能参与继承法律关系而享有主观意义的继承权，因此，客观意义上的继承权转化为主观意义上的继承权须具备如下三个条件：一是被继承人死亡；二是被继承人留有遗产；三是继承人未丧失继承权。

➢相关链接

客观意义上继承权和主观意义上继承权

比较点	客观意义上的继承权	主观意义上的继承权
权利取得时间	自然人出生之时	被继承人死亡之时
权利性质	属于期待权	属于既得权
权利效力	发生继承权的丧失，但继承人不得放弃	继承人有权放弃，但不发生继承权的丧失

Note

理论争鸣

关于继承权的性质，即继承权究竟是何种性质的民事权利，学者们有不同观点。

首先，继承权是人身权还是财产权？对此，学者们有以下不同观点：一种观点认为，继承权侧重于人身关系，可归属于人身权利；另一种观点认为，客观意义上的继承权是一种人身权，而主观意义上的继承权则是一种财产权；还有一种观点认为，客观意义上的继承权虽与一定的身份相联系，但不是身份权，主观意义上的继承权是继承人取得被继承人遗产的权利，以财产利益为内容，因而是一种财产权。

其次，继承权是何种性质的财产权？对此，学者们有如下观点：第一种观点认为，继承权是物权；第二种观点认为，继承权是一种准物权或类物权；第三种观点认为，继承权是债权；第四种观点认为，继承权既不是物权，也不是债权，而是与物权、债权、知识产权相并列的一种特殊的财产权。

二、继承权的接受、行使和放弃

（一）继承权的接受

继承权的接受，是指继承人作出的同意继承被继承人遗产的意思表示。继承权的接受是继承人参与继承法律关系，行使继承权，接受被继承人遗产的条件。

在继承开始后，继承人虽然取得了主观意义上的继承权，但继承人还须作出接受继承的意思表示，才能参与遗产的继承。继承人接受继承的意思表示，可以是明示的，也可以是默示的。根据《继承法》第25条的规定，只要继承人没有作出放弃继承权的意思表示，即视为接受继承权。

（二）继承权的行使

继承权的行使，是指在继承开始后，继承人实现自己的继承权。由于客观意义上的继承权只是继承人继承被继承人遗产的一种资格，而主观意义上的继承权是继承人实际享有的继承被继承人遗产的权利。因此，继承人可以行使的只能是主观意义上的继承权，而不能是客观意义上的继承权。继承权的内容是取得遗产，既包括占有和管理遗产，也包括请求分割遗产等。因此，继承权的行使可以表现为多种行为，如继承人与其他继承人共同或单独地占有和管理遗产、直接参与分割遗产、请求法律保护其继承权等。

权利的行使一般须有相应的行为能力，继承权的行使也不例外。因此，有完全民事行为能力的继承人可以自己行使继承权，而无完全民事行为能力人不能完全独立地行使继承权，只能由法定代理人代为行使或征得法定代理人同意后行使。《继承法》第6条规定："无行为能力人的继承权、受遗赠权，由他的法定代理人代为行使。限制行为能力人的继承权、受遗赠权，由他的法定代理人代为行使，或者征得法定代理人同意后行使。”

（三）继承权的放弃

事例8-4　甲于2003年5月10日去世，留有遗产价值30万元的房屋5间、存款人民币20万元、债务10万元。甲去世时有妻乙、子丙和女丁。甲生前与丙关系不好，丙明确表示放弃对甲遗产的继承权。甲去世后，丙在参加完葬礼后再次向乙、丁和其他在场亲友表示放弃对甲遗产的继承权。

1.继承权放弃释义

继承权的放弃，是指继承人在继承开始后、遗产分割前作出的放弃继承被继承人遗产的权利的意思表示。继承权的放弃只能于继承开始后实施。这是因为，继承权的放弃是继承人对自己权利的一种处分。而只有在继承开始后，继承人才享有主观意义上的继承权。在继承开始前，继承人所享有的继承权只是客观意义上的继承权，只是一种继承的权利能力，而这种权利能力是不能放弃的。同时，继承权的放弃只能于遗产分割前实施。这是因为，在遗产分割后，继承人已经取得了遗产的单独所有权，而不再享有继承权。对此,《继承法意见》第49条规定:“继承人放弃继承的意思表示，应当在继承开始后、遗产分割前作出。遗产分割后表示放弃的不再是继承权，而是所有权。”

在事例8-4中，丙在甲死亡前作出的放弃继承的表示，因是在继承开始前作出的，故不产生继承权放弃的法律效力。在继承开始后，丙才有权作出放弃继承权的意思表示。

2.继承权放弃的方式

《继承法》第25条第1款规定:“继承开始后，继承人放弃继承的，应当在遗产处理前，作出放弃继承的表示。没有表示的，视为接受继承。”根据这一规定，继承人放弃继承权须采取明示的方式。这种明示的方式原则上应为书面形式，但口头形式在特殊条件下也为有效。《继承法意见》第47条规定:“继承人放弃继承应当以书面形式向其他继承人表示。用口头方式表示放弃继承，本人承认，或有其他充分证据证明的，也应当认定其有效。”可见，只有在继承人本人承认，或者有其他充分证据证明的情况下，以口头方式放弃继承权才为有效。根据《继承法意见》第48条的规定，在诉讼中，继承人向人民法院以口头方式表示放弃继承的，人民法院要制作笔录，由放弃继承权的继承人签名。

在事例8-4中，丙放弃对甲遗产的继承权时未采取书面形式，而采取了口头形式。但因丙本人承认，因此，可以认定丙放弃对甲遗产的继承权的行为有效。

3.继承权放弃的限制

事例8-5　在事例8-4中，甲死亡前，丙与其妻子关系不睦，双方一直想离婚。甲死亡时，丙妻已患重病住院，因无钱继续治疗，面临死亡威胁。丙妻得知丙放弃继承权后，即向人民法院提起诉讼，请求确认丙放弃继承权的行为无效。

继承人放弃继承权是对自己权利的一种处分，因此，继承人有放弃继承权的自由。但是，如同任何自由都不能绝对一样，放弃继承权也不是不受任何限制的。如果继承人因放弃继承权，致使其不能履行法定义务的，则继承人放弃继承权的行为无效。对此,《继承法意见》第46条规定：“继承人因放弃继承权，致其不能履行法定义务的，放弃继承权的行为无效。”

在事例8-5中，丙在继承开始后有权作出放弃继承甲遗产的意思表示。但丙放弃继承权时，其已无力支付妻子的医疗费用。被继承人甲死亡后留有遗产，丙若继承遗产则有能力支付妻子的医疗费，履行法定扶养义务，但丙放弃了自己的继承权。于此情形下，人民法院得确认丙放弃继承权的行为无效，由其继承被继承人甲的遗产。

4.继承权放弃的效力

事例8-6　甲去世后留有遗产若干，其子乙明确表示放弃对甲遗产的继承权。于是，甲的另外两个儿子丙、丁对甲的遗产进行了分割。遗产分割后，乙对放弃继承权翻悔，请求撤销放弃继承权的意思表示，要求继承甲的遗产，在遭到丙、丁拒绝后向人民法院提起遗产继承的诉讼请求。

《继承法意见》第51条规定：“放弃继承权的效力，溯及自继承开始的时间。”因此，放弃继承权的继承人，自继承开始就不为继承人，退出继承法律关系。放弃继承权的继承人不享有取得继承被继承人遗产的权利，也不承担被继承人生前的债务。但是，继承人放弃继承权并非免除继承人的一切责任。例如，如果放弃继承权的继承人占有遗产的，在遗产未交付给其他继承人以前，对占有的遗产仍有保管的义务和责任。被继承人生前与继承人之间有债权债务关系的，该债权债务也不因继承人放弃继承权而消灭。

继承人放弃继承权的行为属于单方民事行为，继承人作出放弃继承权的意思表示即发生效力。因此，放弃继承权的行为原则上不得撤销。但是，继承人在放弃继承权后，如果放弃继承权的意思表示存在瑕疵（如有重大误解、受欺诈或胁迫等），则应允许继承人撤销放弃继承权的意思表示。《继承法意见》第50条规定：“遗产处理前或在诉讼进行中，继承人对放弃继承翻悔的，由人民法院根据其提出的具体理由，决定是否承认。遗产处理后，继承人对放弃继承翻悔的，不予承认。”

在事例8-6中，乙对放弃继承权翻悔，因遗产已处理完毕，故人民法院不应承认乙对放弃继承权的翻悔。

理论争鸣

继承人能否放弃部分继承权，理论上存在着两种不同的观点。一种观点认为，继承人不得放弃部分继承权，只能全部接受或全部放弃继承权；另一种观点认为，继承人可以放弃部分继承权，继承人仅部分放弃继承权的，对未放弃的部分仍享有继承权。

三、继承权的丧失

（一）继承权丧失释义

继承权的丧失又称为继承权的剥夺，是指依照法律的规定在发生法定事由时取消继承人继承被继承人遗产的资格。

继承权的丧失是继承人继承被继承人遗产资格的丧失，因此，继承权的丧失只能是客观意义上的继承权的丧失，主观意义上的继承权不能丧失。

（二）继承权丧失的法定事由

继承权丧失的法定事由是依法取消继承人继承权的理由。根据《继承法》第7条的规定，丧失继承权的事由有四种。

1.继承人故意杀害被继承人的

事例8-7　甲未婚配，收养乙为养子。乙成年后娶妻丙，生子丁，一家人和睦相处。后甲被诊断为喉癌晚期。乙见养父之病已无可救药，不如让其安乐死，遂在甲的药中投入大量的安眠药。事后，乙想起甲对他的抚育之恩，不忍甲死去，便呼叫医生抢救。经抢救，甲脱险，乙被判处刑罚。乙服刑期满后甲死亡，甲死亡前对乙的行为表示宽恕。经查，甲留下瓦房4间，人民币4万余元。现甲弟与乙为分割遗产发生纠纷，甲弟认为乙对被继承人甲有杀害行为，应当剥夺其继承权。乙则认为甲生前已原谅了自己，其对甲的遗产应当有继承权。

继承人故意杀害被继承人是一种严重的犯罪行为，不论其是否受到刑事责任的追究，都丧失继承权。构成故意杀害被继承人的行为，须具备以下两个条件：

（1）继承人实施的是杀害被继承人的行为。杀害是以剥夺生命为目的的，只要继承人实施的行为有剥夺被继承人生命的图谋，不论其出于何种动机，不论其是采取何种手段杀害，不论是亲手杀害还是教唆他人杀害，也不论杀害行为是既遂或未遂，都构成杀害被继承人的行为。

在事例8-7中，乙的行为虽未造成甲死亡的犯罪结果，但其行为目的是剥夺甲的生命，因此，不影响乙故意杀害被继承人的行为性质。

（2）继承人主观上须有杀害的故意。在刑法上，犯罪故意有直接故意和间接故意之分。继承人故意杀害被继承人的，无论杀害故意是直接故意还是间接故意，均不影响继承权的丧失。但是，如果继承人主观上并无杀害被继承人的故意，则不丧失继承权。例如，继承人由于过失而致被继承人死亡的或者因故意伤害致被继承人死亡的，因其并无杀害的故意，不构成故意杀害被继承人，不丧失继承权。

在事例8-7中，乙对被继承人甲实施了故意杀害的行为，尽管其动机是为了被继承人不再承受病痛折磨，但这只是量刑的情节，而不影响其故意杀人罪的构成，因此，甲的行为符合继承权丧失的条件，应当剥夺其继承权。

Note

理论争鸣

在继承人故意杀害被继承人的继承权丧失事由上，以下三个问题存在争议：

（1）继承人因防卫过当而杀害被继承人的，是否丧失继承权？一种观点认为，继承人实施防卫行为过当而杀害被继承人的，属于继承法上的“故意杀害”之列，继承人丧失继承权；另一种观点认为，防卫过当而致被继承人死亡的，并不必然属于“故意杀害”被继承人。防卫过当只是客观上实施了超过防卫限度的行为，是否构成故意杀人应具体到个案分析，不可一概而论。如果继承人实施的防卫行为过当而构成杀人罪时，继承人应丧失继承权。

（2）未成年人故意杀害被继承人的，是否丧失继承权？第一种观点认为，凡故意杀害被继承人的，不问继承人是否成年均应当剥夺其继承权，但不满10周岁的无民事行为能力人例外；第二种观点认为，未成年人杀害被继承人的，应根据其财产状况、年龄大小、杀害被继承人的动机、目的等具体分析以确定是否丧失继承权；第三种观点认为，凡故意杀害被继承人的，无论其是否成年，也无论是否追究刑事责任，都应丧失继承权。不满10周岁的继承人杀害被继承人的，并不为故意杀害，因此，不丧失继承权。

（3）继承人对被继承人犯有故意伤害等其他严重犯罪行为的，是否丧失继承权？一种观点认为，继承人故意杀害被继承人，是指继承人故意侵犯被继承人人身权利，情节严重的行为，主要指故意杀人、故意伤害、诬陷、强奸、奸淫幼女、抢劫、暴力干涉婚姻自由等犯罪行为。继承人对被继承人犯有上述罪行的，都应丧失继承权；另一观点认为，故意伤害被继承人致死与故意杀害被继承人不同，不能对故意杀害作扩大解释。继承人伤害被继承人不论后果多么严重，也不论是否既遂或是否造成被继承人死亡，都不能剥夺其继承权。

2.继承人为争夺遗产而杀害其他继承人的

事例8-8　某甲有二子乙、丙，一女丁。因乙品行恶劣，影响极坏，甲虽多次教育，乙仍不改其恶性，并多次殴打甲并扬言要将其打死，甲遂与丙合谋将乙杀害，甲、丙以故意杀人罪被判处刑罚。后甲死亡，留有遗产人民币40万元。丁与丙因遗产分割发生纠纷，丁认为丙故意杀害了继承人乙，丙对甲的继承权丧失。丙认为杀害乙并不是为了争夺遗产，因此，对甲的继承权并不丧失。

继承人为争夺遗产而杀害其他继承人的，丧失继承权。构成继承人为争夺遗产杀害其他继承人的行为，须具备以下两个条件：

（1）继承人杀害的对象是其他继承人，这是构成该行为的客观条件。继承人杀害其他继承人，是指继承人实施剥夺其他继承人生命的违法犯罪行为。这种行为的主体为继承人，被杀害的对象是其他继承人。只要继承人实施了杀害其他继承人的行为，不论是直接杀害还是教唆他人杀害，也不论杀害行为是既遂还是未遂，均构成丧失继承权的条件。

（2）继承人杀害其他继承人的目的是为了争夺遗产，这是构成该行为的主观要件。因为继承人杀害的目的是为了争夺遗产，因此，杀害行为人必有主观上的故意。如果继承人杀害其他继承人不是为了争夺遗产，而是为了其他目的，出于其他的动机，其虽会受刑事责任的追究，但不因此而丧失继承权。即使因继承人杀害了其他继承人而使继承人实际上可以多得到遗产的，只要继承人杀害的动机和目的不是为了争夺遗产，其继承权也就不因此而丧失。

在事例8-8中，甲、丙因对被继承人乙实施故意杀害行为，均丧失对乙的遗产继承权。乙、丙虽同为甲的继承人，丙也故意杀害了乙，但因丙杀害乙并不是为了争夺甲的遗产，因此，丙对甲的继承权并不丧失。

理论争鸣

在继承人为争夺遗产而杀害其他继承人的事由上，学者对继承人和其他继承人的范围有不同的解释。一种观点认为，继承人杀害其他继承人，既包括法定继承人杀害遗嘱继承人，也包括遗嘱继承人杀害法定继承人；既包括后一顺序继承人杀害前一顺序继承人，也包括前一顺序继承人杀害后一顺序继承人，还包括继承人杀害同一顺序的其他继承人。另一种观点认为，继承人杀害其他继承人只限于继承人杀害先继承顺序的继承人或者同顺序的其他继承人，而不包括继承人杀害后继承顺序的继承人。

3.继承人遗弃被继承人的，或者虐待被继承人情节严重的

继承人遗弃被继承人，是指继承人对没有劳动能力又没有生活来源和没有独立生活能力的被继承人拒不履行扶养义务。因此，构成遗弃行为须有两个条件：①被遗弃的对象是没有独立生活能力的被继承人。被继承人虽有生活来源但并没有独立生活能力的，仍可为被遗弃的对象。②继承人有能力尽扶养义务而拒不履行扶养义务。如果继承人本身也没有独立生活能力的，其并无力尽扶养义务，则其不履行扶养义务不能构成遗弃。遗弃行为不限于积极的行为，消极的不作为也可构成。例如，父母将年幼的子女弃置于路旁或者其他地方，视为遗弃；子女对其年老生活不能自理的父母置之不理，也可构成遗弃。继承人遗弃被继承人的，丧失继承权，而不问其是否被追究刑事责任。

虐待被继承人，是指继承人在被继承人生前对其以各种手段进行身体上或者精神上的摧残或折磨。继承人虐待被继承人的，并不当然丧失继承权。只有虐待情节严重的，才丧失继承权。因此，正确认定虐待行为是否为情节严重，是确认继承人是否丧失继承权的关键。《继承法意见》第10条第1款规定："继承人虐待被继承人情节是否严重，可以从实施虐待行为的时间、手段、后果和社会影响等方面认定。"因此，看待一个行为的情节，应当依照主客观两方面的标准衡量。一般来说，如果继承人对被继承人的虐待具有长期性、经常性，并且手段比较恶劣，社会影响很坏，则可认定

为虐待情节严重。如果继承人对被继承人只是一时的不予关心、照顾，或者因某些家务事发生争吵，甚至打骂，则不应认定为情节严重。根据《继承法意见》第10条第2款的规定，继承人“虐待被继承人情节严重的，不论是否追究刑事责任，均可确认其丧失继承权”。

4.继承人伪造、篡改或者销毁遗嘱，情节严重的

在继承法上，遗嘱是被继承人生前对其财产作出的处分决定，是被继承人按照自己的意愿处置其财产的一种形式。任何人不能代替被继承人设立遗嘱，也不得非法改变被继承人的遗嘱。因此，伪造、篡改或者销毁遗嘱，都是违法行为。

所谓伪造遗嘱，是指继承人以被继承人的名义制作假遗嘱。这种伪造的遗嘱根本就不是被继承人生前的意思表示，不能体现被继承人生前的意志。伪造遗嘱一般是在被继承人未立遗嘱的情形下实施的，但被继承人虽立有遗嘱，而继承人将被继承人所立的遗嘱隐藏起来而另制作一份假遗嘱的，也属于伪造遗嘱。至于继承人伪造遗嘱的动机和目的，不影响伪造遗嘱的成立。

所谓篡改遗嘱，是指继承人改变被继承人所立的遗嘱的内容。篡改遗嘱的行为改变了被继承人生前的意志，限制了被继承人生前对其合法财产的处分。只要继承人篡改了被继承人所立的遗嘱，不论继承人篡改遗嘱的动机和目的如何，均构成篡改遗嘱。

所谓销毁遗嘱，是指继承人将被继承人所立的遗嘱完全破坏、毁灭。销毁遗嘱是一种完全否定被继承人生前意愿的行为，是对被继承人生前对其财产处分权的一种剥夺。继承人销毁遗嘱是出于何种动机和目的，均不影响销毁遗嘱的成立。

继承人伪造、篡改或者销毁遗嘱，并不当然丧失继承权，只有情节严重的，才丧失继承权。《继承法意见》第14条规定：“继承人伪造、篡改或者销毁遗嘱，侵害了缺乏劳动能力又没有生活来源的继承人的利益，并造成其生活困难的，应认定其行为情节严重。”因此，如果继承人虽伪造、篡改或者销毁被继承人的遗嘱，但并未侵害缺乏劳动能力又没有生活来源的继承人的利益，或者虽侵害其利益但未造成其生活困难的，则不丧失继承权。

（三）继承权丧失的种类

从继承权丧失的后果来看，继承权的丧失分为继承权的绝对丧失和相对丧失。

1.继承权的绝对丧失

继承权的绝对丧失又称为继承权的终局丧失，是指因发生某种使某继承人丧失继承权的法定事由时，该继承人的继承权便终局地丧失。继承权的绝对丧失是不可改变的，不依被继承人或者其他人的意志而变化。

根据《继承法》的规定，继承人故意杀害被继承人丧失继承权的，因争夺遗产而杀害其他继承人而丧失继承权的，继承人伪造、篡改或者销毁

遗嘱情节严重而丧失继承权的，均为继承权的绝对丧失。

在事例8-7中，尽管甲对乙的行为表示宽恕，乙也有悔改表现，但因乙的行为构成继承权绝对丧失的法定事由，因此，乙继承权的丧失不可逆转。

2.继承权的相对丧失

继承权的相对丧失又称为非终局丧失，是指虽因发生某种法定事由而使继承人丧失继承权，但在具备一定条件时继承人的继承权也可最终不丧失。继承权的相对丧失是可改变的，可依被继承人的意志而变化。

按照《继承法》的规定，遗弃被继承人的，或者虐待被继承人情节严重的，继承人丧失继承权。这种继承权的丧失属于相对丧失，可因被继承人的意愿而发生改变。《继承法意见》第13条规定："继承人虐待被继承人情节严重的，或者遗弃被继承人的，如以后确有悔改表现，而且被虐待人、被遗弃人生前又表示宽恕，可不确认其丧失继承权。"

➢相关链接

继承权的绝对丧失和相对丧失

比较点	绝对丧失	相对丧失
丧失的事由	故意杀害被继承人；为争夺遗产而杀害其他继承人；伪造、篡改或者销毁遗嘱，情节严重	遗弃被继承人，或者虐待被继承人情节严重
丧失事由发生时间	可以发生在继承开始之前或之后	发生在继承开始之前
丧失的后果	继承权终局丧失	继承权非终局丧失

（四）继承权丧失的确认

根据《继承法》的规定，在发生《继承法》第7条所规定的丧失继承权的法定事由时，继承人的继承权当然丧失，而不需再采用何种方式表示。但是，在继承人之间就某继承人是否丧失继承权发生争议时，应当由人民法院确认继承人是否丧失继承权，其他任何机关或者个人均无权确认继承人继承权的丧失。《继承法意见》第9条规定："在遗产继承中，继承人之间因是否丧失继承权发生纠纷，诉讼到人民法院的，由人民法院根据继承法第七条的规定，判决确认其是否丧失继承权。"

（五）继承权丧失的效力

继承权丧失的效力，是指继承权丧失的法律后果。继承权丧失的效力包括时间上的效力和对人的效力两个方面。

1.继承权丧失的时间效力

继承权丧失的时间效力，是指继承权的丧失于何时发生效力。如前所述，继承权的丧失是使继承人失去继承的资格，继承人不得为继承人。因此，继承权丧失的事由不论发生在何时，均应自继承开始之时发生效力。如果继承权的丧失是于继承开始后由人民法院确认的，则人民法院对继承人继承权丧失的确认溯及自继承开始之时发生效力。

2. 继承权丧失对人的效力

（1）继承权的丧失对其他被继承人的效力。继承权的丧失仅是继承人对于特定被继承人的继承权的丧失，所以，仅对于特定的被继承人发生效力，对继承人的其他被继承人并不发生效力。所以，继承人对于某一被继承人丧失继承权的，并不影响其对其他被继承人的继承权。例如，甲故意杀害其配偶，甲仅对其配偶的继承权丧失，但甲对于其他被继承人（如甲的父母、子女）的继承权并不因此而丧失，其仍有权继承其他被继承人的遗产。

（2）继承权的丧失对继承人的晚辈直系血亲的效力。继承权的丧失对继承人的晚辈直系血亲亦发生效力，即继承人丧失继承权的，其晚辈直系血亲不得代位继承。《继承法意见》第28条规定："继承人丧失继承权的，其晚辈直系血亲不得代位继承。如该代位继承人缺乏劳动能力又没有生活来源，或对被继承人尽赡养义务较多的，可适当分得遗产。"

（3）继承权的丧失对取得遗产的第三人的效力。继承权的丧失对善意第三人不发生效力，不得以继承人的继承无效而对抗善意第三人。丧失继承权的人处分被继承人遗产的，属于对他人财产的无权处分，于此情形下，符合善意取得条件的，应适用善意取得原则，保护善意第三人的合法权益。

理论争鸣

继承权的丧失对取得遗产的第三人发生何种效力，理论上有两种不同的观点。一种观点认为，继承权的丧失对善意第三人不发生效力，不得以继承人的继承无效而对抗善意第三人；另一种观点认为，继承人丧失继承权的，对一切第三人都发生效力，可以依继承无效对抗从丧失继承权的人取得遗产的所有第三人。

➢**相关链接**

放弃继承权与丧失继承权		
比较点	放弃继承权	丧失继承权
继承权的性质	主观意义上的继承权	客观意义上的继承权
法律后果	继承人对自己权利的一种处分	对实施违法行为的继承人的民事制裁
发生的时间	继承开始后、遗产分割前	丧失事由发生在继承开始之前或之后

四、继承权的保护

继承权是自然人一项重要的财产权利，任何人不得侵犯。在继承权受到侵害时，继承人有权请求法律予以救济，以使被侵害的继承权得到恢复。可见，继承权的保护实际上是继承权回复请求权的问题。

事例8-9 甲于1985年10月20日因病去世，留有遗产城镇房屋8间。因甲的儿子乙当时在美国、丙当时在我国台湾无法取得联系，大陆又无其他亲人，甲所在的集体企业丁安葬甲后，即将甲所有的房屋接收，并于1985

年10月30日办理了产权过户手续，将甲生前所有的房屋变更为丁企业所有。1998年3月21日，甲的儿子乙、丙相约回国，得知甲的遗产已被丁企业接收后，乙与丙即向丁企业提出返还请求，遭到拒绝。乙主张向人民法院提起诉讼，丙不同意。1999年8月12日，乙因车祸处于植物人状态，2005年5月8日意识恢复。乙于2005年10月25日向人民法院提起诉讼，请求判令丁企业返还甲的遗产。

（一）继承权回复请求权释义

继承权回复请求权，是指在继承人的继承权受到侵害时，继承人得请求人民法院通过诉讼程序予以保护，以确认其继承人的地位并恢复继承遗产权利的权利。

继承权回复请求权是继承权受到侵害时，继承人所享有的一种救济权利，目的在于恢复继承人继承被继承人遗产的权利。这种权利是继承人要求法院通过诉讼程序保护其继承权的请求权，因而是一种实体诉权即胜诉权，而不是诉讼法上的诉权。

在事例8-9中，丁企业对甲遗产的占有，是以否认乙、丙对甲遗产的继承权为目的的占有。乙向人民法院提起诉讼请求判令丁企业返还甲的遗产，乙的这种请求权就是继承权回复请求权。

理论争鸣

关于继承权回复请求权的性质，理论上有三种不同的观点：第一种观点为继承地位恢复说，认为继承权回复请求权是确定合法继承人的继承地位的权利，而不是继承财产的回复请求权；第二种观点为遗产权利恢复说，认为继承回复请求权是一种遗产返还请求权，继承人所主张的是对遗产的权利；第三种观点为折中说，认为继承权回复请求权包括确认继承人资格的请求权以及遗产的返还请求权。

（二）继承权回复请求权的行使

继承权回复请求权是继承人的一项权利，因此，继承权回复请求权的权利主体是继承人。继承人可以亲自行使继承权回复请求权，也可以由代理人代理行使继承权回复请求权。无民事行为能力和限制民事行为能力的继承人的继承权回复请求权，可以由其法定代理人代为行使。为胎儿保留的遗产继承份额被侵害的，由其母亲代为行使继承权回复请求权。在法定继承中，继承权回复请求权的行使受继承顺序的限制。如果第一顺序的继承人既没有丧失继承权也没有放弃继承权，当继承权受到侵害时，只有第一顺序的继承人才可以行使继承权回复请求权，第二顺序的继承人不能行使；在遗嘱继承中，由于遗嘱继承人之间没有继承顺序的差别，因而所有遗嘱继承人都有权行使继承权回复请求权。在共同继承的场合下，如果继承权受侵害，因继承权回复请求权行使的行为是为全体共有人利益的保存行为，故继承权回复请求权不必经全体继承人意思一致才得行使，单一继承人、继承人中的一部分以及全体继承人都可以行使继承权回复请求权。

Note

但在单个继承人行使继承权回复请求权时，其不能直接要求侵害人向其自己为返还，而是应对全体继承人或遗产管理人为返还。

继承权回复请求权为继承权受到侵害时继承人所享有的权利。继承开始后，继承人的继承权可能遭受的非法侵害主要有以下几种情形：①遗产分割前，继承人中的一人或数人不顾其他继承人的合法权益而侵占被继承人的全部遗产；②第二顺序继承人非法排斥了第一顺序继承人的继承权利；③继承人以外的其他人非法侵占了被继承人的遗产；④未经特定继承人允许而处分该继承人应得的遗产；⑤已经取得遗产的继承人，后被依法确认其丧失继承权的，拒绝将其所得遗产返还给应得该遗产的继承人。

继承权回复请求权是继承人要求人民法院通过诉讼程序保护其继承权的请求权，在权利性质上体现的是实体诉权即胜诉权，而不是诉讼法上的诉权，提起诉讼的结果是被侵害的继承权恢复到继承开始时的状态。在合法继承人或其法定代理人提起继承权回复的诉讼时，人民法院确认原告有合法继承权，又查明被告非法占有原告应继承的被继承人遗产时，即应判决被告返还非法占有的遗产（包括孳息），不论该遗产为有形财产还是为无形财产。如果被告已将其非法占有的遗产有偿转让给善意第三人，则应当责令被告返还不当得利或者赔偿损失。

在事例8-9中，因乙和丙在被继承人甲死亡后均没有表示放弃继承权，因此，应视为接受继承。丁企业擅自将被继承人甲的遗产据为已有，构成了对继承人乙、丙继承权的侵害，乙、丙享有继承权回复请求权。乙和丙在行使继承权回复请求权时，可以作为共同原告向人民法院提起诉讼。在丙不同意提起诉讼时，乙也可作为单一原告向人民法院提起诉讼。但乙行使继承权回复请求权时，应当请求丁企业将占有的遗产返还给乙和丙，不能直接要求丁企业将占有的遗产返还给乙。

（三）继承权回复请求权的诉讼时效

继承权回复请求权的诉讼时效，是指继承人于法定期间内不行使请求人民法院依诉讼程序保护其继承权的请求权，即丧失该项请求权的制度。法律保护继承权的期限，也就是继承人得行使继承权回复请求权，请求人民法院依诉讼程序保护其权利的法定期限。这一期限称为继承权回复请求权的诉讼时效期间。继承人只有在诉讼时效期间内行使其继承权回复请求权，法院才保护其权利。

1.继承诉讼时效期间的起算点

《继承法》第8条规定：“继承权纠纷提起诉讼的期限为二年，自继承人知道或者应当知道其权利被侵犯之日起计算。”依此规定，继承权回复请求权的诉讼时效期间为2年。自继承人知道或者应当知道其权利受到侵害之日起2年的诉讼时效期间内，继承人没有行使其请求权的，人民法院对其权利不再予以保护。

在事例8-9中，乙和丙于1998年3月21日知道了其继承权被丁企业侵害的事实，诉讼时效应当自1998年3月22日开始起算，诉讼时效期间为1998年3月22日至2000年3月21日，乙、丙应当在该期间内行使其请求权。如果乙、丙没有在该期间内行使请求权，则该期间经过后，乙、丙的继承权回复请求权不再受法律保护。

2.继承诉讼时效的中止、中断

《继承法》规定的诉讼时效与《民法通则》中规定的诉讼时效是一致的，因此对继承权保护的诉讼时效，也应当按照《民法通则》的规定，适用诉讼时效的中止、中断。根据《继承法意见》第15条、第16条、第17条的规定，"在诉讼时效期间内，因不可抗拒的事由致继承人无法主张继承权利的，人民法院可按中止诉讼时效处理。""继承人在知道自己的权利受到侵犯之日起的二年之内，其遗产继承纠纷确在人民调解委员会进行调解期间，可按中止诉讼时效处理。""继承人因遗产继承纠纷向人民法院提起诉讼，诉讼时效即为中断。"但是，在《民法通则》施行后，继承权回复请求权的诉讼时效的中止、中断和延长，均须适用《民法通则》的有关规定。因此，依据《民法通则》的规定，在诉讼时效期间的最后6个月内，因不可抗力或者其他障碍而使继承人不能行使继承权回复请求权的，诉讼时效中止。继承人向人民调解委员会或有关单位提出保护继承权的请求的，诉讼时效应当自提出请求时起中断而不是中止。确能证明继承人向侵害其权利的人主张权利的，诉讼时效也应中断。

在事例8-9中，继承人乙、丙在知道其继承权被丁企业侵害后，应当在1998年3月22日至2000年3月21日的2年诉讼时效期间内行使权利。乙是在2005年10月25日向人民法院提起诉讼的，因此从这个角度判断，乙的继承权回复请求权已超过诉讼时效期间。但是，从事例8-9的情况看，乙在1999年8月12日遭遇车祸成植物人状态，意识丧失，且该状态自诉讼时效期间的最后6个月（1999年9月22日开始至2000年3月21日止）延续至2005年5月8日，属于《民法通则》规定的诉讼时效中止的情形。从中止时效的原因消除之日起，诉讼时效期间继续计算。乙在2005年5月8日恢复意识，因此乙的请求权应自2005年5月9日开始在6个月内行使，即自2005年5月9日开始至2005年11月8日止。乙在意识恢复后于2005年10月25日向人民法院提起诉讼，是在规定的诉讼时效期间内。

3.自继承开始之日起超过20年的，不得再提起诉讼

在现实生活中，有的继承人可能长期不知道或者不应当知道自己的继承权被侵害。依据《继承法意见》第18条规定，"自继承开始之日起的第十八年后至第二十年期间内，继承人才知道自己的权利被侵犯的，其提起诉讼的权利，应当在继承开始之日起的二十年之内行使，超过二十年的，不得再提起诉讼。"《继承法》第8条中规定："自继承开始之日起超过二十年的，不得再提起诉讼。"可见，自继承开始后超过20年的，继承人即不得再提起继承权回复诉讼。

Note

在事例8-9中，乙知道继承权受到侵害的时间是在1998年3月21日，提起诉讼的时间是2005年10月25日。尽管乙提起诉讼是在法律规定的诉讼时效期间内，但因为乙提起诉讼时，距离甲的死亡时间1985年10月20日已过20年，根据《继承法》的规定，乙不得再提起继承权回复诉讼。

理论争鸣

关于《继承法》所规定的“二十年”期间的性质，学者们有不同的认识。第一种观点认为，“二十年”期间属于诉讼时效期间，为长期时效；第二种观点认为，“二十年”期间属于除斥期间；第三种观点认为，“二十年”期间既不属于诉讼时效期间，也不属于除斥期间，而是继承权保护的最长期间。

第五节　遗　　产

一、遗产释义

遗产是继承法律关系的客体，是继承人享有的继承权的标的。没有遗产，也就不能存在继承法律关系。因此，遗产是继承法律关系的要素之一。根据《继承法》第3条的规定，遗产是指自然人死亡时遗留下的个人合法财产。可见，遗产具有如下法律特点。

1. 时间上的特定性

遗产是自然人死亡时遗留下来的财产。因此，被继承人死亡的时间是划定遗产的特定时间界限。在被继承人死亡之前，该自然人的财产不能为遗产。只有自然人死亡后，其财产才转变为遗产。因此，被继承人的遗产，只能以被继承人死亡时的被继承人的财产状况确定。被继承人未死亡前，其财产不能为遗产，不发生继承。

2. 内容上的财产性和包括性

遗产只能是自然人死亡时遗留的财产，同时遗产包括被继承人死亡时遗留的全部财产权利和财产义务，因此，遗产具有财产性和包括性。遗产只包括被继承人死亡时遗留的财产权利和财产义务，而不能包括被继承人生前的人身权利和相关义务。

3. 范围上的限定性

遗产只能是自然人死亡时遗留下的个人财产，并且须为依照法律规定能够转移给他人所有的财产，所以，遗产在范围上具有限定性。只有在被继承人生前属于被继承人个人所有的财产，才能为遗产，其他财产均不属于遗产的范围。例如，被继承人生前占有的，但不为被继承人所有的他人的财产不属于遗产；被继承人占有的但为其与他人共有的财产，不属于被继承人的部分也不属于遗产。

4. 性质上的合法性

遗产只能是自然人的合法财产，因而具有合法性的特点。自然人死亡时遗留下的财产可为遗产的，必须是依法可以由自然人拥有的，并且是被继承人有合法取得根据的财产。自然人没有合法根据而取得的财产，如非法侵占的国家的、集体的或者其他自然人个人的财产，不能作为遗产。依照法律规定不允许自然人个人所有的财产，也不能为遗产。

二、遗产的范围

关于遗产的范围，可以从遗产包括的财产和遗产不能包括的财产两个方面分析。

（一）遗产包括的财产

遗产包括的财产是从积极方面来分析遗产的范围，即可以作为遗产的财产。按照《继承法》第3条的规定，遗产包括以下财产。

1. 自然人的收入

自然人的收入，主要是指自然人的劳动收入。当然，自然人的收入也包括除劳动收入以外的其他合法收入，如接受赠与、接受遗赠、接受继承等所得的财产。

2. 自然人个人的房屋、储蓄和生活用品

自然人个人的房屋，通常称为私房，属于不动产的范围。自然人的私有房屋作为自然人的重要财产，可以作为遗产。

自然人的储蓄，是指自然人在各类银行或者其他金融机构的存款，实质上是自然人节省下来的收入。自然人的存款本息均归存款人个人所有，属于遗产的范围。

自然人的生活用品，是指自然人所有的为满足其日常物质生活和精神生活需要的生活资料。凡为自然人日常生活所需要的生活资料，不论其价值大小，都属于遗产的范围。

3. 自然人的林木、牲畜和家禽

自然人的林木，是指依法归个人所有的树木、竹林、果园。依我国法律规定，自然人个人在其使用的宅基地、自留地、自留山上种植的林木归其个人所有；自然人在其依法承包经营开发的荒山、荒地、荒滩上种植的林木，也归其个人所有。

自然人的牲畜、家禽，是指自然人所有的自己饲养的牲畜、家禽，既可以是作为生产资料的大牲畜，也可以是作为生活资料的牲畜、家禽；既包括自然人为满足自己生产和生活需要所饲养的牲畜、家禽，也包括作为商品而饲养的牲畜、家禽。

4. 自然人的文物、图书资料

自然人自有的文物和图书资料，是自然人用于满足其精神文化生活

Note

需要的精神食粮，也是自然人从事脑力劳动的必要工具。只要是被继承人生前所有的文物、图书资料，不论其是否属于珍贵文物，不论其是否属于机密资料，都可为遗产。至于自然人继承后，对这些文物、图书资料的使用、处分，不得违反文物保护法规和保密法规的规定，否则属于另外的法律问题。

5.法律允许自然人所有的生产资料

在我国，自然人对任何生活资料都可享有所有权，但不是对任何生产资料都可享有所有权。因此，只有法律允许自然人个人所有的生产资料，才可以作为遗产。对于法律不允许自然人个人所有的生产资料，不论被继承人生前是否占有，都不可作为遗产。

6.自然人的著作权、专利权中的财产权利

《继承法》虽然只规定了著作权、专利权中的财产权利为遗产，但从立法精神上看，实际上应当包括各种知识产权中的财产权利。因此，除了著作权中的财产权利（如著作使用费）、专利权中的财产权（专利申请权、专利申请权的转让费、专利的使用权、专利的转让权等财产权利）可以为遗产外，商标专用权以及自然人的发现权、发明权、科技进步权、合理化建议权等知识产权中的财产权利，也可以作为遗产。

7.自然人的其他合法财产

除前述六类财产外，自然人的其他合法财产，也可作为遗产。《继承法意见》第3条规定："公民可继承的其他合法财产包括有价证券和履行标的为财产的债权等。"自然人的其他财产主要包括如下几类：

（1）抵押权、质权和留置权。抵押权、质权和留置权属于担保物权，是担保主债权实现的从权利。担保物权为财产权，并且不具有专属性，仅是与被担保债权具有不可分离性。因此，自然人生前享有的担保物权，于该自然人死亡时得与其所担保的债权一并作为遗产。

（2）国有建设用地使用权。国有建设用地使用权属于用益物权，是以物的使用收益为目的的物权。国有建设用地使用权不具有专属性，依法可以流转，因而可以作为遗产。

（3）有价证券。有价证券，是指设定并证明持券人有权取得一定财产权利的书面凭证。例如，股票、公司债券、国库券、票据、仓单、提单等。自然人所有的有价证券是自然人财产的重要组成部分，在自然人死亡后，可以作为遗产。

（4）股权。在有限责任公司或合伙企业中，股东或合伙人所享有的股权属于财产权，可以作为遗产。但是，继承人不能当然取得股东或合伙人的资格。只有在公司章程有规定的情况下，或者合伙协议有约定或全体合伙人同意的情况下，继承人才能取得股东或合伙人的资格。对此，《中华人民共和国公司法》第75条规定："自然人股东死亡后，其合法继承人可以继承股东资格；但是，公司章程另有规定的除外。"《中华人民共和国合伙企业法》第50条规定："合伙人死亡或者被依法宣告死亡的，对该合伙人在合伙企业中的财产份额享有合法继承权的继承人，依照合伙协议的约定或者经全体合伙人同意，从继承开始之日起，即取得该合伙企业的合伙人资格。"

（5）债权。债依其发生根据，可以分为合同之债、侵权行为之债、不当得利之债、无因管理之债等。不论债的发生根据如何，凡不具有人身性质的债权，均为遗产。当然，遗产具有包括性，因此，对于被继承人的债务，继承人亦应于所得遗产的实际数额内负清偿责任。

理论争鸣

在遗产的范围问题上，对于被继承人的遗体能否成为遗产，学者们争议较大，主要存在以下几种观点：第一种观点认为，遗体是物，为被继承人死亡时遗留下来的个人财产，应属于遗产的范围；第二种观点认为，遗体不是财产所有权的标的，而是火化、埋葬、祭祀的标的，不属于遗产；第三种观点认为，遗体原则上可以作为遗产，但对遗体的处理，不得违反法律规定，不得违背社会公德；第四种观点认为，遗体是近亲属安葬权的标的，不属于财产权的标的，因而不属于遗产。

（二）遗产不能包括的财产

遗产不能包括的财产是从消极方面来分析遗产的范围，即不能列入遗产范围的财产。这类财产主要包括以下几项。

1. 与人身有关及专属性的债权

与被继承人的人身有关的及专属性的债权，因不具有可让与性，因此，不能作为遗产。例如，租赁合同的承租权、指定了受益人的人身保险合同中的受益权等，都不能作为遗产。

2. 国有资源的使用权

按照我国法律的规定，自然人可以依法取得和享有国有资源的使用权，如采矿权、探矿权、取水权、捕捞权、养殖权等。这些权利从性质上说属于用益物权的范畴，但因其取得须经特别的程序，权利人不仅有使用、收益的权利，同时也有管理、保护和合理利用的义务。国有资源的使用权是由特定人享有的，不得随意转让，因而也不得作为遗产。享有国有资源使用权的自然人死亡后，继承人从事被继承人原来从事的业务，须取得国有资源使用权的，应当重新自行申请并经主管部门核准，而不能基于继承权而当然取得。

3. 土地承包经营权

土地承包经营权，是指自然人依法通过签订承包合同取得的对集体所有的土地或者国家所有由集体使用的土地占有、使用、收益的权利。《继承法》第4条规定："个人承包应得的个人收益，依照本法规定继承。个人承包，依照法律允许由继承人继续承包的，按照承包合同办理。"《继承法意见》第4条规定："承包人死亡时尚未取得承包收益的，可把死者生前对承包所投入的资金和所付出的劳动及其增值和孳息，由发包单位或者接续承包的人合理折价、补偿，其价额作为遗产。”《农村土地承包法》第31条规定：“承包人应得的承包收益，依照继承法的规定继承。林地承包的承包人死亡，其继承人可以在承包期内继续承包。”其第50条规定：“土地承包经营权通过招标、拍卖、公开协商等方式取得的，该承包人死亡时，其应得的承包收益，依照继承法的规定继承；在承包期内，其继承人可以继续承包。”可见，依我国现行法的规定，土地承包经营权不能作为遗产。

4.宅基地使用权

宅基地使用权，是指自然人因私有房屋而使用集体所有的土地的权利，属于用益物权的范畴。由于宅基地使用权的取得与权利人的身份密切相关，因此，宅基地使用权不得作为遗产继承。但如前所述，自然人的私有房屋属于遗产。因此，继承人继承房屋，同时也就享有该房屋占有土地范围内的宅基地使用权，但继承人并不是因继承宅基地使用权而是因继承房屋所有权而取得宅基地使用权的。

第六节　继承的开始

一、继承开始释义

继承开始，是指继承法律关系的发生。只有在继承开始时，继承人的客观意义上的继承权才能转化为主观意义上的继承权，继承人才能参与继承法律关系，享有和行使继承权。继承的开始在继承法中具有重要作用，主要体现在以下方面。

（一）继承开始是确定继承人范围的界限

在继承开始时，不具备继承资格的人，不享有继承权。首先，只有在继承开始时与被继承人有近亲属关系的人才能享有继承权。在继承开始时已与被继承人解除婚姻关系或法律上的扶养关系的人，不作为继承人。其次，只有在继承开始时生存的继承人，才能享有主观意义上的继承权。最后，在继承开始时，即使生存的继承人也并非一定具备继承资格。如果继承人丧失了继承权，则其自然不能再作为继承人参加继承。所以，只有在继承开始时，没有死亡的人和没有丧失继承权的人，才能具备继承资格，才能作为继承人。

（二）继承开始是确定遗产范围的界限

遗产是被继承人死亡时所遗留的个人合法财产。在被继承人死亡以前，其生前享有的各种财产经常处在不断变动之中，财产的数额、形态等都会发生变化。因此，遗产范围的确定只能以继承开始时为准。只有在继承开始时，尚存的属于被继承人的财产，才能确定为遗产。在继承开始以前，被继承人已经处分的财产不再属于被继承人的遗产。

（三）继承开始是确定遗产所有权转移的界限

继承开始，被继承人生前所有的财产权便归继承人享有，即遗产的所有权转移给继承人。继承人为一人的，继承人单独继承，即取得遗产的单独所有权；继承人为多人的，继承人共同继承，遗产归继承人共有。

（四）继承开始是确定继承人应继份额的界限

根据《继承法》的规定，同一顺序法定继承人继承遗产的份额，一般应当均等。确定每个继承人的应继承份额，不是以遗产分割的时间为准，而是按照继承开始时确定的遗产总额来计算的。同时，在分配遗产时，根据继承人的具体情况，有的应当予以照顾，有的可以多分，有的应当不分或少分。对于需要加以特别考虑的继承人的具体情况，也应当以继承开始时的继承人的状况为准。

（五）继承开始是确定放弃继承权及遗产分割效力的界限

继承人在继承开始后至遗产分割前，可以放弃继承权。继承人放弃继承权，意味着继承人不参加继承法律关系，从继承开始就对遗产不享有任何权利。继承开始后，继承人可以协商具体确定遗产的分割时间。但无论何时分割遗产，其效力都应溯及继承开始，即从继承开始时起，因分割而分配给继承人的财产，溯及继承开始时已专属于继承人所有。

（六）继承开始是确定遗嘱的效力及执行力的界限

遗嘱人立有合法有效的遗嘱是遗嘱继承产生的法律事实之一。遗嘱虽然是遗嘱人生前的意思表示，但发生效力的时间却是在继承开始之时。在继承开始之前，遗嘱尚不发生法律效力，遗嘱人可以变更或撤销遗嘱。继承开始，遗嘱即发生法律效力，同时也就具有了执行力。

（七）继承开始是确定继承权保护20年期间起算点的界限

继承人享有继承权回复请求权，在其继承权受到侵害时，可以行使该请求权，请求人民法院予以保护。根据《继承法》第8条的规定，继承权受到侵害，向人民法院请求保护的期间，从继承人知道或者应当知道其权利被侵犯之日起计算。但是，自继承开始之日起超过20年的，不得再提起诉讼。可见，继承开始是确定继承权保护20年期间的起算点。

二、继承开始的时间

事例8-10 甲、乙系夫妻，生有一子丙。2005年12月3日，甲、乙、丙同车旅游途中遭遇车祸，经法医鉴定甲、丙当场死亡，不能确定死亡时间，乙受轻伤。事故发生后，在遗产的继承问题上，乙与甲的父母发生纠纷。

继承开始的时间是引起继承法律关系产生的法律事实出现的时间。能够引起继承法律关系产生的法律事实只能是自然人的死亡。因此，继承开始的时间就是自然人死亡的时间。《继承法》第2条规定："继承从被继承人死亡时开始。"《继承法意见》第1条规定："继承从被继承人生理死亡或宣告死亡时开始。"

Note

在事例8-10中，甲、丙于2005年12月3日遭遇车祸死亡，因此，继承开始的时间为2005年12月3日。

1. 生理死亡时间的确定

生理死亡又称自然死亡，是指自然人生命的终结。关于自然人的生理死亡，一般按下列情况确定：①医院死亡证书中记载自然人死亡时间的，以死亡证书中记载的为准；②户籍登记册中记载自然人死亡时间的，应当以户籍登记的为准；③死亡证书与户籍登记册的记载不一致的，应当以死亡证书为准；④继承人对被继承人的死亡时间有争议的，应当以人民法院查证的时间为准。

在事例8-10中，甲、丙的生理死亡时间，为2005年12月3日。

2. 宣告死亡时间的确定

宣告死亡，是指经利害关系人申请，由人民法院宣告下落不明满法定期间的自然人为死亡的制度。根据《民法通则意见》第36条的规定，被宣告死亡的人，判决宣告之日为其死亡的日期。因此，法院的判决宣告之日，即为失踪人的死亡日期。

3. 互有继承权的继承人在同一事故中死亡的时间确定

根据《继承法意见》第2条规定，互有继承权的几个人在同一事故中死亡，如不能确定死亡先后时间的，推定没有继承人的人先死亡。死亡人各自都有继承人的，如几个死亡人的辈分不同，推定长辈先死亡；几个死亡人辈分相同的，推定同时死亡，彼此不发生继承，由他们各自的继承人继承。

在事例8-10中，甲、丙在同一事故中死亡，死亡的先后不能确定，根据《继承法意见》第2条的规定，因甲、丙各自都有继承人且辈分不同，因此，应推定长辈甲先死亡，晚辈丙后死亡。

三、继承开始的地点

继承开始的地点，是指继承人参与继承法律关系、行使继承权、接受遗产的场所。

关于继承开始的地点,《继承法》没有明确规定。在我国司法实践中，通常以被继承人生前的最后住所地或主要遗产所在地为继承开始的地点。

根据《民法通则》的规定，被继承人的生前最后住所地，就是他的户籍所在地的居住地。如果经常居住地与住所不一致的，经常居住地就是住所地。

关于主要遗产所在地，如果遗产中有动产和不动产，则应以不动产所在地为主要遗产所在地；如果遗产属于同类动产，则应以财产的多少为标准确定主要遗产所在地；如果不属于同类动产，则应以各处遗产的价值额确定主要遗产所在地。

四、继承开始的通知

继承开始后，由于种种原因，有的继承人可能不知道继承开始的事实。因此，应当为继承开始的通知，将被继承人死亡的事实通知继承人或遗嘱执行人，以便继承人及时地处理有关继承问题。这是继承开始的一个必要环节，也是继承人行使继承权的一个前提条件。

《继承法》第23条规定："继承开始后，知道被继承人死亡的继承人应当及时通知其他继承人和遗嘱执行人。继承人中无人知道被继承人死亡或者知道被继承人死亡而不能通知的，则被继承人生前所在单位或者住所地的居民委员会、村民委员会负责通知。"根据这一规定，负有继承开始通知义务的人，首先是知道被继承人死亡的继承人。如果继承人中无人知道被继承人死亡的，或者虽然知道被继承人死亡却不能通知的（如无民事行为能力），则负有通知义务的人是被继承人生前所在单位或者住所地的居民委员会、村民委员会。负有通知义务的继承人或单位，如果有意隐瞒继承开始的事实，造成其他继承人损失的，应当承担责任。

课堂讨论案例

【案例1】甲与乙共生育三个子女，即长子丙、长女丁、次女戊。甲、乙夫妇于1960年在某市购买了两间房屋。原告丙于1976年结婚后搬出分家另过。1977年9月，甲因病去世，其遗产未作分割。乙与女儿丁、戊共同生活。1988年、1992年，丁、戊相继结婚并分别搬出另过，乙独立生活。1998年8月，乙病故。在病故前，乙曾立有公证遗嘱，将上述两间房屋中属于其应有的部分留给长女丁，并将房屋产权证交给了丁。乙去世后，次女戊以书面表示放弃继承权。2000年5月，原告丙因向被告丁索要自己应有部分房屋产权未果，向法院提起诉讼。

问：①甲死亡后，其遗产的继承人如何确定？②本案的诉讼时效应如何确定？

【案例2】1979年，甲的妻子去世，留下一个女儿。1981年，甲再婚。甲再婚后，开始嫌弃父母与女儿，经常打骂老人，不给女儿饭吃，并将父母、女儿赶出了家门。因甲的父母早已丧失劳动能力又没有其他收入，无奈之下，甲的两个姐姐承担起了抚养甲的女儿和赡养老人的重任。1996年，甲因家庭琐事将父亲打成重伤，因医治无效而死亡。甲的父亲去世后，母亲也一病不起，甲不仅没有支付医疗费，还经常找借口打骂母亲。1997年，甲的母亲向人民法院提起诉讼，要求甲支付赡养费。经人民法院调解，甲的两个姐姐承担母亲的生活起居，甲交赡养费、医疗费共1 500元，同时每月给付母亲生活费25元。在人民法院执行过程中，甲提出了一个和解条件，以放弃对母亲遗产继承权来换取赡养义务的免除。在有关基层组织的调解下，双方签署了和解协议，母亲放弃了对赡养费的请求权，甲则放弃了对母亲财产的继承权。2001年7月17日，甲到所在地的公证处对"放弃继承权声明书"办理了公证手续，声明放弃对其母遗产的继承权。法院根据当事人的协商结果，下发了执行和解协议书。2001年12月1日，甲的母亲去世。甲的两个姐姐决定将父母的遗产赠与甲的女儿。甲的母亲去世后，甲对放弃继承权声明书反悔，并要求继承母亲的遗产。

问：①2001年7月17日甲对其母亲遗产"放弃继承权声明书"是否有效？②法院的执行和解协议书是否有效？③甲对其父母的遗产是否有继承权？

【案例3】原告甲是被告乙的弟媳，被告丙、丁的儿媳。甲与丙、丁之子戊于1991年结婚，1992年生一子己。1993年4月，戊通过乙与其妻舅方某，经当时生产队的同意，将原由方某承包并已停业的木器店转由戊承包。该木器店后更名为幸福乡十队五金木器店，由戊独资经营，账户、贷款、交纳管理费、税款等经济活动，均以戊的名义进行。开业初期，乙曾在短时间内协助戊组织过货源，后即由戊自行购销。在此期间，由于五金木器店生意兴隆，盈利较多，戊和甲修建了二层楼房一幢，购买了电视机、洗衣机等电器和摩托车1辆，并用1 900元安装电话机1部于乙家。戊承包的商店存有货底款10万元。1996年6月，戊患病，委托乙代管五金木器店。同年7月30日，戊病故。同年8月，甲要求接管戊遗下的五金木器店，被告乙不愿交出，引起纠纷。1998年5月，甲向人民法院起诉，要求保护她和己继承戊遗产的权利。

问：①戊的遗产范围应如何确定？②原告甲行使的权利性质是什么？

【案例4】甲早年丧妻，孤身一人，由于年岁已大，无人照料，为使自己晚年生活有所保障，1998年5月14日经与女儿乙、女婿丙协商，签订了《赡养老人协议书》。协议书约定：甲的生养死葬由两人负责，甲所有的房屋由两人处理，其责任田由乙、丙代为耕种、管理和使用直至去世为止，法律、政策有变动的除外。此协议于同年6月8日在公证处进行了公证。甲去世前承包经营责任田约0.6亩，承包期限从1995年9月1日至2025年8月31日止，并约定了发包方的权利：发包方有权收回弃耕抛荒户、农转非户、死亡空户、外迁户的承包耕地，并重新发包。1998年12月12日甲去世，由于甲没有儿子，女儿乙嫁至外村，故发包人以死亡空户将甲的责任田收回发包给其他农户（当年的耕地收益已由乙夫妇收获）。乙夫妇不服，要求根据公证的《赡养老人协议书》继承甲生前承包的责任田、宅基地及周围空地，为此与发包人发生纠纷。

问：①甲与乙、丙签订的协议书是否有效？②土地承包经营权可否作为遗产继承？

【案例5】甲与乙1968年结婚，生有一子丙、一女丁。1980年5月，甲因与乙发生争执而离家出走，一直未有音讯。1988年1月，乙向当地人民法院申请宣告甲死亡，人民法院于1988年8月作出甲死亡的宣告，乙及其子女丙、丁对甲的遗产进行了继承。1989年乙再婚。丙于1987年7月结婚后生有一子戊，1989年6月丙外出遭遇车祸死亡。1996年12月乙接到某市公安局的通知，告知甲于1996年11月因心脏病死于该市。经查，甲1980年离家出走后，一直给人打工，生活非常困难。1989年开始经商并获得成功，积聚了财产200万元。在经商期间，甲与己相识，并于1991年元旦举行了婚礼，但未履行结婚登记手续。1992年4月俩人生有一女庚。甲于1995年亲笔写了一份遗嘱，指明自己的财产在其死亡后由己、庚、乙和丙四人均分。

问：①甲的死亡时间如何确定？②甲被宣告死亡后，乙等对甲遗产的继承是否有效？③甲自然死亡后，其继承人应如何确定？

【案例6】甲与乙自幼失去双亲，兄弟两人相依为命。甲前妻早丧，留有双胞胎儿子丙和丁。后妻戊已怀孕数月。乙未婚配，甲结婚后即单独生活。2005年10月20日，甲、乙同车探亲途中遇车祸死亡，死亡先后时间不能确定。甲有遗产房屋12间、存款人民币20万元。另甲生前投保了人身意外伤害险，保险金为人民币5 000元，未指定受益人。乙有遗产房屋6间、存款人民币15万元。甲在世时，丙因对甲再婚不满，声明与甲断绝父子关系，并明确表示放弃对甲的遗产的继承权，但甲死亡后丙没有表示放弃继承权。甲、乙死亡后，丙、丁与戊因遗产继承发生纠纷。

问：①被继承人的死亡时间及遗产的范围应如何确定？②丙、丁、戊和戊未出生的胎儿能否分割甲、乙的遗产？

一、单项选择题

1. 甲、乙为夫妻，无父母子女。甲只有一兄丙，乙只有一妹丁。丙、丁均独自生活，且与甲、乙往来较少。2004年春节期间，甲、乙驾马车进城购买年货，回家途中因马受惊狂奔，甲、乙被摔下悬崖。戊路过时发现甲已死亡，乙尚存一点气息，乙在被送往医院途中死亡。经查，甲、乙共有房屋3间。丙、丁对此3间房屋的继承发生了争议。下列表述中正确的是（　）。

   A. 3间房屋由丙独自继承　　B. 3间房屋由丁独自继承
   C. 3间房屋由丙、丁平分　　D. 3间房屋归甲、乙所在的村所有

2. 赵凡生前租住三居室住房1套，另有存款1.2万元，摩托车1辆，彩电、音响各1台，股票、国库券若干。赵凡的妻子早故，儿子、女儿与其分家单过。2002年赵凡因公致残，单位发给45 000元抚恤金。2003年6月，赵凡因车祸死亡，保险公司因其在保险单中未填写受益人，将70 000元保险金交给了赵凡的儿子。依法律规定，赵凡的遗产包括（　）。

   A. 存款、摩托车、彩电、音响、股票、国库券、抚恤金
   B. 住房、存款、摩托车、彩电、音响、股票、国库券、抚恤金、保险金
   C. 存款、摩托车、彩电、音响、股票、国库券、保险金
   D. 存款、摩托车、彩电、音响、股票、国库券、抚恤金、保险金

3. 甲在其父生前表示将对其父遗产的继承权转让给乙，双方签订了继承权转让协议。甲父死亡后，乙持转让协议要求分得甲对其父遗产的应继份

额，遭到甲和其他人的拒绝。下列说法中表述错误的是（ ）。

A．甲转让给乙的权利是客观意义上的继承权

B．客观意义上的继承权具有专属性

C．甲与乙双方的继承权转让协议具有法律效力

D．客观意义上的继承权不是身份权

4．乙与被继承人甲是父子关系，与丙是兄弟关系。乙在以下情况下丧失继承权。（ ）

A．乙对甲有遗弃行为

B．乙与丙因甲的赡养问题发生纠纷杀害了丙

C．甲立遗嘱明确乙不能继承其遗产

D．乙对甲有虐待行为

5．继承权丧失发生效力的时间为（ ）。

A．丧失事由发生时　　B．人民法院确认时

C．继承开始时　　D．继承人请求时

6．乙幼时由甲收养并抚养成人。2000年8月，乙结婚，并与甲达成解除收养关系的协议，但未办理解除收养关系登记手续。不久，甲在一次事故中致残，收入微薄，生活清苦。乙夫妇遂每月给甲一笔可观的生活费，节假日也常去甲处探望照料。2004年6月甲逝世，乙负责全部安葬事宜。现甲遗有唯一财产房屋2间，甲的弟弟丙和乙为该遗产继承发生纠纷。下述表述中正确的是（ ）。

A．乙是甲遗有的2间房屋的继承人

B．乙不是甲遗有的2间房屋的继承人

C．丙不是甲遗有的2间房屋的继承人

D．丙是甲遗有的该2间房屋的继承人，乙是甲遗有的2间房屋的可分得遗产的人

7．继承人放弃继承权的，应在（ ）内作出放弃的表示。

A．继承开始后、遗产处理前　　B．继承开始后的2年

C．继承开始后的20年　　D．继承开始前或遗产分割前

8．根据《继承法》的规定，继承权纠纷提起诉讼的期限为（ ）。

A．20年　　B．10年　　C．5年　　D．2年

9．放弃继承的效力，溯及到（ ）的时间。

A．继承人作出放弃继承表示　　B．继承开始

C．遗产分割　　D．其他继承人同意

10．互有继承权而辈份又不同的几个人在同一事故中死亡，死亡人各自都有继承人，如不能确定死亡先后时间的，推定（ ）。

A．同时死亡　　B．长辈先死亡

C．晚辈先死亡　　D．没有继承人的人先死亡

11．下列哪一行为可引起放弃继承权的后果？（ ）【2011年司法考试题】

A．张某口头放弃继承权，本人承认

B．王某在遗产分割后放弃继承权

C．李某以不再赡养父母为前提，书面表示放弃其对父母的继承权

D．赵某与父亲共同发表书面声明断绝父子关系

12．甲在乙寺院出家修行，立下遗嘱，将下列财产分配给女儿丙：乙寺院出资购买并登记在甲名下的房产；甲以僧人身份注册的微博账号；甲撰写《金刚经解说》的发表权；甲的个人存款。甲死后，在遗产分割上乙寺院与丙之间发生争议。下列哪一说法是正确的？（　）【2012年司法考试题】

A．房产虽然登记在甲名下，但甲并非事实上所有权人，其房产应归寺院所有

B．甲以僧人身份注册的微博账号，目的是为推广佛法理念，其微博账号应归寺院所有

C．甲撰写的《金刚经解说》属于职务作品，为保护寺院的利益，其发表权应归寺院所有

D．甲既已出家，四大皆空，个人存款应属寺院财产，为维护宗教事业发展，其个人存款应归寺院所有

二、多项选择题

1．甲及妻乙同儿子丙、儿媳丁、孙子戊外出，不幸遇交通事故均遇难身亡。甲夫妇及丙夫妇留有房产、股票等遗产。在处理遗产时，不能确定他们的死亡先后时间。现在有某甲的父、母、女儿，儿媳丁的哥哥要求继承。依照法律规定，甲、乙、丙、丁、戊的死亡顺序的表述中正确的有（　）。

A．推定甲先死亡，其他人同时死亡

B．推定甲、乙先死亡，其他人同时死亡

C．推定甲、乙先于丙、丁死亡，丙、丁先于戊死亡

D．推定甲、乙同时死亡，丙、丁同时死亡

2．乙因不堪忍受母亲甲的漫骂，搬出另过，甲对此极为不满。后甲丧失独立生活能力，乙前去照料，因不能原谅乙的分居行为，甲拒绝乙的照料。甲死亡后，留有遗产若干，乙因继承问题与其他继承人发生纠纷。依照法律规定，下列表述中正确的有（　）。

A．乙搬出另过，对甲不履行扶养义务，构成对甲的遗弃

B．乙搬出另过时甲有独立生活能力，乙不构成遗弃

C．甲没有独立生活能力后，乙不履行对甲的扶养义务，构成遗弃

D．甲没有独立生活能力后，拒绝乙履行扶养义务，乙不构成遗弃

3．根据《继承法》的规定，具备下列情形的，继承人丧失继承权。（　）

A．故意杀害被继承人的

B．故意杀害其他继承人的

C．遗弃被继承人的，或者虐待被继承人，情节严重的

D．伪造遗嘱，情形严重的

4. 甲有子乙、女丙。乙因故意伤害致甲一级伤残，并于2002年4月10日被执行死刑。2003年5月20日甲去世，留有价值20万元人民币的遗产。乙的儿子丁与甲的女儿丙为甲的遗产继承发生纠纷。依照法律规定，下列说法中正确的有（　）。
   A．乙因对甲有伤害行为，丧失对甲遗产的继承权
   B．乙对甲实施的行为是伤害而不是杀害，不丧失对甲遗产的继承权
   C．丁对甲的遗产有代位继承权
   D．丁对甲的遗产没有代位继承权
5. 乙在其父甲死亡前签署书面声明，明确表示放弃对甲遗产的继承权。甲去世后，乙再次向其他继承人声明放弃对甲遗产的继承权，但以不承担甲生前所欠债务为条件。依照法律规定，下列表述中正确的有（　）。
   A．甲生前乙放弃继承权的行为无效
   B．甲去世后乙放弃继承权的行为有效，但所附条件无效
   C．甲去世后乙放弃继承权的行为无效，但所附条件有效
   D．甲去世后乙放弃继承权的行为因附条件而无效
6. 甲和乙兄弟自幼失去父母，二人相依为命。成年后甲娶妻丙，生子丁、女戊，乙未婚。2004年3月20日，甲、乙、丙、丁同车探亲途中遇车祸死亡，死亡先后时间不能确定。依照法律规定，下列表述中正确的有（　）。
   A．乙先死亡，甲后于乙而先于丁死亡　　B．甲、丙同时死亡
   C．甲、乙同时死亡　　D．甲、乙、丙同时死亡
7. 甲故意杀害其配偶乙，但未导致乙死亡。乙临终前对甲的行为表示宽恕，甲也有悔罪表现。不久，甲的儿子丙因车祸死亡，留有遗产100万元。对于乙、丙遗产的继承，甲与丙的妻子戊、儿子丁发生纠纷。依照法律规定，下列表述中正确的有（　）。
   A．甲故意杀害配偶乙，丧失对乙遗产的继承权
   B．甲虽故意杀害了配偶乙，但乙生前表示宽恕，甲也有有悔罪表现，可不认定丧失继承权
   C．甲对配偶乙实施了故意杀害行为，丧失对乙遗产的继承权，也丧失了对丙遗产的继承权
   D．甲对配偶乙实施了故意杀害行为，仅丧失对乙遗产的继承权
8. 王某与李某系夫妻，二人带女儿外出旅游，发生车祸全部遇难，但无法确定死亡的先后时间。下列哪些选项是正确的？（　）【2008年司法考试题】
   A．推定王某和李某先于女儿死亡
   B．推定王某和李某同时死亡
   C．王某和李某互不继承
   D．女儿作为第一顺序继承人继承王某和李某的遗产

三、不定项选择题

1. 甲去世后，继承人乙、丙、丁在对甲的遗产清理后，乙表示放弃对甲遗

产的继承权，丙、丁遂对甲的遗产进行了分割。后丙在对分得甲的一幅齐白石赝品画委托拍卖时，被告知该画是真迹而非赝品，拍卖价格为人民币50万元，超出当时乙、丙、丁的估价40万元。乙以自己当时误以为是赝品而放弃继承权为由，要求撤销放弃继承权的意思表示，遭到丙的拒绝。依照法律规定，乙撤销放弃继承权的说法中正确的有（　）。

A．甲的遗产已由丙、丁分割完毕，乙对放弃继承权翻悔有正当理由，应予承认

B．甲的遗产已由丙、丁分割完毕，乙对放弃继承权翻悔虽有正当理由，也不予承认

C．乙的行为属于重大误解的民事行为，可以行使撤销权

D．乙放弃继承权后，因不能继承所受到的损失，由丙、丁给予适当的的补偿

2．甲的户籍所在地是A地。后因业务需要定居B地长期从事经营活动，一直到去世。甲生前投资房地产业，在C地购置大量房产，另有少量存款和动产在D地。依照法律规定，继承开始的地点为（　）。

A．B地　　B．C地　　C．D地　　D．A地

3．甲于2004年5月10日突发心脏病死亡，留有遗产房屋4间，承包的10亩苹果园也临近采摘季节。甲妻早逝，独子乙在外地工作，甲所在的村民委员会没有将甲去世的消息通知乙，村委会负责安葬了甲。甲生前承包的果园因无人管理，导致成熟的果实掉落腐烂，直接经济损失5万余元。依照法律规定，下列表述中正确的有（　）。

A．甲所在的村委会负有继承开始的通知义务

B．甲所在的村委会没有继承开始的通知义务

C．甲所在的村委会对果园的损失应当承担赔偿责任

D．甲所在的村委会对果园的损失不应当承担赔偿责任

4．甲有子乙、丙、丁，丁为残疾人，无劳动能力，依靠甲生活。甲生前立有遗嘱，将自己遗产中的房屋4间、存款10万元留给丁，另有遗产10万元留给乙、丙各5万元。甲死亡后，丙在清理甲的遗产时发现了该遗嘱，遂将遗嘱放在随身衣袋里。后清洗该衣服时，不小心将该遗嘱洗毁。依照法律规定，下列表述中正确的有（　）。

A．丙销毁遗嘱的行为侵害了缺乏劳动能力又没有生活来源的继承人丁的利益，丙丧失继承权

B．丙因过失而使甲的遗嘱损毁，不能认定为销毁遗嘱

C．丙虽因不小心将遗嘱洗毁，亦应当认定为销毁遗嘱

D．丙的行为是否构成销毁遗嘱应视丁的利益而定

5．在下列情形中，继承人实施丧失继承权的行为后，确有悔改表现且被继承人生前又表示宽恕的，可不确认继承人丧失继承权的有（　）。

A．故意杀害被继承人的

B．故意杀害其他继承人的

C．遗弃被继承人的，或者虐待被继承人，情节严重的

D．伪造遗嘱，情形严重的

6．下列地点可以作为继承开始的地点（　）。

A．被继承人生前最后住所地　　B．主要遗产所在地

C．继承人所在地　　D．遗嘱订立地

7．下列财产可以作为遗产（　）。

A．宅基地　　B．房屋　　C．文物　　D．林木

8．乙因长期对其父甲实施虐待行为，导致甲身患胃癌。甲生病住院期间，乙良心发现，对自己的行为进行了深刻反省，主动在医院护理甲，并承担了甲的治疗费用。甲对乙的行为表示宽恕。2个月后甲病故，留有遗产房屋4间。为该遗产的继承，乙与弟丙、妹丁发生纠纷。依照法律规定，下列表述中正确的有（　）。

A．乙因对甲有虐待行为，丧失对甲遗产的继承权

B．乙对甲有虐待行为，情节严重，具备丧失对甲遗产继承权的事由

C．乙虐待甲虽情节严重，但以后确有悔改表现，可不确认丧失继承权

D．乙虐待甲虽情节严重，但以后确有悔改表现，且被虐待人甲生前又表示宽恕，可不确认丧失继承权

四、辨析题

1．有限继承与无限继承。

2．法定继承人与遗嘱继承人。

3．主观意义上的继承权与客观意义上的继承权。

4．继承权的绝对丧失和相对丧失。

5．放弃继承权与丧失继承权。

五、简答题

1．继承的特点。

2．继承权丧失的事由。

3．继承权丧失的效力。

4．遗产的特点。

第九章 法定继承

知识结构图

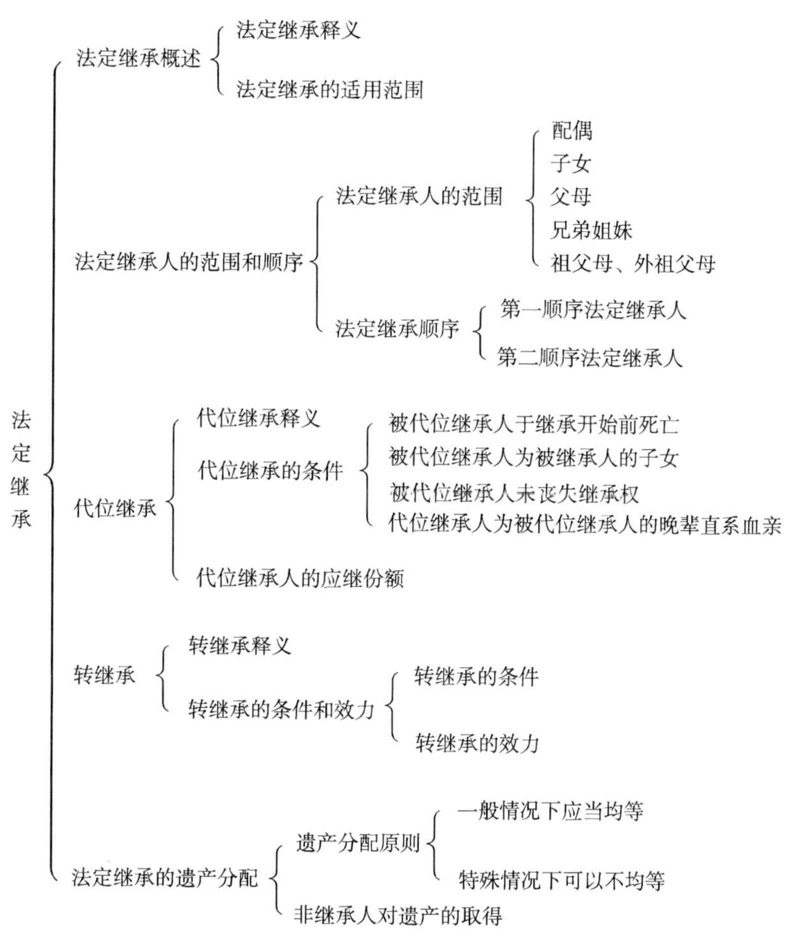

内容导读

继承开始后，被继承人作为遗产所有人的身份消灭，因此，必然要发生遗产所有权主体的变更，即由继承人取得被继承人所遗留的财产。继承人如何取得被继承人的遗产，这涉及法定继承问题，具体制度包括法定继承的适用、法定继承人的范围和顺序、代位继承和转继承、法定继承的遗产分配等。

司法考试要点

法定继承的概念和特点；法定继承的适用范围；法定继承人的范围；法定继承的顺序；代位继承的概念和条件；转继承；法定继承的遗产分配原则；非继承人对遗产的取得。

在历年考题中，本章涉及的问题主要包括法定继承人的范围、代位继承、转继承、遗产的分配等。

第一节　法定继承概述

事例9-1　甲于2005年3月10日死亡，有遗产房屋4间、人民币80万元及股票若干。甲父母早亡，有妻乙、子丙、丁和女戊。丙为甲与前妻所生，丁为甲与乙所生，戊为乙与前夫所生，随母与继父甲共同生活时尚未成年，甲承担了戊的抚养费和教育费。甲生前立有遗嘱，明确将其遗产中的2万元遗赠给朋友己，遗产中的房屋4间由乙继承。甲死亡后，己在知道受遗赠后2个月内明确表示放弃受遗赠。乙、丙、丁、戊为遗产继承发生纠纷，丙向人民法院提起诉讼。

一、法定继承释义

法定继承是相对于遗嘱继承而言的，是指根据法律直接规定的继承人的范围、继承人继承的先后顺序、继承的条件、继承人继承的遗产份额以及遗产的分配原则来继承被继承人遗产的一项法律制度。可见，法定继承具有以下特点。

1.法定继承是遗嘱继承的补充

法定继承和遗嘱继承是两种不同的继承方式。但从效力上说，遗嘱继承的效力优先于法定继承。继承开始后，得适用遗嘱继承的，应先适用遗嘱继承；不适用遗嘱继承时，才能适用法定继承。因此，法定继承具有补充遗嘱继承的特点。

2.法定继承是对遗嘱继承的限制

法定继承是由法律规定的一种继承方式，并不直接体现被继承人的意志。而遗嘱继承则是通过被继承人设立遗嘱的方式产生的，直接体现了被继承人的意愿。但是，在遗嘱继承中，遗嘱人也不能违反法律的限制。例如，遗嘱继承人只能限于法定继承人范围以内的人，遗嘱人必须在遗嘱中为缺乏劳动能力又没有生活来源的法定继承人保留必要的遗产份额。因此，尽管遗嘱继承适用在先，法定继承适用在后，遗嘱继承限制了法定继承的适用范围，但同时法定继承也是对遗嘱继承的一种限制。

3.法定继承人是基于一定的身份关系确定的

在法定继承中，继承人是由法律直接加以规定的，而不是由被继承人指定的。法律规定法定继承人的依据一般是继承人与被继承人之间的亲属关系。也就是说，法定继承人一般只是与被继承人有亲属关系的人。亲属关系是一种身份关系，故法定继承具有以身份关系为基础的特点。

4.法定继承中有关继承人、继承的顺序以及遗产的分配原则的规定具有强行性

在法定继承中，不仅继承人的范围是由法律直接规定的，而且继承人

参加继承的顺序、继承人应当继承的遗产份额也是由法律直接规定的。任何人不得改变法律规定的继承人的范围，也不得改变法律规定的继承人参加继承的先后顺序。继承人在继承遗产时须按照法律规定的应继承份额及遗产分配原则来分配遗产。从这个意义上说，法定继承具有强行性的特点。

在事例9-1中，因甲所立遗嘱只对部分遗产进行了处分，对遗嘱中未处分的遗产部分，乙、丙、丁、戊发生的纠纷，就涉及法定继承问题。丙之所以提起诉讼，其目的是为了确认其对甲的法定继承人的身份，并按继承份额分得甲的遗产。

二、法定继承的适用范围

法定继承的适用范围，是指在何种情形下适用法定继承。《继承法》第5条规定："继承开始后，按照法定继承办理；有遗嘱的，按照遗嘱继承或者遗赠办理；有遗赠扶养协议的，按照协议办理。"可见，在被继承人生前未与他人订立遗赠扶养协议，又没有设立遗嘱的，被继承人的全部遗产只能适用法定继承；或者被继承人生前虽与他人订立遗赠扶养协议，但该协议无效或不能执行，或者被继承人虽设立遗嘱但遗嘱全部无效，被继承人的全部遗产也只能适用法定继承。根据《继承法》第27条规定，有下列情形之一的，遗产中的有关部分按照法定继承办理。

1.遗嘱继承人放弃继承或者受遗赠人放弃受遗赠的

遗嘱继承人放弃继承和受遗赠人放弃受遗赠的，其放弃继承和受遗赠的遗产部分，适用法定继承。其他遗嘱继承人未放弃继承或其他受遗赠人未放弃受遗赠的，对其他遗嘱继承人或受遗赠人未放弃继承或受遗赠的遗产部分，不能适用法定继承。

2.遗嘱继承人丧失继承权或受遗赠人丧失受遗赠权的

遗嘱中指定的继承人在发生《继承法》规定的丧失继承权的法定事由时，其继承权丧失，不得为继承人。遗嘱中指定的受遗赠人丧失受遗赠权的，也不得为受遗赠人。因此，遗嘱继承人丧失继承权或受遗赠人丧失受遗赠权的，遗嘱中指定由其继承或受遗赠的遗产部分，适用法定继承。

3.遗嘱继承人、受遗赠人先于遗嘱人死亡的

遗嘱继承人、受遗赠人先于被继承人死亡的，则其因不具有继承能力或受遗赠能力而不能继承、受遗赠，因此，遗嘱中指定由其继承、受遗赠的财产部分适用法定继承。

4.遗嘱无效部分所涉及的遗产

遗嘱人所立的遗嘱如果不符合法律的规定，则为无效。遗嘱的无效可分为全部无效和部分无效。遗嘱无效部分所涉及的遗产，因不得执行遗嘱，故应适用法定继承。

5.遗嘱未处分的遗产

遗嘱人以遗嘱处分部分遗产的，未处分的遗产部分适用法定继承。

在事例9-1中，受遗赠人放弃了受遗赠的2万元，因此，被继承人的2万元遗产应适用法定继承。被继承人在遗嘱中并未处分78万元人民币和股票，因此，这些遗产也应当适用法定继承。

第二节 法定继承人的范围和继承顺序

事例9-2 乙幼时由甲收养并抚养成人。1999年8月，乙结婚，并与甲达成解除收养关系的协议，但未办理解除收养关系登记手续。2002年5月20日，甲与丙未办理结婚登记手续即以夫妻名义共同生活，但双方均符合《婚姻法》规定的结婚实质要件。2003年2月的一天，甲在交通事故中致残，收入微薄，生活清苦。乙夫妇遂每月给甲一笔生活费，节假日也常去甲处探望照料。2004年9月，甲去世，乙、丙和甲的同父异母弟丁共同料理了甲的丧事。甲生前未立遗嘱，留有遗产房屋5间。乙、丙、丁为甲的遗产继承问题发生纠纷，三人都认为自己享有对甲遗产的单独继承权。因无法达成协议，丁向人民法院提起诉讼，请求确认其对甲遗产的继承权。

一、法定继承人的范围

法定继承人，是指由法律直接规定的可以依法继承被继承人遗产的人。法定继承人的范围，是指哪些人可以为法定继承人。根据《继承法》第10条、第11条、第12条的规定，法定继承人包括：配偶、子女、父母、兄弟姐妹、祖父母、外祖父母，以及对公、婆或岳父、岳母尽了主要赡养义务的丧偶儿媳或女婿。

在事例9-2中，甲死亡后，丁向人民法院提起诉讼，要求排除乙、丙的继承权，确认其对甲遗产的继承权，就涉及法定继承人范围的确认问题。

（一）配偶

配偶是处于合法婚姻关系中的夫妻相互间的称谓。丈夫以妻子为配偶，妻子以丈夫为配偶。如果夫妻一方死亡，则另一方配偶有权继承对方的遗产。

作为继承人的配偶须于被继承人死亡时与被继承人之间存在合法的婚姻关系。在被继承人死亡时已经解除婚姻关系的（包括协议解除和诉讼解除），不为被继承人的配偶，不能以配偶身份继承被继承人的遗产。婚姻关系的解除须经法定程序，未经法定程序办理离婚手续的，夫妻双方仍为配偶，有相互继承遗产的权利。

未办理结婚登记手续即以夫妻名义同居生活的，在一方死亡时，依据《婚姻法解释（一）》第5条和第6条规定的原则，若双方的同居关系发生在1994年2月1日民政部《婚姻登记管理条例》公布实施之前，且双方已经符合结婚实质要件的，则双方成立事实婚姻关系，未死亡一方可以配偶身份对死亡一方的遗产主张继承权。若双方同居关系发生在1994年2月1日民政部《婚姻登记管理条例》公布实施之后，双方符合结婚实质要件，且后来

Note

补办了结婚登记的，则未死亡一方得以配偶身份继承死亡一方的遗产；未补办结婚登记的，未死亡一方对死亡一方的遗产不得以配偶的身份主张享有继承权。但如果一方死亡时，另一方符合《继承法》第14条所规定的可分得遗产的人的条件，可以分给适当的遗产。

如果双方的婚姻无效或为可撤销婚姻被撤销的，则当事人不具有夫妻的权利义务，一方死亡的，另一方不能以配偶的身份主张继承权。但对于可撤销的婚姻，在未撤销前一方死亡的，其他人不得主张撤销，生存的一方应得以配偶的身份主张继承权。

在事例9-2中，甲和丙于2002年5月20日未办结婚登记手续即以夫妻名义共同生活，虽然双方在以夫妻名义同居生活时符合《婚姻法》规定的结婚实质要件，但因双方的同居行为发生在1994年2月1日民政部《婚姻登记管理条例》公布实施之后，因此双方不成立事实婚姻，丙不得以配偶身份对甲的遗产主张继承权。丙如符合《继承法》第14条所规定的可分得遗产的人的条件，可以分给其适当的遗产。

（二）子女

子女是被继承人的晚辈直系血亲。根据《继承法》第10条的规定，子女包括婚生子女、非婚生子女、养子女和有扶养关系的继子女。

1.婚生子女

婚生子女，是指有合法的婚姻关系的男女双方所生育的子女。婚生子女，不论儿子还是女儿，不论子女随母姓还是随父姓，不论已婚或未婚，也不论结婚后女到男家落户还是男到女家落户，都有权继承其父母的遗产。

2.非婚生子女

非婚生子女，是指没有合法的婚姻关系的男女生育的子女。《继承法》第10条中明确规定，子女中包括非婚生子女，这也就确认了非婚生子女与婚生子女有平等的继承权。非婚生子女不仅有权继承其生母的遗产，也有权继承其生父的遗产，不论其生父是否认领该非婚生子女。当然，非婚生子女继承其生父遗产的，须能证明其与被继承人之间确实存在亲子血缘关系。

3.养子女

养子女，是指因合法收养关系的成立而与养父母形成父母子女关系的子女。根据《继承法》第10条的规定，子女中包括养子女。养子女与亲生子女享有平等的继承权。

养子女于收养关系成立后，其与生父母的父母子女之间法律上的权利义务关系解除。因此，收养关系一旦成立，养子女只有权继承养父母的遗产，而无权继承其生父母的遗产。但是，根据《继承法意见》第19条的规定，“被收养人对养父母尽了赡养义务，同时又对生父母扶养较多的，除可依继承法第十条的规定继承养父母的遗产外，还可依继承法第十四条的规定分得生父母的适当的遗产”。

依《继承法意见》第22条规定，“收养他人为孙子女，视为养父母与养子女的关系，可互为第一顺序继承人”。

在事例9-2中，乙与甲形成收养关系后，双方在1999年8月协议解除了收养关系，但未办理解除收养关系的登记手续。《收养法》第28条规定：“当事人协议解除收养关系的，应当到民政部门办理解除收养关系的登记。”甲与乙在协议解除收养关系时未办理登记手续，因此，双方解除收养关系的行为未发生法律效力，不能产生收养关系解除的法律后果。因此，乙仍有权以甲的养子女身份继承甲的遗产。

4. 继子女

继子女，是指妻与前夫或者夫与前妻所生的子女。继子女与继父母之间的关系，是因为其父母一方死亡而另一方再结婚或者双方离婚后再结婚而形成的一种亲属关系。

根据《继承法》第10条的规定，作为法定继承人的子女中所包括的继子女仅是“有扶养关系的继子女”。所以，继子女有无继承权决定于其与继父母之间有无扶养关系：有扶养关系的继子女有权继承继父母的遗产，是继父母的法定继承人；没有扶养关系的继子女无权继承继父母的遗产，不是继父母的法定继承人。继子女继承继父母的遗产的，不影响其对生父母的遗产继承权。

（三）父母

父母是最近的直系尊亲属。根据《继承法》第10条的规定，父母是法定继承人，有权继承子女的遗产。《继承法》所说的父母，包括生父母、养父母和有扶养关系的继父母。

1. 生父母

生父母对其亲生子女的遗产有继承权，不论该子女为婚生子女还是非婚生子女。但亲生子女已由他人收养的，生父母对其遗产无继承权。收养关系解除后，被收养的子女与生父母恢复父母子女之间法律上的权利义务关系的，生父母有权继承该子女的遗产；被收养的子女与生父母未恢复法律上权利义务关系的，生父母对该子女的遗产没有继承权。

2. 养父母

养父母是相对于养子女而言的。因收养关系的成立，养子女有权继承养父母的遗产，养父母也有权继承养子女的遗产。在养子女死亡前已经解除收养关系的，不论解除收养关系的原因为何，也不论解除收养关系的被收养人是否与其生父母恢复权利义务关系，收养人均无权继承其遗产。

3. 继父母

继父母是相对于继子女而言的。继父母与继子女之间在继承法上的关系依相互间的扶养关系而定。继父母与继子女之间已经形成扶养关系的，继父母有权继承继子女的遗产。与继子女有扶养关系的继父母也有双重继

Note

承权，既可继承其亲生子女（也包括养子女）的遗产，也可继承其继子女的遗产。

（四）兄弟姐妹

兄弟姐妹是最近的旁系血亲。《继承法》所指的兄弟姐妹包括同父母的兄弟姐妹、同父异母或者同母异父的兄弟姐妹、养兄弟姐妹、有扶养关系的继兄弟姐妹。

1.同父母的兄弟姐妹

同父母的兄弟姐妹为全血缘的兄弟姐妹，具有全血缘关系，其相互间有继承遗产的权利，互为法定继承人。

2.同父异母或者同母异父的兄弟姐妹

同父异母或者同母异父的兄弟姐妹为半血缘的兄弟姐妹。同父异母或同母异父的半血缘的兄弟姐妹与全血缘的同胞兄弟姐妹一样，相互有继承遗产的平等权利，互为法定继承人。

在事例9-2中，丁为甲的同父异母弟弟，因此，属于甲的法定继承人。

3.养兄弟姐妹

养兄弟姐妹是因收养关系的成立，被收养人与收养人所生子女之间的兄弟姐妹关系。根据《继承法》第10条的规定，养兄弟姐妹之间相互有继承遗产的权利。《继承法意见》第23条规定：“养子女与生子女之间、养子女与养子女之间，系养兄弟姐妹，可互为第二顺序继承人。被收养人与其亲兄弟姐妹之间的权利义务关系，因收养关系的成立而消除，不能互为第二顺序继承人。”若收养关系解除，被收养人与收养人的子女之间的养兄弟姐妹关系终止，相互间不再有继承遗产的权利；被收养人与生父母恢复父母子女权利义务关系的，其与亲兄弟姐妹之间的权利义务关系也恢复，有相互继承遗产的权利。

4.继兄弟姐妹

继兄弟姐妹是异父异母的兄弟姐妹关系，相互间无血缘关系。根据《继承法》第10条的规定，只有有扶养关系的继兄弟姐妹之间才有相互继承遗产的权利。《继承法意见》第24条规定：“继兄弟姐妹之间的继承权，因继兄弟姐妹之间的扶养关系而发生。没有扶养关系的，不能互为第二顺序继承人。继兄弟姐妹之间相互继承了遗产的，不影响其继承亲兄弟姐妹的遗产。”

（五）祖父母、外祖父母

祖父母是父亲的父母，外祖父母是母亲的父母。所以，祖父母、外祖父母是除父母之外最近的尊亲属。祖父母、外祖父母为孙子女、外孙子女的法定继承人，有权继承孙子女、外孙子女的遗产。继承法上的祖父母，也包括亲祖父母、亲外祖父母、养祖父母、养外祖父母、有扶养关系的继祖父母和有扶养关系的继外祖父母。

Note

（六）对公婆、岳父母尽了主要赡养义务的丧偶儿媳、女婿

《继承法》第12条规定：“丧偶儿媳对公、婆，丧偶女婿对岳父、岳母，尽了主要赡养义务的，作为第一顺序继承人。”何为“主要赡养义务”,《继承法意见》第30条明确规定：“对被继承人生活提供了主要经济来源，或在劳务方面给予了主要扶助的，应当认定尽了主要赡养义务或主要扶养义务。”可见，只要丧偶的儿媳对公、婆或者丧偶女婿对岳父、岳母尽了主要赡养义务，不论其在丧偶后是否再婚，也不论是否有代位继承人代位继承，都为法定继承人。

二、法定继承顺序

（一）法定继承顺序释义

法定继承顺序，又称为法定继承人的顺位，是指法律直接规定的法定继承人参加继承的先后次序。

继承开始后，适用法定继承时，法定继承人并不是同时都参加继承，而是按照法律规定的先后顺序参加继承，即先由前一顺序的继承人继承，没有前一顺序的继承人继承时，才由后一顺序的继承人继承。

法定继承顺序具有以下特点。

第一，法定性。法定继承顺序是由法律根据继承人与被继承人之间关系的亲疏程度、密切程度直接规定的，而不是由当事人自行决定的。因此，继承顺序具有法定性。

第二，强行性。法律规定继承顺序的目的，是为了保护不同情况的继承人的继承利益。对于法律规定的继承顺序，任何人、任何单位都不得以任何理由改变。即使前一顺序的继承人也不得变更自己的顺序而作为后一顺序的继承人参加继承。因此，法定继承顺序具有强行性。

第三，排他性。在法定继承中，继承人只能依法定继承顺序依次参加继承。只要有前一顺序的继承人继承，后一顺序的继承人就不能继承遗产。只有在没有前一顺序的继承人，或者前一顺序的继承人全部放弃继承权或全部丧失继承权，或者前一顺序的继承人部分丧失继承权，其余的继承人全部放弃继承权的情况下，后一顺序的继承人才有权参加继承。因此，法定继承顺序具有排他性。

第四，限定性。法定继承顺序只在法定继承中适用，遗嘱继承不适用法定继承顺序。因此，遗嘱继承人不受法定继承人的继承顺序的限制，遗嘱人得于遗嘱中指定由后一顺序的继承人继承遗产，而不由前一顺序的继承人继承。因此，法定继承顺序具有限定性。

在事例9-2中，乙和丁都是甲的法定继承人。但二人是共同继承甲的遗产，还是由乙或丁先继承，就涉及法定继承顺序的问题。

（二）法定继承顺序的确定

《继承法》第10条依据继承人与被继承人之间的婚姻关系、血缘关系和扶养关系的状态，将法定继承人的继承顺序分为两个顺序。

1. 第一顺序

第一顺序的法定继承人为：配偶、子女、父母、对公婆或岳父母尽了主要赡养义务的丧偶儿媳或女婿。

配偶是因婚姻关系的成立而形成的夫妻之间的亲属关系。夫妻关系是家庭关系的核心和基础。夫妻之间有着最密切的人身关系和财产关系，有相互扶养的义务。我国法律贯彻男女平等的原则，不仅丈夫得继承妻子的遗产，妻子也得继承丈夫的遗产。因此，无论是从亲属关系的亲疏程度上说，还是从扶养关系的密切程度上看，配偶都理应为第一顺序的法定继承人。

子女是父母最近的直系晚辈血亲，是家庭的主要成员。父母有抚养子女的义务，子女有赡养父母的义务，所以，无论是从血缘关系上还是从扶养关系上看，子女、父母都应为第一顺序的法定继承人。

《继承法》第12条规定："丧偶儿媳对公、婆，丧偶女婿对岳父、岳母，尽了主要赡养义务的，作为第一顺序继承人。"

在事例9-2中，乙作为养子女，是甲的第一顺序法定继承人，享有优先继承甲遗产的权利。

2. 第二顺序

第二顺序的法定继承人为：兄弟姐妹、祖父母、外祖父母。

兄弟姐妹，从血缘关系上说是被继承人最近的旁系血亲，从扶养关系上说在一定条件下与被继承人之间有相互扶养的义务。祖父母、外祖父母，从血缘关系上说是被继承人除父母之外最近的尊亲属，从扶养关系上说在一定条件下与被继承人也有一定的相互扶养的义务。因为兄弟姐妹、祖父母、外祖父母虽为被继承人的近亲属，但在亲属关系上较子女、父母远一等，在经济联系上也比子女、父母疏一些，所以,《继承法》将兄弟姐妹、祖父母、外祖父母同列为第二顺序的法定继承人。

在事例9-2中，因为丁是甲同父异母的弟弟，因此，丁是甲的第二顺序法定继承人。第一顺序继承人乙在继承开始时没有丧失继承权也没有放弃继承权，因此，乙作为第一顺序法定继承人的继承权排斥丁作为第二顺序法定继承人的继承权，丁不能作为继承人参与继承法律关系而取得对甲遗产的权利。

理论争鸣

孙子女、外孙子女应否作为第二顺序继承人？对此，有肯定和否定两种意见。肯定说认为，孙子女、外孙子女应作为第二顺序继承人；否定说认为，因有代位继承制度，将孙子女、外孙子女列为第二顺序继承人是没有必要的。

第三节　代位继承

事例9-3　被继承人有一子、一女，均于继承开始前死亡，被继承人的配偶、父母也已先于被继承人死亡。其子留有子女甲、乙、丙，其女留有一子丁。被继承人的儿媳戊对其尽了主要赡养义务。被继承人死亡后，甲、乙、丙、丁、戊为各自应继承的份额发生纠纷，丁向人民法院提起诉讼。

一、代位继承释义

代位继承，是指在法定继承中被继承人的子女先于被继承人死亡时，由被继承人子女的晚辈直系血亲代替继承其应继承份额的法律制度。在代位继承中，先于被继承人死亡的子女称为被代位继承人，被继承人的子女的晚辈直系血亲称为代位继承人。

在事例9-3中，被继承人的子女因为先于被继承人死亡而不能对被继承人的遗产行使继承权，甲、乙、丙、丁对被继承人遗产的继承即为代位继承。

二、代位继承的条件

《继承法》第11条规定："被继承人的子女先于被继承人死亡的，由被继承人的子女的晚辈直系血亲代位继承。代位继承人一般只能继承他的父亲或母亲有权继承的遗产。"可见，代位继承须具备如下条件。

1.被代位继承人须于继承开始前死亡

继承自被继承人死亡时开始。只有在被代位继承人先于被继承人死亡（包括自然死亡与宣告死亡）时，才能发生代位继承。若继承人死于被继承人死亡之后，则因继承已经开始，继承人得自行继承，而不会发生代位继承。

2.被代位继承人须为被继承人的子女

代位继承只能发生于被继承人的子女先于被继承人死亡的情形下。被继承人的尊亲属先于被继承人死亡的，不发生代位继承。因此，只有被继承人的子女才能成为被代位继承人，其他继承人都不能成为被代位继承人。《继承法》上所说的子女包括婚生子女、非婚生子女、养子女、有扶养关系的继子女。因此，被继承人的亲生子女、养子女和有扶养关系的继子女，都得为被代位继承人。

3.被代位继承人须未丧失继承权

《继承法意见》第28条中明确规定，继承人丧失继承权的，其晚辈直系血亲不得代位继承。因此，被代位继承人未丧失继承权是代位继承发生的一个条件。被代位继承人丧失继承权的，于被继承人死亡时，不仅本人不能参加继承，他人也不能代位继承。在继承人丧失继承权而代位继承人不能代位继承的情况下，如果该代位继承人缺乏劳动能力又没有生活来源，或者对被继承人尽赡养义务较多的，可适当分给遗产。

4.代位继承人须为被代位继承人的晚辈直系血亲

根据《继承法》第10条的规定，只有被代位继承人的晚辈直系血亲，才有代位继承权。因此，被代位继承人的其他亲属，如配偶、侄子女、儿媳或女婿等，都无代位继承权。《继承法意见》第26条规定："被继承人的养子女、已形成扶养关系的继子女的生子女可代位继承；被继承人亲生子女的养子女可代位继承；被继承人养子女的养子女可代位继承；与被继承人已形成扶养关系的继子女的养子女也可以代位继承。”关于代位继承人的范围，《继承法意见》第25条中明确规定：“被继承人的孙子女、外孙子女、曾孙子女、外曾孙子女都可以代位继承，代位继承人不受辈数的限制。”

在事例9-3中，因为甲、乙、丙、丁符合代位继承被继承人遗产的条件，因此，都享有对被继承人遗产的代位继承权。同时，因被继承人的丧偶儿媳戊符合继承被继承人遗产的条件，因此，甲、乙、丙、丁与戊同为第一顺序的法定继承人。

三、代位继承人的应继承份额

在具备代位继承的条件时，即发生代位继承，代位继承人取代被代位继承人的继承地位参与继承，但代位继承人不是与同一顺序的其他继承人平均继承被继承人的遗产。根据《继承法》第11条的规定，“代位继承人一般只能继承他的父亲或者母亲有权继承的遗产份额”。因此，代位继承人参加继承时，代位继承人若为数人，则不能与其他第一顺序的法定继承人一同按人数均分遗产，而只能共同继承被代位继承人有权继承的份额。

在事例9-3中，甲、乙、丙、丁不能与戊五人均分遗产，也不能将遗产分为二份，由戊继承一份，由甲、乙、丙、丁共同继承另一份，或者由戊与甲、乙、丙共同继承一份，由丁继承另一份。原则上，被继承人的遗产应分为三份，由戊继承一份，由甲、乙、丙三人共同继承一份，由丁继承一份。

理论争鸣

关于代位继承的性质，理论上存在着固有权说和代表权说两种不同的观点。固有权说认为，代位继承人参加继承是自己本身固有的权利，代位继承人是基于自己的权利继承被继承人的遗产，并不以被代位继承人是否有继承权为转移。只要被代位继承人不能继承，代位继承人就得代位继承，即使在被代位继承人丧失继承权的情形下，代位继承人也得依自己的权利继承被继承人的遗产。代表权说则认为，代位继承人继承被继承人的遗产，不是基于自己本身固有的权利，而是代表被代位继承人参加继承。因此，在被代位继承人丧失继承权的情形下，不应发生代位继承。

关于被代位继承人放弃继承权，其晚辈直系血亲可否代位继承，理论上也有不同的认识。否定说认为，被代位继承人放弃继承权的，其晚辈直系血亲不得代位继承；肯定说认为，被代位继承人放弃继承权的，并不影响其晚辈直系血亲的代位继承权。

第四节　转　继　承

事例9-4　甲有配偶及一子乙，乙与丙结婚并生有一女丁。甲死亡后，留有遗产房屋4间和人民币10万元。甲死亡后，继承人之间未分割遗产。

不久，乙死亡。丙、丁因遗产继承问题发生纠纷，诉至人民法院。

一、转继承释义

转继承又称转归继承、连续继承、再继承，是指继承人在继承开始后实际接受遗产前死亡时，继承人有权实际接受的遗产归由其法定继承人承受的一项法律制度。在转继承中，实际接受遗产的继承人称为转继承人，于继承开始后遗产分割前死亡的继承人称为被转继承人。《继承法意见》第52条规定："继承开始后，继承人没有表示放弃继承，并于遗产分割前死亡的，其继承遗产的权利转移给他的合法继承人。"

转继承是一种连续发生的二次继承。在被继承人死亡后，继承人参与继承，这是发生的第一次继承；继承人在参与继承之后、遗产分割之前死亡，又由转继承人承受被继承人的遗产，这是发生的第二次继承。因此，转继承实质上是在继承人直接继承后又转由转继承人承受被继承人的遗产，转继承人所继承的是被转继承人的遗产，而不是被继承人的遗产。

在事例9-4中，乙在甲死亡之后、遗产分割之前死亡，因此，乙的继承人丙、丁对甲的遗产的继承就构成了转继承。

理论争鸣

关于转继承的性质，理论上有以下两种不同的观点：一种观点认为，转继承是继承遗产权利的转移，被转继承人应继承的遗产份额不能视为其同配偶的共同财产；另一种观点认为，转继承所转移的不是继承权，而是遗产所有权。因此，应将被转继承人应继承的遗产份额视为其同配偶的共同财产。

二、转继承的条件和效力

（一）转继承的条件

转继承须具备如下两个条件：一是继承人于被继承人死亡之后、遗产分割之前死亡。只有在继承开始后继承人死亡的，才会发生转继承。同时，只有继承人于遗产分割前死亡的，才能适用转继承。若继承人于遗产分割后死亡，则该继承人的继承人直接继承其遗产，而不必直接参与被继承人遗产的分割。二是继承人未丧失继承权也未放弃继承权。如果继承人丧失继承权或者放弃继承权，则因其不能继承被继承人的遗产，即使其于被继承人死亡后、遗产分割前死亡，也不发生其应继承份额由何人承受的问题，也就不发生转继承。

（二）转继承的效力

在具备转继承的条件时，被转继承人应继承的被继承人遗产份额构成其遗产的一部分，应转由其继承人继承，转继承人可直接参与被继承人遗产的分配。这里的继承人既包括法定继承人，也包括遗嘱继承人。在法定继承中，转继承人应继承的为被转继承人的应继承份额；若被转继承人为遗嘱继承人，则转继承人应继承的为被继承人的遗嘱中指定由被转继承人

Note

继承的遗产份额。

在事例9-4中，丙、丁对甲的遗产的继承为转继承。乙死亡后应从甲处继承的遗产份额为其在婚姻关系存续期间继承所得的财产，为夫妻共同财产（除非乙与丙有另外约定），在确定乙的遗产时应当先分出归丙的一半，剩余部分作为乙的遗产，由丙、丁共同继承。

➢**相关链接**

转继承与代位继承

比较点	代位继承	转继承
继承的性质	代位继承人直接参加被继承人遗产的继承，是基于其代位继承权而取得继承被继承人遗产的权利	转继承是在被转继承人直接继承后又转由转继承人继承被转继承人的遗产，不是对被继承人的遗产继承权
发生的时间	被继承人的子女先于被继承人死亡	继承人在继承开始后、遗产分割前死亡
继承权的主体	代位继承人是被代位继承人的晚辈直系血亲	转继承人是被转继承人死亡时生存的所有合法继承人
继承权的客体	被代位继承人不能取得的应继份	被转继承人未能分得的遗产份额
适用的范围	适用于法定继承，不适用于遗嘱继承	适用于法定继承和遗嘱继承

第五节　法定继承的遗产分配

事例9-5　甲与前妻乙于1995年5月30日协议离婚，婚生子丙由乙抚养。2000年6月19日甲与丁结婚，婚后感情一般。2005年3月10日，甲被确诊为肝癌后，丁在甲住院之初尚能尽妻子之责，但见甲的病情没有任何好转后，便改变了态度，不再对甲进行照料，也很少再支付医疗费用。无奈之下，丙请求乙照料甲。乙念及夫妻以往的感情，承担了对甲的照料责任，并和丙共同承担了甲的治疗费用。一年后甲去世，留有遗产房屋8间。甲去世时，除丙、丁外，还有父母。父母没有劳动能力，也没有生活来源。因甲未立遗嘱，丁与甲的父母、丙为继承甲的遗产份额发生纠纷，丁向人民法院提起诉讼，请求继承甲的遗产。在诉讼进行中，乙提出请求，要求适当分得甲的遗产。

一、法定继承的遗产分配原则

法定继承的遗产分配，是指在法定继承人之间分配被继承人的遗产，即确定法定继承人的应继承份额。因此，法定继承的遗产分配原则就是确定法定继承人的应继承份额的原则。

《继承法》第13条对法定继承的遗产分配原则作了明文规定。按照该条规定，在法定继承中，同一顺序继承人的应继承份额按照如下两条原则确定。

1.一般情况下应当均等

一般情况下应当均等，是指在没有法律规定的特殊情形下，同一顺序的法定继承人应按照人数平均分配遗产。例如，被继承人有配偶、父母、子女二人，每一个继承人的继承份额应为被继承人遗产的五分之一。

Note

2.特殊情况下可以不均等

在下列情况下，同一顺序的法定继承人的应继承份额可以不均等：①对生活有特殊困难的缺乏劳动能力的继承人，分配遗产时，应当予以照顾。所谓予以照顾，是指在分配遗产时，生活有特殊困难的缺乏劳动能力的继承人的应继承份额应比其他继承人的应继承份额要多一些。②对被继承人尽了主要扶养义务或者与被继承人共同生活的继承人，分配遗产时，可以多分。但是，有扶养能力和扶养条件的继承人虽与被继承人共同生活，但对需要扶养的被继承人不尽扶养义务的，分配遗产时，可以少分或不分。根据《继承法意见》第30条的规定，所谓主要扶养义务，是指对被继承人生活提供了主要经济来源或者在劳务等方面给予了主要扶助。③有扶养能力和有扶养条件的继承人，不尽扶养义务的，分配遗产时，应当不分或者少分。根据《继承法意见》第33条的规定，继承人有扶养能力和扶养条件，愿意尽扶养义务，但被继承人因有固定收入和劳动能力，明确表示不要求其扶养的，分配遗产时，一般不应因此而影响其继承份额。④继承人协商同意的，可以不均分遗产。

在事例9-5中，丙、丁、甲的父母均为甲的第一顺序法定继承人，对甲的遗产均有继承权。按照法定继承的遗产分配原则，甲的父母属于生活有特殊困难的缺乏劳动能力的继承人，因此，分配遗产时，应当予以照顾，应多分遗产。丁有扶养能力，但在甲病重之际，不尽扶养义务，应当不分或少分遗产。

二、非继承人对遗产的取得

在法定继承中，除依法参加继承的法定继承人外，具备法定条件的其他人也有权取得一定的遗产。《继承法》第14条规定：“对继承人以外的依靠被继承人扶养的缺乏劳动能力又没有生活来源的人，或者继承人以外的对被继承人扶养较多的人，可以分给他们适当的遗产。”依该条规定可以分得适当遗产的人，称为可分得遗产的人。可分得遗产的人享有的可要求取得遗产的权利，称为遗产酌给请求权。

可分得遗产的人是可以参加继承的继承人以外的不得参加继承的人，既可以是非法定继承人，也可以是不能参加继承的法定继承人范围以内的人。例如，在有第一顺序法定继承人继承遗产时，第二顺序法定继承人不能参加继承，如果其具备法定条件，得以可分得遗产的人的资格要求分得适当遗产。依《继承法》规定，可分得遗产的人须为以下两种情况之一者：①继承人以外的依靠被继承人扶养的缺乏劳动能力又没有生活来源的人。这类可取得遗产的人须同时具备以下三个条件：一是须缺乏劳动能力；二是须没有生活来源，即没有经济上的生活收入。自己虽没有劳动收入，但有其他合法收入或有人向其提供生活费用的，不为没有生活来源；三是须为被继承人生前依靠被继承人扶养。②继承人以外的对被继承人扶养较多的人。对被继承人的扶养既包括经济上或者劳务上的扶助，也包括精神上的慰藉。只有对被继承人扶养较多的人，才可分得适当遗产。

对于可分得遗产的人，应当酌情分给适当的遗产。适当的遗产应依可分得遗产的人的具体情况和遗产的情况确定。一般说来，对于缺乏劳动能力又没有生活来源的人，应以被继承人扶养的情况而决定应分给的遗产额，但以满足其生活基本需要为限；对于对被继承人扶养较多的人，应依其对被继承人扶养的情况而决定其应分得的遗产份额。《继承法意见》第31条规定："依《继承法》第十四条规定可以分给适当遗产的人，分给他们遗产时，按具体情况可多于或少于继承人。"

可分得遗产的人要求分得适当遗产的遗产酌给请求权，是其享有的一项独立的权利。可分得遗产的人可以自己行使其权利，也可以通过代理人行使其权利。可分得遗产的人的遗产酌给请求权受法律保护，在其权利受到侵害时，有权请求人民法院依诉讼程序给予保护。《继承法意见》第32条规定："依《继承法》第十四条规定可以分给适当遗产的人，在其依法取得被继承人遗产的权利受到侵犯时，本人有权以有独立的诉讼主体的资格向人民法院提起诉讼。但在遗产分割时，明知而未提出请求的，一般不予受理；不知而未提出请求，在二年以内起诉的，应予受理。"

在事例9-5中，乙在甲病重期间，在长达一年的时间里，对甲进行了经济上和劳务上的扶助，属于继承人以外的对被继承人扶养较多的人，有权请求分给适当的遗产。乙的遗产酌给请求权是一项独立的权利，在丁与丙、甲的父母的遗产继承纠纷诉讼中，有权以有独立请求权第三人的身份参加到已进行的诉讼中，主张自己对甲的遗产的权利。

理论争鸣

关于可分得遗产人的范围如何，理论上有不同的看法。一种观点认为，可分得遗产的人只能是被继承人的法定继承人以外的人；另一种观点认为，可分得遗产的人既可以是非法定继承人，也可以是不能参加继承的法定继承人。

课堂讨论案例

【案例1】甲、乙二人为夫妻，甲有一弟丁，乙有一妹丙，甲、乙无其他亲属。一日，甲、乙出差遭遇车祸，甲当场死亡，乙在送往医院的途中死亡。为继承甲、乙的遗产，丁与丙发生争执，诉至人民法院。

问：甲、乙的遗产应如何处理？

【案例2】甲早年丧妻，两个儿子成年后都已结婚搬出另住。为照顾自己的生活，甲便雇了一位16岁的保姆乙，为甲做饭持家。乙来自浙江农村，聪明好学、朴实勤快，深得甲的赏识，乙也非常崇敬甲。渐渐地，爱情在甲与乙之间产生了。甲向儿子们吐露了想娶乙为妻的心愿，但遭到了儿子、儿媳的强烈反对。甲没有顾及儿子们的反对，毅然与乙登记结婚。甲的两个儿子从此不再上门看望甲，甲对子女的态度非常失望。婚后甲与乙感情很好，但甲毕竟年逾70岁，考虑到自己死后，两个儿子会争抢房子，使乙无处居住，便去公证处立下遗嘱，死后自己的两层小楼归乙所有。两年后，甲因病去世，留下房屋两层小楼1栋，存款8万元，书籍2 000多册，家具若干件。两个儿子要求继承遗产，尤其是房屋和存款。乙认为，甲生前立有遗嘱，已将房子留给自己，自己有权继承，拒绝交出房屋。两个儿子遂起诉到人民法院，要求继承甲的房屋和存款。

问：甲的遗产的继承人如何确定？

【案例3】被继承人甲有兄弟姐妹四人，姐乙于1983年春季去世，生育子女四人；哥丙于1992年6月去世，生育子女五人，即A、B、C、D、E；弟丁于1997年4月去世，生育子女四人，即F、G、H、I。被继承人甲于1948年随国民党军去往台湾，在台湾居住期间，未结婚及领养子女。1995年元月，被继承人甲因患高血压导致中风，1996年1月31日丁将甲接回老家，由其侄子轮流护理。被继承人甲回到老家后，卧床不起，神志不清。1996年8月20日，甲去世，留有遗产46万美元，人民币70万元。对遗产的归属，丙的子女因与丁发生纠纷，向人民法院提起诉讼，要求代替其父继承甲的遗产。乙生育的四子女，在诉讼前均已书面表示放弃对被继承人甲遗产的继承权。

问：①甲的遗产继承人如何确定？②乙的四个子女放弃对被继承人甲遗产继承权的表示是否有效？

【案例4】甲生有一子、一女，其子女于2001年先后死亡。甲的配偶、父母也于2002年先后死亡。2003年，甲因病死亡，留有遗产总计8万元人民币。甲死亡后，其子留有子女乙、丙，其女留有一子丁。乙、丙、丁为争夺遗产而发生矛盾，诉至法院。

问：甲的遗产应如何处理？

【案例5】甲的妻子早故，女儿乙出嫁多年，儿子丙于1990年与丁再婚，生一子戊。丙与其前妻己亦生有一子庚。庚于2004年与辛结婚，生有一女壬。某日，甲、丙、庚三人同车去赶集，汽车不幸于途中掉入50多米深的山谷。甲、庚当场死亡，丙经抢救无效亦死亡。甲、丙、庚死亡后，均留有遗产。为如何继承上述遗产，继承人之间发生纠纷，诉至人民法院。

问：①本案中的法定继承人应如何确定？②被继承人的死亡应如何确定？③本案中的遗产应如何分配？

Note

课后思考习题

一、单项选择题

1. 甲因与妻子乙感情不和，向人民法院提起离婚诉讼。一审人民法院判决准予双方离婚，并就夫妻财产进行了分割。乙对一审判决不服，提起上诉。在二审人民法院审理期间，乙因病死亡。乙母在乙死亡30日后向人民法院申请宣告甲乙双方的婚姻无效，人民法院判决宣告甲乙双方的婚姻无效。依照法律规定，下列表述中正确的是（　）。
   A. 人民法院已作出甲乙双方准予离婚的判决，甲对乙的遗产无继承权
   B. 人民法院虽作出甲乙双方准予离婚的判决，但判决尚未生效，甲对乙的遗产有继承权
   C. 人民法院已作出了甲乙婚姻无效的判决，甲对乙的遗产无继承权
   D. 乙死亡后，乙母不得申请宣告甲乙婚姻无效，甲对乙的遗产有继承权
2. 甲、乙双方未办理结婚登记手续，于1986年3月19日开始以夫妻名义共同生活，当时乙（女）18周岁。2005年3月23日，甲因病去世，甲的父母以甲乙同居时乙未达到法定婚龄为由，拒绝乙继承甲的遗产。依照法律规定，下列表述中正确的是（　）。
   A. 甲、乙同居时不符合结婚实质要件，双方不构成事实婚姻，乙无权继承甲的遗产
   B. 甲、乙同居时不符合结婚实质要件，但甲死亡时乙已达到法定婚龄，双方构成事实婚姻，乙有权继承甲的遗产
   C. 甲、乙在1994年2月1日前符合结婚实质要件，构成事实婚姻，乙有权继承甲的遗产
   D. 甲、乙1994年2月1日后未补办结婚登记，双方的关系为同居关系，乙对甲的遗产无继承权
3. 甲自幼被人收养，成年后与养父母解除了收养关系。收养关系解除后，甲恢复了与生父母的来往，并经常在经济上帮助生父母。收养关系解除后，养父母丧失劳动能力，没有生活来源，甲每月向养父母支付扶养费200元。2005年8月，生父母和养父母相继去世。依照法律规定，下列表述中正确的是（　）。
   A. 甲与生父母的权利义务关系因收养关系的解除而自然恢复，因此，甲有权继承生父母的遗产
   B. 甲与生父母恢复往来，并在经济上帮助生父母，视为父母子女间的权利关系恢复，甲有权继承生父母的遗产
   C. 甲在收养关系解除后仍对养父母履行了扶养义务，因此，甲有权继承养父母的遗产

D. 甲在收养关系解除后向养父母支付扶养费是收养关系解除后发生的，不是收养关系的效力，因此，甲无权继承养父母的遗产

4. 甲与乙（女）婚姻关系存续期间，因甲没有生育能力，乙未经甲同意接受了异质人工授精手术，生育一子丙。甲在丙出生后，因无法面对世俗的挑战，拒绝对丙履行抚养义务。2004年8月2日，甲因病去世，留有遗产50万元。依照法律规定，下列表述中正确的是（　）。

A. 丙为甲、乙婚姻关系存续期间所生子女，应推定为甲的婚生子女，有权继承甲的遗产

B. 丙与甲无血缘关系，与甲形成继父子关系，无权继承甲的遗产

C. 乙未经甲同意接受异质人工授精手术所生子女，与甲不形成父子关系，无权继承甲的遗产

D. 丙无权继承甲的遗产，但有权适当分得甲的遗产

5. 甲随母与继父及继兄乙、丙共同生活，继父承担了甲抚育费的大部，继父与继子甲之间形成了抚养关系，甲的胞弟丁被送给他人收养。1998年的一天，甲母与继父外出途中遇车祸死亡，此时乙、丙已成年并参加工作，乙遂承担了对甲的扶养责任，但丙因对父再婚不满拒绝扶养甲。2005年3月10日，甲受赠取得价值人民币20万元的房屋1套，不久甲溺水死亡。甲无第一顺序法定继承人。依照法律规定，下列表述中正确的是（　）。

A. 乙、丙、丁有权继承甲的遗产

B. 乙、丙有权继承甲的遗产

C. 乙有权继承甲的遗产

D. 丁有权继承甲的遗产

6. 甲妻早丧，有一子在外地工作。甲丧失劳动能力后，甲的晚年生活主要由其弟乙负责照料。甲去世后留有房屋5间，未立遗嘱。下列表述中正确的是（　）。

A. 乙对甲尽了主要扶养义务，应列为第一顺序继承人参加继承

B. 甲子对甲有遗弃行为，丧失继承权，乙应列为第二顺序继承人参加继承

C. 乙对甲扶养较多，应作为可分得遗产的人分得适当的遗产

D. 乙是法定继承人范围之内的人，不符合可分得遗产的人的条件

7. 丧偶儿媳对公、婆，丧偶女婿对岳父、岳母，尽了主要赡养义务的，作为（　）。

A. 可分得遗产的人　　B. 第一顺序继承人

C. 第二顺序继承人　　D. 受遗赠人

8. 张某1岁时被王某收养并一直共同生活。张某成年后，将年老多病的生父母接到自己家中悉心照顾。2000年，王某、张某的生父母相继去世。下列哪种说法是正确的？（　）【2006年司法考试题】

A. 张某有权作为第一顺序继承人继承生父母的财产

B. 张某有权作为第二顺序继承人继承生父母的财产

C．张某无权继承养父王某的财产

D．张某可适当分得生父母的财产

二、多项选择题

1．甲娶妻乙，育有一子、一女，女儿丙已出嫁，儿子娶妻丁，生有一子戊，儿子于5年前不幸遇车祸死亡。甲、乙均年老，无固定生活来源，女儿丙出嫁后，拒不赡养老人，并曾数度虐待甲、乙，甲、乙主要依靠儿媳丁供养。甲于2000年3月死亡，留下房屋4间。按照继承法规定，下列哪些人可以参加第一顺序继承？（　）

A．乙　　B．丙　　C．丁　　D．戊

2．甲于2001年离家出走，杳无音讯。2005年其妻乙向人民法院申请甲宣告死亡，2006年人民法院依法宣告甲死亡，其房屋3间被其妻乙和其子丙继承。2007年，乙带房产改嫁，同年，乙又与后夫离婚。甲离家出走后，南下深圳，2008年因福利彩票中奖20万。甲用该款购买股票，同年获利200万。2008年12月甲因饮酒过量心脏病发作死亡。经查，甲于2007年与丁在教堂举行了婚礼（未办理婚姻登记），并生子戊。甲的法定继承人包括（　）。

A．乙　　B．丙　　C．丁　　D．戊

3．甲于2000年初与所在的国营企业乙签订了遗赠扶养协议，约定乙企业负责甲的生养死葬，甲去世后自己所有的房屋1套归乙企业。甲生前立有遗嘱，在遗嘱中言明：自己所有的存款归女儿丙，儿子丁对遗产无继承权。丙因病先于甲死亡，有子戊、夫己。2003年3月10日甲去世。依照法律规定，下列表述中正确的有（　）。

A．甲与乙签订的遗赠扶养协议无效，甲的房屋应适用遗嘱继承

B．遗嘱继承人丙先于甲死亡，遗嘱中指定由丙继承的遗产由戊代位继承

C．遗赠扶养协议中指定由乙企业接受遗赠的财产，因协议无效，适用法定继承

D．遗嘱中指定由丙继承的遗产，因丙在继承开始前死亡，适用法定继承

4．甲、乙因母与继父丙结婚而与继父共同生活，继父对甲、乙履行了抚养义务，双方形成了抚养关系。后丙征得甲的生父母和甲的同意，收养了甲并办理了收养登记手续。2005年10月，甲、乙的生父和继父相继去世，依照法律规定，下列表述中正确的有（　）。

A．甲、乙有权继承继父和生父的遗产

B．甲有权继承继父的遗产，无权继承生父的遗产

C．乙有权继承生父的遗产，也有权继承继父的遗产

D．甲、乙有权继承继父的遗产，无权继承生父的遗产

5．甲父早亡，其母改嫁，甲由祖母抚养成人。甲娶妻乙，生子丙。2003年3月2日甲因病死亡，留有遗产房屋3间、存款人民币10万元。甲母、甲祖母、乙、丙均要求继承甲的遗产。依照法律规定，下列表述中正确的有（　）。

A．甲祖母、乙、丙有权继承甲的遗产，甲母无权继承

B. 甲母、乙、丙有权继承甲的遗产，甲祖母无权继承甲的遗产

C. 乙、丙有权继承甲的遗产，甲母、甲祖母无权继承甲的遗产

D. 甲祖母对甲的遗产无继承权，但享有适当分得权

6. 甲某夫妻婚后生子乙，与岳母丙共同生活。甲妻去世后，甲再婚，但丙生活费仍由甲支付，一直到丙去世。丙去世后留有遗产房屋8间，有子丁、女戊，生活均较为困难。依照法律规定，下列表述中正确的有（　）。

A. 丁、戊有权继承，乙有权代位继承

B. 甲因对丙履行了主要赡养义务，对甲的遗产有权继承

C. 乙代位继承丙的遗产后，排斥了甲对丙遗产的继承权

D. 甲因再婚，与丙的姻亲关系消灭，无权继承丙的遗产，只能适当分得丙的遗产

7. 甲有子乙、女丙。乙因不满甲对自己工作安排而与甲发生冲突，试图杀害甲，因甲反抗未遂。乙有妻丁和女戊。2年后，甲因病去世，留有遗产房屋4间，存款人民币13万元。甲生前立有遗嘱，声明遗产房屋4间归丙所有，但丙于继承开始前死亡，留有子己。对甲遗产的继承权，下列表述中正确的有（　）。

A. 乙对存款人民币13万元有继承权，己对甲的房屋4间有代位继承权

B. 乙对甲的遗产丧失继承权，其应继承的遗产份额由戊代位继承

C. 乙对甲的遗产丧失继承权，对其应继承的遗产份额，戊无代位继承权

D. 己对甲的遗产房屋4间、存款人民币13万元，有代位继承权

8. 田某死后留下五间房屋、一批字画以及数十万存款的遗产。田某生三子一女，长子早已病故，留下一子一女。就在两个儿子和一个女儿办理完丧事协商如何处理遗产时，小儿子因交通事故身亡，其女儿刚满周岁。田某的上述亲属中哪些人可作为第一顺序继承人继承他的遗产？（　）【2003年司法考试题】

A. 二儿子和女儿　　B. 小儿子

C. 小儿子之女　　D. 大儿子之子女

9. 唐某有甲、乙、丙成年子女三人，于2002年收养了孤儿丁，但未办理收养登记。甲生活条件较好但未对唐某尽赡养义务，乙丧失劳动能力又无其他生活来源，丙长期和唐某共同生活。2004年5月唐某死亡，因分配遗产发生纠纷。下列哪些说法是正确的？（　）【2006年司法考试题】

A. 甲应当不分或者少分遗产　　B. 乙应当多分遗产

C. 丙可以多分遗产　　D. 丁可以分得适当的遗产

10. 李某死后留下一套房屋和数十万存款，生前未立遗嘱。李某有三个女儿，并收养了一子。大女儿中年病故，留下一子。养子收入丰厚，却拒绝赡养李某。在两个女儿办理丧事期间，小女儿因交通事故意外身亡，留下一女。下列哪些选项是正确的？（　）【2007年司法考试题】

A. 二女儿和小女儿之女均是第一顺序继承人

B. 大女儿之子对李某遗产的继承属于代位继承

Note

C. 小女儿之女属于转继承人

D. 分配遗产时，养子应当不分或少分

11. 钱某与胡某婚后生有子女甲和乙，后钱某与胡某离婚，甲、乙归胡某抚养。胡某与吴某结婚，当时甲已参加工作而乙尚未成年，乙跟随胡某与吴某居住，后胡某与吴某生下一女丙，吴某与前妻生有一子丁。钱某和吴某先后去世，下列哪些说法是正确的？(　　)【2009年司法考试题】

A. 胡某、甲、乙可以继承钱某的遗产

B. 甲和乙可以继承吴某的遗产

C. 胡某和丙可以继承吴某的遗产

D. 乙和丁可以继承吴某的遗产

12. 郭大爷女儿五年前病故，留下一子甲。女婿乙一直与郭大爷共同生活，尽了主要赡养义务。郭大爷继子丙虽然与其无扶养关系，但也不时从外地回来探望。郭大爷还有一丧失劳动能力的养子丁。郭大爷病故，关于其遗产的继承，下列哪些选项是正确的？(　　)【2010年司法考试题】

A. 甲为第一顺序继承人

B. 乙在分配财产时，可多分

C. 丙无权继承遗产

D. 分配遗产时应该对丁予以照顾

13. 甲育有二子乙和丙。甲生前立下遗嘱，其个人所有的房屋死后由乙继承。乙与丁结婚，并有一女戊。乙因病先于甲死亡后，丁接替乙赡养甲。丙未婚。甲死亡后遗有房屋和现金。下列哪些表述是正确的？(　　)【2012年司法考试题】

A. 戊可代位继承　　　B. 戊、丁无权继承现金

C. 丙、丁为第一顺序继承人　　　D. 丙无权继承房屋

14. 甲自书遗嘱将所有遗产全部留给长子乙，并明确次子丙不能继承。乙与丁婚后育有一女戊、一子己。后乙、丁遇车祸，死亡先后时间不能确定。甲悲痛成疾，不久去世。丁母健在。下列哪些表述是正确的？(　　)【2013年司法考试题】

A. 甲、戊、己有权继承乙的遗产

B. 丁母有权转继承乙的遗产

C. 戊、己、丁母有权继承丁的遗产

D. 丙有权继承、戊和己有权代位继承甲的遗产

15. 甲（男）与乙（女）结婚，其子小明20周岁时，甲与乙离婚。后甲与丙（女）再婚，丙子小亮8周岁，随甲、丙共同生活。小亮成年成家后，甲与丙甚感孤寂，收养孤儿小光为养子，视同己出，未办理收养手续。丙去世，其遗产的第一顺序继承人有哪些？(　　)【2014年司法考试题】

A. 小明　B. 小亮　C. 甲　D. 小光

三、不定项选择题

1. 甲有子乙、女丙，乙与丁结婚并生女戊。甲死亡后不久乙死亡，戊提出继承乙的遗产，与丁发生纠纷。甲生前立有遗嘱，言明遗产全部由乙继承，而且该遗产的所有权仅归乙所有。乙生前也立有遗嘱，言明遗产全部由戊继承。对甲的遗产，下列表述中正确的有（　）。
   A. 乙从甲处继承的遗产应为乙与丁的夫妻共同财产
   B. 乙从甲处继承的遗产份额应为乙的个人财产，应全部列入乙的遗产
   C. 乙对甲的应继承遗产份额，由乙的法定继承人丁和戊转继承
   D. 乙对甲的应继承遗产份额，由乙的遗嘱继承人戊转继承
2. 甲有子5人，二子乙的独子和儿媳早逝，留下一对双胞胎孙子丙、丁由乙抚养。后乙又不幸早于甲去世。甲去世后，留有遗产人民币100万元。对甲遗产的继承，下列表述中正确的有（　）。
   A. 乙非为继承人，甲的遗产应由其他四个子女继承
   B. 乙非为继承人，其对甲遗产的应继份额由其孙子丙丁代位继承
   C. 乙非为继承人，不能继承甲的遗产，丙、丁是乙的孙子女而不是子女，无权代位继承甲的遗产
   D. 甲的遗产由甲的除乙以外的其他4子和丙、丁共同继承，其他4子每人的应继份为遗产总额的1/5，丙、丁两人的应继份额为遗产总额的1/5
3. 甲与乙为亲兄弟，无其他亲属。甲婚后没有生育子女，收养丙为养子。之后不久，甲夫妻二人因车祸死亡。甲夫妻二人的遗产应由（　）。
   A. 丙继承　　B. 乙继承
   C. 丙、乙各继承1/2　　D. 乙继承1/3，丙继承2/3
4. 甲与乙因感情不和而长期分居，其独生子丙随甲的父母生活。甲在一次事故中死亡，其个人财产应由（　）。
   A. 乙继承　　B. 丙继承
   C. 甲的父母和丙继承　　D. 甲的父母、乙、丙共同继承
5. 王锋与刘青结婚四年后，已生一子王达。1994年7月5日，王锋出海打渔遇台风未归，生死不明。若干年后，其妻刘青向人民法院申请宣告王锋死亡，人民法院依法作出宣告死亡判决。经查，王锋结婚后与父母分开生活（其父于1996年10月3日死亡）。王锋因与刘青感情不和且离婚未果而与刘青分居，分居期间王锋盖有楼房6间。王锋遇台风后被人相救，因不想再见刘青而未与家庭联系，独自到南方某市打工。1997年王锋与打工妹陈莹相识并相好，并在该市教堂举行了婚礼，生有一女王莉。陈莹为王锋介绍了一收入颇丰的工作。1998年5月5日王锋因摸彩票中奖，获奖金30万元。1998年6月6日王锋与陈莹各出10万元购买了张明的3间私房，但未办登记过户手续。1999年4月8日，王锋因心脏病发作死亡，临终前告诉了陈莹自己的身世，并立口头遗嘱将自己原有的

6间房屋由其母谢兰继承（有2名医生在场）。请回答下列问题:【2002年司法考试题】

（1）刘青向人民法院申请宣告王锋死亡，人民法院应予受理的最早申请日期是哪一天？（　）

A. 1998年7月5日　　B. 1998年7月6日

C. 1996年7月5日　　D. 1996年7月6日

（2）设刘青于最早申请日期向人民法院申请，受理人民法院依法作出宣告王锋死亡的判决。此时，王锋所建的6间房屋应如何继承？（　）

A. 其中3间房屋归刘青所有；3间房屋属王锋遗产，由王锋的继承人继承

B. 6间房屋由刘青、谢兰、王达和王锋之父继承

C. 3间房屋由刘青、谢兰、王达继承

D. 6间房屋由刘青、谢兰、王达继承

（3）王锋彩票中奖所得30万元，应由谁继承？（　）

A. 谢兰、王达、王莉　　B. 谢兰、刘青、王达、王莉

C. 谢兰、刘青、陈莹、王达、王莉　　D. 谢兰、陈莹、王达、王莉

（4）对王锋与陈莹共同购买张明私房3间的定性表述中，下列选项中正确的是（　）。

A. 王锋、陈莹与张明之间买卖房屋合同无效，因为未办理过户登记手续

B. 王锋、陈莹与张明之间的买卖房屋合同有效

C. 王锋与陈莹取得了该3间房屋的所有权，因为张明已将房屋交付

D. 王锋与陈莹未取得该3间房屋的所有权

（5）设王锋与陈莹购买张明私房3间办理了登记过户手续。就王、陈二人之间形成的法律关系的下列表述中哪些是不正确的？（　）

A. 王锋与陈莹之间形成合伙关系

B. 王锋与陈莹之间形成共同共有关系

C. 王锋与陈莹之间形成按份共有关系

D. 王锋、陈莹之间形成债权债务关系

6. 马俊1991年去世，其妻张桦1999年去世，遗留夫妻共有房屋5间。马俊遗有伤残补助金3万元。张桦1990年以个人名义在单位集资入股获得收益1万元。双方生有一子马明，1995年病故。马明生前与胡芳婚后育有一子马飞。张桦长期患病，生活不能自理，由表侄常生及改嫁儿媳胡芳养老送终。5间房屋于2001年11月被拆迁，拆迁单位与胡芳签订《危旧房改造货币补偿协议书》，胡芳领取作价补偿款、提前搬家奖励款、搬迁补助费、货币安置奖励费、使用权补偿款共计25万元。请回答以下问题:【2005年司法考试题】

（1）下列各项中何者属于遗产？（　）

A．提前搬家奖励款　　B．搬迁补助费

C．货币安置奖励费　　D．使用权补偿款

（2）马俊的伤残补助金、张桦集资入股收益的性质应如何确定？（　）

A．伤残补助金和集资收益均为个人财产

B．伤残补助金为个人财产，集资收益为夫妻共同财产

C．伤残补助金为夫妻共同财产，集资收益为个人财产

D．伤残补助金和集资收益皆为夫妻共同财产

（3）下列关于常生可否得到补偿的说法何者正确？（　）

A．应当得到补偿，分配数额应当小于法定继承人

B．应当得到补偿，分配数额可以等于或大于法定继承人的继承份额

C．如常生明知法定继承人分割遗产而未提出请求，即丧失遗产分配权

D．如常生要求参与分割遗产，应在继承开始后1年内提出请求

（4）下列关于胡芳及其子女遗产继承权的说法何者正确？（　）

A．胡芳对张桦尽了主要赡养义务，应列为第一顺序继承人

B．马飞对张桦的遗产享有代位继承权

C．胡芳再婚后所生子女对张桦的遗产享有代位继承权

D．马飞对马俊的遗产享有转继承权

四、辨析题

代位继承与转继承。

五、简答题

1．法定继承的特点。

2．如何确定法定继承的适用范围？

3．法定继承人的范围。

4．法定继承顺序的特点及其确定。

5．代位继承的条件。

6．在法定继承中，遗产分配应遵循什么原则？

第十章 遗嘱继承

知识结构图

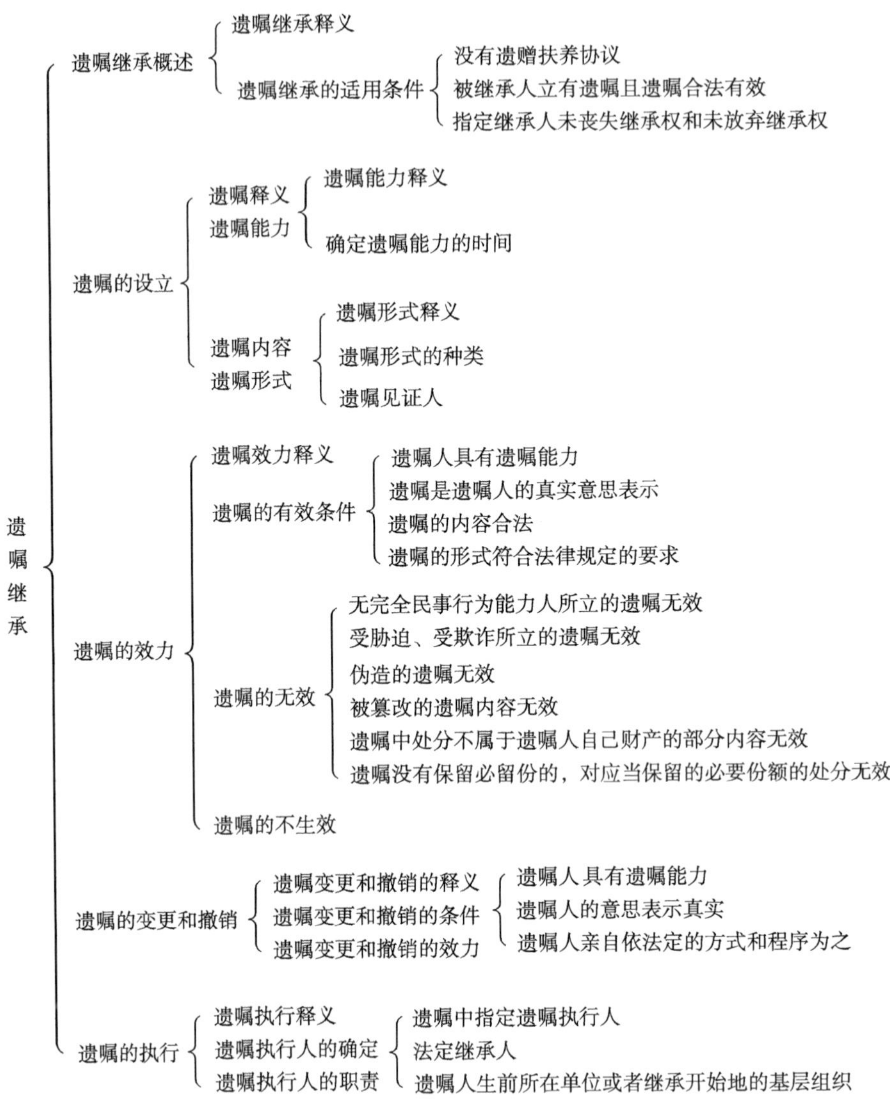

内容导读

自然人不仅能够以自己的意思决定其生存时财产的命运，而且有权决定其死亡后财产如何处置。法律虽然通过法定继承制度将死者的遗产留给其近亲属，尊重了自然人的意愿，但死者生前根据自己的具体情况决定其死后财产如何分配，更能反映其意愿，这也是自然人处分财产自由的一种体现。自然人可通过什么方式处理其死亡后的财产，法律对这些方式有什么要求等，是遗嘱继承所要解决的问题。

司法考试要点

遗嘱继承的概念；遗嘱继承的适用条件；遗嘱的概念和特点；遗嘱的形式；遗嘱的效力；遗嘱的变更和撤销；遗嘱的执行。

在历年考题中，本章涉及的问题主要包括遗嘱继承的适用条件、遗嘱的生效要件、遗嘱的形式、遗嘱的效力等。

Note

第一节　遗嘱继承概述

一、遗嘱继承释义

遗嘱继承，是指于继承开始后，继承人按照被继承人的合法有效的遗嘱继承被继承人遗产的法律制度。在遗嘱继承中，生前立有遗嘱的被继承人称为遗嘱人或立遗嘱人，依照遗嘱的指定享有遗产继承权的人为遗嘱继承人。遗嘱继承与法定继承相比，具有以下特点。

1.遗嘱继承的发生须有合法有效遗嘱的存在

引起法定继承发生的法律事实只有一个，即被继承人的死亡。但是，仅有被继承人的死亡并不能引起遗嘱继承的发生，还须有被继承人所设立的合法有效的遗嘱。只有单一的某一个法律事实，都不能引起遗嘱继承的发生。正是从这个意义上说，遗嘱继承以合法有效的遗嘱为前提。

2.遗嘱继承直接体现着被继承人的遗愿

遗嘱继承是在继承开始后按照遗嘱进行的继承。遗嘱体现了被继承人生前的意愿。因此，继承人按照被继承人的遗嘱继承遗产，也就直接体现了被继承人的遗愿。在遗嘱继承中，继承人、继承人继承的遗产份额等都是由被继承人在遗嘱中指定的。按照遗嘱进行继承，也就是充分尊重被继承人对自己财产处分的自由。

3.遗嘱继承是对法定继承的一种排斥

遗嘱继承的效力优于法定继承，在继承开始后，有遗嘱的，先要按照遗嘱进行继承。由于遗嘱中所指定的继承人对遗产的继承不受法定继承时法律对继承顺序、继承人应继承份额规定的限制，因此，遗嘱继承实际上是对法定继承的一种排斥。

二、遗嘱继承的适用条件

遗嘱继承的适用条件，是指具备何种条件，亦即在什么情形下才适用遗嘱继承。依《继承法》的规定，在被继承人死亡后，只有具备以下条件时，才能按遗嘱继承办理。

1.没有遗赠扶养协议

遗嘱继承虽有优于法定继承的效力，但遗嘱继承不能对抗遗赠扶养协议。因此，在被继承人生前与扶养人订有遗赠扶养协议时，即使被继承人又立有遗嘱，也不能先按遗嘱继承，而仍应当先执行遗赠扶养协议。只有在没有遗赠扶养协议的情形下，被继承人的遗产才可按照遗嘱处理。

2.被继承人立有遗嘱且遗嘱合法有效

被继承人生前设立的遗嘱，于被继承人死亡时才开始发生效力。遗嘱只有符合法律规定的有效条件，才能发生效力。而只有有效的遗嘱，才可以执行。无效的遗嘱不具有法律效力，继承人不得依无效的遗嘱指定继承。因此，被继承人的遗嘱合法有效，是遗嘱继承适用的一个必备条件。

3.指定继承人未丧失继承权和未放弃继承权

在适用遗嘱继承时，继承人亦必须具有继承资格。遗嘱继承人因具有法律规定的事由而丧失继承权的，不再享有继承权，虽遗嘱中指定其为继承人，也不得参加遗嘱继承。同时，遗嘱继承人可以接受继承，也可以放弃继承。在遗嘱继承人明确表示放弃继承时，对指定继承人放弃继承的遗产，不适用遗嘱继承，而应按法定继承办理。

第二节　遗嘱的设立

一、遗嘱释义

遗嘱，是指自然人生前按照法律的规定处分自己的财产及安排与此有关的事务并于死亡后发生效力的单方民事行为。可见，遗嘱具有以下法律特点。

1.遗嘱是一种单方民事行为

遗嘱是遗嘱人自己一方的意思表示，无须有相对方的意思表示。只要有遗嘱人自己的意思表示，遗嘱即可成立，所以，遗嘱是一种单方民事行为。正因为遗嘱是一种单方民事行为，在遗嘱生效前，遗嘱人可以按自己的意思变更或撤销遗嘱。当然，遗嘱是一种单方民事行为并不是说只要有遗嘱，就发生遗嘱继承。

2.遗嘱是遗嘱人独立的民事行为

遗嘱是遗嘱人生前对自己财产所作的处分行为，只能由遗嘱人独立自主地作出，而不能由他人的意思辅助或者代理。因此，遗嘱须由遗嘱人亲自设立，既不需征得他人的同意，也不能由他人代为设立。设立遗嘱不适用代理制度，由代理人代理设立的遗嘱是无效的。

3.遗嘱是于遗嘱人死亡后才发生法律效力的民事行为

遗嘱虽是遗嘱人于生前因其单独意思表示即可成立的行为，但于遗嘱人死亡后才能发生法律效力。因此，遗嘱是否合乎法律规定的条件、是否有效，均应以遗嘱人死亡时为准。在遗嘱人死亡前，不论遗嘱设立的时间长短，也不论其他人是否知道遗嘱的内容，遗嘱继承人是不具有主观意义上的遗嘱继承权的。正因为遗嘱于遗嘱人死亡时才发生效力，因此，遗嘱人得随时变更或撤销遗嘱。

4.遗嘱是一种要式民事行为

遗嘱虽然是遗嘱人单方的意思表示，但却在指定继承人、受遗赠人以及法定继承人等之间发生效力，也就是说涉及继承人、继承人以外的人以及国家和社会的利益。因此，遗嘱应当采取法律规定的形式，属于要式民事行为。如果遗嘱不具备法定的方式，则不能发生效力。遗嘱的形式是否符合法律规定的形式，应依遗嘱设立时的情形决定。

5.遗嘱是须依法律规定作出的民事行为

遗嘱不仅须具备法定的方式，而且须不违反法律的规定。遗嘱是遗嘱人自由处理自己财产的意思表示，但遗嘱人处分财产的自由受法律的限制，不得违反法律和社会公德。因此，遗嘱须依法律规定作出才能发生效力。不依法律规定作出的遗嘱是不合法的，不合法的遗嘱不能发生效力。

二、遗嘱能力

事例 10-1　甲17周岁，在一家建筑公司工作，以其工资收入维持个人生活。一日，甲留下遗嘱，其死后个人财产归女友乙所有。两年后，甲不幸遇车祸身亡，获得死亡赔偿金人民币10万元。甲死亡时父母健在，有劳动能力。乙和甲的父母为甲的遗产归属发生纠纷，乙起诉到人民法院，请求判令甲的父母按遗嘱给付其受遗赠的人民币10万元。

（一）遗嘱能力释义

遗嘱能力又称遗嘱处分能力，是指自然人依法享有的设立遗嘱，自由处分自己财产的资格。

遗嘱是民事行为，因此，遗嘱人应当具有相应的民事行为能力。但遗嘱是一种特殊的民事行为，自然人须具备法律特别规定的民事行为能力才得设立遗嘱，即自然人须具有遗嘱能力才能订立遗嘱。

《继承法》中并未明确规定自然人的遗嘱能力，但《继承法》第22条第1款规定：“无行为能力人或者限制行为能力人所立的遗嘱无效。”按照法律的反面解释规则，只有具有完全民事行为能力的人才能具有遗嘱能力。因此，自然人在遗嘱能力上可分为有遗嘱能力人和无遗嘱能力人两种情况。有遗嘱能力人须为完全民事行为能力人。也就是说，只有具有完全民事行为能力的人，才有遗嘱能力；无遗嘱能力人，是指不具有设立遗嘱处分自己财产的资格的人。无民事行为能力人和限制民事行为能力人，都为无遗嘱能力人。

在事例10-1中，甲不满18周岁，但以自己的劳动收入为主要生活来源，应视为完全民事行为能力人，故甲具有遗嘱能力。

（二）确定遗嘱能力的时间

遗嘱于遗嘱人死亡时才发生效力，而从遗嘱的设立到遗嘱的生效之间有一段时间间隔，在这一期间内，遗嘱人的民事行为能力状态也会发生变化，因此，有必要明确遗嘱能力的确定时间。《继承法意见》第41条规定：“遗嘱人立遗嘱时必须有行为能力。无行为能力人所立的遗嘱，即使其本人后来有了行为能力，仍属无效遗嘱。遗嘱人立遗嘱时有行为能力，后来丧失了行为能力，不影响遗嘱的效力。”

在事例10-1中，甲在遗嘱生效时虽已满18周岁，但立遗嘱时并未满18周岁。因此，甲具备遗嘱能力是基于其立遗嘱时虽未成年但以自己的劳动收入为主要生活来源被视为完全民事行为能力人的事实，而不是基于遗嘱生效时其已满18周岁的事实。

三、遗嘱内容

事例10-2　甲于2005年4月30日因病去世。甲生前立有自书遗嘱，将其所有的房屋4间、抚恤金8 000元给儿子乙，存款20万元给女儿丙，存款10万元给妻子丁。甲同时在遗嘱中声明：乙要取得对4间房屋的继承权，必须与戊结婚。如丙先于其死亡，则遗嘱中确定归丙的份额由丙的儿子己继承。甲死后，乙与庚办理了结婚登记手续。

遗嘱的内容，是指遗嘱人在遗嘱中表示出来的对自己财产处分及安排相关事项的意思。一般说来，遗嘱的内容包括以下几方面。

1.指定继承人、受遗赠人

《继承法》第16条中规定："公民可以立遗嘱将个人财产指定由法定继承人的一人或者数人继承。公民可以立遗嘱将个人财产赠给国家、集体或者法定继承人以外的人。"因遗嘱的主要目的为指定继承人、受遗赠人，因此，指定继承人、受遗赠人为遗嘱的主要内容。遗嘱人指定法定继承人继承的，应当在遗嘱中记明继承人的名字。遗嘱中指定的继承人可为法定继承人中的任何人，不受继承人继承顺序的限制，但不能是法定继承人以外的人。遗嘱人遗赠财产的，要记明受遗赠的个人的姓名或者单位的名称。受遗赠人可以是国家、集体，也可以是自然人，但不能是法定继承人范围之内的人。

2.指定遗产的分配办法或份额

遗嘱人应当在遗嘱中列明自己留下的财产清单，说明财产的名称、数量以及存放的地方等。遗嘱中应当说明每个指定继承人得以继承的具体财产；指定由数个继承人共同继承某项遗产的，应当说明指定继承人对遗产的分配办法或者每个人应继承的遗产份额。遗赠财产的，要具体说明将某一财产遗赠给何人或何单位。遗嘱人可以在遗嘱中处分全部财产，也可以仅处分部分财产。

3.对遗嘱继承人、受遗赠人附加的义务

遗嘱可以对遗嘱继承人或者受遗赠人附加义务，这就是所谓的遗托。在遗嘱中，遗嘱人可以指明某继承人或者受遗赠人应当将某项遗产用于特定的用途，也可指定继承人承担其他的义务。例如，遗嘱中将某项财产指定由某一未成年的继承人继承，同时指定由该未成年人的父母在其成年前负责管理。又如，遗嘱中将某项财产指定由某一继承人继承，同时要求该继承人须满足遗嘱人提出的条件。《继承法》第21条规定："遗嘱继承或者遗赠附有义务的，继承人或者受遗赠人应当履行义务。没有正当理由不履行义务的，经有关单位或者个人请求，人民法院可以取消他接受遗产的权利。"《继承法意见》第43条规定："附义务的遗嘱继承或遗赠，如义务能够履行，而继承人、受遗赠人无正当理由不履行，经受益人或其他继承人请求，人民法院可以取消他接受附义务那部分遗产的权利，由提出请求的继承人或受益人按遗嘱人的意愿履行义务，接受遗产。”

4. 再指定继承人、受遗赠人

再指定继承人，是指遗嘱人于遗嘱中指定在被指定的继承人不能继承遗产时由某人继承；再指定受遗赠人，是指遗嘱人在遗嘱中指定在受遗赠人不能接受遗赠时将该遗产赠与某人。遗嘱中再指定的继承人称为候补继承人或者补充继承人，再指定的受遗赠人称为候补受遗赠人或补充受遗赠人。候补继承人只能在指定继承人不能继承的情形下，依遗嘱的指定参加继承；候补受遗赠人只能在受遗赠人不能接受遗赠的情形下，才依遗嘱接受遗赠。

5. 指定遗嘱执行人

遗嘱执行人是于继承开始后执行遗嘱的人。因遗嘱执行人是否合适关系到能否真正按照遗嘱人的遗嘱执行，以实现遗嘱人意思，所以，指定遗嘱执行人也是遗嘱中的重要内容。《继承法》第16条第1款规定，遗嘱中“可以指定遗嘱执行人”。但遗嘱的主要内容并不是指定遗嘱执行人，因为遗嘱执行人并不是对遗产的处分，而只关涉遗嘱的执行。因此，遗嘱中未指定遗嘱执行人的，不影响遗嘱的成立和执行。

6. 其他事项

除上述内容外，遗嘱人还可以在遗嘱中说明其他事项，如关于丧事的安排和要求等。

在事例10-2中，甲通过自书遗嘱的方式对遗产进行了处分，遗嘱中指定的继承人、继承人应得的遗产份额、再指定继承人的确定等内容均符合法律的规定，应当有效。但甲对乙继承遗产所附加的义务是必须与戊结婚，该内容违反了《婚姻法》所规定的婚姻自由原则，因而所附义务违法。另外，抚恤金是甲死亡后对其直系亲属的抚慰金，不是遗产，遗嘱中对该财产的处分也因违反法律关于遗产范围的规定而无效。

四、遗嘱形式

事例10-3　甲与妻子生有两子一女，婚后夫妻共同购置房屋8间，妻子早逝。1999年甲亲笔写下遗嘱，声明：东边房屋3间分给大儿子，西边房屋3间分给小儿子，北边房屋2间分给女儿。甲在遗嘱上签署了自己的姓名和日期。2001年3月，甲因与大儿子发生矛盾，即到公证处请求作出公证，声明自己死后东边房屋3间分给女儿。公证处为其制作了公证书。以后，甲又因琐事与小儿子发生争吵，甲于2002年5月在有两个见证人在场见证的情况下，由一见证人代书立下遗嘱，将指定由二儿子继承的西边3间房屋指定由大儿子继承。代书人和甲在遗嘱上签署了姓名和日期。2002年11月，甲与大儿子因赡养费问题发生纠纷，甲又在有两个见证人在场的情况下，立下录音遗嘱，西边3间房屋指定由女儿继承。录音完毕，见证人和甲均在封存的录音带上签署了姓名和日期。2003年1月，甲因病住院。住院期间，甲的大儿子和二儿子侍奉左右，极尽孝道，甲非常感动，弥留之际，甲于2003年12月20日请两个护士在场见证，立下口头遗嘱，言明东边3间房屋分给大儿子，西边3间房屋给小儿子。该遗嘱由记录人、其他见证人共同签名，注明了设立遗嘱的年、月、日。甲订立口头遗嘱2小时后去世。甲的二子一女均要求按照甲的遗嘱，分割甲的房产。

（一）遗嘱形式释义

遗嘱的形式，是指遗嘱人表达自己处分其财产的意思的方式。

遗嘱人设立遗嘱，也就是通过一定的程序和方式将自己处分财产的意思表达出来。因遗嘱既反映遗嘱人对自己财产处分的意愿，又会影响到法定继承人对遗产的继承，因而设立遗嘱是极其严肃的事情，且因于遗嘱生效时遗嘱人也不可能就他人争议的事项作出解释或说明，因此，《继承法》对遗嘱的形式作了明确的规定。

（二）遗嘱形式的种类

根据《继承法》第17条规定，遗嘱的法定形式有以下五种。

1.公证遗嘱

公证遗嘱，是指经公证机关公证的遗嘱。《继承法》第17条第1款规定："公证遗嘱由遗嘱人经公证机关办理。"公证机关经审查认为遗嘱人有遗嘱能力，遗嘱确属遗嘱人的真实意思表示，遗嘱不违反法律的规定的，由公证员出具《遗嘱公证书》。公证书应由公证机关和遗嘱人分别保存，公证人员在遗嘱开启前有为遗嘱人保守遗嘱秘密的义务。

在事例10-3中，甲2001年3月到公证处作出的将东边房屋3间给女儿的遗嘱，即属公证遗嘱。

2.自书遗嘱

自书遗嘱又称亲笔遗嘱，是指由遗嘱人亲笔书写的遗嘱。自书遗嘱须由遗嘱人自己用笔书写下遗嘱的全部内容，既不能由他人代笔，也不能用打字机打印，只能由遗嘱人自己用笔将其意思记录下来。《继承法》第17条第2款规定："自书遗嘱由遗嘱人亲笔书写，签名，注明年、月、日。"

自书遗嘱应当是遗嘱人关于其死亡后财产处置的正式意思表示。如果遗嘱人不是正式制作自书遗嘱，仅是在日记或有关的信件中提到准备在其死亡后对某遗产作如何处理，则不应认定该内容为自书遗嘱。但是，自书遗嘱也不要求须有"遗嘱"的字样。如果遗嘱人在有关的文书中对其死亡后的事务作出安排，也包括对其死亡后的财产处理作出安排，且无相反证明时，则应当认定该文书为遗嘱人的自书遗嘱。《继承法意见》第40条规定："公民在遗书中涉及死后个人财产处分的内容，确为死者真实意思的表示，有本人签名并注明了年、月、日，又无相反证据的，可按自书遗嘱对待。"

在事例10-3中，甲于1999年亲笔书写的将东边房屋3间分给大儿子，西边房屋3间分给小儿子，北边房屋2间分给女儿的书面凭证，有甲的签名并注明了年、月、日，因而属于自书遗嘱。

3.代书遗嘱

代书遗嘱，是指由他人代为书写的遗嘱。《继承法》第17条第3款规定："代书遗嘱应当有两个以上见证人在场见证，由其中一人代书，注明年、月、日，并由代书人、其他见证人和遗嘱人签名。"代书遗嘱不是由代书人代理设立的遗嘱，代书人只是遗嘱人口授遗嘱的文字记录者，代书人须忠实地记载遗嘱人的意思表示，而不得对遗嘱人的意思表示作篡改或修正。

在事例10-3中，甲于2002年5月在有两个见证人在场见证的情况下，由一见证人代书将原指定由二儿子继承的西边3间房屋指定由大儿子继承，符合代书遗嘱的特点。但该代书遗嘱只有甲、代书人的签字，没有其他见证人签字，因此，该代书遗嘱不符合《继承法》对代书遗嘱的形式要求。

4.录音遗嘱

录音遗嘱，是指以录音方式录制下来的遗嘱人的口述遗嘱。《继承法》第17条第4款规定："以录音形式立的遗嘱，应当有两个以上的见证人在场见证。"见证人在场见证的目的，是保证录制的遗嘱确为遗嘱人的真实意思。因此，一方面，遗嘱人必须亲自清楚地口述遗嘱的全部内容，即不能由他人代述或转述遗嘱内容，且口述的内容要清楚、明白，而不能含糊不清；另一方面，在遗嘱人录制完遗嘱后，见证人也应当将自己的见证证明录制在录制遗嘱的音像磁带上。遗嘱人在录制完遗嘱后，应将记载遗嘱的磁带封存，并由见证人共同签名，注明年、月、日。

在事例10-3中，甲于2002年11月所立遗嘱采用的是录音的方式，又有两个见证人在场见证，该遗嘱符合录音遗嘱的特点。甲录制完遗嘱后，将记载遗嘱的磁带封存，并由甲、见证人共同签署了姓名和日期。但录音内容中只有遗嘱人的录音，没有见证人见证的录音内容，因此，该录音遗嘱不符合录音遗嘱的法定形式要求。

5.口头遗嘱

口头遗嘱，是指由遗嘱人口头表述的而不以任何方式记载的遗嘱。《继承法》第17条第5款规定："遗嘱人在危急情况下，可以立口头遗嘱。口头遗嘱应当有两个以上见证人在场见证。危急情况解除后，遗嘱人能够用书面或者录音形式立遗嘱的，所立的口头遗嘱无效。"依此，口头遗嘱须具备以下两个条件：一是遗嘱人处于危急情况下，不能以其他方式设立遗嘱。所谓危急情况，一般是指遗嘱人生命垂危、在战争中或者发生意外灾害，随时都有生命危险，而来不及或无条件设立其他形式遗嘱的情况。在危急情况解除后，遗嘱人能够用书面或者录音形式订立遗嘱的，所立的口头遗嘱无效。二是有两个以上的见证人在场见证。遗嘱人于危急情况下设立口头遗嘱的，也至少要有两个见证人在场见证。见证人应将遗嘱人口授的遗嘱记录下来，并由记录人、其他见证人签名，注明年、月、日。

在事例10-3中，甲在2003年12月20日处于弥留之际时，在来不及设立其他形式的遗嘱的情况下，以口头方式立下了遗嘱，并有两名护士在场见证，遗嘱由记录人、其他见证人共同签名，注明了设立遗嘱时的年、月、日。因此，该遗嘱符合口头遗嘱的有效条件。

（三）遗嘱见证人

事例10-4　一日，甲突发心脏病，其妻乙遂与甲弟丙将甲送往医院。在急诊室时，甲对丙和后来赶到的朋友丁说："我这次恐怕熬不过去了。你们给证明一下，我死后我的财产都归乙所有。"20分钟后，甲陷入昏迷状态，经抢救无效死亡。甲死亡时，有继承人妻乙，与前妻所生子戊（已成年）。乙、戊对遗嘱的效力产生争议，于是戊向人民法院提起诉讼，以丙不符合遗嘱见证人资格为由，请求确认甲的遗嘱无效。

根据《继承法》的规定，代书遗嘱、录音遗嘱、口头遗嘱都须有两个以上的见证人在场见证。因为遗嘱见证人证明的真伪直接关系着遗嘱的效力，关系到对遗产的处置，因此，继承法对遗嘱见证人的资格作出了规定。所谓遗嘱见证人，是指能够客观公正地证明遗嘱真实性的人。

根据《继承法》的规定，遗嘱见证人应具备如下条件：一是遗嘱见证人须具有完全民事行为能力。《继承法》第18条规定，无民事行为能力人、限制民事行为能力人，不能作为遗嘱见证人。二是遗嘱见证人与继承人、受遗赠人没有利害关系。因为遗嘱对遗产的处分直接影响着继承人、受遗赠人和利害关系人的利益，由他们作见证人难以保证其证明的客观性、真实性，易生弊端。因此，《继承法》第18条规定，继承人、受遗赠人及与继承人、受遗赠人有利害关系的人不能作为遗嘱见证人。与继承人、受遗赠人有利害关系的人包括：继承人、受遗赠人的配偶、子女、父母、兄弟姐妹、祖父母、外祖父母、孙子女、外孙子女。此外，《继承法意见》第36条规定："继承人、受遗赠人的债权人、债务人，共同经营的合伙人，也应当视为与继承人、受遗赠人有利害关系，不能作为遗嘱见证人。"

在事例10-4中，戊向人民法院起诉请求确认甲的遗嘱无效，就涉及遗嘱见证人的资格问题。因丙是甲的第二顺序继承人，不符合法律规定的遗嘱见证人的条件，因此，丙不能作为遗嘱见证人，从而甲的口头遗嘱因不符合《继承法》的规定而无效。

第三节　遗嘱的效力

事例10-5　甲于2003年8月10日委托某律师事务所为其订立代书遗嘱。该律师事务所指派律师乙和丙作为见证人为甲订立遗嘱，乙代书。甲在遗嘱中将包括房屋和50万元存款在内的全部遗产处分给女儿丁，明确因儿子戊不尽孝道，对其遗产没有继承权。80岁老母因有弟赡养，遗嘱中不为其留遗产。乙将甲口授遗嘱内容记录完毕后，遗嘱人甲、见证人乙和丙、丁均在代书遗嘱上签字，并注明了年、月、日。一年后甲死亡，在死亡前一个月的时间里，甲丧失意识能力。甲生前已将其存款50万元中的5万元取出花掉。甲死亡前，其弟在一场火灾中死亡，老母依靠甲生活。继承开始后，戊以丁是继承人、不符合见证人的条件为由，请求确认甲的代书遗嘱无效，主张按照法定继承继承甲的遗产。甲老母也请求继承甲的遗产。

事例10-6 甲是聋哑人，于2004年9月20日因心脏病发作住院接受心脏手术。甲进手术室作心脏搭桥手术前，恐怕手术失败自己死亡后两个儿子乙、丙为继承遗产发生纠纷，就请其朋友某聋哑学校手语教师丁作为遗嘱见证人订立口头遗嘱。丁征得甲同意，又请在场护士戊同作见证人。因戊不懂哑语，由丁将甲的意思翻译给戊，订立了口头遗嘱：遗产价值15万元的房屋四间由乙继承，存款2万元归丙所有。甲因手术失败死亡后，丁、戊共同将甲口授的遗嘱追记下来，记录人丁、见证人戊签名并注明2004年9月20日之后，将遗嘱交给了乙、丙。丙以戊不懂哑语，不能作为遗嘱见证人为由，请求确认甲的口头遗嘱无效，主张按照法定继承继承甲的遗产。

一、遗嘱效力释义

遗嘱的效力，是指遗嘱人设立的遗嘱所发生的法律后果。遗嘱作为一种单方民事行为，只要有遗嘱人单独的意思表示就可以成立，但只有具备法律规定的有效条件，才能发生法律效力，为有效遗嘱；不具备法律规定的有效条件的遗嘱，则不能发生法律效力，为无效遗嘱。因此，遗嘱的效力情形是不同的。

在事例10-5和事例10-6中，被继承人所立遗嘱的效力如何，应当按照遗嘱的有效和无效情形进行判断。

二、遗嘱的有效条件

遗嘱的有效条件，是指遗嘱产生法律效力所应具备的条件。根据《继承法》的规定，遗嘱有效须具备以下条件。

1.遗嘱人具有遗嘱能力

根据《继承法》的规定，只有具有完全民事行为能力的人，才有遗嘱能力，无民事行为能力人和限制民事行为能力人不具有遗嘱能力。遗嘱人是否具有遗嘱能力，以遗嘱设立时为准，而不以继承开始时为准。

2.遗嘱是遗嘱人的真实意思表示

遗嘱人的真实意思表示，是指遗嘱所体现的内容应与遗嘱人的真实意愿相一致。遗嘱不是遗嘱人真实意思表示的，遗嘱无效。

3.遗嘱的内容合法

遗嘱的内容是否合法，应以被继承人死亡时为准。例如，遗嘱人在遗嘱中指定继承人继承某物，在立遗嘱时该物并不为遗嘱人所有，因遗嘱人处分了他人的财产，遗嘱的该部分内容当然是不合法的。但是，若其后于被继承人死亡前被继承人取得了该物的所有权，于继承开始时，遗嘱人所立的遗嘱就为合法的。

4.遗嘱的形式符合法律规定的要求

遗嘱是否符合法定的形式，应以遗嘱设立时法律规定的标准为准。《继承法意见》第35条规定："继承法实施前订立的，形式上稍有欠缺的遗嘱，如内容合法，又有充分证据明确为遗嘱人真实意思表示的，可以认定遗嘱有效。"《继承法》实施后订立的遗嘱，应符合《继承法》规定的五种遗嘱形式的条件和要求，否则无效。

在事例10-5中，甲订立遗嘱时有完全民事行为能力，虽其后来丧失了意思能力，但不影响甲所立遗嘱的效力。甲的遗嘱为代书遗嘱，根据《继承法》的规定，应当有两个以上见证人在场见证，由其中一人代书，注明年、月、日，并由代书人、其他见证人和遗嘱人签名。甲的代书遗嘱符合《继承法》规定的形式要件。丁虽然不具备遗嘱见证人的资格，但其见证人资格的否认并不影响已订立的代书遗嘱的效力。因此，戊以丁不符合见证人的条件为由主张甲的代书遗嘱无效的请求不能成立。

在事例10-6中，甲的遗嘱中处分的是个人合法财产，也不存在缺乏劳动能力又没有生活来源的继承人，因此，甲的遗嘱内容合法。甲所立的口头遗嘱效力如何，主要取决于甲是否具有遗嘱能力和丁、戊是否符合遗嘱见证人的资格。甲虽为聋哑人，有生理缺陷，但没有精神缺陷，属于完全民事行为能力人。因此，甲具有遗嘱能力。在确定遗嘱效力时，应充分考虑到聋哑人的生理缺陷，从设立方式能否真实表达遗嘱人的意思上判断遗嘱的效力。戊虽符合遗嘱见证人的一般条件，但其在作为甲的遗嘱见证人时，因其不懂哑语，不能对甲遗嘱内容的真实性作出证明，故不具备甲口头遗嘱见证人的条件。由于戊不符合遗嘱见证人的条件，甲的口头遗嘱就只有丁一个见证人，这不符合《继承法》规定的形式要件，因此，甲的遗嘱无效。

三、遗嘱的无效

遗嘱的无效，是指遗嘱因违反法律的规定而不能发生法律效力。只有符合法律规定条件的遗嘱，才是有效的。凡是不符合法律规定条件的遗嘱，是无效遗嘱。遗嘱无效的情形是多种多样的，依《继承法》的规定，遗嘱的无效主要有以下几种情况。

1.无完全民事行为能力人所立的遗嘱无效

无民事行为能力人、限制民事行为能力人属于无完全民事行为能力人，无遗嘱能力，不具有以遗嘱处分其财产的资格。遗嘱人在设立遗嘱时无民事行为能力或为限制民事行为能力，即使以后具备完全民事行为能力的，其当时所立遗嘱也为无效；遗嘱人在设立遗嘱时为完全民事行为能力人，以后丧失民事行为能力的，其当时所立遗嘱也为有效。《继承法》第22条第1款规定："无行为能力人或者限制行为能力人所立的遗嘱无效。"

Note

2. 受胁迫、受欺诈所立的遗嘱无效

受胁迫所立的遗嘱，是指遗嘱人受到他人非法的威胁、要挟，为避免自己或亲人的财产或生命健康遭受侵害违心地作出与自己的真实意思相悖的遗嘱。受欺诈所立的遗嘱，是指遗嘱人因受他人的歪曲的、虚假的行为或者言词的错误导向而产生错误的认识，作出了与自己的真实意愿不相符合的遗嘱。受胁迫、受欺诈所立的遗嘱因不是遗嘱人的真实意思，因此，《继承法》第22条第2款规定，受胁迫、欺骗所立的遗嘱无效。

3. 伪造的遗嘱无效

伪造的遗嘱，是指以被继承人的名义设立的但根本不是被继承人意思表示的遗嘱。伪造的遗嘱因根本就不是被继承人的意思表示，所以无论遗嘱的内容如何，也无论遗嘱是否损害了继承人的利益，均为无效。《继承法》第22条第3款规定，伪造的遗嘱无效。

4. 被篡改的遗嘱内容无效

被篡改的遗嘱，是指遗嘱的内容被遗嘱人以外的其他人作了更改的遗嘱。篡改只能是对遗嘱的部分内容的更改，如对遗嘱的全部内容更改，则为伪造遗嘱。被篡改的遗嘱，篡改的内容已经不是遗嘱人的意思表示，而是篡改人的意思表示，因而也就不能发生遗嘱的效力，是无效的。《继承法》第22条第4款规定，遗嘱被篡改的，篡改的内容无效。

5. 遗嘱中处分不属于遗嘱人自己财产的部分内容无效

遗嘱是遗嘱人处分自己财产的意思表示，自不能处分不属于遗嘱人自己的财产。《继承法意见》第38条规定：“遗嘱人以遗嘱处分了属于国家、集体或他人所有的财产，遗嘱的这部分，应认定无效。”

6. 遗嘱没有保留必留份额的，对应当保留的必要份额的处分无效

《继承法》第19条明确规定：“遗嘱应当对缺乏劳动能力又没有生活来源的继承人保留必要的遗产份额。”因此，如果遗嘱中应当对缺乏劳动能力又没有生活来源的继承人保留必要的遗产份额即必留份额而没有保留的，遗嘱的该部分内容无效。根据《继承法》的规定，享有继承“必要的遗产份额”的继承人必须同时具备缺乏劳动能力和没有生活来源两个条件，而法定继承人是否为缺乏劳动能力又无生活来源的人，应按遗嘱生效时该继承人的具体情况确定，不能以遗嘱人立遗嘱时的继承人的状况为准。遗嘱中未为缺乏劳动能力又没有生活来源的继承人保留必要的遗产份额时，遗嘱并非全部无效，而仅是涉及处分应保留必要份额遗产的遗嘱内容无效，其余内容仍可有效。《继承法意见》第37条规定：“遗嘱人未保留缺乏劳动能力又没有生活来源的继承人的遗产份额，遗产处理时，应当为该继承人留下必要的遗产，所剩余的部分，才可参照遗嘱确定的分配原则处理。”

在事例10-5中，甲立遗嘱时，其母虽有生活来源，但其弟去世后其母的生活来源就靠甲提供。甲去世时，其母没有劳动能力又没有生活来源，

因此，甲遗嘱中应当为其母保留必要的遗产份额，但甲的遗嘱中没有为其母保留必要的遗产份额，因而遗嘱这部分内容无效。

四、遗嘱的不生效

遗嘱的不生效，是指于遗嘱人死亡时，虽遗嘱不违法但却不发生法律效力。

遗嘱不生效的情形包括以下几种：①遗嘱所指定的遗嘱继承人或受遗赠人已经先于遗嘱人死亡；②遗嘱继承人或受遗赠人已经丧失继承权或受遗赠权；③附有解除条件的遗嘱在遗嘱人死亡之前或之时，解除条件成就；④遗嘱人死亡时，遗嘱中处分的财产标的已不复存在。若该财产为遗嘱人生前以事实行为或法律行为所处分，则推定遗嘱人变更遗嘱；但若该财产系因其他原因而不复存在，则涉及该财产处分的遗嘱内容不发生效力。

遗嘱的不生效与遗嘱的无效既有不同，又有相似之处。二者的根本区别在于：遗嘱的无效是因遗嘱不符合法律规定的条件而不能发生效力，而遗嘱的不生效并非因遗嘱违法。二者的相似之处在于：被继承人的遗嘱不能执行，遗嘱所涉及的财产应按法定继承办理。

在事例10-5中，甲死亡时其遗嘱中处分的50万元存款中，已有5万元不存在，则涉及该财产处分的遗嘱内容不发生效力。

第四节　遗嘱的变更和撤销

一、遗嘱的变更和撤销释义

遗嘱的变更，是指遗嘱人在遗嘱设立后对遗嘱内容的部分修改；遗嘱的撤销，是指遗嘱人在设立遗嘱后又取消原来所立的遗嘱。遗嘱的变更仅是遗嘱人部分地改变了原设立遗嘱时的意思，可以说是对遗嘱部分内容的撤销；而遗嘱的撤销是遗嘱人改变原设立遗嘱时的全部意思，可以说是对遗嘱内容的全部变更。

遗嘱是遗嘱人单方的意思表示，因此，在遗嘱发生效力前，遗嘱人得随时变更、撤销所立的遗嘱。《继承法》第20条第1款规定：“遗嘱人可以撤销、变更自己所立的遗嘱。”

二、遗嘱的变更和撤销的条件

遗嘱人虽可在遗嘱设立后的任一时间以任一理由变更或撤销遗嘱，但撤销或变更遗嘱也须具备一定的条件，才能发生遗嘱变更或撤销的效力。遗嘱的变更和撤销的条件包括以下三个。

1.遗嘱变更、撤销时，遗嘱人须具有遗嘱能力

遗嘱的变更、撤销与遗嘱的设立一样，遗嘱人也须具有遗嘱能力。遗嘱人设立遗嘱后丧失遗嘱能力的，于丧失遗嘱能力后恢复遗嘱能力前对遗嘱的变更、撤销不发生变更、撤销的效力，原来的遗嘱仍有效。

Note

2.遗嘱的变更、撤销须为遗嘱人的真实意思表示

无论是遗嘱的变更还是遗嘱的撤销，均须为遗嘱人的真实意思表示。因此，伪造遗嘱的变更、撤销，不为遗嘱人的意思表示，不能发生遗嘱变更、撤销的效力。遗嘱人因受胁迫、受欺诈而变更、撤销遗嘱的，不是遗嘱人的真实意思表示，也不发生遗嘱变更、撤销的法律后果，原遗嘱仍有效。

3.遗嘱的变更、撤销须由遗嘱人亲自依法定的方式和程序为之

遗嘱的变更、撤销同样不适用代理，只能由遗嘱人亲自为之。遗嘱的变更、撤销的方式有明示方式和推定方式两种。

遗嘱变更、撤销的明示方式，是指遗嘱人以明确的意思表示变更、撤销遗嘱。遗嘱人依明示方式变更、撤销遗嘱的，须依照法律规定的设立遗嘱的方式作成。不具备遗嘱法定形式的变更、撤销遗嘱的意思表示，不能发生遗嘱变更、撤销的效力。依《继承法》第20条第3款规定："自书、代书、录音、口头遗嘱，不得变更、撤销公证遗嘱。"因此，对公证遗嘱的变更、撤销只能采用公证的方式。

遗嘱变更、撤销的推定方式，是指遗嘱人虽未以明确的意思表示变更、撤销所设立的遗嘱，但法律根据遗嘱人的行为推定遗嘱人变更、撤销了遗嘱。法律的这种推定，是不允许当事人以反证推翻的。推定遗嘱人变更、撤销遗嘱的情形主要有以下几种：

（1）遗嘱人立有数份遗嘱，且内容相抵触的，推定变更、撤销遗嘱。《继承法》第20条第2款规定："立有数份遗嘱，内容相抵触的，以最后的遗嘱为准。"《继承法意见》第42条规定："遗嘱人以不同形式立有数份内容相抵触的遗嘱，其中有公证遗嘱的，以最后的公证遗嘱为准；没有公证遗嘱的，以最后所立的遗嘱为准。"

（2）遗嘱人生前的行为与遗嘱的内容相抵触的，推定遗嘱变更、撤销。《继承法意见》第39条规定："遗嘱人生前的行为与遗嘱的意思表示相反，而使遗嘱处分的财产在继承开始前灭失、部分灭失或所有权转移、部分转移的，遗嘱视为被撤销或部分被撤销。"

（3）遗嘱人故意销毁遗嘱的，推定遗嘱人撤销原遗嘱。

三、遗嘱变更和撤销的效力

遗嘱变更、撤销的效力，在于使原遗嘱的内容不能发生效力。

遗嘱变更的，自变更生效时起，以变更后的遗嘱内容为遗嘱人的真实意思表示，应以变更后的遗嘱来确定遗嘱的有效、无效，依变更后的遗嘱执行。即使变更后的遗嘱内容无效而原遗嘱内容有效的，也应按变更后的遗嘱内容确认遗嘱无效。

遗嘱撤销的，自撤销生效时起，被撤销的原遗嘱作废，以新设立的遗嘱为遗嘱人处分自己财产的真实意思表示，以新设立的遗嘱来确定遗嘱的效力和执行。遗嘱撤销后遗嘱人未设立新遗嘱的，视为被继承人未立遗嘱。

在事例10-3中，甲于1999年立下的自书遗嘱、2001年3月立下的公证遗嘱、2002年5月立下的代书遗嘱、2002年11月立下的录音遗嘱、2003年12月20日立下的口头遗嘱中，除2002年5月立下的代书遗嘱、2002年11月立下的录音遗嘱无效外，其他三份遗嘱中关于东边3间房屋和西边3间房屋的归属内容相抵触。由于有效的三份遗嘱中有公证遗嘱，因此，应以2001年3月的公证遗嘱为准。按照公证遗嘱，东边3间房屋应由甲的女儿继承。关于西边3间房屋，公证遗嘱没有指定由谁继承，故应以2003年12月20日的口头遗嘱决定西边3间房屋的归属。按该口头遗嘱，西边3间房屋应由甲的小儿子继承。

第五节 遗嘱的执行

事例10-7 被继承人甲与乙结婚后一直未生育，1980年收养一子丙。1984年，甲夫妇又得一女丁。1999年，甲因病去世。甲去世后，丙不听养母的管教，下班后经常在外游荡，夜不归宿，并染上了赌博的恶习。2003年，乙因患重病住院治疗，住院期间均由丁精心照料。2003年5月8日，乙自书立下遗嘱，表明自己的遗产全部由丁继承，并指定单位领导戊为遗嘱执行人。同年年底，乙病逝。戊作为遗嘱执行人对乙的遗产进行了清查，乙的遗产总额折合人民币6万元。戊将价值4万元的遗产交给丁，将另外价值2万元的遗产交给了丙（已被挥霍）。丁认为，戊作为遗嘱执行人无权擅自变更遗嘱内容，遂向人民法院提起诉讼，请求戊赔偿遗产损失。人民法院经审理认为，戊作为遗嘱执行人，负有按照遗嘱内容将遗产最终转移给遗嘱继承人的义务，不享有将遗产交给遗嘱继承人以外的人的权利，否则即构成侵权。遂判决：戊的行为侵犯了丁的继承权，应当赔偿丁2万元的遗产损失。

一、遗嘱执行释义

遗嘱的执行，是指于遗嘱生效后为实现遗嘱的内容所实施的必要的行为及程序。执行遗嘱的目的，是为了实现遗嘱人在遗嘱中所表述的意思表示。从遗嘱内容来看，并非所有的遗嘱内容均须执行。因为就遗嘱内容所涉及的事项来说，有的属于消极事项，于遗嘱生效后自然发生效力而不需执行。例如，遗嘱中有关某继承人不得继承遗产的内容，有关对某一债务人债务的免除，有关对某一继承人的虐待行为的宽恕等，都不需要执行而自然实现。但有一些事项是必须要通过积极的执行行为来实现的。例如，对遗产的分配、遗赠等，离开执行行为就无法实现。因此，遗嘱的执行是实现遗嘱内容、实现被继承人的遗愿，保护继承人与利害关系人利益的重要环节。

二、遗嘱执行人的确定

遗嘱因于遗嘱人死亡后才能发生效力，因此，遗嘱人自己不能执行遗

Note

嘱，而须由他人来执行。但遗嘱并不是任何人都可执行的，只能由特定的人执行。有权执行遗嘱的人，即为遗嘱执行人。

遗嘱执行是一种民事行为，并且遗嘱的执行涉及相关利害关系人的利益，因此，遗嘱执行人须具备完全民事行为能力。无民事行为能力人和限制民事行为能力人都不能成为遗嘱执行人。

根据《继承法》的规定和司法实践，遗嘱执行人的确定有以下三种情况。

1. 遗嘱人在遗嘱中指定遗嘱执行人

《继承法》第16条第1款中规定，自然人可以立遗嘱处分个人财产，“并可以指定遗嘱执行人”。遗嘱中指定的执行人既可以是法定继承人，也可以是法定继承人以外的人。继承人以外的人被遗嘱人指定为遗嘱执行人的，有权决定是否担任遗嘱执行人。遗嘱人在遗嘱中并未直接指定遗嘱执行人，而是委托第三人指定遗嘱执行人的，应当有效。

2. 法定继承人为遗嘱执行人

遗嘱人未指定遗嘱执行人或者指定的遗嘱执行人不能执行遗嘱的，遗嘱人的法定继承人为遗嘱执行人。法定继承人为数人的，全体继承人为遗嘱的共同执行人。继承人也可以共同推举一人或数人作为代表来执行遗嘱。

3. 遗嘱人生前所在单位或者继承开始地的基层组织为遗嘱执行人

遗嘱中没有指定遗嘱执行人，也没有法定继承人能执行遗嘱时，由遗嘱人生前所在单位或者继承开始地的基层组织为遗嘱执行人。

在事例10-7中，戊具备完全民事行为能力，因此，具备遗嘱执行人的条件，能够成为遗嘱执行人。

三、遗嘱执行人的职责

遗嘱执行人的职责是遗嘱执行人的法律地位的具体体现。具体说，遗嘱执行人的职责主要有以下几项：

（1）查明遗嘱是否合法真实。这是遗嘱执行人的首要职责。因为无效的遗嘱、不成立的遗嘱都不能执行。因此，遗嘱执行人要执行遗嘱，首先应审查遗嘱的合法性、真实性。

（2）清理遗产，确定遗产范围。清理遗产，是指查清遗产的名称、数量、地点、价值等状况。遗嘱执行人在查清遗产后，可以编制遗产清单，并将遗产清单交付继承人和其他利害关系人。

（3）管理遗产。遗嘱中对遗产的管理有要求的，遗嘱执行人应当按照遗嘱中的要求管理遗产。遗嘱中对遗产的管理没有提出要求的，遗嘱执行人对遗产的管理以执行遗嘱的必要为限。

（4）召集全体遗嘱继承人和受遗赠人，公开遗嘱内容。遗嘱执行人有权利也有义务召集全体遗嘱继承人和受遗赠人，公开遗嘱的内容，并对有关遗产的情况作出说明。

（5）按照遗嘱内容执行遗赠和将遗产最终转移给遗嘱继承人。遗嘱执行人有将遗嘱中处分的遗产转交给有关人员的权利和义务。遗嘱人在遗嘱中遗赠的财产，应由遗嘱执行人交付给受遗赠人。

（6）排除执行遗嘱的各种妨碍。对于在执行遗嘱中受到他人的非法干涉和妨碍，不论此干涉和妨碍是来自于继承人还是来自于其他人，遗嘱执行人都有权排除，必要时得请求人民法院保护其执行遗嘱的合法权利。

遗嘱执行人在执行遗嘱时，因其过错而给遗嘱继承人和其他遗嘱受益人造成损害的，应承担赔偿责任。遗嘱执行人不忠实地履行职责，遗嘱继承人和其他遗嘱受益人可以请求人民法院撤换遗嘱执行人。

在事例10-7中，戊作为遗嘱执行人，负有按照遗嘱内容将遗产最终转移给遗嘱继承人的义务，无权将遗产交给遗嘱继承人以外的人。戊擅自将遗嘱中处分给丁的财产交给丙，造成遗产损失，侵犯了丁对乙的遗产继承权，其应当赔偿丁2万元的遗产损失。

课堂讨论案例

【案例1】甲于1989年8月10日与前妻乙经法院调解离婚，婚生子丙由乙抚养。1993年5月20日，甲与丁再婚。1997年9月19日双方协议离婚，但离婚后双方未办理复婚登记手续，又以夫妻名义共同生活。1998年5月，甲立下自书遗嘱，声明自己的财产全部由丙继承。2001年1月10日，甲突发急病，被丁和朋友戊共同乘出租车送至某医院救治。在出租车上，甲对戊讲：“我可能活不过来了。我死后，我的财产给丁一半，你要替她做主。”出租车司机己在场听到了甲讲话的全部内容。从出租车下来到急诊室，不到20分钟的时间，甲突然昏迷，一直维持到2001年1月20日去世。甲去世后，甲的父母、丙因遗产继承与丁发生纠纷，向人民法院提起诉讼。

问：①己是否具备遗嘱见证人的资格？②甲2001年1月10日所立遗嘱是否有效？

【案例2】甲早年丧妻，有两子一女，均已成家另过。1998年5月9日，甲邀请某律师事务所律师乙到其家中，立下一份代书遗嘱，言明自己去世后，其遗产价值40万元的房屋由大儿子丙继承。该遗嘱由甲口述，乙代书，丙和另一律师丁在场见证。代书完毕，经甲确认无误，乙、丁、丙分别在遗嘱上签字，但甲未在遗嘱上签字。该遗嘱注明了年、月、日后，由乙负责保管。

问：①丙能否作为甲遗嘱的见证人？②甲的代书遗嘱是否有效？

【案例3】甲与妻乙共生育三个儿子，长子丙、次子丁、三子戊。1981年，甲、乙经批准盖了3间北房、1间西房。1982年3月戊与己结婚，生一女庚。1985年3月甲夫妇及戊夫妇将1间西房翻建成2间西房。乙于1987年2月因车祸去世，未留遗嘱。己于1991年2月因病去世，亦未留遗嘱，其法定继承人未就其遗产进行分割。戊于1993年2月与辛结婚，并于1994年、1995年、1996年分别对3间北房、2间西房进行了装修。甲在1987年2月写下遗嘱，将北房3间、西房1间留给戊。但戊再婚后，媳妇辛和甲关系不佳，辛经常不给老人做饭、洗衣。甲非常气愤，1994年改写遗嘱，将3间北房和2间西房中的2间北房给丙、1间北房给丁、2间西房给戊。1998年2月甲因病去世。戊拿着1987年的遗嘱要求继承。丙、丁起诉戊，要求按1994年的遗嘱继承。戊辩称，丙、丁的住房中有甲的份额，而且甲1994年的遗嘱不合法，其中西房1间有戊的份额，侵犯了戊的利益。戊要求执行1987年的遗嘱。

问：①此案的继承应以哪份遗嘱为依据？②变更后的遗嘱是否有效？

【案例4】甲有二子乙、丙及女儿丁，妻子早亡。甲的叔叔死亡时留下5间房屋，按遗嘱由甲接受遗赠。甲的子女长大后均参加工作，甲随乙共同生活。1996年，甲亲笔立下一份遗嘱，指定其死后，5间房屋由乙继承，并到公证机关办理了公证。1998年，甲得病住院，因丙精心伺候，甲在病中亲笔立下遗嘱，由丙继承5间房屋中的3间。甲病愈后，到女儿丁家休养。1999年，甲旧病复发，又住进医院。在住院期间，甲当着乙、丙、丁的面又口述立下遗嘱，指明5间房屋由乙、丙各继承2间，丁继承1间。该份遗嘱由乙记录，丙、丁见证，甲在遗嘱上签字。之后不久，甲死亡。乙、丙、丁因5间房屋的处理问题没有达成一致意见，发生纠纷，诉至人民法院。

问：5间房屋应如何继承？

一、单项选择题

1. 在遗嘱的形式中，法律效力最高的是（　）。

   A. 公证遗嘱　　B. 自书遗嘱　　C. 代书遗嘱　D. 录音遗嘱

2. 甲自杀前留下一份打印好的遗书，并在遗书上签上了自己的名字，注明年、月、日。遗书中除了对自杀原因作出说明外，对自己的财产和相关事务也一并作了安排，明确自己死后的财产全部归父母所有，妻子无权继承。对甲的遗产继承，甲的父母和妻子发生纠纷。下列说法中正确的是（　）。

   A. 甲的遗书因不是以遗嘱形式出现的，不是自书遗嘱

   B. 甲的遗书虽不是以遗嘱形式出现的，但文书中涉及死后个人财产的处分内容，可按自书遗嘱对待

   C. 甲的遗书中关于财产处分的内容，有本人签名并注明了年、月、日，符合遗嘱的形式要件

   D. 甲的遗书中关于财产处分的内容，虽有本人签名并注明了年、月、日，但不是甲亲笔书写，而是打字机打印，不符合自书遗嘱的形式要件

3. 遗嘱继承人、受遗赠人先于被继承人死亡的，被继承人的遗产按下列方式处理。（　）

A．遗嘱继承　B．法定继承　C．代位继承　D．转继承

4．根据《继承法》的规定，当几种遗产的处理方式发生冲突时，遗产应按下列顺序处理。(　)

A．法定继承、遗嘱继承和遗赠、遗赠扶养协议

B．遗嘱继承和遗赠、法定继承、遗赠扶养协议

C．遗赠扶养协议、法定继承、遗嘱继承和遗赠

D．遗赠扶养协议、遗嘱继承和遗赠、法定继承

5．甲进手术室做心脏手术前，邀主治大夫乙为见证人立下口头遗嘱，陪同护士丙在场听到了甲口头遗嘱的全部内容。甲手术成功，恢复健康。2年后，甲因心脏病复发而死亡。对甲的遗产继承，继承人间发生纠纷。下列关于甲遗嘱效力的说法中正确的是（　）。

A．甲所立口头遗嘱，丙非为甲指定的见证人，仅为一般证人，遗嘱无效

B．甲所立口头遗嘱，丙非为甲指定的见证人，但能证明甲所立遗嘱是甲的真实意思表示，具有见证人资格，遗嘱有效

C．甲于危急情况下设立的口头遗嘱有效，但在危急情况解除后，甲能够用书面或者录音形式立遗嘱而未立的，口头遗嘱无效

D．甲于危急情况下设立的口头遗嘱有效。在危急情况解除后，甲能够用书面或者录音形式立遗嘱的，若所立遗嘱与口头遗嘱在内容上相抵触，口头遗嘱无效

6．甲有二子乙、丙，甲于1996年立下遗嘱将其全部财产留给乙。甲于2004年4月死亡。经查，甲立遗嘱时乙17岁、丙14岁，现乙、丙均已工作。甲的遗产应如何处理？(　)【2004年司法考试题】

A．乙、丙各得1/2　B．乙得2/3，丙得1/3

C．乙获得全部遗产　D．丙获得全部遗产

7．甲立下一份公证遗嘱，将大部分财产留给儿子乙，少部分的存款留给女儿丙。后乙因盗窃而被判刑，甲伤心至极，在病榻上当着众亲友的面将遗嘱烧毁，不久去世。乙出狱后要求按照遗嘱的内容继承遗产。对此，下列哪一选项是正确的？(　)【2008年司法考试题】

A．乙有权依据遗嘱的内容继承遗产

B．乙只能依据法定继承的规定继承遗产

C．乙无权继承任何遗产

D．可以分给乙适当的遗产

8．甲与乙结婚，女儿丙3岁时，甲因医疗事故死亡，获得60万元赔款。甲生前留有遗书，载明其死亡后的全部财产由其母丁继承。经查，甲与乙婚后除共同购买了一套住房外，另有20万元存款。下列哪一说法是正确的？(　)【2013年司法考试题】

A．60万元赔款属于遗产

B．甲的遗嘱未保留丙的遗产份额，遗嘱全部无效

C．住房和存款的各一半属于遗产

D．乙有权继承甲的遗产

9．甲有乙、丙和丁三个女儿。甲于2013年1月1日亲笔书写一份遗嘱，写明其全部遗产由乙继承，并签名和注明年月日。同年3月2日，甲又请张律师代书一份遗嘱，写明其全部遗产由丙继承。同年5月3日，甲因病被丁送至医院急救，甲又立口头遗嘱一份，内容是其全部遗产由丁继承，在场的赵医生和李护士见证。甲病好转后出院休养，未立新遗嘱。如甲死亡，下列哪一选项是甲遗产的继承权人？（　）【2014年司法考试题】

A．乙　B．丙　C．丁　D．乙、丙、丁

二、多项选择题

1．甲有子乙、女丙，丙有女丁。甲有遗产房屋4间，存款10万元。甲生前立有遗嘱，将自己的房屋4间处分给丙，存款2万元处分给乙。乙为争夺遗产杀害丙，导致丙在继承开始前死亡。关于甲的遗产继承，下列说法中正确的有（　）。

A．甲遗嘱中处分给丙的4间房屋适用遗嘱继承，由丁代位继承

B．甲遗嘱中未处分的8万元存款适用法定继承，由乙和丁共同继承

C．甲遗嘱中处分的4间房屋和2万元存款适用法定继承，由丁代位继承

D．甲遗嘱中未处分8万元存款适用法定继承，由丁代位继承

2．甲生前立有遗嘱，表示将自己的全部遗产处分给乙。甲的遗产要发生遗嘱继承，下列表述中正确的有（　）。

A．甲的遗嘱合法有效

B．甲死亡

C．乙是法定继承人范围内的人

D．乙表示接受继承且未丧失继承权

3．甲临终前留下遗言：①名下财产为自己和同居女友的共同财产；②自己的财产死后全部捐献给某福利院；③自己的职位由某同事接任；④某福利院接受自己的遗产后，应拿出捐款中的20万元为儿童添置一批电脑。下列说法中正确的有（　）。

A．遗言中①不是遗嘱，因为该部分内容虽与遗产有关但不是甲死亡后才生效

B．遗言中②是遗嘱，因为该部分内容是甲处分自己的财产并于死亡后发生效力

C．遗言中③不是遗嘱，它虽是甲对自己死后事务所作的安排，但该内容与遗产处分无关，也不能依甲的单方意思表示发生效力

D．遗言中④是遗嘱，因为该部分内容是给受遗赠人接受遗赠所附的义务

4．甲满16周岁时弃学经商，但自己的劳动收入不足以维持日常开支，主要生活来源仍靠父母提供。经商1年后祖父去世，甲根据祖父的遗嘱取得了20万元人民币的遗产。甲接受遗产后，立下自书遗嘱，明确自己死亡后该20万捐助给希望工程。经商2年后的一天，甲不幸触电身亡。甲的父母以甲无遗嘱能力为由主张甲的遗嘱无效。下列关于甲的遗嘱能力的

说法中正确的有（　）。

A. 甲无遗嘱能力，因为甲立遗嘱时未满18周岁，为限制民事行为能力人

B. 甲有遗嘱能力，因为甲立遗嘱时已满16周岁，自己的劳动收入已成为生活来源的一部分，应视为完全民事行为能力人

C. 甲有遗嘱能力，因为甲死亡时已满18周岁，具有民事完全行为能力

D. 甲无遗嘱能力，因为甲立遗嘱时虽已满16周岁，但自己的劳动收入尚不能成为主要生活来源，不能视为完全民事行为能力人

5. 甲为聋哑人。一日，甲邀邻居乙、丙作见证人欲立代书遗嘱。乙为哑语翻译，丙为甲的儿子。于是乙作为代书人为甲立了代书遗嘱，丙在代书遗嘱上作为见证人签字，但甲未在遗嘱上签字。现甲死亡，关于甲遗嘱效力的说法中错误的有（　）。

A. 甲为聋哑人，无遗嘱能力，所立遗嘱无效

B. 甲有遗嘱能力，乙、丙能明白甲的意思，符合见证人条件，遗嘱有效

C. 甲有遗嘱能力，丙为甲的继承人，不具遗嘱见证人资格，见证人仅为乙一人，遗嘱无效

D. 甲有遗嘱能力，虽未在代书遗嘱上签字，但不影响代书遗嘱的效力

6. 甲有三子乙、丙、丁，有遗产房屋3间、汽车1部、存款20万元。甲于1998年立自书遗嘱，将其遗产房屋3间处分给乙；1999年立代书遗嘱，将其遗产汽车1部处分给丙；2000年立公证遗嘱，将其遗产存款20万元处分给丁；2001年立录音遗嘱，将其财产全部处分给乙；2004年临终前立口头遗嘱，将其遗产20万元和房屋3间处分给丙。甲死亡后，乙、丙、丁为继承遗产发生纠纷。下列关于继承甲遗产的说法中正确的有（　）。

A. 丙按照2004年口头遗嘱，取得甲的遗产房屋3间和存款20万元

B. 乙按照2001年录音遗嘱，取得甲的遗产汽车1部

C. 丁按照2000年公证遗嘱，取得甲的存款20万元

D. 丙按照2004年口头遗嘱，取得甲的遗产房屋3间

7. 甲多年经商，积累了百万元家产。2000年10月3日，甲立自书遗嘱，言明自己的全部财产由妻乙和子丙继承。甲立遗嘱时，甲的父母有劳动能力且有固定收入，但甲的姑姑因无劳动能力又缺乏生活来源，依靠甲扶养。2005年2月5日，甲去世，此时父母已丧失劳动能力又没有生活来源。下列关于甲遗嘱效力的说法中错误的有（　）。

A. 甲立遗嘱时父母有劳动能力，父母不属于享有“必要遗产份额”的继承人，遗嘱有效

B. 甲死亡时父母丧失劳动能力又没有生活来源，属于享有“必要遗产份额”的继承人，遗嘱无效

C. 甲死亡时依靠其扶养的姑姑丧失劳动能力又没有生活来源，属于享有“必要遗产份额”的人，遗嘱无效

D. 甲遗嘱中未为缺乏劳动能力又没有生活来源的继承人父母保留必要的遗产份额，遗嘱部分无效

8. 根据《继承法》的规定，下列人员中不能作为遗嘱见证人的有（　）。

A. 继承人　　B. 无行为能力人和限制行为能力人

C. 受遗赠人　　D. 继承人的合伙人和受遗赠人的债权人

9. 甲有一子一女，二人请了保姆乙照顾甲。甲为感谢乙，自书遗嘱，表示其3间房屋由两个子女平分，所有现金都赠给乙。后甲又立下书面遗嘱将其全部现金分给两个子女。不久甲去世。下列哪些选项是错误的？（　）【2007年司法考试题】

A. 甲的前一遗嘱无效　　B. 甲的后一遗嘱无效

C. 所有现金应归甲的两个子女所有　　D. 所有现金应归乙所有

10. 张某李某系夫妻，生有一子张甲和一女张乙。张甲于2007年意外去世，有一女丙。张某在2010年死亡，生前拥有个人房产一套，遗嘱将该房产处分给李某。关于该房产的继承，下列哪些表述是正确的？（　）【2011年司法考试题】

A. 李某可以通过张某的遗嘱继承该房产

B. 丙可以通过代位继承要求对该房产进行遗产分割

C. 继承人自张某死亡时取得该房产所有权

D. 继承人自该房产变更登记后取得所有权

三、不定项选择题

1. 甲立有公证遗嘱，明确自己的房屋4间和红木家具1套由儿子乙继承。立遗嘱后，甲因受女儿丙的欺骗，将该房屋赠与丙，双方办理了过户手续；甲又立自书遗嘱将红木家具处分给弟丁。甲死亡后，甲的继承人因继承甲的遗产发生纠纷，下列关于甲对遗嘱变更和撤销效力的说法中正确的有（　）。

A. 甲在遗嘱生效前有权对自己的房屋进行处分，遗嘱中对该房屋处分的内容视为被撤销

B. 甲生前所立遗嘱为公证遗嘱，甲要撤销该遗嘱必须采用公证形式，因此甲将遗嘱中处分的房屋赠与给丙的行为不产生撤销公证遗嘱的效力，赠与行为无效

C. 甲生前使遗嘱中处分的房屋所有权转移而撤销遗嘱的行为，因受丙欺骗所为，该撤销行为无效，原公证遗嘱仍有效

D. 甲后立自书遗嘱虽与公证遗嘱部分内容抵触，也不能产生遗嘱变更的效力，原公证遗嘱仍有效

2. 甲生前立有遗嘱，并指定未成年的儿子乙为遗嘱执行人。甲去世后留有遗产，乙未满18周岁，不愿做遗嘱执行人。甲的妻子、父母也不愿担任遗嘱执行人。下列关于甲遗嘱执行人的说法中正确的有（　）。

A. 乙在继承开始时不具有完全民事行为能力，不具有担当遗嘱执行人的资格

B．乙作为法定继承人被指定为遗嘱执行人，虽不具备完全民事行为能力，也不得拒绝担任遗嘱执行人

C．乙因不具有遗嘱执行人的资格不能执行遗嘱，甲的妻子、父母应为遗嘱执行人

D．甲的法定继承人不愿作遗嘱执行人，应由甲生前所在单位或者继承开始地点的基层组织为遗嘱执行人

3．在遗嘱继承中，继承人是否缺乏劳动能力又没有来源，应按（　　）该继承人的具体情况确定。

A．设立遗嘱时　　B．遗嘱生效　　C．遗嘱开启时 D．遗产分割时

4．遗嘱的有效条件包括（　　）。

A．遗嘱人在设立遗嘱有遗嘱能力 B．遗嘱人的意思表示真实

C．遗嘱的内容合法　　D．遗嘱的形式合法

5．根据《继承法》的规定，下列遗嘱应有2个以上的见证人见证。（　　）

A．自书遗嘱　　B．代书遗嘱　　C．录音遗嘱　　D．口头遗嘱

6．下列遗嘱中，属于无效遗嘱的有（　　）。

A．伪造的遗嘱　　B．受胁迫所立的遗嘱

C．受欺骗所立的遗嘱　　D．无民事行为能力人所立的遗嘱

四、辨析题

1．遗嘱见证人与证人。

2．遗嘱的无效与不生效。

五、简答题

1．遗嘱继承有何特点？

2．遗嘱继承的适用条件包括哪些？

3．遗嘱的形式的哪几种？

4．遗嘱的有效条件包括哪些？

5．遗嘱无效的情形有哪些？

第十一章 遗赠和遗赠扶养协议

知识结构图

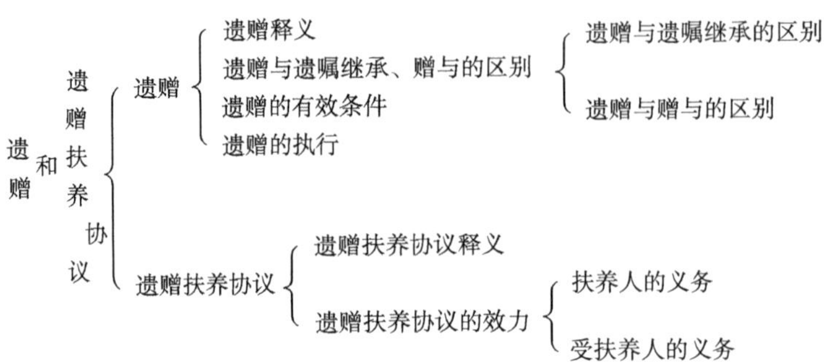

内容导读

自然人有权通过遗嘱将其财产指定由法定继承人以内的人继承，也有权通过遗嘱将其财产赠与法定继承人以外的人，而且还有权与其他自然人或集体所有制组织签订协议约定有关遗赠与扶养的事宜。可见，自然人死亡后，其遗产的处理方式不仅包括法定继承和遗嘱继承，还包括遗赠和遗赠扶养协议。遗赠、遗赠扶养协议作为遗产处理方式，与法定继承、遗嘱继承相比具有特殊的作用和效力。

司法考试要点

遗赠的概念和特点；遗赠与遗嘱继承的区别；遗赠的有效条件；遗赠的执行；遗赠扶养协议的概念和特点；遗赠扶养协议的效力；遗赠扶养协议的解除。

在历年考题中，本章涉及的问题主要包括遗赠和遗赠扶养协议的效力。

第一节 遗 赠

一、遗赠释义

《继承法》第16条第3款规定："公民可以立遗嘱将个人财产赠给国家、集体或者法定继承人以外的人。"可见，遗赠，是指自然人以遗嘱的方式将其个人财产赠与国家、集体或者法定继承人以外的自然人，而于其死亡后发生法律效力的民事行为。在遗赠中，立遗嘱的自然人为遗赠人，被指定接受赠与财产的国家、集体或者法定继承人以外的自然人为受遗赠人，遗嘱中指定赠与的财产为遗赠物。

遗赠与遗嘱继承一样，也是将死亡的自然人遗留的财产转移给他人所有的一项制度。因此，遗赠具有以下特点。

1.遗赠是一种单方民事行为

遗赠是遗赠人通过遗嘱的方式将财产赠与他人，而遗嘱是一种单方民事行为，因而遗赠也是一种单方民事行为，只须有遗赠人一方的意思表示就可以成立。因此，遗赠人只要在遗嘱中将自己赠与财产的意思表达出来，遗赠即成立；自遗嘱生效时起，遗赠生效。

2.遗赠是给法定继承人以外的人以财产利益的无偿民事行为

遗赠是遗赠人给予他人财产利益的行为，受遗赠人和遗赠物均具有特定性。首先，受遗赠人只能是法定继承人以外的人，而不能是法定继承人之内的人。如果遗嘱人在遗嘱中指定某项财产由法定继承人以内的人承受，则为遗嘱继承，而不是遗赠。其次，遗赠物只能是特定的财产利益。这种财产利益可以是给予财产权利，也可以是免除他人的财产债务，但遗赠人必须给予他人直接的财产利益，而不能给予间接的财产利益。同时，遗赠是无偿的民事行为，虽然遗赠人可以对遗赠附加某种负担，但所附加的负担并不是遗赠的对价。

3.遗赠是一种于遗赠人死亡后发生效力的死后民事行为

遗赠虽是遗赠人于生前作出的意思表示，但只有在遗赠人死亡后才能发生法律效力。由于遗赠须于遗赠人死亡后才能生效，所以遗赠人得随时依法定程序变更、撤销遗赠。

4.遗赠是只能由受遗赠人亲自接受的民事行为

遗赠是以特定的受遗赠人为受益主体的，受遗赠的主体具有不可替代性。受遗赠人应为接受遗赠时的生存之人，但于遗赠人死亡时已受孕的胎儿可作为受遗赠人。受遗赠的自然人先于遗嘱人死亡或者受遗赠的单位于遗赠人死亡前撤销的，遗赠则不能发生效力；受遗赠人在作出接受遗赠的意思表示前死亡的，也不能发生遗赠。受遗赠人的受遗赠权只能由受遗赠

Note

人自己亲自享有，而不得转让。

二、遗赠与遗嘱继承、赠与的区别

（一）遗赠与遗嘱继承的区别

遗赠与遗嘱继承都是被继承人以遗嘱处分个人财产的方式,《继承法》对这两种制度都作了规定，但遗赠与遗嘱继承是两种不同的遗产处理方式，两者在许多方面存在着差别。

➢相关链接

遗赠与遗嘱继承		
比较点	遗赠	遗嘱继承
权利人范围	国家、集体和法定继承人以外的自然人	法定继承人范围以内的自然人
客体范围	限于遗产中的财产权利，不含财产义务	被继承人生前的财产权利和财产义务
权利行使方式	接受遗赠采取明示方式，受遗赠人接受遗赠的，应于法定期间内作出接受遗赠的意思表示	接受继承采取明示和默示两种方式，继承人自继承开始至遗产分割前未明确表示放弃继承的，视为接受继承
参与遗产分配的方式	受遗赠人从遗嘱执行人处取得受遗赠的遗产，不直接参与遗产的分配	遗嘱继承人直接参与遗产的分配

（二）遗赠与赠与的区别

赠与，是指赠与人将自己的财产无偿给予受赠人，受赠人表示接受该赠与的协议。遗赠与赠与都是将自己的财产无偿给予他人的行为，但遗赠与赠与在性质上是两种完全不同的制度。

➢相关链接

遗赠与赠与		
比较点	遗赠	赠与
行为性质	单方民事行为	双方民事行为
主体范围	遗赠人只能是自然人，受遗赠人只能是国家、集体或法定继承人以外的人	赠与人、受遗赠人的资格没有限制，国家、集体、自然人等均可
适用法律	受继承法调整	受合同法调整
生效时间	遗赠人死亡后发生效力	赠与人生前发生效力

三、遗赠的有效条件

事例11-1 甲热心公益事业。甲中年丧妻，仅有一子乙（已成年独立生活），乙对甲捐助公益事业十分不满。2001年8月14日，甲立下自书遗嘱，表示将自己的积蓄15万元捐献给丙研究所作为科研经费，其住房一套赠与该所研究人员丁，希望他安心工作。当天下午，乙到甲处得知甲所立遗嘱内容时十分恼火，与父亲发生激烈争吵后拂袖而去。9月23日，甲突然精神失常，虽经治疗也不见好转。2002年7月4日，丁突遇车祸死亡。2002年7月10日，甲去世。丧事料理完毕，丙研究所于2002年8月5日要求乙按照遗嘱将甲遗嘱中处分给丙研究所和其研究人员丁的遗产移交给丙研究所。乙则认为其父甲生前患有精神病，神志不清，所立遗嘱无效，应由他继承全部遗产。双方为此发生纠纷，起诉到人民法院，请求依法处理。

遗赠是通过遗嘱的方式作出的，因此，遗赠的有效条件主要包括如下几项：

（1）遗赠人须有遗嘱能力。无遗嘱能力的无民事行为能力人、限制民事行为能力人不能为遗赠。

（2）遗赠人须为缺乏劳动能力又没有生活来源的继承人保留必要的遗产份额。如果继承人中有缺乏劳动能力又没有生活来源的人，而遗赠人又没有为其保留必要的遗产份额，则涉及这一必留份额的遗赠无效。

（3）遗赠人的遗嘱符合法律规定的形式要求。遗赠人设立的遗嘱不符合法定形式的，遗赠无效。

（4）受遗赠人须为法定继承人范围以外的人，且在遗赠人的遗嘱生效时生存之人。

（5）受遗赠人须未丧失受遗赠权。关于丧失受遗赠权的事由，应当按照《继承法》关于丧失继承权的规定认定。

（6）遗赠的财产须为遗产，且在遗赠人死亡时执行遗赠为可能和合法。如果遗赠财产不属于遗产，或者于遗赠人死亡时该项财产已不存在或因其他原因不能执行或执行是不合法的，则遗赠为无效。

在事例11-1中，甲于2001年9月23日精神失常，而遗嘱是在2001年8月14日所立，遗嘱人立遗嘱时具有遗嘱能力，遗嘱的内容是其真实意思表示，遗嘱也符合法律规定的形式要求，故该遗嘱为有效遗嘱。遗嘱将遗产处分给法定继承人以外的自然人丁和丙研究所，丁和丙研究所属于受遗赠人。因丁在遗嘱生效前死亡，因此，遗嘱中处分给丁的遗产不能发生法律效力，应按照法定继承由乙继承。丙研究所在知道受遗赠后2个月内明确表示接受遗赠，其受遗赠的权利应当得到法律的保护。

四、遗赠的执行

事例11-2 甲在丈夫去世后失去了生活来源，其独生子乙夫妇家境富裕，但对甲拒不赡养。甲的邻居丙看到甲有困难，即主动给予照顾。一天，甲突发急病，丙急忙将其送往医院抢救，并通知乙。甲想到儿子的不孝和丙对她的照顾，在手术前立下自书遗嘱，表示死后将其出嫁时带到夫家并埋在地下的一罐银元留给丙。在手术进行过程中，乙夫妇赶到医院。当听说母亲将银元赠给丙时，便逼迫丙立下书据，写明丙将那罐银元转给乙夫妇。由于手术不成功，甲死亡。甲死亡时遗留的遗产除一罐银元（经评估价值人民币12万元）外，另有债务10万元。一周后，在一次同学联欢会上，丙提起此事，同学们都让丙找乙夫妇要回银元。丙即持甲所立遗嘱，请求乙夫妇将一罐银元移交，遭到乙夫妇拒绝。丙索要未果，起诉到人民法院。

遗赠的执行，是指在受遗赠人接受遗赠后，遗嘱执行人按照遗嘱人的指示将遗赠的遗赠物移交给受遗赠人。

在遗赠执行中，义务人为遗赠执行人即遗嘱执行人，权利人为受遗赠人。《继承法》第25条第2款规定："受遗赠人应当在知道受遗赠后两个月内，作出接受或者放弃受遗赠的表示。到期没有表示的，视为放弃受遗赠。"因此，受遗赠人在知道受遗赠后2个月内，向遗嘱执行人作出接受遗赠的意思表示的，即享有请求遗嘱执行人依遗赠人的遗嘱将遗赠物交付其所有的请求权，遗赠执行人应依受遗赠人的请求交付遗赠物。

需要指出的是，遗赠人的债权人的债权优于受遗赠人的受遗赠权，受遗赠人不能与遗赠人的债权人平等地分配遗产。因此，遗赠执行人不能先以遗产用于执行遗赠。《继承法》第34条规定："执行遗赠不得妨碍清偿遗赠人依法应当缴纳的税款和债务。"因此，遗赠执行人应在清偿完遗赠人生前所欠的税款及债务后，才在遗产剩余的部分中执行遗赠。

在事例11-2中，丙在甲死亡前所立下的放弃受遗赠的书据，因遗嘱尚未生效，而丙在遗嘱中享有的受遗赠权是期待权而不是既得权，因此，即使未受乙夫妇胁迫，丙放弃受遗赠权的行为也是无效的。甲死亡后，甲生前所立遗嘱符合遗嘱的有效条件，丙在知道受遗赠后2个月内明确向乙表示接受遗赠，因此，丙享有对甲遗产的受遗赠权。甲的遗嘱中没有指定遗嘱执行人，故甲的法定继承人乙应为遗嘱执行人。甲有债务10万元，遗赠给丙的银元价值为人民币12万元，因此，遗赠执行人乙应在清偿完被继承人生前所欠的债务10万元后，将遗产剩余的2万元部分执行遗赠，移交给丙。

第二节　遗赠扶养协议

一、遗赠扶养协议释义

事例11-3　甲为某集体所有制企业职工，退休丧妻后，因子乙和女丙均在外地工作，担心年龄增大行动不便时日常生活无人照料，便与其所在单位丁签订了遗赠扶养协议，约定甲的日常生活由丁单位派人照料。甲通过房改取得产权的原丁单位房屋转归丁单位所有。协议签订后，因甲身体状况一直很好，丁单位也就没有派人照料。一日，甲遭遇车祸突然死亡。甲去世后，甲的子女乙、丙共同处理了甲的丧事。后丁单位持协议要求乙、丙办理房屋过户手续，乙、丙则以丁单位未履行协议为由拒绝了丁单位的请求。

《继承法》第31条规定："公民可以与扶养人签订遗赠扶养协议。按照协议，扶养人承担公民生养死葬的义务，享有受遗赠的权利。公民可以与集体所有制组织签订遗赠扶养协议。按照协议，集体所有制组织承担该公民生养死葬的义务，享有受遗赠的权利。"根据这一规定，遗赠扶养协议，是指自然人（受扶养人）与扶养人或者集体所有制组织（以下统称为扶养人）签订的关于扶养与遗赠的协议。可见，遗赠扶养协议有如下特点。

1.遗赠扶养协议是双方民事行为

遗赠扶养协议与遗赠不同，是一种双方民事行为，须有双方意思表示的一致才能成立。在遗赠扶养协议中，遗赠人即受扶养人，只能是自然人；而扶养人可以是自然人，也可以是集体所有制组织。法定继承人之内的自然人和国家机关、国有企事业单位不能作为扶养人。

遗赠扶养协议是双方民事行为，这种行为是以遗赠和扶养为内容的协议，属于一种合同关系。因此，遗赠扶养协议的订立、有效条件、履行、变更和解除等均须符合《合同法》的相关规定。

2.遗赠扶养协议是诺成性的要式民事行为

遗赠扶养协议，是诺成性民事行为，自双方意思表示达成一致时起即可成立效力。遗赠扶养协议虽于受扶养人死亡后才发生遗赠的效力，但这属于遗赠扶养协议的履行，而并非遗赠扶养协议于受扶养人死亡时才成立生效。遗赠扶养协议是要式民事行为，须采用书面形式。

3.遗赠扶养协议是一种双务民事行为

在遗赠扶养协议中，双方当事人都负有一定的义务。扶养人负有负责受扶养人的生养死葬的义务，受扶养人也有将自己的财产遗赠给扶养人的义务。因此，遗赠扶养协议为双务民事行为。但是，扶养人和受扶养人的义务发生效力的时间不同。扶养人的义务是自协议签订之日起即生效，受扶养人的义务是于其死亡后才发生效力，在受扶养人死亡前扶养人不得要求受扶养人将其财产归己所有。

4.遗赠扶养协议是有偿民事行为

在遗赠扶养协议中，任何一方享受权利都是以履行一定的义务为对价的。扶养人不履行对受扶养人的生养死葬的义务，则不能享有受遗赠的权利；受扶养人不将自己的财产遗赠给扶养人，也不享有要求扶养人扶养的权利。

5.遗赠扶养协议具有优先效力

在处理遗产的方式上，遗赠扶养协议具有最优先的效力。只要是遗赠扶养协议中约定遗赠的财产，就应依协议由扶养人取得，不论是受扶养人遗嘱中指定的继承人还是受扶养人的法定继承人均不得主张取得该财产。

在事例11-3中，丁单位为集体所有制企业，有权与甲订立遗赠扶养协议。该协议不违反法律的规定，应自成立之日起生效。因丁单位没有履行对甲生前扶养和死后安葬的义务，因此不享有受遗赠的权利。从这个意义上讲，甲的继承人乙、丙有权以丁单位未按照遗赠扶养协议履行扶养义务为由，拒绝丁单位接受遗赠的请求。

二、遗赠扶养协议的效力

事例11-4　甲为某农村集体经济组织成员，终生未育。丈夫去世后，

Note

甲孤苦无依，但拒绝进福利院。邻居乙为一乡村医生，为人忠厚善良。在甲失去生活能力后，乙主动担负起扶养老人的责任。甲对乙的为人和家庭生活环境都比较满意，遂和乙签订了遗赠扶养协议，约定：乙对甲履行生养死葬的义务；甲去世后其所有的四间房屋归乙所有。协议签订后，乙就把甲接到自己家里进行扶养。2年后，甲在其侄子丙的唆使下，委托丙将自己所有的四间房屋以高于市场价出卖给丁，并办理了过户登记手续。乙得知后，请求甲要回房屋，遭到拒绝。乙遂向人民法院提起诉讼，请求撤销甲和丁的房屋买卖合同。

遗赠扶养协议的内容包括扶养和遗赠两个方面。因此，从义务的角度说，遗赠扶养协议的义务包括如下两部分。

1.扶养人的义务

按照遗赠扶养协议，扶养人对受扶养人负有扶养的义务。扶养人对受扶养人的扶养义务自遗赠扶养协议生效时起即发生效力，且是继续性的。因此，自遗赠扶养协议生效后，扶养人就应当履行自己的扶养义务，在受扶养人生前依协议约定不间断地对其给予生活上的照料和扶助；在受扶养人死亡后还应当负责办理受扶养人的丧事。扶养人不认真履行扶养义务的，应当承担违约责任。按照《继承法意见》第56条的规定，扶养人无正当理由不履行遗赠扶养协议，致使协议解除的，不能享有受遗赠的权利，其支付的供养费用一般不予补偿。

2.受扶养人的义务

按照遗赠扶养协议，受扶养人负有将其财产遗赠给扶养人的义务。受扶养人对在遗赠扶养协议中指定遗赠给扶养人的财产，不得擅自处分。按照《继承法意见》第56条的规定，受扶养人无正当理由不履行遗赠扶养协议，致使协议解除的，应偿还扶养人已支付的供养费用。

在事例11-4中，因遗赠扶养协议中有关遗赠的内容只能于受扶养人死亡后才发生效力，在受扶养人死亡前扶养人不得要求受扶养人将其财产归己所有，因此，甲去世前对其在遗赠扶养协议中遗赠给乙的房屋仍享有所有权，有权将房屋出卖给他人。对甲、丁之间的房屋买卖合同，乙无权请求撤销。但因甲对房屋的处分行为致使乙的受遗赠权无法实现，乙有权解除遗赠扶养协议，并得要求甲补偿其已经付出的扶养费用。

➢相关链接

遗赠扶养协议与遗赠

比较点	遗赠扶养协议	遗赠
行为的性质	双方、双务、有偿民事行为	单方、单务、无偿民事行为
行为的形式	采用合同的形式	采用遗嘱的形式
主体资格	扶养人和受扶养人均须具有相应的民事行为能力	遗赠人须具有完全民事行为能力，受遗赠人不要求具有完全民事行为能力
生效时间	遗赠人死亡后发生效力	赠与人生前发生效力

课堂讨论案例

【案例1】甲与妻子乙结婚三十多年，有一养子。1994年起甲开始与丙来往，1996年起二人公开同居，依靠甲的工资（退休金）及奖金生活，但甲与乙并未离婚。2001年2月起，甲病重住院，乙一直在医院照顾。4月18日甲立下遗嘱："我决定，将依法所得的住房补贴金、公积金、抚恤金和住房一套，以及手机一部遗留给我的朋友丙一人所有。我去世后骨灰盒由丙负责安葬。"4月20日，该遗嘱在区公证处得到公证。甲去世后，丙根据遗嘱向乙索要财产和骨灰盒，遭到乙的拒绝。丙遂向人民法院起诉，请求依据《继承法》的有关规定，判令被告乙按遗嘱履行。

问：甲的遗赠是否有效？

【案例2】1997年2月17日，甲立下自书遗嘱，主要内容为："甲的生前生活由侄女乙负责，死后由乙安葬，自立字据之日起甲的三间房屋归乙所有，任何人不得侵犯干涉。"同年3月6日，甲、乙到公证处公证。公证文书名为"赠与书"，主要内容为："赠与人甲，受赠人乙。甲所有的三间平房，面积约60平方米，价值11 000元，现因年老多病，又无其他亲人，自愿将上述房屋及其他家具有条件地赠与乙，从赠与书生效之日起，产权即归乙所有，同时乙必须负责甲的生养死葬。"协议签订后，甲将房屋等交付乙，乙也给甲提供了粮食、蔬菜等。同时，乙在征得甲同意后，对房屋进行重建，将该房屋拆除并修建成面积为120平方米砖混结构一楼一底的房屋，花费约15 000元。拆房之初，甲向当地居委会借房居住。但房屋建好后，乙并未将甲接回，而是将该房用作经营。为此，甲、乙发生矛盾，双方关系不断恶化，乙放弃了对甲的扶养。之后，甲以"房屋赠与乙是有条件的赠与，现乙对我不尽义务"为由，于2001年6月5日向人民法院起诉，请求解除遗赠关系并责令乙归还房屋和其他财产。

问：①甲、乙之间的赠与书的性质是什么？②赠与书中"从赠与书生效之日起，产权即归乙所有"的内容是否能在赠与人生前生效？③甲对乙不履行协议义务的行为所采取的法律措施是否正当？

课后思考习题

一、单项选择题

1. 根据《继承法》的规定，受遗赠人表示接受遗赠的期限是知道受遗赠后的（　）。

　A．1年　　B．2年　　C．6个月　　D．2个月

2. 继承开始后，受遗赠人表示接受遗赠，并于（　）前死亡的，其接受遗赠的权利转移给他的继承人。

A．遗产分割　B．遗嘱执行　C．遗嘱生效　D．遗赠人死亡

3．甲生前立有遗嘱，明确自己死后房屋2间归朋友乙所有。乙知道自己作为受遗赠人后，因对丙所负债务到期被丙催债，遂萌生杀害甲以尽快取得受遗赠财产偿还债务的念头。一切准备就绪后，乙于某日晚前往甲处实施杀害行为，但因甲不在家而未得逞。3天后，甲因车祸身亡。乙在知道甲死亡的消息后2个月内未表示接受遗赠，也没有表示放弃受遗赠。下列关于乙对甲遗产的说法中正确的是（　）。

A．乙对甲实施了杀害行为，丧失对甲遗产的受遗赠权

B．乙对甲实施的杀害行为并没有得逞，不丧失对甲遗产的受遗赠权

C．乙在知道受遗赠后2个月内没有表示接受遗赠，视为放弃受遗赠

D．乙在知道受遗赠后2个月内没有表示放弃遗赠，视为接受遗赠

4．甲死后留有房屋1间和存款若干，法定继承人为其子乙。甲生前立有遗嘱，将其存款赠与侄女丙。乙和丙被告知3个月后参与甲的遗产分割，但直到遗产分割时，乙与丙均未作出是否接受遗产的意思表示。下列说法哪一个是正确的？（　）【2004年司法考试题】

A．乙、丙视为放弃接受遗产

B．乙视为接受继承，丙视为放弃接受遗赠

C．乙视为放弃继承，丙视为接受遗赠

D．乙、丙均应视为接受遗产

5．梁某已80多岁，老伴和子女都已过世，年老体弱，生活拮据，欲立一份遗赠扶养协议，死后将3间房屋送给在生活和经济上照顾自己的人。梁某的外孙子女、侄子、侄女及干儿子等都争着要做扶养人。这些人中谁不应作遗赠扶养协议的扶养人？（　）【2004年司法考试题】

A．外孙子女　B．侄子　C．侄女　D．干儿子

6．甲死后留有房屋1套、存款3万元和古画1幅。甲生前立有遗嘱，将房屋分给儿子乙，存款分给女儿丙，古画赠与好友丁，并要求丁帮丙找份工作。下列哪种说法是正确的？（　）【2006年司法考试题】

A．甲的遗嘱部分无效

B．若丁在知道受遗赠后2个月内没有作出接受的意思表示，则视为接受遗赠

C．如古画在交付丁前由乙代为保管，若意外灭失，丁无权要求乙赔偿

D．如丁在作出了接受遗赠的意思表示后死亡，则其接受遗赠的权利归于消灭

7．甲妻病故，膝下无子女，养子乙成年后常年在外地工作。甲与村民委员会签订遗赠扶养协议，约定甲的生养死葬由村民委员会负责，死后遗产归村民委员会所有。后甲又自书一份遗嘱，将其全部财产赠与侄子丙。甲死后，乙就甲的遗产与村民委员会以及丙发生争议。对此，下列哪一选项是正确的？（　）【2010年司法考试题】

A．甲的遗产应归村民委员会所有

B. 甲所立遗嘱应予撤销

C. 村民委员会、乙和丙共同分割遗产，村民委员会可适当多分

D. 村民委员会和丙平分遗产，乙无权分得任何遗产

8. 甲与保姆乙约定：甲生前由乙照料，死后遗产全部归乙。乙一直细心照料甲。后甲女儿丙回国，与乙一起照料甲，半年后甲去世。丙认为自己是第一顺序继承人，且尽了义务，主张甲、乙约定无效。下列哪一表述是正确的?（　）【2012年司法考试题】

A. 遗赠扶养协议有效

B. 协议部分无效，丙可以继承甲的一半遗产

C. 协议无效，应按法定继承处理

D. 协议有效，应按遗嘱继承处理

二、多项选择题

1. 甲生前立有遗嘱，将自己的遗产存款30万元中的5万元处分给弟弟乙。甲去世后，乙即知道了遗嘱的内容，但未在2个月内向甲的子女主张遗嘱中的财产权利。3个月后，乙妻因病住院急需用钱，乙向甲的子女要求按照甲的遗嘱将遗产中的5万元交给自己。甲留有30万元存款，同时负有20万元的债务。下列关于对甲遗产权利的说法中正确的有（　）。

A. 乙是受遗赠人，在知道受遗赠后2个月内没有表示接受遗赠，视为放弃受遗赠

B. 乙是遗嘱继承人，在继承开始后遗产分割前没有表示放弃继承的，视为接受继承

C. 乙对甲5万元存款有继承权，同时对甲20万元债务也有连带清偿的义务

D. 乙对甲5万元存款有继承权，因甲的法定继承人所得遗产足以清偿债务，乙对甲的债务不负清偿义务

2. 甲有遗产人民币50万。甲生前立有遗嘱，将其遗产中的5万元给儿媳乙，8万元给对自己尽了主要赡养义务的丧偶女婿丙，2万元给外孙女丁，5万元捐给中华慈善总会。下列关于受遗赠人的说法中正确的有（　）。

A. 乙、丙、丁和中华慈善总会均为受遗赠人

B. 丙是遗嘱继承人而不是受遗赠人

C. 乙、丁和中华慈善总会是受遗赠人

D. 丁是遗嘱继承人而不是受遗赠人

三、不定项选择题

1. 在遗赠扶养协议中，可以作为扶养人的包括（　）。

A. 受扶养人的儿子　　B. 受扶养人所在的集体所有制单位

C. 受扶养人的侄子　　D. 受扶养人的配偶

2. 在遗赠中，下列不能作为受遗赠人的包括（　）。

A. 遗赠人的所在单位　　B. 遗赠人的前妻

Note

C．国家　　　　　　　　　D．遗赠人的孙子女

3．甲生前向乙表示将汽车1部赠送给乙，但所有权要在甲死亡后转移，乙表示同意。甲死亡后，甲的继承人分割了甲的遗产。半年后乙要求甲的继承人移转赠与物归其所有，继承人以甲的遗产不足清偿债务为由拒绝。下列关于乙对甲遗产权利的说法中正确的有（　）。

A．乙对甲的遗产权利是基于赠与合同而形成的债权

B．乙对甲的遗产权利是基于遗嘱而形成的受遗赠权

C．遗产不足清偿债务时，乙作为债权人享有优先于其他债权人受偿的权利

D．遗产不足清偿债务时，乙作为受遗赠人的受遗赠权消灭

四、辨析题

1．遗赠与遗嘱继承。

2．遗赠与赠与。

3．遗赠扶养协议与遗赠。

五、简答题

1．遗赠有何特点？

2．遗赠扶养协议有何特点？

3．遗赠扶养协议的效力。

第十二章 遗产的处理

知识结构图

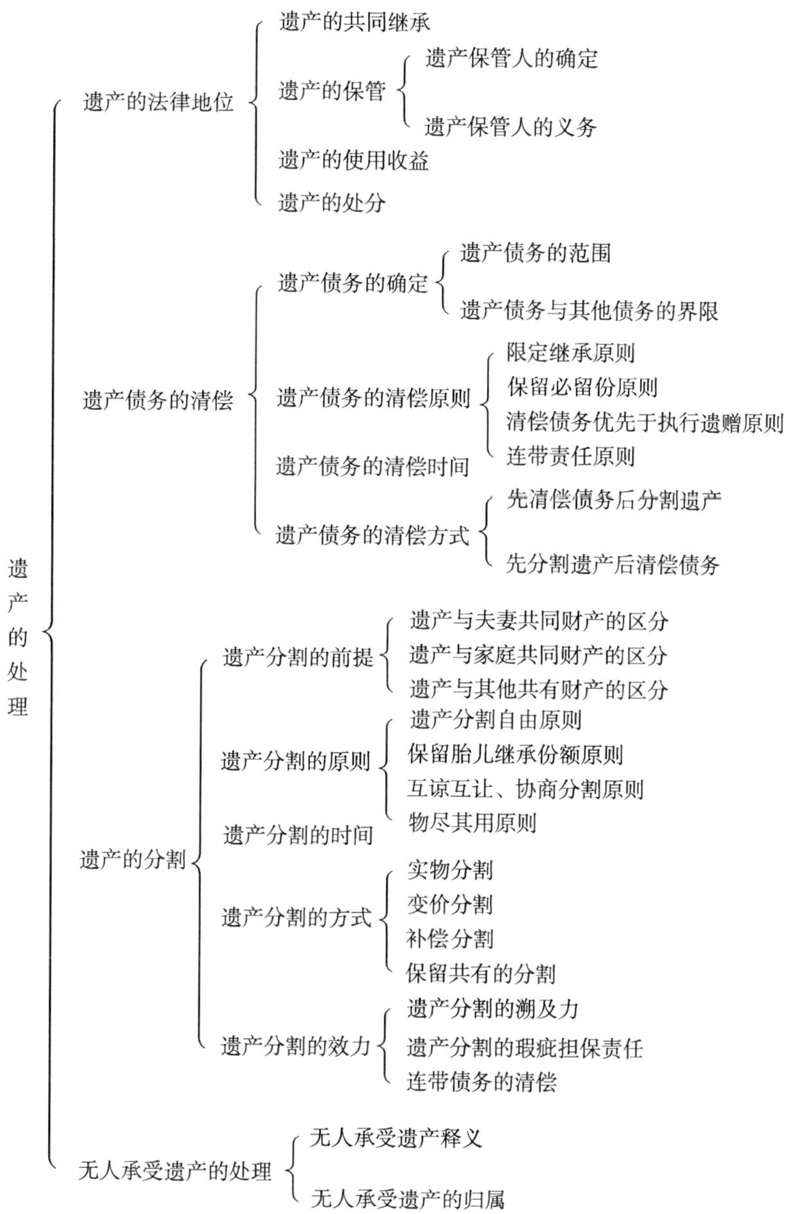

内容导读

自然人死亡后，对被继承人的遗产应如何处理，是继承法中的重要问题。如何处理被继承人的遗产涉及诸多问题，如继承人对遗产如何保管、使用收益和处分；对被继承人的债务如何清偿；继承人如何分割遗产；对无人承受的遗产如何处理等。

司法考试要点

遗产的共同继承、遗产的保管、遗产与其他共有财产的区分、遗产的分割、遗产债务的清偿、无人承受遗产的处理。

在历年考题中，本章涉及的问题主要包括遗产的分割、遗产债务的清偿等。

Note

第一节 遗产的法律地位

一、遗产的共同继承

《继承法》第25条规定:“继承开始后,继承人放弃继承的,应当在遗产分割前,作出放弃继承的表示。没有表示的,视为接受继承。”根据这一规定,继承开始后,只要继承人没有作出放弃继承的意思表示,即视为接受继承,遗产即归继承人所有。当继承人为数人时,各继承人共同继承,对遗产享有共有权。通说认为,遗产共有为共同共有。

理论争鸣

关于遗产共有的性质,各国有两种立法例:一是按份共有制,即继承开始后,遗产归各继承人按份共有;二是共同共有制,即继承开始后,遗产归各继承人共同共有。我国现行法没有明确规定遗产的共有为按份共有还是共同共有。《民法通则意见》第177条曾规定,遗产归继承人共同共有。但《物权法》颁布后,最高人民法院废止了这一规定,原因是其与物权法有关规定冲突。在理论上,关于遗产共有的性质,一直存在两种不同的观点:一种观点认为,遗产共有为共同共有;另一种观点认为,遗产共有为按份共有。

二、遗产的保管

继承开始后,原属于被继承人的一切财产都转归继承人所有。但在遗产分割前,由于遗产的最后归属尚没有确定,如果不对遗产加以保管,就可能使遗产遭受不应有的损害。所以,遗产的保管对继承人及受遗赠人来说,是相当重要的。

(一)遗产保管人的确定

遗产的保管人,是指对遗产负责保存和管理的人。根据《继承法》的规定,遗产的保管人包括如下几种。

1.存有遗产的人

《继承法》第24条规定:“存有遗产的人,应当妥善保管遗产,任何人不得侵吞或者争抢。”按照该条规定,继承开始后,负有保管遗产义务的人,首先是存有遗产的人。如果被继承人的遗产分散在不同的地方,则分别存有遗产的人都是遗产的保管人。存有遗产的人不以继承人为限,可以是继承人,也可以是非继承人。

2.知道被继承人死亡的继承人

如果被继承人生前自己占有财产,根据《继承法》第23条的规定,继承开始后,应当由知道被继承人死亡的继承人或遗嘱执行人保管。继承人都知道被继承人死亡的,继承人应当共同保管遗产,也可以协商由继承人

Note

中的一人或数人保管遗产。

3.被继承人生前所在单位，或者住所地或遗产所在地的居民委员会、村民委员会

如果继承人中无人知道被继承人死亡或者知道被继承人死亡而不能通知的，遗产应当由被继承人生前所在单位，或者住所地或遗产所在地的居民委员会、村民委员会负责保管。

4.人民法院指定的保管人

根据《继承法意见》第44条的规定，人民法院在审理继承纠纷案件时，如果知道有继承人而无法通知的，分割遗产时，应保留其应继承的遗产，并确定该遗产的保管人或保管单位。

（二）遗产保管人的义务

根据《继承法》第24条规定的精神，遗产保管人负有保管遗产的义务，具体包括如下几项。

1.清理遗产，编制遗产清册

在继承开始后，遗产保管人应当及时清点遗产，制作遗产清册，以便于进行管理和移交遗产。遗产清册的编制是防止遗产散失的重要措施，也是据以清偿遗产债务、执行遗赠、分配遗产的重要依据。因此，编制遗产清册是遗产管理人的主要义务之一。

2.通知继承人（或其他继承人）

遗产保管人应当及时通知继承人（或其他继承人），说明遗产的种类、数量、存放地点等有关情况，并报告遗产的管理状况。如果遗产保管人为隐匿、侵吞或争抢遗产而不为通知的，则可以减少继承人应继承的遗产份额，并应当依法承担民事责任。

3.妥善保管遗产

遗产保管人应当像管理自己的财产一样管理遗产，即须负与处理自己事务同样的注意义务。遗产保管人应当防止和排除对遗产的侵害，包括自然的侵害和人为的侵害。不是继承人的保管人除为保管遗产的需要外，不得使用和处置遗产。

4.及时移交遗产

及时移交遗产是非继承人的遗产保管人的一项义务。在非继承人作为遗产保管人的情况下，他对遗产的管理只是暂时性的，一旦继承人提出移交的请求，非继承人的遗产保管人应当及时地将遗产交给继承人管理。如果非继承人的遗产保管人拒不移交遗产的，则构成侵权行为，造成继承人损失的，应当承担赔偿责任。

三、遗产的使用收益

继承开始后，继承人一般并不立即分割遗产，这就会产生遗产的使用

收益问题。

遗产的使用收益，在单独继承的情况下，自应由该继承人自行解决。在数个继承人共同继承的情况下，对共有遗产的使用收益，就应当由共同继承人共同决定。经共同继承人同意，遗产可以由某一继承人或某几个继承人使用，但遗产的收益为遗产本身的增值，除继承人有特别约定外，遗产的收益应列入遗产的范围。至于遗产的收益应当如何分配，应由继承人协商确定，可以是于遗产分割时一并分配，也可以是按期分割遗产收益。

四、遗产的处分

遗产的处分，是指继承人对遗产的处置。在共同继承的情况下，遗产是共同继承人的共有财产，因此，任何继承人未经其他继承人同意，不得将遗产的某项财产擅自处分。

理论争鸣

继承人在遗产分割以前能否将自己的应继承份额转让，理论上有不同的认识，主要有三种观点：第一种观点认为，任何共同继承人不得单独将其应继承份额转让他人；第二种观点认为，共同继承人可以将其应继承份额让与其他共同继承人，但不得将自己的应继承份额转让给第三人；第三种观点认为，共同继承人可以将其应继承份额转让给其他继承人，在征得全体共同继承人同意后，也可将应继承份额转让给第三人。

第二节　遗产债务的清偿

一、遗产债务的确定

（一）遗产债务的范围

事例12-1　甲于2009年4月28日向乙借款6万元，借款期限自2009年4月28日起至7月28日止，月利率3‰。甲在借款单的借款人位置上签了名。丙在借款单上表示：“本人自愿为借款人甲提供担保，如债务人到期没有履行还款义务，本人自愿承担连带责任。”丙还在借款单上的保证人位置上签写自己的姓名。后丙因购房向乙借款10万元，将其店面一间作为借款抵押物，并办理了抵押登记。2009年7月24日，丙去世。借款期满后，甲与丙的继承人经乙多次催讨仍没有还款，乙就两笔借款分别向人民法院提起诉讼，请求丙的继承人妻子丁、儿子戊分别承担保证保责任和还款责任。

遗产是被继承人的财产权利和财产义务的统一体。根据权利义务相一致原则，继承人接受继承，不能仅继承财产权利，而不继承财产义务。就是说，继承人继承了被继承人的遗产，就必须承担遗产债务。

所谓遗产债务，是指被继承人生前个人依法应当缴纳的税款和完全用于个人生活需要所欠下的债务。遗产债务主要包括以下几类：①被继承人依照我国税法的规定应当缴纳的税款；②被继承人因合同之债而欠下的债务；③被继承人因侵权行为而承担的损害赔偿的债务；④被继承人因不当得利而承担的返还不当得利的债务；⑤被继承人因无因管理而承担的补偿管理人必要费用的债务；⑥其他属于被继承人个人的债务。例如，合伙债务中属于被继承人应当承担的债务、被继承人承担的保证债务等。

在事例12-1中，丙为甲的借款向乙承担保证责任而发生的债务，为丙个人债务，属于遗产债务。丙为购房向乙所负的10万元债务，为丙和丁夫妻的共同债务，丙应当承担的部分为遗产债务。

（二）遗产债务与其他债务的界限

1.遗产债务与家庭共同债务

家庭共同债务，是指家庭成员共同作为债务人所承担的债务。家庭共同债务应当用家庭共有财产来偿还，而不能用被继承人的遗产来偿还。家庭共同债务中属于被继承人应当承担的部分，应当列入遗产债务的范围，用被继承人的遗产来清偿。

在事例12-1中，丙为购房向乙所负的10万元债务，为丙和丁夫妻共同债务，应当用夫妻共同财产偿还。夫妻共同财产偿还该债务后剩余部分，进行夫妻共同财产分割后属于丙的部分，为丙的遗产，由丙的法定继承人丁、戊继承。

2.遗产债务与以被继承人个人名义所欠债务

遗产债务应当是被继承人完全为个人生活需要而欠下的债务，一般是以被继承人个人名义所欠下的。但是，以被继承人个人名义所欠下的债务，并不一定都是遗产债务。例如，以被继承人个人名义为家庭生活需要所欠下的债务；以被继承人个人名义为有劳动能力的继承人的生活需要或其他需要所欠下的债务；以被继承人个人名义因继承人不尽扶养、抚养、赡养义务而迫于生活需要所欠下的债务。

3.遗产债务与继承费用

继承开始后，因遗产的管理、分割以及执行遗嘱，都可能要支出一定的费用。这种费用，继承法上称之为继承费用。继承费用实际上属于遗产本身的变化，清偿遗产债务仅限于遗产的实际价值，而遗产的实际价值是扣除继承费用后所剩余的价值。所以，继承费用应当从遗产中支付，而不能列入遗产债务范围。

二、遗产债务的清偿原则

事例12-2　1997年甲再婚，2000年其妻子乙丧失劳动能力。儿子丙（与前妻所生）已参加工作独立生活。2003年10月，甲向有关部门申请开设商店，获工商行政管理部门批准。由于资金不足，甲向他人借款10万元。2004年8月，甲因病住院。2004年11月，甲去世。甲生前与乙订有协议，明确甲因经营所负债务为甲个人债务，由甲负责偿还。甲生前立有遗嘱，将遗产2万元留给负责照看妻子的侄女丁。丙在办完父亲的丧事后，将甲的遗产折价出售获5万元人民币，分给丁遗产2万元，其余部分与乙各继承1.5万元。债权人向法院起诉，要求乙和丙偿还欠款。

继承人表示接受继承，就应当清偿遗产债务。继承人在清偿遗产债务时，应当遵循如下原则。

1. 限定继承原则

限定继承原则，是指继承人对被继承人的遗产债务的清偿只以遗产的实际价值为限，除继承人自愿清偿外，继承人对于超过遗产实际价值的部分不负清偿责任。限定继承原则的实质，是继承人对被继承人的遗产债务不负无限的清偿责任，而仅以继承的遗产的实际价值负有限的清偿责任。《继承法》第33条规定："继承遗产应当清偿被继承人依法应当缴纳的税款和债务，缴纳税款和清偿债务以他的遗产实际价值为限。超过遗产实际价值部分，继承人自愿偿还的不在此限。继承人放弃继承的，对被继承人依法应当缴纳的税款和债务可以不负偿还责任。"

在事例12-2中，甲的遗产的实际价值为人民币5万元，而甲的遗产债务为人民币10万元。根据限定继承原则，乙、丙作为继承人在承担甲的债务时，承担清偿责任的数额以5万元为限，对超出部分的5万元债务，乙、丙无以个人所有财产偿还的义务。

2. 保留必留份额原则

《继承法》第19条规定："遗嘱应当对缺乏劳动能力又没有生活来源的继承人保留必要的遗产份额。"遗嘱人在立遗嘱时，保留缺乏劳动能力又没有生活来源的继承人必要的遗产份额，是贯彻养老育幼原则的一个具体体现。在清偿遗产债务时，也应当坚持这一原则。对此，《继承法意见》第61条指出：继承人中有缺乏劳动能力又没有生活来源的人，即使遗产不足清偿债务，也应为其保留适当遗产，然后再按《继承法》第33条和《民事诉讼法》的相关规定清偿债务。因此，在清偿遗产债务时，即使遗产的实际价值不足以清偿债务，也应当为需要特殊照顾的继承人保留适当的遗产，以满足其基本生活需要。

在事例12-2中，因为甲的继承人乙为缺乏劳动能力又无生活来源的人，甲的遗产虽不足以清偿债权人的债务，但仍应当为乙保留适当的遗产，剩余的遗产再用于清偿债务。

3. 清偿债务优先于执行遗赠原则

《继承法》第34条规定："执行遗赠不得妨碍清偿遗赠人依法应当缴纳的税款和债务。"根据这一规定，在遗赠和清偿债务的顺序上，清偿债务优先于执行遗赠。只有在清偿债务之后，还有剩余遗产时，遗赠才能得到执行。如果遗产已不足清偿债务，则遗赠就不能执行。

在事例12-2中，因为甲的遗产数额小于债务数额，因此，对丁的遗赠就不能执行。丁应当将取得的甲的2万元遗产返还给遗嘱执行人乙、丙，用于偿还甲的债务。

Note

4.连带责任原则

继承人共同继承遗产时，各共同继承人对遗产债务应当承担连带责任。按照连带责任原则，被继承人的债权人有权向共同继承人全体，或者共同继承人中的一人或数人请求在遗产实际价值范围内清偿全部遗产债务。同时，在遗产分割后，各共同继承人仍然要对被继承人的债权人负连带责任。但在共同继承人内部，则应当按照各自继承的遗产份额的比例分担遗产债务。

在事例12-2中，乙和丙为共同继承人，对甲的债务要在遗产价值范围内承担连带清偿责任。乙和丙都有义务按照甲的遗产数额向甲的债权人清偿债务。如果对债权人承担的债务数额超过自己分得的遗产数额，则就超过部分有权向其他继承人追偿。

三、遗产债务的清偿时间

关于被继承人遗产债务的清偿，对于已到期债务，继承人一般应当在遗产分割之前进行。继承人应当先用被继承人的遗产清偿被继承人应当缴纳的税款和债务，然后再进行遗产的分割。对于未到期债务，继承人经债权人同意可提前清偿，也可以在分割遗产时保留与债权数额相等的遗产数额，或分配给某一继承人负责清偿。

四、遗产债务的清偿方式

事例12-3　甲于2005年5月10日去世，留有遗产人民币40万元，房屋4间（价值20万元），继承人有妻乙、子丙、女丁。甲生前留有遗嘱，明确将存款中的10万元给其弟戊，遗产中的5万元给朋友己。乙、丙、丁执行完遗嘱后，将剩余的遗产存款25万元、价值20万元的房屋平均分割。遗产分割完毕后，甲的债权人庚以甲生前对其负有50万元的债务为由，请求乙、丙、丁、戊、己履行偿还义务。

继承开始后，继承人为多人时，如何确定遗产债务的清偿方法，对债权人的利益会产生很大影响。我国《继承法》上没有明确遗产债务的清偿方法，司法实践一般采取以下两种方法。

1.先清偿债务后分割遗产

先清偿债务后分割遗产是一种总体清偿方式。按照这种清偿方式，共同继承人应首先从遗产中清算出遗产债务，并将清算出的相当于遗产债务数额的遗产交付给债权人；然后，再根据各继承人应继承的份额，分配剩余遗产。

2.先分割遗产后清偿债务

先分割遗产后清偿债务是一种分别清偿方式。按照这种清偿方式，共同继承人首先根据他们应当继承的遗产份额，分割遗产，同时分摊遗产债务；然后，各继承人根据自己分摊的债务数额向债权人清偿。在实践中，如果遗产已被分割而未清偿债务的，则应当按照《继承法意见》第62条的规定处理，即如果有法定继承又有遗嘱继承和遗赠的，首先由法定继承人用其所得遗产清偿债务。不足清偿时，剩余的债务由遗嘱继承人和受遗赠人按比例用所得遗产偿还；如果只有遗嘱继承和遗赠的，由遗嘱继承人和受遗赠人按比例用所得遗产偿还。

在事例12-3中，共同继承人乙、丙、丁在执行遗赠和分割遗产后得知甲生前债务的存在，因为本案既有法定继承人，又有遗嘱继承人和受遗赠人，这就涉及上述各分得遗产的人应如何分摊遗产债务的问题。根据《继承法意见》第62条的规定，首先由法定继承人乙、丙、丁用其所得的45万元遗产清偿甲对庚的债务，法定继承人所得遗产不足清偿的5万元债务，由遗嘱继承人戊和受遗赠人己按比例用所得遗产偿还。

第三节 遗产的分割

一、遗产分割的前提

事例12-4 甲、乙双方系夫妻，生有儿子丙。在婚姻关系存续期间，甲乙购置价值60万元的房屋一套。后甲的叔父死亡，在遗嘱中将自己的存款赠给甲、丙父子两人，甲、丙通过遗嘱共同受遗赠取得20万元的遗产。另外，甲以自己名义出资，与丁合伙设立一企业，企业经营状况良好。2005年5月9日，甲不幸死亡。就甲的遗产范围问题，乙、丙与甲的父母发生争议。

遗产分割，是指在共同继承人之间，按照各继承人的应继承份额分配遗产的行为。在现实生活中，被继承人生前基于家庭生活需要或其他经济目的，往往与配偶、家庭成员或其他社会成员发生财产共有关系。被继承人死亡后，其遗产也就与他人的财产混在一起。因此，遗产分割的前提是将遗产与他人的财产区分开。只有这样，才能保证遗产分割的正确性，保护继承人和其他财产所有人的合法权益。

（一）遗产与夫妻共同财产的区分

夫妻共同财产，是指夫妻在婚姻关系存续期间共同所得的财产。《继承法》第26条第1款规定："夫妻在婚姻关系存续期间所得的共同所有的财产，除有约定的以外，如果分割遗产，应当先将共同所有的财产的一半分出为配偶所有，其余的为被继承人的遗产。"可见，在存在夫妻共同财产的情况下，分割遗产时，必须首先分出一半归生存的配偶所有，另外一半才能作为被继承人的遗产。

在事例12-4中，在确定甲的遗产时，应当将夫妻共同财产中的房屋价值分出一半为配偶乙所有，房屋价值的另一半为甲的遗产，由乙、丙、甲的父母共同继承。

（二）遗产与家庭共同财产的区分

在家庭成员中，如果除夫妻之外还有子女、父母、祖父母和外祖父母以及兄弟姐妹等其他成员，就不仅会形成夫妻共同财产，还会形成家庭共同财产。按照《继承法》第26条第2款的规定："遗产在家庭共同财产之中的，遗产分割时，应当先分出他人的财产。"一般地说，家庭共同财产主要包括：家庭成员共同劳动积累的财产；家庭成员共同购置的财产；家庭成员共同继承、受赠的财产等。某一家庭成员死亡时，其在家庭共同财产中的份额即为被继承人的遗产。

在事例12-4中，甲、丙受赠所得的20万元，为甲、丙的共有财产。在确定甲的遗产时，应当将丙的一半10万元分出，另一半10万元为甲的遗产，由乙、丙、甲的父母共同继承。

（三）遗产与其他共有财产的区分

财产共有关系，除夫妻共同财产、家庭共同财产之外，还存在着其他形式的财产共有，如合伙共有财产等。《民法通则》第32条规定："合伙经营积累的财产，归合伙人共有。"因此，当合伙人之一死亡时，应当将被继承人在合伙中的财产份额分出，列入其遗产范围。被宣告无效或被撤销的婚姻，在当事人同居期间所得的财产亦属于共有财产。在一方死亡时，应当将生存一方的份额分出，其余为死者的遗产。

在事例12-4中，甲死亡后，甲在合伙中的财产份额应当分出。该部分财产属于婚姻关系存续期间所得财产，归甲、乙双方共同共有，应当先分出一半为配偶乙所有，另一半为甲的遗产，由乙、丙、甲的父母共同继承。

二、遗产分割的原则

事例12-5　甲早年丧妻，于1998年5月再婚，当时甲与亡妻的儿子乙已满24岁。2000年5月，乙与丙结婚，婚后与甲夫妇分开生活。2004年10月26日，乙在工作时因事故死亡，由雇主一次性赔偿死亡赔偿金120 000元，由甲领取。其时，丙已有7个月身孕。2005年2月26日，丙与甲协商达成一致，家中房屋、电视机等财产留给胎儿，由甲保管。但对赔偿款及乙名下存款、未领工资等未作处理。此后，丙取走了乙名下存款1 700元，甲领取了乙名下工资等800元。同年4月，丙生一女孩丁。丙在某国家机关工作，收入比较可观且比较稳定；甲退休金微薄，其妻没有工作，生活比较困难。现丙、丁与甲夫妇因都要多分遗产发生纠纷，向人民法院提起诉讼。

根据《继承法》的规定，遗产分割的原则主要包括如下四项。

1.遗产分割自由原则

遗产分割自由原则，是指共同继承人得随时要求分割遗产。就是说，继承人得随时行使遗产分割请求权，任何继承人不得拒绝分割。遗产分割请求权从性质上说属于形成权，继承人可以随时行使，不因时效而消灭。

遗产分割请求权虽以自由行使为原则，但法律另有规定或合同另有约定者，不在此限。

2.保留胎儿继承份额原则

保留胎儿继承份额原则，是指在分割遗产时，如果有胎儿的，应当保留胎儿的继承份额。《继承法》虽然不承认胎儿具有继承能力，但对胎儿的利益加以特殊保护。《继承法》第28条规定："遗产分割时，应当保留胎儿的继承份额。胎儿出生时是死体的，保留的份额按照法定继承办理。"《继承法意见》第45条指出："应当为胎儿保留的遗产份额没有保留的，应从继承人所继承的遗产中扣回。为胎儿保留的遗产份额，如胎儿出生后死亡的，由其继承人继承；如胎儿出生时就是死体的，由被继承人的继承人继承。"

3.互谅互让、协商分割原则

《继承法》第15条规定："继承人应当本着互谅互让、和睦团结的精神，协商处理继承问题。遗产分割的时间、办法和份额，由继承人协商确定。协商不成的，可以由人民调解委员会调解或者向人民法院提起诉讼。"这一规定，是遗产分割的互谅互让、协商分割原则的集中表述。互谅互让要求继承人在分割遗产时要相互关心、相互照顾，对法律规定需要特殊照顾的继承人，应当适当多分给遗产；协商分割要求继承人在遗产分割时，对遗产的分割时间、分割办法、分割份额等都应当按照继承人之间协商一致的意见处理。

4.物尽其用原则

物尽其用原则，是指在遗产分割时，应当从有利于生产和生活的需要出发，注意发挥遗产的实际效用。《继承法》第29条第1款规定："遗产分割应当有利于生产和生活需要，不损害遗产的效用。"《继承法意见》第58条指出："人民法院在分割遗产中的房屋、生产资料和特定职业所需要的财产时，应依据有利于发挥其使用效益和继承人的实际需要，兼顾各继承人的利益进行处理。"这些规定说明，物尽其用是遗产分割必须遵循的原则。

在事例12-5中，因乙死亡继承开始时，丁尚未出生，甲、乙协商对遗产中的房屋、电视机等财产留给胎儿，保留了胎儿的遗产份额，符合法律规定的遗产分割原则。因为胎儿出生时是活体，因此，为胎儿保留的该遗产份额即归丁所有。同时，乙是甲的唯一赡养人，乙死亡之后，甲没有劳动能力、生活困难，属于生活有特殊困难又缺乏劳动能力的法定继承人，因此，在分割赔偿款、存款、工资等遗产时应当给予照顾。

三、遗产分割的时间

按照遗产分割自由原则，在继承开始后的任何时间内，继承人都有权要求分割遗产。至于具体的分割时间，可以由继承人协商确定；继承人协商不成的，可以通过调解确定，也可以通过诉讼程序，由人民法院确定。如果继承人经过协商，确定在一定期限内不分割，或者继承人都不提出分割遗产的要求，那么，这种遗产的共有状况就将持续下去。无论持续多长时间，继承人想分割遗产的，都有权请求分割。即使在继承开始20年以后，继承人仍然有权分割遗产。

➢相关链接

遗产分割的时间与继承开始的时间		
比较点	遗产分割的时间	继承开始的时间
确定根据	当事人约定，可以是继承开始后的任何时间	法律规定，为被继承人死亡的时间
期间要求	遗产分割的时间是一个时间段	继承开始的时间是具体的时间点
法律效力	继承人实际取得遗产的单独所有权	继承人取得主观意义上的继承权
生效时间	遗赠人死亡后发生效力	赠与人生前发生效力

四、遗产分割的方式

遗产分割的方式，是指继承人取得遗产应继份的具体方法。关于遗产分割的方式，如果遗嘱中已经指定了分割方式，则应按遗嘱指定的方式分割遗产；遗嘱没有指定遗产分割方式的，由继承人具体协商遗产的分割方式；继承人协商不成的，可以通过调解确定遗产分割的方式；调解不成的，则通过诉讼程序，由人民法院确定遗产的分割方式。

《继承法》第29条第2款规定：“不宜分割的遗产，可以采取折价、适当补偿或者共有等方法处理。”根据这一规定，遗产分割的方式主要有以下四种。

1.实物分割

实物分割，是指由继承人对遗产进行实体分割，由各继承人取得分割部分的单独所有权。由于遗产是一项集合财产，因此，适用实物分割的遗产可以是可分物，也可以是不可分物。例如，对于粮食等可分物可以划分出每个继承人应继承的数量；而对于电视机、电冰箱等不可分物可以将它们分给不同的继承人，有的继承人取得电视机，有的继承人取得电冰箱。如果遗产不能作实物分割的，则不能采取实物分割的方法。

2.变价分割

变价分割，是指将遗产出卖而由继承人分配价金。如果遗产不宜进行实物分割，或者继承人都不愿取得该遗产，则可以将遗产变卖，换取价金。然后，由继承人按照自己应继承份额的比例，对价金进行分割。使用变价分割的方式分割遗产，实际上是对遗产的处分，所以，遗产的变价应当经过全体继承人的同意。

3.补偿分割

补偿分割，是指由某个继承人取得遗产的所有权，并由该继承人向其他继承人补偿其应继承份额的价值。对于不宜实物分割的遗产，如果继承人中有人愿意取得该遗产，则由该继承人取得遗产的所有权。然后，由取得遗产所有权的继承人按照其他继承人应继份的比例，分别补偿给其他继承人相应的价金。如果继承人中有多人愿意取得遗产的所有权，而又达不成协议，则应当根据继承人的实际需要和发挥遗产的效用，确定给某个继承人。

4.保留共有的分割

保留共有的分割，是指继承人对遗产不作实物分割、变价分割和补偿分割，而是继续保持继承人对遗产的共有状态。对于不宜进行实物分割，继承人又都愿意取得遗产的；或者继承人基于某种生产或生活目的，愿意继续保持遗产共有状况的，均可以采取保留共有分割的方式，由继承人对遗产享有共有权，其共有份额按照应继承份额的比例确定。但是，在保留共有分割之后，继承人之间就不再是原来的遗产共有关系，而变成了普通的财产共有关系。

五、遗产分割的效力

遗产分割的效力，是指遗产的分割在法律上产生的法律后果。遗产分割的效力主要包括遗产分割的溯及力、共同继承人之间的瑕疵担保责任以及连带债务的清偿等内容。

（一）遗产分割的溯及力

事例12-6　甲父于2004年5月30日去世，留有遗产四室一厅的房屋一套（价值人民币60万元），存款人民币20万元。甲父生前未立遗嘱，甲另有姐姐乙和弟弟丙。甲因与其妻丁感情破裂正准备离婚，因此甲与姐弟协商一致，遗产暂不分割。2005年1月15日，甲向人民法院提起离婚诉讼，请求解除与丁的婚姻关系，人民法院于2005年3月20日作出准予离婚判决。判决生效后，甲于2005年5月10日请求遗产分割，分得遗产人民币30万元。丁得知后以该遗产为婚姻关系存续期间继承所得、属于夫妻共同财产为由，请求再次分割夫妻共同财产。

在遗产分割后，共同继承人各就其分得的部分，成为单独所有人。但遗产的分割具有溯及力，其效力应自继承开始时发生，即从继承开始时起继承人分得的财产已专属于继承人所有。

在事例12-6中，甲与丁的婚姻关系解除后，于2005年5月10日分得遗产人民币30万元。因为遗产分割具有溯及力，其效力应自继承开始时发生，即从继承开始时起继承人分得的财产已专属于继承人所有，所以，甲自继承开始即2004年5月30日其父死亡时，已经取得了分得的30万元遗产的所有权。又因为甲在取得该遗产所有权时与丁的婚姻关系尚未解除，属于婚姻关系存续期间继承所得的财产，在双方没有另外约定的情况下，根据《婚姻法》的规定，应当认定为夫妻双方共有财产。因为离婚时该部分财产未纳入夫妻共同财产范围，因此，离婚后丁作为共有人有权请求再次分割该部分夫妻共同财产。

理论争鸣

关于遗产分割的效力问题，理论上有转移主义和宣告主义两种不同的主张。转移主义认为，遗产分割有财产转移或创设的效力，而不具有溯及力，各继承人因分割互相让与各自的应有部分，而取得分配给自己的财产的单独所有权；宣告主义认为，因遗产分割而分配给继承人的财产，视为自继承开始时业已归属于各继承人单独所有，遗产分割不过是宣告既有状态而已。

（二）遗产分割的瑕疵担保责任

事例12-7　甲于2004年10月20日去世，留有遗产房屋4间（价值人民币30万元），徐悲鸿奔马图1幅，另有债权9万元。甲的继承人妻乙、子丙和女丁在安葬甲后，对甲的遗产进行了分割，其中乙分得房屋4间，丙分得徐悲鸿奔马图1幅，作价12万元，甲对戊的9万元债权归丁所有。丙因急需用钱，欲出卖所得字画，但经专家鉴定徐悲鸿所画奔马为赝品，价值仅为人民币2万元。而丁向戊主张债权时，因该债权在甲去世时已过诉讼时效而丧失了胜诉权。丙和丁均向乙提出重新分割甲遗产的要求。

遗产分割的瑕疵担保责任，是指共同继承人之间对分得的遗产瑕疵的相互担保责任。遗产分割的瑕疵担保责任应当包括继承人分得实物的瑕疵担保责任和分得债权的瑕疵担保责任。

1.继承人分得实物的瑕疵担保责任

遗产分割采用实物分割方法时，各继承人对其他继承人所分得的遗产，应当负与出卖人同样的瑕疵担保责任。这一担保责任既包括物的瑕疵担保责任，也包括权利的瑕疵担保责任。所谓物的瑕疵担保责任即遗产本身的瑕疵担保责任，是指继承人之间应担保各自取得遗产的价值、效用或品质无瑕疵；所谓权利的瑕疵担保责任即遗产权利的瑕疵担保责任，是指继承人之间应担保第三人不对遗产主张任何权利。

在受遗赠人所接受的遗产为种类物时，因该物仅是从遗产的同种类物中任意给付的，受遗赠人有权要求继承人承担瑕疵担保责任，但仅以遗产中的同种类物的品质为限。若受遗赠人接受的遗产为特定物，则继承人不负瑕疵担保责任。

在事例12-7中，因乙、丙、丁对甲的遗产为共同继承关系，因此，各继承人对其他继承人所分得的遗产有瑕疵担保责任。丙分得的徐悲鸿奔马图为赝品，价值仅为人民币2万元，因此，该遗产存在瑕疵，对由此导致的丙10万元继承利益的损失，乙、丁应承担瑕疵担保责任，丙有权请求重新分割遗产或者要求乙、丁给予补偿。

2.继承人分得债权的瑕疵担保责任

继承人分得债权时，其他继承人有担保债权实现的责任。至于继承人所继承的债权为指名债权或为有价证券上的债权，则在所不问。如果继承人在遗产分割时分得的部分为遗产债权，而此遗产债权又因债务人在遗产分割时缺乏支付能力无法实现时，该继承人就有权要求其他继承人承担担保责任；如果该遗产债权是附停止条件或未届清偿期的，各共同继承人则应对清偿时债务人的支付能力负担保责任。担保的数额通常以债权额为标准，但在分割时另估价计算的，则应以其计算价额为担保的数额。

在事例12-7中，丁以甲对戊的9万元债权作为继承所得，但甲去世时该债权已超过诉讼时效，因戊行使时效利益的抗辩权而导致丁丧失胜诉权，丁也就没有实现对甲遗产的继承权。对因诉讼时效经过导致继承人丁继承利益的损失，乙、丙应承担瑕疵担保责任，丁有权请求重新分割遗产或者要求乙、丙给予补偿。

（三）连带债务的清偿

因继承人之间对于遗产系共有关系，所以，共同继承人对遗产债务应当承担连带责任。按照连带责任原则，被继承人的债权人有权向共同继承人全体或者共同继承人中的一人或数人请求在其所接受的遗产实际价值范围内，清偿全部遗产债务，任何继承人不得拒绝。而且即使在遗产分割后，各共同继承人仍然要对被继承人的债权人负连带责任。但如果遗产债权人同意免除共同继承人的连带责任的，法律也尊重当事人的选择，承认其效力。

第四节　无人承受遗产的处理

一、无人承受遗产释义

无人承受的遗产，是指没有继承人或受遗赠人承受的遗产。

自然人死亡后，一般都是有继承人或受遗赠人的。但是，在个别情况下，也可能出现无人承受被继承人遗产的情况。从实践来看，无人承受的遗产主要包括：没有继承人和受遗赠人的遗产；继承人放弃继承、受遗赠人放弃受遗赠的遗产；继承人丧失继承权、受遗赠人丧失受遗赠权的遗产。

二、无人承受遗产的归属

事例12-8　甲于1956年10月来到上海一户人家做保姆，照料当时刚出生的乙和丙，一直到1969年。甲与乙、丙之间建立起了深厚的感情。乙、丙工作后，常寄钱给甲（1983年至1996年间共计1 617元），平时过年、过节也看望甲。甲无子女，也无其他近亲属，且无工作，丧失劳动能力后，受到部队官兵及邻居、社会好心人的照顾，且一直作为国家救济对象，不仅免除了所住公房的房租，同时每月从民政部门领取最低生活保障救助金。其中，1997年1月至1999年9月，甲每季度领取375元，从1999年10月至2000年12月，每季度领取450元，其他生活费用则一直由乙、丙提供。2001年1月，甲去世后，居民委员会干部及其邻居在清理遗物时，意外地发现了老人留下的19 323元钱，同时还发现一张欠丁1 000元的欠款条。为该遗产的归属问题，居民委员会与乙、丙发生争议。

《继承法》第32条规定：“无人继承又无人受遗赠的遗产，归国家所有；死者生前是集体所有制组织成员的，归所在的集体所有制组织所有。”可见，《继承法》是按死者的身份来确定无人承受遗产归属的：死者生前是国家机关、全民所有制单位的职工，城镇个体劳动者及无业居民的，其无人承受的遗产归国家所有；死者生前是城镇集体所有制单位的职工、农村集体所有制单位的职工、村民的，其无人承受的遗产归死者生前所在的集体所有制组织所有。

在事例12-8中，因甲无子女和其他近亲属，也无遗嘱和遗赠扶养协议，因此，甲遗留的财产为无人承受的遗产。甲为城镇无业居民，因此，甲的遗产应归国家所有。

在处理无人承受的遗产时，应当注意以下两个问题：

其一，死者债务的清偿问题。根据《继承法》第33条的规定，继承人继承遗产应当清偿被继承人的债务。同理，取得无人承受遗产的国家或集体所有制组织，也应当在取得遗产的实际价值范围内负责清偿死者生前所欠的债务。只有清偿债务后，国家或集体所有制组织才能取得剩余部分的遗产。

在事例12-8中，甲生前对丁所负的1 000元债务，应当首先用甲的遗产清偿。对清偿完遗产债务后剩余的18 323元，再按无人承受遗产处理，归国家所有。

其二，非继承人取得遗产的问题。《继承法意见》第57条规定："遗产因无人继承收归国家或集体组织所有时，按继承法第十四条规定可以分给遗产的人提出取得遗产的要求，人民法院应视情况适当分给遗产。"根据这一规定，在处理无人承受遗产时，如果有继承人以外的依靠被继承人扶养的缺乏劳动能力又没有生活来源的人，或者继承人以外的对被继承人扶养较多的人，则可以分给他们适当的遗产。

在事例12-8中，乙、丙属于继承人以外的对被继承人扶养较多的人，因此，他们适当分得遗产的权利应当得到尊重，应当将甲的遗产适当分给乙、丙一部分。

课堂讨论案例

【案例1】甲有两个儿子。大儿子乙于2000年8月同丙结婚。2004年春节期间，乙因车祸死亡。此时，其妻丙已怀孕4个月。乙死后，丙仍和其丈夫的弟弟丁及其父甲共同生活在一起。2004年5月，甲在交通事故中不幸死亡。在料理完甲的丧事以后，丁提出一人继承甲家的财产。丙不同意丁的意见，认为自己至少有权继承丈夫乙的财产。后经村民委员会出面调解，双方达成如下协议：乙的遗产由丁和丙二人平均分割；甲的遗产由丁一人继承；丙结婚时带来的嫁妆归丙所有。双方根据此协议对遗产进行了分割。2004年8月，丙生下一男孩。丙后来觉得这份遗产分割协议有些不妥，遂找丁要求加以修改，而丁拒不同意丙的要求。

问：①胎儿是否有代位继承的权利？②丙与丁之间签订的遗产分割协议是否有效？③丙按照分割协议将遗产分割完毕后，是否还享有继承回复请求权？

【案例2】1998年，甲雇用两个待业青年经营饮食业，生意较好。2002年妻子乙丧失劳动能力，儿子丙、丁和戊均参加工作，生活独立，经济分开。甲经营有方，生意兴隆，遂决定扩大店面。于是，甲向银行贷款10万元。2003年8月，甲因病住院，后医院确诊为癌症。在甲住院期间，经营照常进行，但未交纳税款。2004年11月，甲去世，共欠税款3万元整。甲生前立有遗嘱，将遗产2万元给负责照看妻子的侄女己。丙、丁、戊在办完甲的丧事后，将甲的遗产折价出售获12万元人民币，分给己遗产2万元，其余部分与乙各继承2.5万元。银行与税务机关向人民法院起诉，要求偿还欠款和税款。

问：①甲的遗产被分割后，生前债务应如何清偿？②当遗产不足以清偿全部债务时，乙的利益如何保护？

一、单项选择题

1．甲与乙婚姻关系存续期间，双方共同购置的房屋6间以甲的名义办理了产权登记。其未成年儿子丙自舅舅处接受赠与取得了1万美元。甲生前与丁合伙经营一鞋店，财产总额20万元，甲在合伙中的财产份额为8万元。甲去世后，对甲的遗产继承人发生争议。下列关于甲遗产的说法中正确的是（　）。

A．房屋3间、甲在合伙中的财产份额8万元

B．房屋3间、甲应得的4万元合伙财产

C．房屋6间、甲在合伙中的财产份额8万元

D．房屋3间、甲应得的4万元合伙财产和丙接受赠与所得财产中的一半

2．甲生前因致人损害支付损害赔偿金对乙负债10万元，生病住院期间因子女推诿而欠医院医疗费3万元，为夫妻生活购买房屋对丙负债5万元，留有房屋1套价值人民币30万元。甲去世后，甲的妻子及其子女因要求分割房屋，支付房屋价值评估费1万元。下列关于甲遗产债务的说法中正确的是（　）。

A．甲对乙的债务、对医院的债务为遗产债务

B．甲对乙的债务、对丙债务中的2.5万元、评估费用

C．甲对乙的债务、对丙债务中的2.5万元、对医院的债务、评估费用

D．甲对乙的债务、对丙债务中的2.5万元

二、多项选择题

1．甲生前为某村民委员会村民。甲去世后，留有遗产一宗，其中遗产中的农用拖拉机存放在同村的甲弟乙处。甲有子丙、女丁，丙在外地工作，丁为弱智，无法与丙取得联系。关于甲的遗产保管人的说法中错误的有（　）。

A．乙是农用拖拉机的保管人

B．丁是农用拖拉机以外遗产的保管人

C．丙是农用拖拉机以外遗产的保管人

D．甲所在地的村民委员会是农用拖拉机以外遗产的保管人

2．甲有继承人妻乙、子丙、女丁，有遗产房屋1套。继承开始后，乙、丙、丁均未提出分割要求，遗产房屋继续由乙管理使用。后乙将该房屋出租给戊，每月收取的租金800元据为己有。1年后乙未经丙、丁同意，将该房屋出卖给戊。下列关于甲遗产收益和处分行为的说法中正确的有（　）。

A．乙经其他继承人同意单独使用遗产房屋，因此，该房屋的收益应当归乙

B．甲的遗产收益，因乙、丙、丁没有特别约定，应当列入遗产的范围，由乙、丙、丁共有

C．甲的遗产房屋是乙、丙、丁的共同财产，乙未经丙、丁同意不得擅自处分

D．戊若为善意有偿取得乙擅自处分的房屋，应当受善意取得制度保护

3．甲有继承人妻乙、父丙、母丁。继承开始后，乙已怀孕数月。乙尚未分娩，丙、丁即请求对甲的遗产进行分割。下列关于遗产分割的说法中正确的有（　）。

A．丙、丁有权随时要求分割遗产

B．在分割遗产时，继承人应当保留胎儿的继承份额

C．为胎儿保留的遗产份额，如胎儿出生后死亡的，由其继承人乙继承

D．为胎儿保留的遗产份额，如胎儿出生时就是死体的，由乙、丙、丁继承

4．甲生前以自己所有的房屋为他人的债务为乙设定了抵押并办理了抵押登记。甲去世后，留有遗产该房屋1套，另有1套价值相当的房屋。甲的继承人丙和丁经过协商，决定两套房屋一人1套，丙分得了抵押给乙的那套房屋。因债务人没有清偿到期债务，乙请求行使抵押权，丙分得房屋被拍卖，所得价款用于偿还债务人对乙的债务。丙向债务人追偿未果，丙遂请求丁承担瑕疵担保责任，对丁所得遗产进行重新分割。下列关于丙损失承担的说法中正确的有（　）。

A．丙因乙行使抵押权导致对分得遗产的权利最终未能实现，损失由丙自行承担

B．丁应当用自己所得份额补偿丙因乙行使抵押权而造成的遗产损失

C．丁在遗产分割后，对丙分得的遗产被乙实现抵押权负有担保责任

D．丙因分得房屋被乙实现抵押权后，丁分割所得的房屋应作为甲的遗产由丙丁重新分割

5．下列关于遗赠扶养协议中，扶养人主体资格的说法中正确的有（　）。

A．法定继承人以外的公民可作为扶养人

B．集体所有制组织可以作为扶养人

C．法定继承人范围内的人可以作为扶养人

D．国家机关、事业单位和国营企业可以作为扶养人

6．根据我国继承法的规定，无人继承的遗产包括（　）。

A．没有法定继承人、遗嘱继承人和受遗赠人的遗产

B．法定继承人、遗嘱继承人全部放弃继承，受遗赠人全部放弃受遗赠的遗产

C．法定继承人、遗嘱继承人全部丧失继承权，受遗赠人全部丧失受遗赠权的遗产

D．“五保户”的遗产和无人承认继承的遗产

7．何某死后留下一间价值6万元的房屋和4万元现金。何某立有遗嘱，4万元现金由四个子女平分，房屋的归属未作处理。何某女儿主动提出放弃对房屋的继承权，于是三个儿子将房屋变卖，每人分得2万元。现债权人主张何某生前曾向其借款12万元，并有借据为证。下列哪些说法是错误的？（　）【2009年司法考试题】

A．何某已死，债权债务关系消灭

B．四个子女平均分担，每人偿还3万元

C．四个子女各自以继承所得用于清偿债务，剩下2万元由四人平均分担

D．四个子女各自以继承所得用于清偿债务，剩下2万元四人可以不予清偿

三、不定项选择题

1．甲与公民乙签订了遗赠扶养协议。按照协议，乙承担对甲生养死葬的义务，甲所有的房屋4间归乙所有。下列关于遗赠扶养协议生效时间的说法中正确的有（　）。

A．乙作为扶养人的义务自协议签订之日起生效

B．甲作为受扶养人的义务自甲死亡后发生效力

C．甲与乙的遗赠扶养协议自双方意思表示达成一致时起即可发生效力

D．乙的扶养义务和甲的遗赠义务同时生效

2．甲与公民乙签订了遗赠扶养协议。按照协议，乙承担对甲生养死葬的义务，甲所有的房屋4间归乙所有。协议签订后，乙认真地履行自己的扶养义务。后因遗赠给乙的房屋价格上涨，甲便将房屋出卖给了第三人丙，双方办理了过户登记手续。对甲的处分行为，乙享有何种权利？（　）

A．乙有权解除遗赠扶养协议

B．乙有权请求确认甲、丙之间的房屋买卖行为无效

C．乙有权要求甲补偿其已经付出的扶养费用

D．乙有权请求撤销甲、丙之间的房屋买卖行为

3．甲生前留有遗嘱，明确将自己遗产存款中的2万元遗赠给朋友乙，将存款中的5万元留给弟弟丙。甲留有遗产价值50万元的房屋1套，存款10万元，价值12万元的汽车1部。甲有继承人妻、母和儿子丁。甲母无其他子女，也没有生活来源，依靠甲生活。甲因经商，对外负债75万元。甲去世后，丁表示放弃继承权。债权人知道甲死亡的消息后纷

纷向其继承人主张债权，乙也在知道受遗赠后2个月内请求继承人交付遗赠物2万元。

（1）下列关于甲的遗产债务清偿主体的说法中正确的有（　）。

A．应由法定继承人甲妻、甲母和丁承担清偿责任，乙和丙不负清偿责任

B．应由遗嘱继承人丙承担清偿责任，甲妻、甲母和乙不负清偿责任

C．由受遗赠人乙和遗嘱继承人丙共同承担清偿责任，甲妻、甲母不负清偿责任

D．由甲妻、甲母和丙承担清偿责任

（2）下列关于遗产分割后，各分得人对遗产债务清偿范围的说法中正确的有（　）。

A．首先由法定继承人甲妻、甲母、丙用其所得遗产清偿债务

B．法定继承人所得遗产不足清偿部分，由丙和乙按比例用所得遗产偿还

C．甲母缺乏劳动能力又无生活来源，在遗产不足清偿债务时，也应为其保留适当的遗产

D．继承人甲母、甲妻、丙对甲的债务承担连带清偿责任

4．甲仅有一子乙，乙因离家出走多年杳无音信，经利害关系人申请，被人民法院宣告失踪。乙被宣告失踪3年后，甲死亡，其所在的村民委员会丙将其遗留财产作为无主财产收归集体所有。甲的债权人得知后向丙提出清偿甲生前所欠债务的要求，丁也以对甲扶养较多为由，向丙提出适当分得遗产的要求。

（1）乙被宣告失踪，关于丙对甲遗产的地位下列说法中正确的有（　）。

A．遗产管理人

B．乙失踪，甲的财产为无主财产，丙取得甲的遗产

C．乙失踪，甲的财产为无人承认继承的财产而非无人继承遗产，丙无权取得甲的遗产

D．丙有权以利害关系人身份宣告乙死亡，然后取得甲的遗产

（2）人民法院根据丙的申请宣告乙死亡后，丙取得甲遗产的范围如何确定？（　）

A．甲的全部遗产归丙所有

B．甲的遗产清偿完债务后剩余部分归丙所有

C．甲的遗产清偿完债务并分给丁适当部分后尚有剩余的，剩余部分归丙所有

D．甲的遗产清偿完债务后剩余部分应当全部归丁所有

四、辨析题

遗产分割的时间与继承开始的时间。

五、简答题

1. 遗产债务的清偿原则有哪些?
2. 遗产分割的原则有哪些?
3. 遗产分割的效力。
4. 无人承受遗产的归属应如何处理?

主要法律、法规和司法解释

《中华人民共和国继承法》(1985年4月10日)

《中华人民共和国收养法》(1998年11月4日)

《中华人民共和国婚姻法》(2001年4月28日)

《中国公民收养子女登记办法》(1999年5月25日)

《中华人民共和国婚姻登记条例》(2003年8月)

最高人民法院《关于贯彻执行〈中华人民共和国继承法〉若干问题的意见》(1985年9月11日)

最高人民法院《关于人民法院审理未办婚姻登记而以夫妻名义同居生活案件的若干意见》(1989年11月21日)

最高人民法院《关于人民法院审理离婚案件如何认定夫妻感情确已破裂的若干具体意见》(1989年12月13日)

最高人民法院《关于人民法院审理离婚案件处理财产分割问题的若干具体意见》(1993年11月3日)

最高人民法院《关于人民法院审理离婚案件处理子女抚养问题的若干具体意见》(1993年11月3日)

最高人民法院《关于适用〈中华人民共和国婚姻法〉若干问题的解释(一)》(2001年12月25日)

最高人民法院《关于适用〈中华人民共和国婚姻法〉若干问题的解释(二)》(2003年12月25日)

最高人民法院《关于适用〈中华人民共和国婚姻法〉若干问题的解释(三)》(2011年8月9日)

参考文献

陈琪炎，黄宗乐，郭振恭．2014．民法继承新论．台北：三民书局
陈苇．2006．外国婚姻家庭法比较研究．北京：群众出版社
陈苇．2012．婚姻家庭继承法学．第二版．北京：群众出版社
戴炎辉，戴东雄，戴瑀如．2013．继承法．台北：作者自版
戴炎辉，戴东雄，戴瑀如．2014．亲属法．台北：作者自版
房绍坤，范李瑛，张洪波．2013．婚姻家庭与继承法．第三版．北京：中国人民大学出版社
郭明瑞，房绍坤．2004．继承法．第二版．北京：法律出版社
郭明瑞，房绍坤，关涛．2003．继承法研究．北京：中国人民大学出版社
刘春茂．2008．中国民法学·财产继承．修订版．北京：人民法院出版社
马忆南．2007．婚姻家庭继承法．北京：北京大学出版社
彭诚信．2007．继承法．修订版．长春：吉林大学出版社
史尚宽．2000．继承法论．北京：中国政法大学出版社
史尚宽．2000．亲属法论．北京：中国政法大学出版社
陶毅．2002．新编婚姻家庭法．北京：高等教育出版社
杨大文．2012．婚姻家庭法．第五版．北京：中国人民大学出版社
杨大文．2012．亲属法．第五版．北京：法律出版社
杨遂全．2003．婚姻家庭法新论．北京：法律出版社